生 活 即 教 育

社 会 即 学 校

教 学 做 合 一

MEXIC
peón de
plica el
México

陶 行 知 全 集

第1卷 论著

中国教育改造
集外文汇
附录

四川教育出版社
·成都·

图书在版编目（CIP）数据

陶行知全集. 第1卷 / 方明主编. —2版. —成都:
四川教育出版社，2009.4
ISBN 978-7-5408-5050-0

Ⅰ.陶… Ⅱ.方… Ⅲ.陶行知（1891~1946）-全集
Ⅳ.G4-52

中国版本图书馆CIP数据核字（2009）第033528号

装帧设计 宁成春
责任编辑 金成林 张执敬
技术编辑 顾求实
责任校对 伍登富
责任印制 田东洋
出版发行 四川教育出版社
地 址 四川省成都市锦江区三色路238号新华之星A座
邮政编码 610023
网 址 www.chuanjiaoshe.com
印 刷 成都市金雅迪彩色印刷有限公司
版 次 2020年1月第3版
印 次 2024年2月第2次印刷
成品规格 152 mm×228 mm
印 张 42.25 插页 4
字 数 550千
全套定价 2200.00元

如发现印装质量问题，影响阅读，请与本社联系。总编室电话：(028) 86365120
编辑部电话：(028) 86365129

再版前言

1991 年，张劲夫同志祝川版《陶行知全集》出版，在《人民日报》撰文，称这部巨著是一笔宝贵的精神财富。他在文章的结尾深情地写道："新版《陶行知全集》的出版，必将永育后人，光照千秋！"

陶行知是一位伟大的社会改革家，是中国 20 世纪推动现代化的先驱。他坚持以与时俱进的生活教育来推动川流不息的现代化。他热爱人民，躬亲实践，手脑并用，勇于创新，对祖国和人类所作出的贡献及取得的成果是多方面的。从《全集》中可以看出，他涉猎的领域很广，诸如对政治制度、经济发展、社会道德、国际交往、科学普及、民族团结、宗教信仰、新文字推广、环境保护、计划生育等等均有精辟的论述。陶行知又是伟大的人民诗人，其诗的大众化"独开风气之先"，《全集》中收入他的诗 800 余首，仍未搜齐。当然最突出的仍是他创立的生活教育理论。大家熟悉的"生活即教育"、"社会即学校"、"教学做合一"和他倡导的全民教育、终身教育、创造教育、民主教育以及他身体力行的崇高师德，是多么贴近我国的现实与未来的走向啊！

随着我国改革开放的不断深化，现代化进程的长足发展，人们对陶行知留下的这笔精神财富的借鉴意义也愈益有了更清晰的认识。近两年不少读者要求购书，有的省市成立了陶行知研究会，要求供应几十套上百套。而当年印制的新版《全集》8000 套，早已罄尽。面对这日增的需求，中国陶行知研究会也希望能尽快再版。在此情势下，四川出版集团、四川教育出版社决定高质量地再版《陶行知全集》（十二卷本），并组成再版的编辑出版班子，对初版进行认真修订。《全集》约 800 万字，修订任务繁重，原来各卷的责任编辑年事已高，有的已经辞世（本套书第一版出版后辞世的编纂、出版人员未在《全集》编辑委员会和出版工作者委员会成员名单中注明）；最初使用的原稿，已交有关的博物馆和纪念馆保存，这更增添了校订的难度。出版社抽出十几位年富力强的编辑分担各卷的编务及协调工作，并请有关专家指导，两位老主编和张行可、吴琴南也全力投入，中国陶行知研究会又寄来陶行知自选集的影印本供校勘用。在共同努力下，终于按计划完成了再版的修订任务。

这次修订的主要情况如下：

一、原体例不变

开初有同志提出不论著作体例，统按时间顺序排列；有的主张前十卷不变，将最后两本补遗卷打散，分类按时序插入前面各卷。多数认为这样做不仅工作量过大，原有特色会消失，且不易查阅，故决定再版仍保持原状。

二、改错字及改正注释中的一些讹误

《全集》出版后，原来的编辑发现一些错处，特别是不少读者陆续来信指出发现的问题，这次都做了认真考证校订并逐一改正。此类改正达几百处，但仍有个别人名无从查考。这里特向来信的热心读者表示敬意和谢意。

三、几项调整

将各卷的人名索引合为一处，避免了重复，删去了该人名出现在书中的页码。人名索引刊在第九卷卷末，将原第九卷中1940年1至7月的书信移入第八卷。

抽去了两首重复的诗歌。另抽去第九卷附录中的《陶行知年表》，部分内容并入第十二卷《陶行知及其生活教育活动纪略》。抽去第十二卷附录中致陶行知的信57封，对《陶行知西旅长编》作了删节。另有少量附录因篇幅关系按时间顺序做了移动。

卷首的图片有小调整，第五卷和第九卷各换了一张照片，第四卷增加了一幅手迹。

最可喜的是增加了15篇最近得到的陶行知的佚作。一是1939年写给沈钧儒的信；二是1946年在中国人民救国会第五次大会上的报告记录；还有13篇是香港中文大学哲学博士何荣汉先生提供的英文稿：《一个金陵大学学生的自述》（1912年）、《陶文濬的伊利诺斯州立大学政治学博士入学申请表》（1914年）、《中国的道德和宗教教育》（1916年）、陶文濬致德芬道夫的4封信（1915~1917年）、《祈先生的新贡献》、《中国在转变中》、《中国的乡村教育运动》（1927年）、《生活即教育》（1932年）、《创造的教育》（1933年）、《小先生和识字运动》（1934年），这些均已翻译为中文编入第十二卷。这里，特向何荣汉先生致谢。

这次不仅认真校订内文，对书籍的开本、版式、封面等都提出了高要求，为此还请了北京的装帧设计家宁成春先生做装帧设计，力争出精品。

本书编辑中的不妥处，恳希读者指出，因为陶行知留下的这笔珍贵精神财富是属于我国人民和全世界人民的。

编 者

2004 年 12 月 1 日

《陶行知全集》
编辑委员会

主　　编　戴自俺

副 主 编　孙传华　苏辛涛　郭　笙　陶晓光

分卷主编　理论卷（第 1~4 卷）　孙传华　苏辛涛　洪　桥　祝德顺　周正章

教材卷（第 5 卷）　戴自俺　陶　城　陈贻鑫

英文著译卷（第 6 卷）　温致义

诗歌卷（第 7 卷）　聂大朋

书信卷（第 8、9 卷）　张邦民

衙备忘卷（第 10 卷）　庞曾漱

编　　辑　（按姓氏笔画为序）

王超英　刘有声　江长风　李　冬　陈　思　杨立义

张　颖　张德生　姚启安　鲁　风　裴未如　韩忠祥

程翊德　储朝晖

审　　定　陆静山（主任）吴树琴　楼化篷　徐明清

丁　丁　龚思雪　李能寿

特邀主编　胡晓风

新版

《陶行知全集》
出版工作委员会

编辑说明

一、陶行知（1891—1946）是我国伟大的人民教育家、伟大的共产主义战士。他为中国教育改造、普及人民教育、争取民族解放和建立人民民主的新中国奋斗了一生，留下了大量的著作。他的著作，散见于1913年到1946年的国内外报刊。生前曾以各种形式出版各种专集，流传甚广，影响深远。延安也曾出版《行知教育论文选集》。1946年，延安各界追悼陶行知筹备委员会倡议出版《陶行知全集》，但因限于当时条件，未能实现。1957年7月，张宗麟曾在《人民教育》发表文章，公开建议人民教育出版社编辑出版《陶行知全集》。1959年原中央教育部所拟定的《教育科学规划》曾有出版《陶行知全集》的项目，但因当时各种阻力尚未排除，终未实现。中国共产党第十一届三中全会以后，研究陶行知的活动又活跃起来。1981年，由邓颖超同志主持的陶行知诞辰90周年纪念大会在北京市全国政协礼堂召开。安徽、上海、江苏、四川、北京等地相继成立了陶行知研究会。1982年，华中师范学院（现华中师范大学）教育科学研究所和湖南教育出版社，在征得安徽、上海、江苏、四川、北京等省、市陶行知研究会赞同和陶行知先生亲属的大力支持下，组成《陶行知全集》编辑委员会，由华中师范学院教育科学研究所主编，湖南教育出版社于1985年出版了六卷本《陶行知全集》，在抢救我国民族文化遗产、促进我国教育改革、建设具有中国特色的社会主义教育体系等方面作出了有益的贡献。

二、1985年9月，中国陶行知研究会、中国陶行知基金会成立，对陶行知的研究开始了新的篇章。随之，中国陶行知研究会陆续收到了陶研工作者，陶行知生前友好、学生以及部分读者的许多宝贵建议，要求中国陶行知研究会争取时间，趁陶先生的一些老朋友和学生以及部分陶行知研究的老专家尚健在的时候，组织力量，在原有的基础上，重新编辑出版一部较完备的新版《陶行知全集》（以下简称《全集》），在1991年陶行知诞辰100周年时出版，以应时代及广大读者的需要。

三、本版《全集》的编辑工作，本着求“全”、求“真”的原则，增补了迄今为止收集到的佚文、佚诗、佚信等，并作了认真的校勘；在考订的基础上加了注释；对作者用外文所写著作均作了新的校译；各卷插图有了新的补充和调整。特别要指出的是，本版增补了作者自1936年4月至1946年7月所用的小笔记本55册，以作者所题《衔备忘》为名全部整理编入第十卷，约40万字，系首次发表，是研究陶行知最后十年战斗生涯的极为珍贵的史料。

四、本版《全集》按文章体裁分类，共成十卷。各卷保留了作者原有自编专集的原貌；专集外的文章，再按时间顺序排列。第一至四卷为论著卷（包括论文、演讲记录、谈话、提案等）；第五卷为教材卷（包括各类教材及编辑手稿、儿童科学读物、寓言、歌曲等）；第六卷为英文著译卷（包括英文著述、英文书信；著述中译、书信中译；中译英、英译中等）；第七卷为诗歌卷；第八、九卷为书信卷；第十卷为《衔备忘》。

五、本版《全集》的编辑原则为：（一）尽可能做到“全”；（二）保持陶行知著作的原貌；（三）所收文稿，均经慎重的考证、核查。

六、本版《全集》的注释要求是：（一）以具有中师毕业以上文化程度的广大教师及其他读者为对象；（二）注释条目的选择，以有助于理解原文为准；（三）文字力求简明扼要；（四）对人物、事件，介绍历史背景，力求客观真实，不带政治帽子；（五）人名索引根据其与原著及作者的关系而确定其详略。

七、本版《全集》的编辑和校勘，除充分利用中国陶行知研究会所珍藏的资料以外，并专门组织了力量，到江苏、上海、安徽陶行知纪念馆，中国第二历史档案馆以及华中师范大学近代历史研究所，浙江湘湖师范学校等单位查核大量原件，还尽量查阅手稿及各种版本的专集，多方比较、考证，以求臻于完善。凡有增删或改动者，均采用注释加以说明或以其他方式处理，以便对照。

八、本版《全集》的编辑工作是由中国陶行知研究会领导下组成的编辑委员会主持进行的；出版工作是由四川省党政领导及有关人士组成的出版工作委员会主持进行的，特别是中共四川省委宣传部在多方面给予了大力支持。

九、在编辑过程中，得到南京中国第二历史档案馆，北京中央档案馆，广东省档案馆，北京图书馆，华南师范大学图书馆，南京大学图书馆，南京图书馆，北京师范大学图书馆，上海图书馆，上海辞书出版社图书馆，中央教育科学研究所图书馆，安徽省图书馆，四川省图书馆，四川大学图书馆，广东省图书馆，广州中山大学图书馆，华中师范大学近代史研究所，江苏晓庄陶行知纪念馆，上海陶行知纪念馆，安徽陶行知纪念馆，四川教育学院，各省、市、自治区陶行知研究会以及陶行知先生生前友好、学生和亲属的赞助及支持，在此谨一一深表感谢！

十、由于水平及各种条件所限，本版《全集》疏漏、错误在所难免，敬请读者教正。

《陶行知全集》编辑委员会

1990**年**12**月**

凡 例

一、本全集编入迄今收集到的陶行知的全部文稿，有文章、诗歌、教材、书信、演讲、小说、谈话、章程、提案、文电、广告、备忘录等2530篇（其中教材13本、小说1部、备忘录55册）。凡有作者手稿，有作者个人署名，或虽未署名但有根据可确认为作者所著者，均收为正文；合署而非作者起草，或虽有个人署名但不能确认为作者所著的文稿，均与其他参考材料一起作为附录。附录共314篇（包括附在第九卷末的年表），一种为文末附，一种为卷末附录。

二、作者的自编集共17本（其中小说1部），大体上按出版的年代排在有关卷的前面，作为第一部分。自编集以外的集外文汇、集外诗汇、集外书信等均按写作或发表的时间逐年编入有关各卷，作为第二部分。有的诗文收入几种自编集内，此次只在一本集子中排印，其余均存目。第六卷英文著译卷，分类按年编排。第十卷《衙备忘》用手稿影印，一册为一篇，在篇末加少量的译文与注释。

三、除少数姓名和文言文中的个别字外，统用简化字，以国家语言文字工作委员会1986年重新发表的《简化字总表》为准。

四、陶行知原著中的纪年、数字、译名及章节标题的分层序码等均保持原貌。纪年多系民国纪年，如三年、廿一年、卅二年（即公元1914年、1932年、1943年）等。数字则汉字与阿拉伯字并存。翻译的人名、地名与通译不同的，在注释中注明通译的名称。编者所写的注释文字统用公元纪年，数字用法按国家语委等七部门公布的试行规定。

五、论著、诗歌、教材及儿童读物的标题用原题，个别有变动的在题注中说明。书信的标题，除作者自编集外，多系编者从信中摘取原话为题。

六、原著无标点的，由编者加添标点；原著用旧式标点或标点不规范的，重新标点。

七、改正了原稿中的错字，删除了衍文，漏字在〔 〕内添补，无法辨认的字用□号代替。通假字、古今字、异体字等，除文言文中的少数字外，均按有关规定处理。

八、编者的题注为脚注。书信及一些档案资料现存放何处，均不作注。

九、作者本人的署名，1934年7月16日前为“陶知行”，现一仍其旧。编者所写注释中则一律称“陶行知”。

十、第十卷和课本、小说不作人名索引，其余各卷正文中出现的人名，均按姓氏笔画作索引，附在卷末。附录不作人名索引和注释。

本卷收入陶知行自编集《中国教育改造》（文 33 篇）和 1913 年至 1924 年的论著 129 篇，共 162 篇，另收附录 36 篇。

1

1　陶行知（1891—1946）

2、3　陶行知手迹

4　北京羊市大街帝王庙中华教育改进社旧址

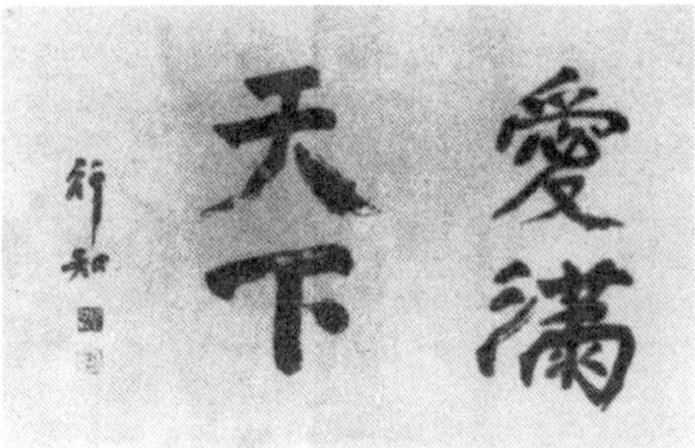

2

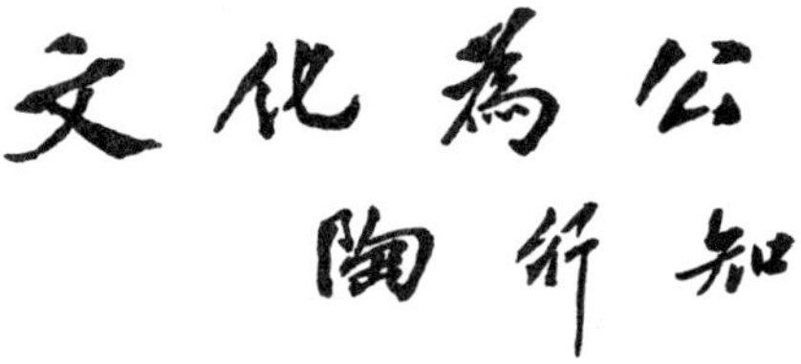

3

4

5

6

5　青少年时期的陶行知

6　1914 年陶行知与妻汪纯宜（右）、妹文渼（左）合影

7　1910~1914 年在金陵大学学习时留影（左四为陶行知）

8　1915 年留学伊利诺斯州立大学时留影（左二孙科，左三陶行知）

9　1917 年留学哥伦比亚大学时留影（前排右一陶行知，左二胡适）

7

8

9

10

11

12

13

10　1919 年，陶行知在南京高等师范学校送别外国友人时与教育科学生合影（二排右四为陶行知，右三为杨贤江）

11　1919 年 5 月，陪同杜威夫妇参观申报馆时合影（前右一杜威，左一史量才，后右二陶行知，左一胡适，左二蒋梦麟）

12　1921 年中华教育改进社董事留影

13　1921 年陶行知（右三）与孟禄（左三）等留影（美教育家孟禄来华考察，陶行知陪同并作翻译）

14

14　1923 年陶行知与长子陶宏及次子陶晓光合影

15　陶行知手迹

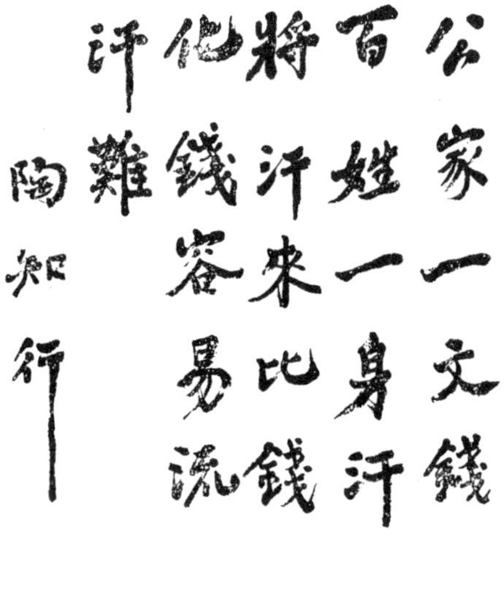

15

目 录

集外文汇　133

1913年

1914年

1915年

1917年

1918年

1919年

1920年

1921年

1923年

1924年

附　录 577

中国教育改造

中國教育改造

陶知行著

编者按

《中国教育改造》是陶知行在晓庄试验乡村师范学校周年（1928.3.15）之际自编的一本文集，选入1918年至1928年间所写的论著32篇并作序。本书于当年4月由亚东图书馆出版，到1934年4月，发行已达7版之多。

此前，陶知行曾将《创设乡村幼稚园宣言书》、《我们的信条》、《中华教育改进社改造全国乡村教育宣言书》及另几篇文章编辑成书，名《全国乡村教育运动计画草案》，作为中华教育改进社丛刊之七出版。此书的9篇文字全部收入本全集，凡查实为陶著，均为正文，余作附录。

自序

这部书代表我在中国教育里摸黑路所见着的几线光明。从“教授”写到“教学”，从“教学”写到“教学做”，人家怕要疑我前后思想矛盾。其实我的矛盾处，便是我的长进处。当选择旧稿时，我曾下了一个决心，凡是为外国教育制度拉东洋车的文字一概删除不留，所留的都是我所体验出来的。所以我所写的便是我所信的，也就是我所行的。

当吾母六十寿辰，我立志要将吾父母传给我最好的精神在中国教育上充分表现出来，作为我献与她的寿礼。她所最欢喜的是她的四个孙儿，她常呼他们为她的蟠桃。因此我便想到最好的寿礼，无过于把她爱蟠桃的心推广出去，使全国的蟠桃都得到他们所应得的爱护。自从这天以后，我便深刻的注意到小朋友们所受的教育。我踏进蟠桃园去看了一看，知道这蟠桃园已由玉皇大帝交给专好“升赏”的猴王看管了。玉皇大帝所以叫他看管的意思，只是怕他“后来闲中生事，不若与他一件事管了，庶免别生事端”。谁知他不当一件事做，往往在园里“耍了一会，吃了几个桃子，变做二寸长的一个人儿，在大树梢头浓叶之下睡着了”。再抬头看看，只有小桃、中桃，后树上的大桃“止有几个毛蒂青皮的，原来熟的都是猴王吃了”。这不是中国儿童教育的缩影吗！我们要想彻底改造蟠桃园，不但是要请出如来法掌去收服猴王，还要“瑶池王母自栽培”，才能使他“夭夭灼灼花盈树，颗颗株株果压枝”咧。纸上的教育改造能有多大效力！大家愿把整个的心捧出来献给小孩子，才能实现真正的改造。这部书最多不过是画了几条路线罢了。倘使遇不着有心改造的人，便与废纸何异？

陶知行　一七年清明日

试验主义与新教育*

《说文》："新，取木也。"木有取去复萌之力，故新有层出不已之义。新教育与旧教育之分，其在兹乎？夫教育之真理无穷，能发明之则常新，不能发明之则常旧。有发明之力者虽旧必新；无发明之力者虽新必旧。故新教育之所以新，旧教育之所以旧，亦视其发明能力之如何耳。发明之道奈何？曰，凡天下之物，莫不有赖于其所处之境况。境况不同，则征象有异。故欲致知穷理，必先约束其境况，而号召其象征，然后效用乃见。此试验之精神，近世一切发明所由来也。彼善试验者立假设，择方法，举凡欲格之物，尽纳之于轨范之中：远者近之，微者大之，繁者简之，杂者纯之，合者析之，分者通之，多方以试之，屡试以验之，更较其异同，审其消长，观其动静，察其变化，然后因果可明而理可穷也。例如试验甲乙二教授法之优劣，则必将试验时之一切情形，归为一致。盖必先一其教师，一其教材，一其设备，一其时间，一其地方，而所教之学生又须年龄等，男女等，家境等，程度等，然后施以各异之教法，乃可知结果之攸归，屡试而验，然后二法之优劣，乃可得而发明焉。故欲求常新之道，必先有去旧之方。试验者，去旧之方也。盖尝论之，教育之所以旧者

* 本篇原载1919年2月《新教育》第1卷第1期，作者收入本文集时，将其第二大段删去，只保留最后几句，放在第一段的末尾。现将删去的部分附于篇后。

五，革而新之，其惟试验。所谓五旧者何？

一曰依赖天工　彼依赖天工者，待天垂象，俟物示征，成败利钝，皆委于气数。究其流弊，则以有限之时间，逐不可必得之因果，是役于物而制于天也，安得不为所困哉？困即无自新之力矣。苟其有之，或出于偶然。即有常矣，或所示者吝，吾又安能穷其极而启其新耶？荀子曰："大天而思之，孰与物畜而制之？从天而颂之，孰与制天命而用之？因物而多之，孰与骋能而化之？思物而物之，孰与理物而勿失之也？"此数语可谓中试验精神之窾要矣。盖善试验者役物而不为物所役，制天而不为天所制。惟其以人力胜天工，故能探其奥蕴，常保其新焉。

二曰沿袭陈法　彼泥古之人，以仍旧贯为能事。行一事，措一词，必求先例。有例可援，虽害不问；无例可援，虽善不行。然今昔时势不同，问题亦异。问题既异，方法当殊。故适于昔者未必适于今。徒执古人之成规，以解决今之问题，则圆枘方凿，不能相容，何能求其进步也？故欲求教育刷新进步，必先有试验，以养成其自得之能力。能自得，始能发明；能发明，则陈法自去，教育自新矣。

三曰率任己意　教育为一种专门事业，必学焉而后成。然从事教育之人，偏欲凭一己一时之意，以定进行之趋向。故思而不学，凭空构想者有之，一知半解，武断从事者有之；甚至昧于解决，以不了了之者亦有之。空想则无新可见；武断则绝自新之路;不了了之，则直无新之希望矣。欲救斯弊，必使所思者皆有所凭，所断者皆有所据；困难之来，必设法求所以解决之，约束之，利用之，凡此皆试验之道也。

四曰仪型他国　今之号称新人物者，辄以仪型外国制度为能事，而一般人士，见有能仪型外人者，亦辄谓为新人物。虽然，彼岂真能新哉？夫一物之发明，先多守秘密。自秘密以迄于公布，须历几何时？自公布以迄于外传，又须历几何时？况吾所仪型者，或出于误会。以误传误，为害非浅。即得其真相，而辗转传述，多需时日。恐吾人之所谓新者，他人已以为旧矣。不特此也。中外情形有同者，有不同者。同者借镜，他山之石，固可攻玉。不同者而效焉，则适于外者未必适于中。试一观今日国中之教育，应有而无，应无而有者，在在皆是。此非仪型外国之过欤？若能实心试验，则特别发明，足以自用。公共原理，足以教人。教育之进步，可操左券矣。

五曰偶尔尝试　当一主义发生之时，必有人焉慕其美名而失其真意。其弊也，弥近似而大乱真。乃时人不察，误认试验为尝试。计划不确，方法无定，朝令暮改，偶尔尝试。惟其尝试，故新猷未出，已中途而废矣。彼真试验者则不然。必也有计划，有方法，视阻力为当然，失败为难免，具百折不回之气概，再接再厉之精神。成败虽未可必，然世界实由此而进步，教育亦由此而进步。此岂持尝试之见者所可能哉！

既能塞陈旧之道，复能开常新之源，试验之用，岂不大哉！推类至尽，发古人所未发，明今人所未明，皆试验之力量也。吾国数千年来相传不绝之方法，惟有致知在格物一语。然格物之法何在，晦庵[①]与阳明[②]各持一说。晦翁以“即物穷理”释之，近矣。然而即物穷理，又当用何法乎？无法以即物穷理，则物仍不可格，知仍不可致。阳明固尝使用即物穷理者也，其言曰，“初年与钱友同论做圣贤，要格天下之物。……因指亭前竹子令去格看。钱子[③]早夜去穷格竹子的道理，竭其心思，至于三日，便致劳神成疾。当初说他这时精力不足，某因自去穷格，早夜不得其理，到七日亦以劳思致疾。……及在夷中三年，颇见得此意思，乃知天下之物本无可格者，其格物之功，只在身心上做。”类此者，皆坐格物不得其法之弊也。假使阳明更进一步，不责物之无可格，只责格之不得法，竞竞然以改良方法自任，则近世发明史中，吾国人何至迄今无所贡献？然亡羊补牢，未为晚也。全国学者，苟能尽刷其依赖天工、沿袭旧法、仪型外国、率任己意，偶尔尝试之旧习，一致以试验为主，则施之教育而教育新，施之万事而万事新，未始非新国新民之大计也。不然，若以应时为尽新之能事，则彼所谓旧教育者，当时亦尝为新教育也；而今之新教育，又安知他日之不或旧耶？

附　删去的第二段

作者收入本文集时，将其第二大段删去，只保留最后几句，放在第一段的末尾。现将删去的部分附于篇后。

故试验者，发明之利器也。试验虽未必皆有发明，然发明必资乎试验。试验之法，造端于物理、生物、生理诸科学，浸假而侵入人群诸学，今则哲理亦且受其影响矣。盖自培根（Bacon）用以格客观之物；笛卡儿（Descartes）用以致主观之知。试验精神遂举形而上、形而下学而贯彻之。究其结果，则思想日精，发明日盛，欧美之世界几变其形。征之欧美之进步，试验方法既如此其不可废也，则其应用之于教育学者明矣。教育为群学之一种，居形上、形下之间。故其采用试验方法也，亦较迟于物理、生物诸学。然近二百年来教育界之进步，皆由试验而来。是以配斯泰来齐（Pestalozzi）[4]试验幼子，而官觉之要以明；赫耳巴忒（Herbart）[5]设研究科，而统觉之理以阐；福禄倍（Froebel）[6]创幼稚园，而游戏之效以著，杜威（J.Dewey）之集成教育哲学也，以试验；桑戴克（Thorndike）之集成教育心理也，亦以试验。他若全部发育也，先质后文也、自动也、兴味也、感应结也、习惯法也，无一不根源于试验。举凡今日教育界所视为金科玉律者，皆昔贤试验累积之成功。是故试验之消长，教育之盛衰系之。柏林大学保尔生（Paulsen）曰：德国中世纪以前，狉狉榛榛，等之化外之民，及拉丁文输自罗马，民情一变，既而文艺北渐，蕴成宗教变革，而民德又一进。当十七世纪法国礼乐艺术最盛，德人慕之，其贵族咸以能说法语为荣。及十八世纪，大风烈铁骑帝（Fredrick the Great）[7]又定法文为学校必修科，并聘法人为高级教师。其学于法人也，可谓勤矣！此外于英吉利及希腊之文化，皆无所不吸收，此德人师他人之时期也。迨至十八世纪之初，哈里大学（Halle University）与郭听斯堡大学（Göttinsburg University）相继而兴，皆以宣扬试验精神为务。其后，赫耳巴忒与福禄倍诸贤先后辈出，凡所建树，皆根本于试验。虽执政者屡加干预，而其教之流行，速于置邮传命，不数十年而弟子几遍国中，此后言教育者多宗之。试验主义之功不亦大哉？美国三十年前之教育，亦几无事不模仿旧大陆，自乾姆斯（James）⑧创设心理试验科，而学者趋向一变。至于今日，凡著名大学，莫不设教育科。其同时试验教育心理者以百计，其试验机关与从事实地试验之人，几无处无之。盛矣！其试验精神之充塞也，观其效果，虽未必人人皆有贡献，然英德识者，皆承认美国近今小学校法为全球冠，试验之功也。（故欲求常新之道……）

注释

① 晦庵　即朱熹。

② 阳明　即王守仁。

③ 钱子　即钱友同。

④ 配斯泰来齐　通译斐斯泰洛齐。

⑤ 赫耳巴忒　通译赫尔巴特。

⑥ 福禄倍　通译福禄培尔。

⑦ 大风烈铁骑帝　通译腓特烈大帝。

⑧ 乾姆斯　通译詹姆斯。

生利主义之职业教育*

自本社[1]标解决生计问题为进行之方针，一般学者往往以文害辞，以辞害意，误会提倡者之本旨。推其原因，多由于不明生计二字之界说所致。惟其不明乎此，故或广之而训作生活，或狭之而训作衣食；驯至彼一是非，此一是非，议论纷纭，莫衷一是。不徒反对者得所藉口，即办学者亦无所适从。其隐为职业教育前途之障碍，良非浅鲜。孔子曰："名不正则言不顺；言不顺则事不成。"故欲职业教育之卓著成效，必自确定一正当之主义始。

夫职业教育之成效既有赖于正当之主义，则问何谓正当之主义，生活乎？衣食乎？抑生活衣食之外别有正当之主义乎？

生活主义包含万状，凡人生一切所需皆属之。其范围之广，实与教育等。有关于职业之生活，即有关于职业之教育；有关于消闲之生活，即有关于消闲之教育，有关于社交之生活，即有关于社交之教育；有关于天然界之生活，即有关于天然界之教育。人之生活四，职业其一；人之教育四，职业教育其一。故生活为

* 本篇在1918年1月15日《教育与职业》第1卷第3期发表时，有编者按语云："作者所谓'生利'，当作'生产'。再进一步讲，'生产'云者，增加物力之谓。而'生利'当作增加物力之有益于群生者。"并有编者识："留美硕士陶知行君，为意利诺大学硕士，毕业后入加仑比亚大学教育学院，得都市总监学位，回国后任南京国立高等师范教育学教授。本社同人以陶君研究职业教育有素，请其言论。陶君慨允担任义务撰述员，同人感之，并志数语，以为介绍。"

全体，职业为部分；教育为全体，职业教育为部分。以教育全体之生活目的视为职业教育之特别目的，则职业教育之目的何以示别于教育全体之目的，又何以示别于他种教育之目的乎？故生活之不能为职业教育独专之主义者，以其泛也。

生活主义固不适于职业教育之采用矣，衣食主义则何如？大凡衣食之来源有四：职业、祖遗、乞丐、盗窃是也。职业教育若以衣食为主义，彼之习赖子、乞丐、盗窃者，不亦同具一主义乎？而彼养成赖子、乞丐、盗窃者，亦得自命为职业教育家乎？此衣食主义之不适于职业教育者一也。不宁惟是，职业教育苟以衣食为主义，则衣食充足者不必他求，可以不受职业教育矣。此衣食主义之不适于职业教育者二也。且以衣食主义为职业教育之正的，则一切计划将趋于温饱之一途。此犹施舍也。夫邑号朝歌，墨翟回车[2]；里名胜母，曾子不入[3]。学校以施舍为主旨，则束身自好者行将见而却步矣。此衣食主义之不适于职业教育者三也。凡主义之作用，所以指导进行之方法。若标一主义不能作方法之指针，则奚以贵？故衣食之可否为职业教育之主义，亦视其有无补助于职业方法之规定耳。夫学校必有师资，吾辈选择职业教员，能以衣食为其资格乎？学校必有设备，吾人布置职业教具，能以衣食为其标准乎？又试问，职业学校收录学生，可否以衣食为去取？支配课程，可否以衣食为根据？衣食主义之于职业教育方法，实无丝毫之指导性质。有之，则吾不知也。衣食既不能为职业教育方法施行之指导，则其不宜为职业教育之主义，又明矣。此衣食主义之不适于职业教育者四也。不特此也，吾人作事之目的，有内外之分。衣食者，事外之目的也；乐业者，事内之目的也。足衣足食而不乐于业，则事外虽无冻馁之虞，事内不免劳碌之患。彼持衣食以为职业教育主义者，是忽乐业之道也。此衣食主义之不适于职业教育者五也。且职业教育苟以衣食主义相号召，则教师为衣食教，学生为衣食学，无声无臭之中隐然养成一副自私之精神。美国人士视职业教育与学赚钱（learning to earn）为一途，有识者如杜威（Dewey）先生辈，咸以其近于自私，尝为词以辟之。吾国当兹民生穷蹙之际，国人已以衣食为口头禅，兴学者又从而助长其焰，吾深惧国人自私之念，将一发难餍矣。此衣食主义之不适于职业教育者六也。是故衣食主义为众弊之渊薮，欲职业教育之有利无弊，非革除衣食主义不为功。

衣食主义既多弊窦，生活主义又太宽泛，二者皆不适用于职业教育，然则果应以何者为正当之主义乎？曰，职业作用之所在，即职业教育主义之所在。职业以生利为作用，故职业教育应以生利为主义。生利有二种：一曰生有利之物，如农产谷，工制器是；二曰生有利之事，如商通有无，医生治病是。前者以物利群，后者以事利群。生产虽有事物之不同，然其有利于群则一。故凡生利之人，皆谓之职业界中人，不能生利之人，皆不得谓之职业界中人。凡养成生利人物之教育，皆得谓之职业教育，凡不能养成生利人物之教育，皆不得谓之职业教育。生利主义既限于职业之作用，自是职业教育之特别目的，非复如生活主义之宽泛矣，此其一。以生利主义比较衣食主义尤无弊窦之可指，故以生利主义为准绳，则不能生利之赖子、乞丐、盗窃与养成之者，皆摈于职业教育之外矣，此其二。学校既以生利为主义，则足于衣食而不能生利者无所施其遁避，此其三。父母莫不欲其子女之能生利，职业教育苟以生利为主义，自能免于施舍之性质，自好者方将督促子女入学之不暇，又何暇反加阻力乎？此其四。职业既以生利为作用，吾人果采用生利主义以办职业教育，则生利之方法，即可为职业教育方法之指针，此其五。职业教育既以养成生利人物为主义，则其注重之点在生利时之各种手续，势必使人人于生利之时能安乐其业，故无劳碌之弊，此其六。生利主义侧重发舒内力以应群需，所呈现象正与衣食主义相反。生产一事一物时，必自审曰；“吾能生产乎？吾所生产之事物于群有利乎？”教师学生于不知不觉中自具一种利群之精神，此其七。不特此也，能生利之人即能得生活上一部分之幸福；而一衣一食亦自能措置裕如。不能生利之人，则虽有安富尊荣亦难长守。故惟患不能生利，不患不得生活之幸福与温饱。然则生利主义既无生活主义之宽泛，复无衣食主义之丛弊，又几兼二者之益而有之，岂非职业教育之正当主义乎？

生利主义之职业师资

职业教育既以养成生利人物为其主要之目的，则其直接教授职业之师资，自必以能生利之人为限。盖己立而后能立人，己达而后能达人，天下未有无生利经验之人而能教育人生利者。昔樊迟请学稼，子曰："吾不如老农。"请学为圃，曰："吾不如老圃。"孔子岂故为拒绝哉？亦以业有专精，事有专习，孔子之不知农圃，亦犹老农老圃之不知六艺耳。由是以推，无治病之经验者，不可以教医；无贸易之经验者，不可以教商。凡百职业，莫不皆然。故职业教师之第一要事，即在生利之经验。无生利之经验，则以书生教书生，虽冒职业教师之名，非吾之所谓职业教师也。

然职业教师不徒负养成生利人物之责，且负有改良所产事物之责。欲求事物之改良，则非于经验之外别具生利之学识不可。无学识以为经验之指导，则势必故步自封，不求进取。吾国农业数千年来所以少改良者，亦以徒有经验而无学识以操纵之耳。故职业教师之第二要事，是为生利之学识。

兼有生利之经验、学识，尚不足以尽职业教师之能事。盖教授生利之法，随业而异。有宜先理想而后实习者，有宜先实习而后理想者，有宜理想、实习同时并进者。为职业教师者自宜熟悉学者之心理，教材之性质，使所教所学皆能浃洽生利之方法，而奏事半功倍之效。故职业教师之第三要事，为生利之教授法。

准如前说，则健全之职业教师，自必以经验、学术、教法三者皆具为标准。三者不可得兼，则宁舍教法学术而取经验。盖无学术教法而有经验，则教师尚不失为生利之人物，纵无进取良法，然学生自能仪型教师所为，以生产事物。既能生产事物，即不失职业教育之本旨。如无经验，则教授法无由精密，纵学术高尚，断不能教学生之生利。既不能生利，则失职业教育之本旨矣。是故经验学术教法三者皆为职业教师所必具之要事，然三者之中，经验尤为根本焉。

职业教师既以生利经验为根本之资格，则养成职业师资自当取材于职业界之杰出者。彼自职业中来，既富有经验，又安于其事，再加以学术教法，当可蔚为良材，概之收录普通学子，为事当较易，收效亦当较良且速也。

职业教师既以生利之经验、学术、教法三者为资格，则如何养成此种教师之方法，亦在吾人必须研究之列。大概养成职业师资之法有三：（一）收录普通学子教以经验学术与教法；（二）收录职业界之杰出人物，教以学术与教法；（三）延聘专门学问家与职业中之有经验者同室试教，使其互相砥砺补益，蔚为职业教师。夫经验所需之多少，随职业而异；其需经验较少之职业，利用第一法。如普通师范学校之教师有二三年之经验者，即可作教授之基础。故收录普通学子而养成之，为事甚易。其次，则商业学校教员，似亦可以利用此法。但农工等职业之教师，性质迥异，非富有经验，不足以教生利。舍难就易，似不如采用第二法，精选职业界之杰出者养成之。彼既从职业中来，自必有相当之经验，再教以实用之学术教法，为事自顺。然此法效力之大小，常视国中教育普及之程度为差。其在欧美教育普及之邦，职业中人，大半受过八年之公共教育，既有普通知能以植其基，则于学术、教法自易领悟。中国则不然，教育未普及，农工多数不识文字；既不识文字，则欲授以学术教法，自有种种困难。然而职业界之杰出者，终不乏粗识文字之人。当事者苟能精选而罗致之，则有用之职业师资，或能济济而出也。此外则有延聘学问家与经验家同室试教一法。当今职业师资缺乏，为其备选者，或有学术而无经验，或有经验而无学术，速成之计，莫如合学问家与经验家于一炉而共冶之；既可使之共同试教，又可使之互相补益，则今日之偏材，经数年磨练之后，或能蔚成相当之师资，岂非一举两得哉？然一班二师，所费实巨，况学术、经验贵能合一，若分附二人之身，终难免于隔膜。故此计虽有优点，不过为过渡时代权宜之策耳。总之，职业教师最重生利之经验，则养成之法，自宜提其要领，因已有之经验而增长之，方能事半功倍也。

生利主义之职业设备

孔子曰："工欲善其事，必先利其器。"无利器而能善其事者，吾未之前闻。职业教育又何独不然？必先有种种设备，以应所攻各业之需求，然后师生乃能从事于生利；否则虽有良师贤弟子，奈巧妇不能为无米之炊何！故无农器不可以教农，无工器不可以教工。医家之教必赖刀圭。画家之教必赖丹青。易言之，有生利之设备，方可以教职业；无生利之设备，则不可以教职业。然职业学校之生利设备可分二种：一、自有之设备；二、利用职业界之设备。但无论设备之为己有，为利用，学生教师莫不可因以生利。故设备虽有己有利用之分，而同为学生教师生利之资则一。余尝游美之麻撒朱赛州（Massachusetts）视其乡村中学校附设之农业科，多利用学生家中之田园设备，使各生在家实习，命之曰家课（home projects）。教员则自御汽车，循环视察，当场施教。农隙则令学生来校习通用之学术。故校中自有之设备，除课堂点缀以外，实属寥寥无几；校外则凡学生足迹所至，皆其所利用之设备。论其成效则不特设备之经费可省，而各家之农业皆藉学生而间接改良之。此盖利用他人生利设备以施职业教育之彰明较著者也。

生利主义之职业课程

职业学校之课程，应以一事之始终为一课。例如种豆，则种豆始终一切应行之手续为一课。每课有学理，有实习，二者联络无间，然后完一课即成一事。成一事再学一事，是谓升课。自易至难，从简入繁。所定诸课，皆以次学毕，是谓毕课。定课程者必使每课为一生利单位，俾学生毕一课，即生一利；毕百课则生百利，然后方无愧于职业之课程。职业课程既以生利为主，则不得不按事施教，欲按事施教，则不得不采用小班制。故欧美之职业实习班至多不满十五人，凡以便生利课程之教授也。不特每课为然，即各课之联络，亦莫不以充分生利为枢机。客有学蚕桑者，学成执蚕桑业，终岁生利之期两三月而已，余则闲居坐食，不数年而家计渐困，卒改他业。此能生利而不能充分生利之过也。故职业课程之配置，须以充分生利为标准，事之可附者附教之，事之可兼者兼教之。正业之外，苟能兼附相当之业，则年无废月，月无废日，日无废时矣。此之谓充分之生利。根据此旨以联络各课，是为充分生利之课程。

生利主义之职业学生

有生利之师资、设备、课程，遂足以尽职业教育之能事乎？曰，未也。学生择事不慎，则在校之时，学不能专；出校之后，行非所学。其弊也：学农者不归农，学商者不归商。吾国实业教育之所以鲜成效，固由于师资、设备、课程之不宜于生利，然其学生择业之法之不当，亦其一因也。大凡选择职业科目之标准，不在适与不适，而在最适与非最适。所谓最适者有二：一曰才能；二曰兴味。吾人对于一业，才能、兴味皆最高，则此业为最适；因其最适而选之，则才能足以成事。兴味足以乐业，将见学当其性，用当其学，群与我皆食无穷之益矣。故能选最适之业而学者，生大利不难，岂仅生利已哉！择业不当，则虽居学习生利之名，而究其将来之生利与否，仍未可必。故欲求学业者归业，必先有精选职业之方法。方法维何？曰，职业试习科是也。职业试习科，包含农工商及其他业之要事于一课程，凡学生皆使躬亲历试之。试习时期可随遇伸缩，多至半载，少至数星期皆可。但试习之种种情形，必与真职业无异，始可试验学生之真才能真兴味。一参假面具则试验科之本旨失矣。试习之后，诸生于各业之大概既已备尝，再择其最有才能最有兴味之一科专习之。彼其选择既根本于才能兴味，则学而安焉，行而乐焉，其生利之器量，安有不大者哉？

结论

职业学校有生利之师资、设备、课程，则教之事备；学生有最适之生利才能兴味，则学之事备。前者足以教生利，后者足以学生利：教与学咸得其宜，则国家造就一生利人物，即得一生利人物之用，将见国无游民，民无废才，群需可济，个性可舒。然后辅以相当分利之法，则富可均而民自足矣。故职业教育之主义在是，职业教育之责任在是，余之希望于教育家之采择试行者，亦莫不在是。谨贡一得，聊献刍荛，幸垂教焉。

注释

① 本社　指中华职业教育社。1917年成立于上海，主要负责人为黄炎培。

② 邑号朝歌，墨翟回车　朝歌是商朝都城，纣王歌舞作乐之地。墨翟非乐，所以一见朝歌就回车。事见《史记·鲁仲连邹阳传》。

③ 里名胜母，曾子不入　胜母是鲁国地名。曾参事母至孝，听说鲁国有个胜母里，他就不到那里去。事见《史记·鲁仲连邹阳传》。

教学合一*

现在的人叫在学校里做先生的为教员，叫他所做的事体为教书，叫他所用的法子为教授法，好像先生是专门教学生些书本知识的人。他似乎除了教以外，便没有别的本领；除书之外，便没有别的事教。而在这种学校里的学生除了受教之外，也没有别的功课。先生只管教，学生只管受教，好像是学的事体，都被教的事体打消掉了。论起名字来，居然是学校；讲起实在来，却又像教校。这都是因为重教太过，所以不知不觉的就将他和学分离了。然而教学两者，实在是不能分离的，实在是应当合一的。依我看来，教学要合一，有三个理由：

第一，先生的责任不在教，而在教学，而在教学生学。大凡世界上的先生可分三种：第一种只会教书，只会拿一本书要儿童来读他，记他，把那活泼的小孩子做个书架子、字纸篓。先生好像是书架子字纸篓之制造家，学校好像是书架子字纸篓的制造厂。第二种的先生不是教书，乃是教学生；他所注意的中心点，从书本上移在学生身上来了。不像从前拿学生来配书本，现在他拿书本来配学生了。他不但是要拿书本来配学生，凡是学生需要

* 本篇系陶行知在《世界教育新思潮》专栏发表的系列论文之一，主张教学合一。不久，他进一步提出事怎样做就怎样学，怎样学就怎样教。后来发展成为教学做合一的完整体系。本文原载1919年2月24日《时报·教育周刊·世界教育新思潮》第1号。署名教育硕士陶知行。

的，他都拿来给他们。这种办法，固然比第一种好得多，然而学生还是在被动的地位，因为先生不能一生一世跟着学生。热心的先生，固想将他所有的传给学生，然而世界上新理无穷，先生安能尽把天地间的奥妙为学生一齐发明？既然不能为学生一齐发明，那他所能给学生的，也是有限的，其余还是要学生自己去找出来的。况且事事要先生传授，既有先生，何必又要学生呢？所以专拿现成的材料来教学生，总归还是不妥当的。那末，先生究竟应该怎样子才好？我以为好的先生不是教书，不是教学生，乃是教学生学。教学生学有什么意思呢？就是把教和学联络起来：一方面要先生负指导的责任，一方面要学生负学习的责任。对于一个问题，不是要先生拿现成的解决方法来传授学生，乃是要把这个解决方法如何找来的手续程序，安排停当，指导他，使他以最短的时间，经过相类的经验，发生相类的理想，自己将这个方法找出来，并且能够利用这种经验理想来找别的方法，解决别的问题。得了这种经验理想，然后学生才能探知识的本源，求知识的归宿，对于世间一切真理，不难取之无尽，用之无穷了。这就是孟子所说的"自得"，也就是现今教育家所主张的"自动"。所以要想学生自得自动，必先有教学生学的先生。这是教学应该合一的第一个理由。

第二，教的法子必须根据于学的法子。从前的先生，只管照自己的意思去教学生；凡是学生的才能兴味，一概不顾，专门勉强拿学生来凑他的教法，配他的教材。一来先生收效很少，二来学生苦恼太多，这都是教学不合一的流弊。如果让教的法子自然根据学的法子，那时先生就费力少而成功多，学生一方面也就能够乐学了。所以怎样学就须怎样教；学得多教得多，学得少教得少；学得快教得快，学得慢教得慢。这是教学应该合一的第二个理由。

第三，先生不但要拿他教的法子和学生学的法子联络，并须和他自己的学问联络起来。做先生的，应该一面教一面学，并不是贩买些知识来，就可以终身卖不尽的。现在教育界的通病，就是各人拿从前所学的抄袭过来，传给学生。看他书房里书架上所摆设的，无非是从前读过的几本旧教科书；就是这几本书，也还未必去温习的，何况乎研究新的学问，求新的进步呢？先生既没有进步，学生也就难有进步了。这也是教学分离的流弊。那好的先生就不是这样，他必定是一方面指导学生，一方面研究学问。如同柏林大学包尔孙先生（Fr. Paulsen）①说："德国大学的教员就是科学家。科学家就是教员。"德国学术发达，大半靠着这教学相长的精神。因为时常研究学问，就能时常找到新理。这不但是教诲丰富，学生能多得些益处，而且时常有新的材料发表，也是做先生的一件畅快的事体。因为教育界无限枯寂的生活，都是因为当事的人，封于故步，不能自新所致。孔子说："学而不厌，诲人不倦。"真是过来人阅历之谈。因为必定要学而不厌，然后才能诲人不倦；否则年年照样画葫芦，我却觉得有十分的枯燥。所以要想得教育英才的快乐，似乎要把教学合而为一。这是教学应该合一的第三个理由。

总之：一、先生的责任在教学生学；二、先生教的法子必须根据学的法子；三、先生须一面教一面学。这是教学合一的三种理由。第一种和第二种理由是说先生的教应该和学生的学联络；第三种理由是说先生的教应该和先生的学联络。有了这样的联络，然后先生学生都能自得自动，都有机会方法找那无价的新理了。

注释

① 包尔孙　通译包尔生。

第一流的教育家*

我们常见的教育家有三种：一种是政客的教育家，他只会运动，把持，说官话；一种是书生的教育家，他只会读书，教书，做文章；一种是经验的教育家，他只会盲行，盲动，闷起头来，办……办……办。第一种不必说了，第二第三两种也都不是最高尚的。依我看来，今日的教育家，必定要在下列两种要素当中得了一种，方才可以算为第一流的人物。

（一）敢探未发明的新理

我们在教育界做事的人，胆量太小，对于一切新理，小惊大怪。如同小孩子见生人，怕和他接近。又如同小孩子遇了黑房，怕走进去。究其结果，他的一举一动，不是乞灵古人，就是仿效外国。也如同一个小孩子吃饭、穿衣，都要母亲帮助，走几步路，也要人扶着，真是可怜。我们在教育界任事的人，如果想自立，想进步，就须胆量放大，将试验精神，向那未发明的新理贯射过去；不怕辛苦，不怕疲倦，不怕障碍，不怕失败，一心要把那教育的奥妙新理，一个个的发现出来。这是何等的魄力，教育界有这种魄力的人，不愧受我们崇拜！

* 本篇在1919年4月21日《时报·教育周刊·世界教育新潮》第9号发表时，该专栏主笔蒋梦麟有如下按语："陶先生，你讲的一席话，我读了便觉精神提起来。这种话我久不听见了，可算是教育界福音。"

（二）敢入未开化的边疆

从前的秀才以为“不出门能知天下事”，久而久之，“不出门”就变做“不敢出门”了。我们现在的学子，还没有解脱这种风气。试将各学校的《同学录》拿来一看，毕业生多半是在本地服务，那在外省服务的，已经不可多得，边疆更不必说了。一般有志办学的人，也专门在有学校的地方凑热闹，把那边疆和内地的教育，都置在度外。推其原故，只有一个病根，这病根就是怕。怕难，怕苦，怕孤，怕死，就好好的埋没了一生。我们还要进一步看，这些地方的教育究竟是谁的责任？我们要晓得国家有一块未开化的土地，有一个未受教育的人民，都是由于我们没尽到责任。责任明白了，就放大胆量，单身匹马，大刀阔斧，做个边疆教育的先锋，把那边疆的门户，一扇一扇的都给它打开。这又是何等的魄力！有这种魄力的人，也不愧受我们崇拜。

敢探未发明的新理，即是创造精神；敢入未开化的边疆，即是开辟精神。创造时，目光要深；开辟时，目光要远。总起来说，创造、开辟都要有胆量。在教育界，有胆量创造的人，即是创造的教育家；有胆量开辟的人，即是开辟的教育家，都是第一流的人物。大丈夫不能舍身试验室，亦当埋骨边疆尘，岂宜随便过去！但是这种人才，究竟要到什么时候才能出现？究竟要由什么学校造就？究竟要用什么方法养成？可算是我们现在最关心的问题。

学生自治问题之研究*

近世所倡的自动主义①有三部分：一、智育注重自学；二、体育注重自强；三、德育注重自治。所以，学生自治这个问题，是自动主义贯彻德育的结果，是我们数千年来保育主义、干涉主义、严格主义的反应，是现在教育界一个极重要的问题。这个问题，包含甚广。我们要问学生应否有自治的机会？如果应该自治，我们又要问学生自治究竟应有几多大的范围？学生应该自治的事体，究竟有哪几种？规定学生自治的范围，又应有何种标准？施行学生自治，又应用何种方法？这几个问题，都是我们所要研究的。总起来说，就是学生自治问题。

学生自治是什么

凡是讨论一种问题，必先要明白问题的性质和它的意义。性质和意义不明了，就不免起人误会。这篇所讨论的学生自治，有三个要点：第一，学生指全校的同学，有团体的意思；第二，自治指自己管理自己，有自己立法、执法、司法的意思；第三，学生自治与别的自治稍有不同，因为学生还在求学时代，就有一种练习自治的意思。把这三点合起来，我们可以下一个定义："学

* 本篇原载1919年10月《新教育》第2卷第2期。1920年1月10日、11日《民国日报·副刊》转载。

生自治是学生结起团体来，大家学习自己管理自己的手续。”从学校这方面说，就是“为学生预备种种机会，使学生能够大家组织起来，养成他们自己管理自己的能力”。

依这个定义说来，学生自治，不是自由行动，乃是共同治理；不是打消规则，乃是大家立法守法；不是放任，不是和学校宣布独立，乃是练习自治的道理。

学生自治的需要

今日的学生，就是将来的公民；将来所需要的公民，即今日所应当养成的学生。专制国所需的公民，是要他们有被治的习惯；共和国所需的公民，是要他们有共同自治的能力。中国既号称共和国，当然要有能够共同自治的公民。想有能够共同自治的公民，必先有能够共同自治的学生。所以从我们国体上看起来，我们学校一定要养成学生共同自治的能力，否则不应算为共和国的学校。这是第一点。

当今平民主义的潮流，来势至为猛烈，受过他的影响的人，都想将一切的束缚尽行解脱。这固然有他的好处，不过也有他的危险。好处在哪里？大家从此可以充分发挥个人的精神，促进人群的进化。危险在哪里？束缚既然解脱，未必人人能够约束自己的欲望，操纵自己的举止，一旦精神能力向那坏处发泄，天下事就不可为了。一国当中，人民情愿被治，尚可以苟安；人民能够自治，就可以太平；那最危险的国家，就是人民既不愿被治，又不能自治。所以当这渴望自由的时候，最需要的是给他们种种机会得些自治的能力，使他们自由的欲望可以自己约束。所以时势所趋，非学校中提倡自治，不足以除自乱的病源。这是第二点。

我们既要能自治的公民，又要能自治的学生，就不得不问问究竟如何可以养成这般公民学生。从学习的原则看起来，事怎样做，就须怎样学。譬如游泳，要在水里游；学游泳，就须在水里学。若不下水，只管在岸上读游泳的书籍，做游泳的动作，纵然学了一世，到了下水的时候，还是要沉下去的。所以专制国要有服从的顺民，必须使做百姓的时常练习服从的道理；久而久之，习惯成自然，大家就不知不觉的只会服从了。共和国要有能自治的国民，也须使做国民的时常练习自治的道理；久而久之，习惯成自然，他们也就能够自治了。所以，养成服从的人民，必须用专制的方法；养成共和的人民，必须用自治的方法。如果用专制的方法，可以养成自治的学生公民，那末，学生自治问题，还可以缓一步说；无奈自治的学生公民，只可拿自治的方法将他们陶熔出来。所以从方法这方面着想，愈觉得学生自治的需要了。这是第三点。

学生自治如果办得妥当有这几种好处

第一，学生自治可为修身伦理的实验。现今学行并重，不独讲究知识，而且要求所以实验知识的方法。所以学校教课当中，物理有实验，化学有实验，博物有实验，别门功课也有实习，如作文、图画、体操等等，都于学识之外，加以实地练习的机会。他的目的，无非要由实验、实习以求理想与实际的联络，使所做的学问，可以深造。修身伦理一类的学问，最应注意的，在乎实行；但是现今学校中所通行的修身伦理，很少实行的机会；即或有之，亦不过练习仪式而已。所以嘴里讲道德，耳朵听道德，而所行所为却不能合乎道德的标准，无形无影当中，把道德与行为分而为二。若想除去这种弊端，非给学生种种机会，练习道德的行为不可。共和国民最需要的操练，就是自治。在自治上，他们可以养成几种主要习惯：一是对于公共幸福，可以养成主动的兴味；对于公共事业，可以养成担负的能力；对于公共是非，可以养成明了的判断。简单些说：自治可以养成我们对于公共事情上的愿力、智力、才力。照这样看来，学生自治若办得妥当，可算是实验的修身，实验的伦理，全校就是修身伦理的实验室。照这样办，才算是真正的修身伦理。

第二，学生自治能适应学生之需要。我们办学的人所定的规则，所办的事体，不免有与学生隔膜的。有的时候，我们为学生做的事体越多，越是害学生。因为为人，随便怎样精细周到，总不如人之自为。我们与学生经验不同，环境不同，所以合乎我们意的，未必合乎学生的意。勉强定下来，那适应学生需要的，或者遗漏掉；那不适应学生需要的，反而包括进去。等到颁布之后，学生不能遵守，教职员又不得不执行，却是左右为难。甚至于学生陷于违法，规则失了效力，教职员失去信用。若是开放出去，划出一部分事体出来，让学生自己治理；大家既然都有切肤的关系，所定的办法，容或更能合乎实在情形了。这就是说，有的时候学生自己共同所立的法，比学校里所立的更加近情，更加易行，而这种法律的力量，也更加深入人心。大凡专制国家的人民，平日不晓得法律是什么，只到了犯法之后，才明白有所谓法律。那末，法律的力量，大都发现于犯法之后，这是很有限的。至于自己共同所立之法就不然，从始到终，心目中都有他在；平日一举一动，都为大家自立的法律所影响。所以自己所立之法的力量，大于他人所立的法；大家共同所立之法的力量，大于一人独断的法。

第三，学生自治能辅助风纪之进步。我们的行为，究竟应该对谁负责？对于少数职教员负责呢，还是要对于全校负责呢？按着旧的方法，学生有过失，都责成少数职员监察纠正。其弊病有两种：第一种是少数职员在的时候，就规规矩矩，不在的时候，就肆行无忌；第二种是大家学生以为既有职员负责，我们何必多事，纵然看见同学为非，也只好严守中立。这是大多数的学生所抱持的态度。所以一人司法，大家避法。我们要想大家守法，就须使各人的行为，对于大家负责。换句话说，就是要共同自治。

第四，学生自治能促进学生经验之发展　我们培植儿童的时候，若拘束太过，则儿童形容枯槁；如果让他跑，让他跳，让他玩耍，他就能长得活泼有精神。身体如此，道德上的经验又何尝不然。我们德育上的发展，全靠着遇了困难问题的时候，有自己解决的机会。所以遇了一个问题，自己能够想法解决他，就长进了一层判断的经验。问题自决得越多，则经验越丰富。若是别人代我解决问题，纵然暂时结束，经验却也被旁人拿去了。所以在保育主义之下，只能产生缺乏经验的学生；若想经验丰富，必须自负解决问题的责任。

学生自治如果办得不妥当就要发生这几种弊端

第一，把学生自治当作争权的器具。大凡团体都有一种特别的势力，这种势力比个人的大得多。用得正当，就能为公众尽义务；用不得当，就能驱公众争权利。学生自治是一种团体的组织，所以用得不妥当的时候，也有这种危险。

第二，把学生自治误作治人看。这个危险是随着第一个顺路下来的。有的时候，这也是个自然的趋势。因为有了团体，一不谨慎，就有驾驭别人的趋势。刘伯明先生说："人当为人中人，不可仅为人上人。"这句话，是我们共和国民的指南针。

第三，学生自治与学校立在对峙地位。学生自治会与学校当有一种协助精神，不可立在对峙的地位，但是办得不妥当，这种对峙的情形，也是免不掉的。不过这是一种很不幸的现象，不是师生之间所宜有的。

第四，闹意气。学生有自治的机会，就不得不多发言论，多立主张，多办交涉，一不小心，大家即刻闹出意气；再由闹意气而彼此分门别户，树立党帜，于是政客的手段，就不得不传到学校里来了。

以上所举的，不过是几种重要的弊端；至于小的弊端，一时难以尽举。总之，学生自治如果办理不善，则凡共和国所发现的危险，都能在学校中发现出来。但是我们要注意，这许多弊端都是办理不妥当的过处，并非学生自治本体上的过处。如果厉行自治的时候，大家不愿争权，而愿服务；不愿凌人，而愿治己；不愿对抗，而愿协助；不愿负气，而愿说理；那末，自治之弊便可去，自治之益便可享了。这种利害关头，凡做共和国民的都要练习。我们在学校的时候，有同学的切磋，有教师的辅助，纵因一时不慎，小有失败，究竟容易改良纠正。若在学校里不注意练习，将来到了社会当中，切磋无人，辅导无人，有了错处，只管向那错路上走，小而害己，大而害国。这都是因为做学生的时候，没有练习自治所致的。所以学生自治如果举行，可以收现在之益；纵小有失败，正所以免将来更大的失败。

规定学生自治范围的标准

学生自治的利弊，既如上所说，现在就要问学生自治有什么范围？规定学生自治的范围，应有若何标准？

第一，学生自治应以学生应该负责的事体为限。学生愿意负责，又能够负责的事体，均可列入自治范围，那不应该由学生负责的事体，就不应列入自治范围。因自治与责任有联带关系，别人号令而要我负责，就叫做被治；别人负责而由我号令，就叫做治人，都失了自治的本意。所以学生自治，应以学生负责的事为限。

第二，事体之愈要观察周到的，愈宜学生共同负责，愈宜学生共同自治。

第三，事体参与的人愈宜普及的，愈宜学生共同负责，愈宜学生共同自治。

第四，依据上列三种标准而订学生自治的范围时，还须参考学生的年龄、程度、经验。

学生自治与学校的关系

学生自治会是学校里面一种团体，自然与学校有密切的关系。这种关系，可以分为两类：一、关于权限的，二、关于学问的。

第一，权限上的关系。学生自治会正式成立之后，学校里面的事体，就可分为二部分：一部分仍旧是学校主持，一部分由学生主持。平常的时候，权限固可以分明；不过既在一个机关里面，总有些事体划不清楚的。既然划不清楚，就不能不有一种接洽的机关，使两方面的意思，都可以互相发表沟通，而收圆满的效果。此外还有临时发生而有关全校的事体，学校与学生都宜与闻，更不得不有一种接洽的机关。人数少的学校，可由校长直接担任；人数多的学校，可由校长指定职教员数人担任。学生自治会职员有事时，即可与他们接洽；而学校有事时，也由这几位和学生接洽。有这种接洽的组织，然后学校与学生的声气可通，就没有隔膜的弊病了。

第二，学问上的关系。天下不学而能的事情很少。共同自治是共和国立国的根本，非是刻苦研究，断断不能深造。我们举行学生自治的时候，也要把他当作一个学问研究。既要当作一个学问研究，那就有两点要注意：一、同学的切磋，二、教员的指导。有人说，现在中国的职教员对于学生自治问题，素未研究，恐怕未必能指导。这句话诚然，但是还有些意思要注意：一、学校里所有功课都有教员指导，独于立国根本的学生自治一门却没有指导，似乎把他太看轻了。二、若校内没有相当的人，办学的就应当赶紧物色那富于共和思想自治精神的教员，来担任此事。三、师生本无一定的高下，教学也无十分的界限；人只知教师教授，学生学习；不晓得有的时候，教师倒从学生那里得好多的教训。所以万一找不到相当的人才，就请职教员和学生共同研究也好。总而言之，学生自治这个问题，不但要行，而且还要研究。研究的时候，学校不能不负指导参与的责任。

学生自治与学校既有这两种密切的关系，我们就须打破一切障碍，使师生的感情，可以化为一体，使大家用的力量，都有相成的效果。大家一举一动都接洽，有话好商量，有贡献彼此参考。在这共和的学校当中，无论何人都不应该取那武断的、强迫的、命令的、独行的态度。我们叫人做事的时候，不但要和他说“你做这件事，你应该这样做”，并且要使得他明白“为何做这件事，为何这样做”。彼此明白事之当然，和事之所以然，才能同心同德，透达那共同的目的。

施行学生自治应注意之要点

现在各学校对于学生自治，多愿次第举行。我悉心观察，觉得有几件最要紧的事体，必先预为注意，方能发生美满的效果。

第一，学生自治是学校中一件大事，全体学生都要以大事看待他，认真去做；学校里也须以大事看待他，认真赞助，若以为他是寻常小事，不加注意，没有不失败的。

第二，学生自治如同地方自治。地方自治之权，出于中央；学生自治之权，出自学校。所以学生自治，虽然可以由学生发动，但是学校认可一层，似乎也是应有的手续。

第三，学生自治之有无效力，要看本校对于这个问题是否有相当了解和兴味。如果大家都明白他的真意，都觉得他的需要，那末，行出来必能得大家的赞助。所以未举行学生自治之前，必须利用演讲、辩论、谈话、作文等等养成充分的舆论。

第四，法是为人立的：含糊误事，故宜清楚；繁琐害事，故宜简单。

第五，推测一校学生自治的成败，一看他的领袖就知道。所以要提高学生自治的价值，就须使最好的领袖不得不出来服务。如果好的领袖洁身自好，或有好的领袖而大众不愿推举，都不是自治的好现象。

第六，学校与学生始终宜抱持一种协助贡献的精神。

第七，学校与学生对于学生自治问题，须采取一种试验态度。章程不必详尽，组织不必细密；一面试行，一面改良；虽然中途难免挫折，但到底必有胜利。

结论

总之，学生自治是共和国学校里一件重要的事情。我们若想得美满的效果，须把他当件大事做，当个学问研究，当个美术去欣赏。当件大事做，方才可以成功；当个学问研究，方才可以进步。这两种还不够。因为自治是一种人生的美术，凡美术都有使人欣赏爱慕的能力；那不能使人欣赏的、爱慕的，便不是真美术，也就不是真的学生自治。所以学生自治，必须办到一个地位，使凡参与和旁观的人，都觉得他宝贵，都不得不欣赏他，爱慕他。办到这个地位，才算是高尚的人生美术，才算是真正的学生自治。

注释

① 自动主义　20世纪初盛行于中国的教育新思潮之一。它强调学生自学、自强、自治。以学生自动为主，教师则加以指导。

我们对于新学制草案应持之态度*

第七届全国省教育会联合会[①]，拟订学制草案，征求全国意见，以为将来修正实施之准备，立意甚好。“壬子学制”[②]，经十年之试验，弱点发见甚多。近一二年来，教育思潮猛进，该学制几有不可终日之势。故此次所提草案，确是适应时势之需求而来的。我们对于这应时而兴的制度，究竟要存何种态度？我以为建设教育，譬如造房屋；学制，譬如房屋之图案。想有适用的房屋，必先有适用的图样。这图样如何能画得适用？我以为画这图的人，第一必须精于工程。第二假使所造的是图书馆，他必定要请教图书馆专家；科学馆，必定要请教科学专家；纱厂，必定要请教明白纱厂管理的人；舞台，必定要请教明白管理舞台的人。有这两种人参议，才能斟酌损益，画出最适用之图样。制定学制，也可以应用这理。不过学制包括的范围更广，所应询问的方面更多了。此次全国省教育会联合会，征集各省教育界的意见，就是为了要顾到各方面的情形。所以我觉得凡对于学制有疑问、有反对、有主张的，都应提出充分讨论、研究、实验，使将来修正之后，各方面之教育，都有充分发展之机会。换句话说，虚心讨论、研究、实验，以构成面面顾到之学制，是我们对于学制草案应有之第一个态度。

* 本篇原载1922年1月《新教育》第4卷第2期。

建筑最忌抄袭：拿别人的图案来造房屋，断难满意。或与经费不符，或与风景不合，或竟不适用。日后懊悔，损失必多[③]。我国兴学以来，最初仿效泰西，继而学日本，民国四年取法德国，近年特生美国热，都非健全的趋向。学来学去，总是三不像。这次学制草案，颇有独到之处。但是不适国情之抄袭，是否完全没有？要请大家注意。诸先进国，办学久的，几百年；短的，亦数十年。他们的经验，可以给我们参考的，却是不少，而不能采取得益的，亦复很多。今当改革之时，我们对于国外学制的经验，应该明辨择善，决不可舍己从人，轻于吸收。这是我们对于研究新学制草案应有的第二个态度。

为造新房绘图易，为改旧房绘图难。因为改旧房时，须利用旧房，以适合改造之需要。然旧房有可利用的；有断不可利用的；有将来要拆而改造时，不得不暂行存留的。这都是绘图的人，应加考虑的事。我们的旧学制，多半应当改革；但因国中特别情形，或亦有宜斟酌保存之处。大凡改制之时，非旧制遭过分之厌恶，即新制得过分之欢迎。这两种趋势，都能使旧制中之优点，处于不利之地位。所以我们欢迎新学制出现的时候，也得回过头来看看掉了东西没有。这是我们对于新学制草案应有的第三个态度。

图案是重要的，但只是建筑房屋的初步。学制是重要的，亦只是建设教育的初步。徒有学制，不能使人乐学；也如徒有图案，不能使人安居。如何使纸面上的图案，变成可以安居之房屋；与如何使纸面上之学制，变成最优良最有效率之教育，是一相仿的事业。不知要费几许金钱、脑力、时间去经营，才能成就我们所想成就的。我们切不可存学制一定即了事的观念。我们更要承认学制以后之事业问题是无穷尽的。无穷尽的事业，要我们继续不已的去办理他。无穷尽的问题，要我们继续不已的去解决他。所以学制虽是个重要问题，但只是前程万里的第一步。他原来是如此，就应如此看待他。这是我们对于新学制草案应有的第四个态度。

总之，当这学制将改未改之时，我们应当用科学的方法、态度，考察社会个人之需要能力，和各种生活事业必不可少之基础准备，修正出一个适用的学制。至于外国的经验，如有适用的，采取他；如有不适用的，就回避他。本国以前的经验，如有适用的，就保存他；如不适用，就除掉他。去与取，只问适不适，不问新和旧。能如此，才能制成独创的学制——适合国情，适合个性，适合事业学问需求的学制。

注释

① 全国省教育会联合会　即全国教育会联合会，由各省教育会及特别行政区教育会组成，1915年5月成立。1921年10月26日至11月7日，该会第七届年会在广州召开，研究讨论新学制问题，通过了新学制系统草案。该会共举行过11次年会，对旧中国的教育改革产生了一定的影响。

② 壬子学制　壬子年（1912年）9月，教育部公布了《学制系统方案》，称"壬子学制"。继又陆续颁布各种学校法令，次年又综合上述两方面之内容，发布"壬子、癸丑学制"，通称"壬子学制"。该学制实行至1922年。

③ 此句在《新教育》第4卷第2期发表时为"以后虽悔，损失已多"。

南京安徽公学办学旨趣*

南京在前清为两江之都会，和安徽有密切的历史关系；就地理说，又和安徽十分接近。中国兴学以来，南京即为全国教育中心之一。安徽的学者和学子来此传道受业的，素来很多。前清即有上江公学[①]之设，民国成立后因故停办，殊为憾事。五四以后，安徽学潮屡起，学生不能安心肄业，纷纷投到南京求学的，源源不绝。但南京学校格于种种限制，有志有才的学生不免向隅。安徽旅宁同乡会和旅宁同学会，看此景况，深表同情，就联合起来共谋上江公学之恢复，于十二年秋季开学，改名为南京安徽公学[②]。所以，安徽公学的设立，是迫于一种不能自已的同情心。因为安徽旅宁前一辈的人，对于后一辈的少年，发生了一种学问上的同情心，才有安徽公学的产生。

有了这种同情的基础，所以我们最注重师生接近，最注重以人教人。教职员和学生愿意共生活，共甘苦。要学生做的事，教职员躬亲共做；要学生学的知识，教职员躬亲共学，要学生守的规矩，教职员躬亲共守。我们深信这种共学、共事、共修养的方法，是真正的教育。师生有了共甘苦的生活，就能渐渐的发生相亲相爱的关系。教师对学生，学生对教师，教师对教师，学生对

* 本篇原载1924年12月8日申报馆《教育与人生》第60期，题名《南京安徽公学创学旨趣》。载入《十年来之南京安徽中学》一书时，题为《本校创立旨趣》。作者将此文收入本集时，改用现名。

学生，精神都要融洽，都要知无不言，言无不尽。一校之中，人与人的隔阂完全打通，才算是真正的精神交通，才算是真正的人格教育。

在共同生活中，教师必须力求长进。好的学生在学问和修养上，每每欢喜和教师赛跑。后生可畏，正是此意。我们极愿意学生能有一天跑在我们前头，这是我们对于后辈应有之希望。学术的进化在此。但我们确不能懈怠，不能放松，一定要鞭策自己，努力跑在学生前头引导学生，这是我们应有的责任。师道之可敬在此。所以我们要一面教，一面学。我们要虚心，尽量接受选择与本职本科及修养有关系之学术经验来帮助我们研究。要教学生向前进、向上进，非自己努力向前进、向上进不可。

安徽公学是个贫穷的学校。办贫穷的学校如同管贫穷的家事一样。用一文钱，必问："这一文钱该用吗？"费一分光阴，必问："这一分光阴该费吗？"光阴与钱都有限，该用才用，不该用必不用；用必尽其效。爱惜光阴，就是不为无益害有益；将无益的时间腾出，则从事有益的时间有余裕了。然后学生可从容问学，怡然修养，既不匆忙劳碌，那身心也就自然渐渐的有润泽了。节省经费，不是因陋就简，乃是移无用为有用。我们既不甘于简陋，来源又不易开，要想收相当的效果，自非革除浪费不为功。用最少的经费，办理相当的教育，是我们很想彻底努力的一个小试验。

现今办学的人，每存新旧宽严之见。我们只问是非好坏，不问新旧宽严。是的、好的，虽旧必存；非的、坏的，虽新必除。应宽则宽，应严则严。随时、随地、随人而施教育，初无丝毫之成见。我们承认欲望的力量，我们不应放纵他们，也不应闭塞他们。我们不应让他们陷溺，也不应让他们枯槁。欲望有遂达的必要，也有整理的必要。如何可以使学生的欲望在群己相益的途径上行走，是我们最关心的一个问题。总之，必使学生得学之乐而耐学之苦，才是正轨。若一任学生趋乐避苦，这是哄骗小孩的糖果子，决不是造就人才的教育。

最后，我们要谈谈我们心中所共悬而藉以引导我们进行的目标。

一，我们都是学生，教师的一部分生活也是学生，就要负学问的责任。做学问最忌的是玄想，武断，尽信书，以差不多自足，以一家言自封。我们要极力的锻炼学生，使他们得到观察，知疑，假设，试验，实证，推想，会通，分析，正确，种种能力和态度，去探求真理的泉源。简单些说，我们研究学问，要有科学的精神。

二，我们是物质环境当中的人。我们对于四周的环境，最忌是苟安，同流合污，听天由命，不了了之。有进取性的人，对于环境总想加以改造。但是驱着乌合之众，叫嚣乱斫，何能算得改造呢。我们应当秉着美术的精神，去运用科学发明的结果，来支配环境，使他们现出和谐的气象。我们要有欣赏性的改造，不要有恐怖性鬼脸式的改造。换句话说，我们改造环境，要有美术的精神。

三，我们不但是物质环境当中的人，并且是人中人。做人中人的道理很多，最要紧的是要有“富贵不能淫，贫贱不能移，威武不能屈”的精神③。这种精神，必须有独立的意志，独立的思想，独立的生计和耐劳的筋骨，耐饿的体肤，耐困乏的身，去做那摇不动的基础。近今国人气节，销磨殆尽，最堪痛心。倘不赶早在本身和后辈身上培植一种不可屈挠的精神，将何以为国呢？至于今日，少数具有刚性的领袖，又因缺少度量，自取失败，并以此丧失国家的元气，至为可惜。那末推己及人的恕道，和大公无我的容量，也是做人中人的最重要的精神。把这几种精神合起来，我找不到一个更好的名词，就称他为大丈夫的精神罢。我们处世应变，要有大丈夫的精神。

科学的精神，美术的精神，大丈夫的精神，都不是凭空所能得来的。我们要在“必有事焉”上下手。我们要以“事”为我们活动的中心。研究学问要以事为中心，改造环境要以事为中心，处世应变也要以事为中心。我们要用科学的精神在事上去求学问，用美术的精神在事上去谋改造，用大丈夫的精神在事上去锻炼应变。我们愿意一同努力朝着这三个目标行走。活一天，走一天；活到老，走到老。

注释

① 上江公学　光绪三十年（1904年），安徽人汪菊友、陶寿民、李希白等创办安徽旅宁公学，校址在南京上江考棚内。次年更名为上江公学，1912年又易名为安徽旅宁中学，后因故停办。

② 南京安徽公学　1923年9月由陶行知、姚文采创办，初名安徽公学，1928年4月立案时改名安徽中学，分初、高中二部，高中仅设普通科。陶行知、姚文采先后任校长，今南京市第六中学校园内有“行知馆”，以为纪念。

③ “富贵不能淫，贫贱不能移，威武不能屈”　见《孟子·滕文公下》，是说富贵不能荡其心，贫贱不能变其节，威武不能挫其志。

半周岁的燕子矶国民学校*

——一个用钱少的活学校

燕子矶国民学校的官名叫作北固乡区立第一国民学校，设在南京神策门[①]外的燕子矶，离神策门约有十三里的路程。这个学校已经开了好多年，但他的新生命的起点是在今年正月。那时丁超调任这校校长，从事改造，为他开一新纪元。我们说他为半周岁，就是为这个新纪元说的。我参观这个学校是和本社乡村教育研究员、东南大学乡村教育教授赵叔愚先生同去的。我们走进这个学校，四面一望，觉得似曾相识。因为我们在这里所看见的都是我们心目中所存的理想，天天求他实现而不可得，不料在这个偏僻的地方遇到，真是喜出望外。现在我要把我们参观所得的，报告出来，公诸同好。

校长是一个学校的灵魂。要想评论一个学校，先要评论他的校长。丁校长是陆军小学出身，并经过甲种师范讲习科的训练。未任本校职务之前，曾在尧化门国民学校充任校长八年，著有成绩。我们看他的人，听他的话，察他的设施，觉得他是个天才的校长。他能就事实生理想，凭理想正事实。他有事实化的理想，理想化的事实。他事事以身作则。他是教员的领袖，学生的领袖，渐渐的要做成社会的领袖。

这个学校不但教学生读书，并且教学生做事。做什么？改造

* 本篇写于1924年7月，载1924年8月4日申报馆《教育与人生》第42期。

学校！改造环境！学生是来读书的，教他做事，自己不情愿，父母不情愿。这是第一个难关。教员是来教书的，要他教学生做事，固不情愿，实在也是不会。这是第二个难关。教学生读书易，教学生做事难。如何打破这两道难关？一要身教，二要毅力。丁校长教学生做事的成功也是在这两点。他起初的时候，整天拿在手里的是钉锤和扫帚。所以那时有人讲他是位钉锤校长、扫帚校长。但是久而久之，教员跟他拿钉锤扫帚了，学生也跟他拿钉锤扫帚了。教员变做钉锤扫帚的教员，学生也变做钉锤扫帚的学生了。丁校长于是开始偕同教员学生合力改造学校，改造环境。

校址是在一个关帝庙里，关公神像之外还有痘神、麻神等等。这些神像已经把课堂占去了大半个。丁校长一方面要教课堂适用，一方面要免去地方反对，就定了一个保存关公，搬移杂神的计划。他就带领学生为关公开光，把神像神座洗刷得焕然一新，并领学生们向关公恭恭敬敬的行礼。他再同教员学生把这些杂神的神像移到隔壁的庙里摆着。他们又把那个庙打扫得干干净净，把这些杂神安排得妥妥当当，大家也行个礼。杂神搬出之后，这个课堂又经过了一番洗刷，加了些灰粉，居然变了一个很适用的教室。村里的人看见关公开了光，杂神安排得妥当，又听见学生报告向神行礼的一番话，不但不责备校长，并且称赞校长能干。

校内干好了，进而求环境的改良。燕子矶即在近旁，他就带领学生栽树，从门口栽到燕子矶顶上，风景一变。造林场栽树，十活一二。丁君栽树，栽一棵活一棵，也是他从经验中得来的。燕子矶坡上因有人时倒垃圾，太不洁净，丁校长就领学生们把所有的垃圾扫除一空。村民不知卫生，仍是时常把垃圾倒在此处。但村民一面倒，他就一面扫；村民倒一回，他就扫一回。后来邻居渐渐的出来责备倒垃圾的人，燕子矶头从此清洁了。

教学生做事的第一个影响就是全校无事不举；屋角上，桌缝里都可以看见精神的贯注。第二个影响就是用不着用人做事：打扫，泡茶，及一切常务都是大家分任，所以这个学校没有门房，没有听差，没有斋夫。第三个影响就是学生得了些合乎生活需要的学问：学生在学校里既肯做事，会做事，在家里也肯做事，会做事了，父母因此也很信仰学校了。第四个影响就是省钱：这个学校连校长有四位职员，五级学生共有一百二十四个人，但每年只花费公家六百二十四元钱，平均每个学生只费五元钱，学费是一文不收的。这是何等的省钱啊！省钱不为希奇，省钱而有这样的成效，却是难能可贵的。

公家经费只有此数，设备一项宜乎因陋就简了。然而照我们所观察，比同等的学校好得多。就图书而论，这个学校里有教员参考书二十余种，学生读物四十余种，可谓选得妥当。

我见学生读物摆得有条有理，就问他买书的钱怎样来的。校长说每逢年节、午节、秋节，学生例送节敬，我们却之不情，就拿来买些书给大家读读。再，学生有一种储蓄买书的办法：每天储蓄一两个铜板，我们就把这笔钱拿来代学生买书。这是一种大家买书大家看的办法。每人出几角钱，就可得几十块钱的书读。出校的时候，学生还可把自己的书带回去，这是穷学校阅书最好的办法。

我再举一个例。学生喝茶的茶杯总要每人一个才合卫生之道。平常小学都是用公共茶杯，很不妥当。燕子矶国民学校却是每生一个茶杯。每人从家里带一个茶杯来，放在学校里，自己洗，自己管，自己用。茶水每人每星期出铜板两枚合办。茶水是公共的，茶杯是个人的，都是由学生自备的。

这个学校的教职员是很勤劳的。校长自己也教四堂。校长薪金每月二十元。教员薪金十四元的一人，十二元的一人，六元的一人。他们星期日只放半天学，暑假完全不放，学生在学校里补习各种家常实用的功课。燕子矶多水，父母不放心，所以不大愿意学校放假。学校肯得依从父母有理性的心理，所以很得社会信仰。

平常办学，学校自学校，社会自社会，不要说联络，连了解也说不到。丁校长接事只有半年，对于燕子矶社会情形，了如指掌。他并能得地方公正绅士之信仰和帮助。学校因此无形中消除了好多障碍。

这个学校还给了我们一个很重要的暗示：乡村学校最怕的是教职员任职无恒，时常变更。在这种情形之下，研究、设施都不能继长增高，真是可惜。丁先生所以能专心办学，一部分也是因为他的夫人能够和他共同努力。他的夫人也是本校的教员，特别担负女生的责任。他在这里服务是带一半义务性质。他们所组织的俭朴家庭同时是乡村家庭的模范。我想未来的乡村学校最好是夫妻合办。如果男师范生和女师范生结婚之后，共同担负一个小乡村的改造，也是人生一大快事，并是报国的要图。

我们再看看这个学校普通的进步：去年校中只有学生七十八人，今年已经加到一百二十四人；去年女学生寥寥无几，今年因丁夫人[②]之教导，已经有三十余人了；去年本地有私塾四所，现在只有一所了。由此可见这半年进步敏捷之一斑。

现在办学的时髦方法：一是要求经费充足。有钱办学不算希奇，我们要把没有钱的学堂办得有精彩，才算真本领。二是聘请留学生做教授。有西洋留学生更好，西洋留学生中有硕士、博士头衔的更为欢迎。这个偶像是要打破的。像燕子矶这样一个学校，西洋博士能否办得起来还是一个问题；容或办得起来，我却没有看见过。

这个学校是有普遍性的。他可以给一般学校做参考。他也有缺点，但只是时间上的问题。我们很希望大家起来试试这种用钱少成绩好的活教育。

叔愚先生和我对于这天的参观，觉得快乐极了，也受了无限的感动。回时路上遇了大雨，一身都是水了。只听着叔愚先生连说：“值得！值得！值得！”

注 释

① 神策门　明代洪武年间所建南京城十三门之一，1928年改称和平门。

② 丁夫人　即丁超夫人。

评陈著之《家庭教育》*

——愿与天下父母共读之

此书为东南大学教育科丛书之一，系近今中国出版教育专书中最有价值之著作。全书分十二章，立家庭教育原则一百零一条。前两章述儿童心理及普通教导法，为提纲挈领之讨论；后十章都是拿具体的事实来解释各项建议之涵义。在这书里，小孩子从醒到睡，从笑到哭，从吃到撒，从健康到生病，从待人到接物的种种问题，都得了很充分的讨论。这些讨论对于负家庭教育责任的，都有很具体的指导。

书中取材的来源不一，但有一个中心：这中心就是陈先生的儿子一鸣[①]。著者在《自序》中曾声明各项材料之来源，但未指明一鸣就是这本书之中心人物。倘使我们把这本书从头到尾读他一遍，就觉得这是无可怀疑的。一百多条举例当中，在一鸣那儿来的，就占了七十三条之多。其余的事实只可算为陪客。陈先生得了这个实验的中心，于是可以把别人的学说在一鸣身上印证，自己的学说在一鸣身上归纳。据他自己所说，我们晓得《佛戴之教育》（The Education of Karl Witte）[②]一书对于他研究家庭教育这个问题是很有影响的。佛戴小时通五国方言，九岁进大学，十四岁得哲学博士，十六岁得法律博士并任柏林大学教授；都是他的父亲大佛戴的教育理想之实现。一鸣就是陈先生的佛戴，

* 本篇原载1925年12月11日《新教育评论》第1卷第2期。

《家庭教育》一书就当作《一鸣之教育》看也是可以的。

郑宗海氏的《序文》上说：“我阅过之后，但觉珠玑满幅，美不胜收，有数处神乎其技，已臻乎艺术的范域。”这种称赞并不过分。我现在要举一两个例来证明陈先生的艺术化的家庭教育。当他讨论游戏式的教育法时，他举了下面一个例：

> “今天（十三年四月十八日）下午我手里拿着一只照相机，叫我的妻子把我们的女儿秀霞放在摇椅里。预备要替他拍照的时候，一鸣就捷足先登，爬到椅子里去，也要我替他拍照。我再三劝告他，他总不肯。后来，我笑嘻嘻地对他说：‘一鸣！你听着！我叫一、二、三；我叫“三”的时候，你就爬出来，爬得愈快愈好。’他看见我同他玩，也很高兴地答应我。歇了一歇，我就一、二、三地叫起来，说到“二”的时候，他一只足踏在椅子的坐板上，两只手挨在椅子边上，目光闪闪地朝我看着。等我说到‘三’的时候，他就一跃而出，以显出他敏捷的样子。”（《家庭教育》三五面）

一鸣三岁大的时候，陈先生要一鸣把东西玩好以后，整理好放在原处。一鸣不依，他就想了下面说的一个法子：

> “后来我对他说：‘我帮助你一同弄。’我就‘海荷’‘海荷’的叫着，替他整理起来；他看见我已经替他整理好，也‘海荷’‘海荷’的叫着，把书籍搬到他的书架上去了。”（《家庭教育》九五面）

他讨论小孩子为什么怕，为什么哭的时候举了两个例，也可以显出他神乎其技的教育法：

“我同一鸣（一岁零十个月）在草地上游玩的时候，他看见一只大蟾蜍，就举起手来向着后退，并且喊叫说：‘咬！咬！’我走过去，在地上拾了一根棒头轻轻地去刺着那只蟾蜍说：‘蟾蜍你好吗？’后来他拿了我的棒头也去刺刺看，但是一触就缩回，仍显出怕的样子，但比当初好得多了。”（《家庭教育》九五面）

“有一天，我带一鸣（一岁零三个月）到东大附小去看小学生做戏。做戏的小学生们共有三百多人，戏做得很好，观戏的人大家都鼓掌。在这个当儿，小孩子应当发生惧怕，但我一抱一鸣进门，就笑嘻嘻地对他说：‘你看这里许多小孩子。’后来看见小孩子要鼓掌的时候，我就对他说：‘我们也来拍掌。’他一听见小孩子拍掌，也就欢欢喜喜地鼓起掌来。”（《家庭教育》九五面）

父母不会教养，小孩子不晓得要冤枉哭多少回。在这种家庭里面，小孩子早上醒了要哭，吃乳要哭，穿衣服要哭，换尿布要哭，洗脸要哭，拭鼻涕要哭，看见生人要哭，喊人抱要哭，讨糖吃要哭，跌了要哭，睡时脱衣服要哭，一天平均总得要哭十几回。估计起来，全中国六岁以下的小孩子每年流的眼泪该有两万万斤。如果做父母的肯像陈先生这样细心教导儿童或是采用陈先生的教导方法，我敢说，小孩子的眼泪是可以省掉一万万八千万斤咧。

陈先生写这本书有一个一贯的主张。这个主张就是做父母的对于子女的教育应有一致的措施。中国家庭教育素主刚柔并济。父亲往往失之过严，母亲往往失之过宽。父母所用的方法是不一致的。虽然有时相成，但流弊未免太大。因为父母所施方法之宽严不同，子女竟至无所适从，不能了解事理之当然。并且方法过严则易失子女之爱心，过宽则易失子女之敬意。这都是父母主张不一致的弊病。陈先生此书所述各种教育方法，或宽或严，都以事体的性质为根据，不以施教育的人为转移。他和他的夫人对于一鸣的教育，就是往这条路去走的。我们看他教一鸣，觉得他是个母亲化的父亲，姊姊化的父亲，但他从没有失掉父亲的本色。

这本书出来以后，小孩子可以多发些笑声，父母也可以少受些烦恼了。这本书是儿童幸福的源泉，也是父母幸福的源泉。著者既以科学的头脑、母亲的心肠做成此书，我愿读此书者亦务须用科学的头脑和母亲的心肠去领会此书之意义。我深信此书能解决父母许多疑难问题，就说他是中国做父母的必读之书，也不为过。这本书虽有许多贡献，但还是初步试验的成绩。有志儿童幸福者，倘能拿此书来做个基础，再谋进一步的贡献，那就更是我们所希望的了。

注释

① 一鸣　陈鹤琴之子陈一鸣。

②《佛戴之教育》　其德文原版藏哈佛大学图书馆。2002年5月京华出版社出版了增订的中译本，现书名译为《卡尔·威特的教育》。本书记载了小卡尔·威特14岁前的成长过程及大卡尔·威特独辟蹊径的教育方法。该书写于1818年，是世界上论述早期教育的文献。

国画也要提倡了*

上月十九日至二十四日为上海美术专门学校举行国画展览会之期。该校校长刘海粟先生做了一篇宣言叫做《昌国画》，我看了，不禁为中国美术前途贺。中国人画中国画，自是当然之事，现在也要提倡了，岂非奇事！仔细想来，这又何足为奇，中国文化那一样不是弄到这步田地呢？

近年来，我参观学校时最觉得伤心的一件事，就是到处所见的学生图画作品，一百分之九十九是非驴非马的西洋画。五年前我陪杜威夫人参观的时候，她很严重的批评说："放弃固有的艺术去干这种三不像的外国画，断断乎是条走不得的错路。"

学画要想学得好，必得有四种要素；一是自己的天才，民族特长在个人身上之表现；二是名师的指点；三是名画之临摹；四是自然之薰染。在中国学校里学外国画，这四种要素，简直是一无所有，那能学得好呢？若学国画，则自己的天才本来相近，名师之指点及名画之临摹，机会都比学外国画多得多。至于自然之薰染，则山川美景，触目皆是，更不必说了。在这种情形之下，倘能努力进修，不难在艺术上占一地位。我不是反对学外国画，我所反对的是三不像的外国画，是在无外国生命精神之环境里学补字纸篓的外国画。看中国人画的西洋画，好像吃中国式的番

* 本篇原载1926年1月15日《新教育评论》第1卷第7期。

菜，或美国式的杂碎，很难说得到欣赏。我很希望全国画家抱着“文艺复兴”的宏愿为国画开一新纪元。我更希望全国艺术教员还是自寻路走，不要蒙起头来跟人瞎跑。

整个的校长*

去年我对南开中学学生演讲《学做一个人》，曾经提出五种“非整个的人”，内中有一种就是分心的人。分心的人是个命分式的人，不是个整个的人。整个的人的中心，只放在一桩主要的事上。他的心分散在几处，就是几分之一的人。这类人包括兼差的官吏，跨党的党人，多妻的丈夫。俗语说“心挂两头”，就是这类人。这类人是命分式的人，不是整个的人。

做一个学校校长，谈何容易！说得小些，他关系千百人的学业前途；说得大些，他关系国家与学术之兴衰。这种事业之责任不值得一个整个的人去担负吗？现在不然。能力大的人，要干几个校长。能力不够或时间不敷分配的，就要找几个人，合起伙来共干一个校长。

我要很诚恳的进一个忠告：一个人干几个校长，或几个人干一个校长，都不是整个的校长，都是命分式的校长。试问，世界上有几个第一流的学校是命分式的校长创造出来的？国家把个整个的学校交给你，要你用整个心去做个整个的校长。为个人计，要这样才可以发展专业的精神，增进职务的效率。为学校计，与其做大人名流的附属机关，不如做一个学者的专心事业。具体的说，去年教育部所开的总长兼校长和校长兼校长的例不但不应沿

---

* 本篇原载1926年2月5日《新教育评论》第1卷第10期。

袭，并且应当根本铲除。我希望现在以总长兼校长的诸公都自动的辞去总长或校长，以校长兼校长的诸公都自动的以担任一校校长为限。至于某大学设立会办一层，似有几人合做校长之情形；此种新例，亦不可开。总之，为国家教育计，为个人精力计，一个人只可担任一个学校校长。整个的学校应当有整个的校长，不应当有命分式的校长。

天将明之师范学校*

——江宁县立师范学校半日生活记

我是天将明的时候动身去参观江宁县立师范学校的，我亲眼看见这个学校天将明的生活，觉得这个学校要天明了，也觉得中国的真正师范教育要天明了。中国的师范教育过了二十多年的黑夜生活，到了现在居然要天明了，要看见阳光了，要吸收朝气了，真是爽快啊！

这个学校设在南京南门外[①]，我由丁兆麟[②]先生介绍，于十月五日偕本社乡村教育研究员赵叔愚、邵德馨二先生前去参观。到了学校门口，看见学生在那儿买柴。有一个学生和一个卖柴的人抬着，又一个学生在那儿看秤上的戥码。好一幅学生买柴图！走进门口，找不着号房。本来号房是城里学校装门面的，乡下要他做甚！恰好有个学生在那儿，我就把名片交给他，请他送去递与校长。校长徐卓夫先生即刻出来接见，谈了十分钟，其中最感动人的一段话就是："我有了改革本校的决心，就去聘请尧化门小学校长宋鼎先生来任本校训育主任及学生活动指导员。第一次不答应，第二次再去请；第二次不答应，第三次又去请。这次走到尧化门，凑得不巧，宋先生到了燕子矶去了。我就在大风大雨之下走到燕子矶去找宋先生，弄得像在泥里打滚出来的一样。宋

* 本篇原载1926年10月22日《新教育评论》第2卷21期。又载同年11月5日《徽音》第29、30期合刊。

先生看这情形也就答应了。”徐校长叙述这段话的时候，眼眶里泪汪汪的，显出很悲壮的样子。此时一面谈，一面走，到院子里一看，宋先生正领着十来个学生在那儿整理校景。宋先生看见我来了，非常欢喜的说：“先生从前在江苏省教育会所说的乡村标准校长的三层资格，我们就拿到这里来实行了，我们每天天没有亮就起来过这农夫的生活，大家都快乐的了不得。”是的，我看他们很像活神仙。写到这里，大家似乎愿意要晓得我所讲的乡村标准校长。九月中旬，江苏省教育会邀集研究乡村教育及办理乡村学校的人在南京贡院开会，讨论标准乡村学校。我发表了一点意见说：“乡村标准学校最需要的就是标准校长。乡村标准校长应当有三层资格：一、他要有农夫的身手；二、他要有教师的头脑[③]；三、他要有社会改造家的精神。”宋先生那天也曾列席会议，他竟拿这话来实地训练学生，这种见义勇为的精神，真令人钦佩不已。我看学生们在各处搬石头、挑瓦片、栽花除草，几疑学生就是农夫，农夫就是学生了。大家抖起精神来做得津津有味，丝毫没有假借。徐先生和我说：“我请了宋先生之后，还有些人说冷话，质问我‘为何找宋先生来，他有什么资格？’我回答他们说，‘他的资格就是尧化门小学。如果我的学生个个能把学校办成尧化门的样子，我也心满意足了。’社会里办事很难，现在还有这种冷酷的论调呢。”我劝他认定主张做去，人家好意的批评固然要虚心考虑，但成败、利害、毁誉可以置之度外。干了几年之后，闲话自然没有了。停一会，大家同到饭厅上去吃早饭。这里也是师生共食，和我们的南京安徽公学一样，所以我是很惯的。八点钟应当上第一堂课，徐校长及宋先生一定要我们演讲，我们只得遵命，赵、邵二先生和我都有演词。我一上讲台，眼见这些可爱的学生——未来的乡村校长、教员——心里就想到中国农民生活如何困苦，一般师范学校如何走入迷途，裨益农民子女之乡村学校如何稀少，徐校长之三顾茅庐，宋先生之以身作则，和正统派教育家对他们的冷笑态度，以致没有说两句话眼泪就滚了下来，全堂肃静无声，数分钟后才能发言。这是我第一次在讲坛上流眼泪，当时痛恨自己，不能制止，事后一想，为农民及乡村教育流几点眼泪也是应该的。

演讲后，即参观上国文课。这天学的是柳宗元的《捕蛇者说》。秦教员讲解得很有精神，很有趣味，所发之问也能启迪学生的思想。次一课为《中国农业历史》，也是秦先生教。乡村师范教历史固不宜以农业史为限，但这是属于课程问题。秦先生教这门功课也能引学生入胜。教毕，已经是十一时了。这是学习烹饪的时间。教练的是位钟先生，就是本校的事务员，从燕子矶小学过来帮忙的。我们到厨房里去参观他们的工作，只见钟先生和轮值的学生都穿了围裙在厨房做菜煮饭。只有一个校工在那儿帮助挑水、烧火。全校只有两个工人，还有一个是在农场上做粗工的。学生们看待烧饭做菜如同上课，也如同游戏，大家做得有滋有味的。徐校长说；“今年有个姓程的学生，到了乡村里去做教员，饿了两天，就是吃了不会煮饭的苦楚。以后的学生大致没有这种困难了。”从前科举时代虽然考的是八股文章，但因为考举要在考场里好多日子，自己不会煮饭肚皮就要挨饿；并因为要在路上旅行很长久的时间，对于好多别的技能如骑马、打拳、舞剑、缝纫等等都要在家里学会，父母才放心给他们出去。所以科举时代，秀才们所会的不但是八股，并且还有些日常生活的本领。现今学堂里的学生简直只学得一点洋八股，连这些日用的常识常能都不会了，岂是国家办学的真意吗？这个学校冒大不韪，辞退了厨司，要教员同学生穿着围裙做厨子，这是何等的勇气！正午饭菜做好了，就由学生送到饭厅上去，大家吃个快乐。我们不客气，也在这里同乐了一遭。每桌三大碗菜：一碗红烧肉，一碗炒白菜，一碗青豆煮豆腐。该校每星期吃两次荤，今日适逢荤期。这餐饭滋味很合口，材料很丰富，大家饱吃一顿。听说每月每人只费四块洋钱。学生说从前厨子做饭，既不好吃，又吃不饱，相形之下，想到昔日之苦，更觉得今日之乐了。我吃这餐饭，要向全国县立师范学校建议一两句口号。这口号就是：“不会种菜，不算学生”；“不会煮饭，不得毕业”。

我参观之后觉得有三种感触；一是该校有贫而乐的精神，从校长以及教员、学生都有这贫而乐的精神。全校四十人，每月只有经费二百元，已有两个月没有发了，这不是用钱很少吗？社会待他们虽然冷淡，但是他们并不因此灰心，他们只是勇往直前的奋斗。二是该校有学小学的虚心。我曾说过，“办中学要多学小学，少学大学”。办师范更应学小学。师范学校的职务是要采取优良小学的办法训练学生，以广流传。该校聘请尧化门、燕子矶两校教员帮助训练学生，不久必生绝大的效力。他们放弃了一般师范学校的空架子，宁可虚心受小学之指导，这种不耻下问的态度实是一切进步之母。三是该校有远大的前途，影响所及，可以为中国师范教育开一新纪元。他们有了灵魂，以后的发展只是时间问题，只是使此灵魂继长增高的活动出去就是了。他们有许多事业可以做。他们自从改革以来只有两个月的工夫，外面当然不能有惊人的成绩。但是照这样精神做下去，一年一定有一年的功效，做下去多少时候一定就有多少时候的功效。乡下教员要做的事，他们就拿来教学生学。凡事会做则乐，不会做则苦。寻常师范生以下乡为苦，多半因为他们不会做乡下教员要做的事。我深信这个学校继续照样办了三年，凡乡村教师应做的事，学生是可以无不会做，无不乐做的了。他们的学生当能在乡村里安居乐业，负担乡村生活改造的任务。如果这种精神可以普遍到全国的县立师范学校，我们全国乡村生活的改造事业就有希望了。天将明的中国师范教育！天将明的中国乡村生活改造！我晓得你们都要渐渐的随着天将明的江宁县立师范学校一一出现了。

注释

① 南门　即聚宝门，明朝南京十三门之一，即今中华门。

② 丁兆鳞　即丁超。

③“教师的头脑”　这是陶行知最初的提法，后来改称“科学的头脑”。

无锡小学之新生命*

——开原乡立第一小学一日生活记

今年九月，本社[①]聘请丁兆麟先生考察沪宁一带之乡村学校，以为改进乡村教育之根据。丁先生考察无锡小学二十余所之后，到昆山安亭和我会面，告诉我说："无锡开原乡有个学校叫做开原小学，办得很有精神。校长潘一尘先生听说你在无锡第三师范分校演讲一个费钱少的活学校，内中拿我们燕子矶小学来引证，就自己筹旅费到燕子矶来参观，后来又乘童子军会操的机会，带了学生来作第二次的参观。潘校长这种精神是最可钦佩的。我看他学校里一切设施，有的学东南大学[②]的附属小学，有的学无锡第三师范的附属小学或其他学校，原原本本都有根据，都足以代表校长虚心采纳的精神。但开原小学不但是效法他人的成法，并且有他独创的方法，独到的境界。"丁先生说了并劝我去参观。听了这番话，不消劝也要去参观了。这是我发愿去看开原小学的动机。

我于十月九日早晨六时半从无锡城里向开原乡出发，在西门外换车。车夫告诉我，开原乡有好几个学校，问我要到那个学校去。这一下却把我问倒了，因为丁先生并没有告诉我这个学校是在那个村庄。我想好的学校，参观的人必多，我就对车夫说：

---

* 本篇原载1926年11月26日《新教育评论》第2卷第26期及同年《教育季刊》第2卷第4期。作者将此文收入本集时，删去燕子矶小学的回信，现附于篇末。

“拉我到你常拉到的那个学校去罢。”车夫说；“我拉先生到河埒口去看看。”

车夫使劲跑了四十分钟，就到了河埒口，歇在一个学校门口。一看挂的校牌是“开原乡立第一小学”，向里一望，气象不凡，料想就是这里无疑。走进门一问，果然不错。随手拿了一张名片，托位学生代我递与潘校长。这个学校也没有门房听差了。我在应接室里坐着，一个学生送了一杯茶来，很有礼貌的说：“请先生用茶。”过了一分钟的光景，潘校长就出来接见。他曾在东吴大学[③]肄业二年，没有进过师范学校。他的教员都没有进过师范学校。他是凭他的天才和虚心研究态度在这里办学。他们没有好些师范生的成见，也没有好些师范生的空架子。我请他把他办学的经过历史、现在状况、未来计划详详细细的指示了一番。他最后说：“可惜今天没有功课。明天双十节全县学校开联合庆祝大会；今日开原乡学校就提前先开全乡学校联合庆祝大会。幸而地点就在本校，请先生在这里看看我们学生及全乡学生的活动。”我说：“这就是功课，怕比正式的功课还要有意思，有价值些。”

过了一刻钟，创办人蒋仲怀先生也来了。这个学校是蒋先生在光绪三十年创办的。蒋先生家就住在本村。他现任无锡县教育局长。他有个决心，要把他自己村里这个学校办好，使得全县学校可以得个标准。所以他对于这个学校的发展是很努力扶助指导的。

我看了校里筹备开会一定很忙，就请蒋、潘二先生让我一人自由参观。得了他们允许，我就在应接室考察各种表册。开原小学所备的表册，很有系统，很有意义，并且是应用尽用的，不像好多学校，只是把他们挂在那儿当作装饰品罢了。其中最令人注意的有几种：一是儿童所好教科之统计。这是俞子夷先生近年创办的调查。该校竟已效行，真是敏捷之至。二是儿童志向之统计。别的学校只是概括的分类，该校所调查之志向非常具体，例如愿做教员，习商，当兵，航海，外交，花行，航空，铁行，电灯厂，洋布厂，面粉厂，木匠，米行，银行，成衣匠，丝厂，钱庄，报关行，印刷业，猪行和大总统的学生都有。这种具体的调查很能给施教者一种重要的参考。三是毕业生状况之统计。该校对于毕业生之状况调查得非常明晰。毕业生对于母校感情也非常浓厚，将来后期小学之发展大半要出于毕业生之赞助。就我所亲见的小学校中论，与毕业生之联络怕要以该校为最密切，得毕业生的帮助也怕要以该校为独厚了。四是学生之课外自治事业之各种图表簿册。该校之学生课外自治事业有一个组织总其成。这个组织叫做新民村。新民村里的组织有村民大会、村务会议、村政厅、村议会、裁判所，以村长村佐总其成。村长就是校长。村中举办事业有原一商社、储蓄银行、新民旬刊社、童子军、博物馆、公园、农场、体育场，巡察团、卫生局、音乐会。这些事业每件都有一本簿子记录进行之状况。我一人在那里翻阅，把全村的生活都印入我的心中，好像照像一样，真是有味得很。其中最引我注意的可以略举几样说说。

（甲）在《裁判所日记簿》上最令人受感触的就是犯事的处分。学生裁判学生，往往处分比教员还严。该校常有的处分是“关夜课”，这和迟放学的意思差不多。受这处分的学生，下午四至五时须关在学校里不许出去。

（乙）《巡察团规程》里面最切实的是第八条巡察员的任务。

第八条　巡察员任务如下：

1. 禁止村民违禁行为，有违禁的随时拉了他，或抄他的姓名，报告团长办理。

2. 维持下列各行的秩序：

ㄅ　休息运动时的秩序；

ㄆ　整队出校时的秩序；

ㄇ　周会或其他集会时的秩序；

ㄈ　雨天取雨具时的秩序；

ㄉ　维持避灾练习时的秩序；

ㄊ　注意纠正村民行路时靠左走；

ㄋ　禁止村民休息时在课堂故意逗留胡闹；

ㄌ　其他。

3. 注意村民的行为，如有下面的情形，随时加以护导，比较重大的，报告当值监护教师处理：

ㄅ　忽然患病的；

ㄆ　受了伤的；

ㄇ　幼年同学号哭的；

ㄈ　一时失误的（如饮水弄湿衣服，无心损坏东西等）；

ㄉ　年幼同学的困难（如不明禁令，不能自着衣服等）；

ㄊ　收受遗失品送交团长管理；

ㄋ　执行其他各教员特别委托的。

（丙）在村民大会的《日记簿》上，看见一段最有趣的记录。这记录就是说，九月二十九日写信请燕子矶小学加入双十节之联合庆祝大会。我看了这条记录，就找该校关于这件事的来往信件。看了该校与燕子矶小学来往的信札，觉得这种小学生通信最足以促进学校间之合作，并给学生一种最有价值的发表及精神社交之机会。开原小学的信是周金耕、周映耕两个学生起稿的，承严颂虞给我抄来，披露于下：

诸位老师学长：

我们早已知道贵校的名字，并且和诸位精神上已有一种结合了；可是没有机会和诸位见面。日前你们丁老师到敝校来参观，我们得到他不少的指教，不知道丁老师平安抵校否？极念。

光阴如箭，不久又是国庆日了。敝校定于十月九日下午二时至五时，七时至九时，联络本地附近各校开庆祝大会。听丁老师说，贵校亦愿加入表演。倘蒙惠临加入，不但增光敝校，且可使敝县各校大大地兴奋一下。尚请预先通知，以便编入节目。仰着脖子等你们回音。专此，敬祝

学业进步

无锡开原一校全体敬启

九月二十九日

（注：回信附篇末。）

表册翻完之后，我就到校内各部参观。一切布置都很有条理，也很清洁。学生进出都是很有秩序的，靠左靠右都有一定办法。我看见一块蓝色的牌子，后面是红色，不晓得什么意思。校长就把红色一面翻过来，院子里的学生看见红色，即刻就从院里跑了出去；后来校长又把蓝色一面翻过来，学生又纷纷进到院子来了。我才知道红色蓝色不过是发号令的记号：蓝色是可以在院里的记号；红色是即刻出院，好像有危险来了的记号。院子里还有点表现科学原理的办法。他们用洋铁管就着屋檐水做成喷水泉。到下雨的时候，听说这个喷泉是很好看的，所费只有十二个铜元。这样办法很有苏州第二女子师范附属小学科学环境的趣味。图书馆有学生用书二十九种，共计二八六六册；教员用书四十五种，共计二六四九册。学生用书分十八个阶段，这是采取东南大学附属小学的办法。图书馆是由学生管理，分七股办事，即借书股、装订股、报章股、格言股、棋枰股、悬赏股、巡回文库股，很是井井有条。乡村小学图书馆就我所看过的，怕要以此为最好了。该校公园约有九八〇方尺，体操场约有四一四〇方尺，农场约有七八〇方尺。我走到农场的时候，有两位学生向我一鞠

躬，递了一封信给我，表示代表欢迎我的意思。我打开信一看，上面写的是：

陶先生：

我们在上午九时开一个欢迎会，为先生拂尘。请先生到会指导指导，幸勿推却。敬请

旅安

开原一校村政厅敬上

十月九日启

原来半点钟前，学生就在那里开会筹备欢迎。他们拟了秩序单，派定各人的职务，并推了两个学生起稿写这封信给我。同时也写了一封信给蒋仲怀先生，请他训话。过了十分钟光景，又有两个学生来，说是已经预备好了，要我们去指教。我就和蒋先生、潘先生一同去赴会。学生主席致欢迎词，唱歌，讲故事，然后由我演说。该校每周有周训。本星期的周训挂在那里，是“知行合一”四个字。这是我的老本行，我就拿“知难行易”和“知易行难”的道理引证具体活动比较讨论一番。蒋先生又把“知是必行”、“知非必去”八个字勉励他们，然后散会。这种小学生自己筹备、自己主持的欢迎会，真是我平生第一次最可纪念的经验。

会散之后，潘校长领我到一个邻村的学校去参观。参观毕，就到蒋先生家里去吃午饭。蒋先生送了我一张开原乡全图。这个图是今年六月测量的，就图上看来，一共有二十四个学校。全区学龄儿童五千零七十八人，入学男生有一千六百二十八人，未入学男生有一千七百九十四人；入学女生有三百八十人，未入学女生有一千二百七十八人。蒋先生说：“我想把这个学校办好，使得全乡的学校有所取法。”这是与我们“以学校化学校”的政策

不约而合。

下午两时回到学校来赴庆祝会。这是个联合庆祝会。这天到的有八个学校的学生，都有教职员率领来的。个个学堂教职员学生都有主动的参与。现在把这个联合国庆大会的节目单披露于后，俾能明白这些学校协作精神之一般：

国庆大会节目单　民国十五年十月十日

开会
锣鼓　开一④
国歌
开会辞
演讲
国语歌　开一
叠罗汉　双十节　公三
国技　公一
丝竹　公一、开一
人山　开一
双簧　绩成
国耻小曲　公一
叠罗汉国之纪念塔　公三
国庆问答　开六
京剧　化子拾金　绩成
可怜的秋香　唐氏
表情　双十节
叠罗汉　庆祝国庆　公三
国乐　县四
渔樵耕读　开一
寒衣曲　公一
休息

尽力中华　开一

麻雀和小孩　唐氏

木兰从军　公一

春天的快乐　歌剧　开一

葡萄仙子　歌剧　唐氏　公一　开一

滑稽舞

欢呼　开一

散会

我这天虽没有看见该校上课，但该校的生活我是看得充分，怕比看正式上课还要亲切些。从文字及谈话上，我晓得该校对于课业上一切设施是最用心的。他已经采用新学制。学级制只存其适应需要的部分，其余的都打破了。于是国语主分阶段，数学主分团。设计教学⑤及道尔顿制都酌量采用。他们要兼取各种方法之优点，不受一种方式之拘束。他们有一个决心，要使乡村小学的教学适应于教育新思潮。品行方面以《好儿童》为标准，借以发展儿童天赋之才能，使他们向着能作能为的大路行走。从这天的生活上看来，我推想该校教课训育各方面有相类的切实。该校还有一个志愿，这志愿就是要以少量的经费教育多数儿童。该校现有初级学生八十五人，经常费每年七百三十八元，平均每生教育费为八元七角；高级小学二十二人，经常费五百元，平均每生教育费为二十二元。我因为无锡生活程度不熟悉，不能判断该校所费之高下，但该校仍旧还是向经济的方面进行。

依我看来，西洋文化能补充东方文化的地方有两点：一是运用科学改造天然环境，二是运用社会组织以谋充分之协作。开原第一小学的最大特长就是有最敏捷、最切实的方法引导学生组织积极的活动。据说这里的教员也是同心协力的。中国的通病就是没有组织力，人数越多，越散漫。俗语说“一个和尚挑水吃，两个和尚抬水吃，三个和尚买水吃”，就是描写这种不能协作之景况。当这外患濒临的时候，国民没有伟大的组织便不能有伟大的抵抗，便不能有伟大的成就。我看了开原学校的团体活动，不禁为中国前途增加了好些希望。我希望个个学校都能得到这种精神，好为中国造就能组织、能团结、能为共同幸福从事共同活动之新国民。倘使这些学校既能培养团体生活，又能运用科学知识以改造天然环境，征服天然势力，那末，他们岂不成为更切需要、更合理想的学校吗？

注释

① 本社　指中华教育改进社。

② 东南大学　1921年成立，地址在南京高等师范学校内，校长郭秉文。1923年以后多次更名，1987年恢复原名。

③ 东吴大学　1881年，美国监理公会设中西书院于上海，1897年又设中西书院于苏州，1901年合称东吴大学，校址在上海、苏州两地。

④ 开一　无锡开原乡立第一小学的简称。以下公三、绩成等均为其他小学的简称。

⑤ 设计教学　即设计教学法，美国克伯屈等人所创。

附：燕子矶小学的回信

燕子矶小学接了这封信就于十月四日回了一封信，承周映耕当时给我抄了一封，也在下面披露：

诸位师长同学：

我们接到贵校的来信，所得的教训有两种：一种是帮助自省能力；一种是增加勉励精神。因为贵校的组织设施和各方面活动事业都是向新的精神和节省经济这两点目标上走，这是办活的经济教育，真堪佩服。而同时又不得不自己自省一下，因自省而得着的益处，确实不在少处啊！这是所得的教训一种。第二种呢，是增加勉励精神。因为既知道贵校真精神的所在，同时又不得不自己勉励勉励，所以我们十二分的情愿步贵校的后尘。至于贵校此次庆祝大会，以敝校的能力看起来，实在是不配加入和先进的贵县学校同时表演。这也不是敝校的客套话，是在实际上有些做不到的。此后敝校的师生，有相当的机会，要到贵校瞻仰一下。将来在精神方面，作大规模的合作运动，这实在是敝校的荣幸了。专此，

敬祝

学业进步

北固一校新农村村政厅启

十月四日

南京中等学校训育研究会*

南京中等学校近来组织了一个训育研究会，于本月九日开成立会，并于二十一日开第一次常会。这个研究会是由国立、省立、私立中等学校担任训育的职员组织而成的，可算是一个地方训育人员第一次对于训育问题之大协作。历来办学的人谈到学生品行问题就联想到宽严的观念。其实从前学校一味盲目的压制，近年学校一味盲目的放任，都是不应该走的错路。训育问题不是笼统的宽严问题。究竟什么事应当严？什么事应当宽？应当严的如何严法？应当宽的如何宽法？什么叫做严？什么叫做宽？我怕专在笼统的宽严问题上做工夫总寻不出什么条理来。所以希望担任训育的人，第一要打破宽严的观念，要在宽严以外去谋解决。真正的训育是品格修养之指导。我们要在“事”上去指导学生修养他们的品格。事应当怎样做，学生就应当怎样修养，先生就应当怎样指导。各种事有各种做法，指导修养之法也跟了它不同。同是一事，处不同之地，当不同之时，遇不同之人，那做的方法及指导修养的方法也就不能尽同了。怎样可以拿一个笼统的宽严观念来制裁他们呢？

训育上的第二个不幸的事体就是担任训育人员的消极作用。他们惯用种种方法去找学生的错处。学生是犯过的，他们是记过

* 本篇原载1926年11月5日《新教育评论》第2卷第23期。

的。他们和学生是两个阶级，在两个世界里活着，他们对于学生的困难问题漠不关心。我们希望今后办训育的人要打破侦探的技术，丢开判官的面具。他们应当与学生共生活、共甘苦，做他们的朋友，帮助学生在积极活动上行走。他们也不应当忘记同学互相感化的影响，最好还要运用同学去感化同学，运用朋友去感化朋友。

训育上还有个最不幸的事体，这事就是教育与训育分家，把教育看作知识范围以内的事，训育看作品行范围以内的事，以为学习知识与修养品行是受不同的原理支配的，甚至于一校之中管教务与训育者不相接洽，或背道而驰。殊不知学习知识与修养品行是受同一学习心理定律之支配的，我们如果强为分家，必至自相矛盾，必至教知识的不管品行，管品行的不学无术。所以我们希望担任训育的人要打破知识、品行分家的二元论，而在知识品行合一上研究些办法出来。

训育难办，中等学校的训育更难办，当今中国之中等学校训育尤其难办。然而难处即是有兴味处。他所以难是因为他问题繁多而复杂；他所以有兴味是因为他给我们研究的机会极丰富而不可限量。品行养成之要素是在一举一动前所下的判断。我们问题中之最大问题，是如何引导学生于一举一动前能下最明白的判断。这样一来，即刻牵涉到善恶、是非、曲直、公私、义利之分。这样一来，即刻牵涉到个人所处的地位、时会及发生关系的人。这样一来，问题可就多了，可就难了，可就真有兴味了。知道这里的难处，欣赏这里的兴味，才可以干训育的事。任训育者不是查房间、管请假、记大过、发奖品就算了事。他的最大责任是引导学生参与现代人生切要的生活，于一举一动前能下最明白的判断。全体教职员都有这个责任，即全体教职员都负有一部分训育上之任务，不过任训育者总其成罢了。

南京训育研究会的成立，就是一件很有价值的事。从此各人可以把实际的具体问题提出交换意见，共谋改进。最好是活动些，大家可以伸缩自如；不可勉强规定一致的办法，以致造成机械的、呆板的训育系统。这种会的贡献就在唤起各人之主动思想，倘使每人提出经验上发生的问题，叫参与讨论的人都不得不慎重考虑，去谋适当的解决，便是很有价值了。像这样的训育研究会才值得推广哩。

创设乡村幼稚园宣言书*

从福禄伯[1]发明幼稚园以来，世人渐渐的觉得幼儿教育之重要；从蒙梯梭利[2]毕业研究幼儿教育以来，世人渐渐的觉得幼稚园之效力；从小学校注意比较家庭送来与幼稚园升来的学生性质，世人乃渐渐的觉得幼儿教育实为人生之基础，不可不乘早给他建立得稳。儿童学者告诉我们，凡人生所需之重要习惯、倾向、态度，多半可以在六岁以前培养成功。换句话说，六岁以前是人格陶冶最重要的时期。这个时期培养得好，以后只须顺着他继长增高的培养上去，自然成为社会优良的分子；倘使培养得不好，那末，习惯成了不易改，倾向定了不易移，态度决了不易变。这些儿童升到学校里来，教师需费尽九牛二虎之力去纠正他们已成的坏习惯、坏倾向、坏态度，真可算为事倍功半。至于不负责的教师，那里顾得到这些。他们只一味的放任，偶然亲自看见学生做坏事，也不过给儿童一个消极的处分。于是坏习惯、坏倾向、坏态度蓬蓬勃勃的长，不到自害害人不止。这是必然的趋势。

有志儿童幸福的人和有志改良社会的人看此情形，就大呼特呼的提倡广设幼稚园。但提倡的力竭声嘶，而响应的寥若晨星。都市之中尚有几个点缀门面，乡村当中简直找不到他们的踪迹。

---

* 本篇原载1926年10月29日《新教育评论》第2卷第22期。

这也难怪，照现在的情形看来，幼稚园倘不经根本的改革，不但是乡村里推不进去，就是都市里面也容不了多少。

依我看来，现在国内的幼稚园害了三种大病；一是外国病。试一参观今日所谓之幼稚园，耳目所接，那样不是外国货？他们弹的是外国钢琴，唱的是外国歌，讲的是外国故事，玩的是外国玩具，甚至于吃的是外国点心。中国的幼稚园几乎成了外国货的贩卖场，先生做了外国货的贩子，可怜的儿童居然做了外国货的主顾。二是花钱病。国内幼稚园花钱太多，有时超过小学好几倍。这固然难怪，外国货那有便宜的。既然样样仰给于外国，自然费钱很多；费钱既多，自然不易推广。三是富贵病。幼稚园既是多花钱，就得多弄钱，学费于是不得不高。学费高，只有富贵子弟可以享受他的幸福。所以幼稚园只是富贵人家的专用品，平民是没有份的。

我们现在所要创办的乡村幼稚园，就要改革这三种弊病。我们下了决心，要把外国的幼稚园化成中国的幼稚园；把费钱的幼稚园化成省钱的幼稚园；把富贵的幼稚园化成平民的幼稚园。

一、建设中国的幼稚园

我们在这里要力谋幼儿教育之适合国情，不采取狭义的国家主义。我们要充分运用眼面前的音乐、诗歌、故事、玩具及自然界陶冶儿童，外国材料之具有普遍性、永久性的亦当选粹使用，但必以家园所出的为中心。

二、建设省钱的幼稚园

打破外国偶像是省钱的第一个办法。我们第二个办法就是训练本乡师资教导本乡儿童。一村之中必有一二天资聪敏、同情富厚之妇女。我们就希望他们经过相当训练之后，出来担任乡村幼稚园的教师。他们既可得一新职业之出路，又可使幼稚园之薪金不致超过寻常小学额数，岂不是一举两得？这些妇女中最可有贡献而应最先训练的，无过于乡村校长教员之夫人、姊妹及年长的女学生。他们受过训练之后，只要有人加以提倡，幼稚园就可一举而成。第三个办法就是运用本村小学手工科及本村工匠仿制玩具，如此办来，一个钱可以抵数钱之用。三个办法同时并进，可以实现省钱的幼稚园。

三、建设平民的幼稚园

幼稚园花钱既省，取费自廉，平民的儿童当能享受机会均等。教师取之乡间，与村儿生活气味相投，自易亲近。这两件事都可以叫幼稚园向平民方面行走。但一个制度是否真能平民化，要看他是否应济平民的需要。就我们所观察，乡村幼稚园确是农民普遍的永久的需求。试一看乡村生活，当农忙之时，主妇更是要忙得天昏地黑。他要多烧茶水，多弄饭菜，多洗衣服，有时还要他在田园里工作，那里还有空去管小孩子。那做哥哥做姊妹的也是送饭、挑水、看牛、打草鞋，忙个不了，谁也没有工夫陪小弟弟、小妹妹玩。所以农忙之时，村中幼儿不是跟前跟后，就是没人照应，真好像是个大累。倘使乡村幼稚园办的得当，他们就可以送来照料，一方面父母又可以免去拖累，一方面儿童又能快快乐乐的玩耍，岂不是“得其所哉”！小学儿童年龄较大，可以做事，农忙时颇能助父母一臂之力，要他上学，不啻减少农民谋生能力，所以有如登天之难。幼稚园则不然。他所招收的儿童，正是农民要解脱的担负，要他们进来，正是给农民一种便利。倘使办理得当，乡村幼稚园可以先小学而普及。幼稚园既是应济平民的需要，自有彻底平民化之可能。我们只须扫除挡路的障碍，使他早日实现就是了。

建设一个中国的、省钱的、平民的乡村幼稚园，不是一说就可以成功的。我们必须用科学方法去试验，必须用科学方法去建设。我们对于幼稚园之种种理论设施都要问他一个究竟，问他一个彻底。我们要幼稚园里样样活动都要站得住。我们要运用科学的方法来建设一个省钱的、平民的、适合国情的乡村幼稚园。将来全国同志起而提倡，使个个乡村都有这样一个幼稚园，使个个幼儿都能享受幼稚园的幸福，那更是我们所朝夕祷祝的了。

注释

①福禄伯　通译福禄培尔。

②蒙梯梭利　通译蒙台梭利。

我们的信条*

《我们的信条》虽是我用笔写的，但不是我创的。我参观诸位先生在学校里实际的工作，心里不由人起了好多印象，积起来共有十八项，我就依着次序编成这套信条。所以这是诸位先生自己原来的信条，早已接受实行，今日只是大家共同温习一遍，并下定决心，终身奉行，始终如一。

我们从事乡村教育的同志，要把我们整个的心献给我们三万万四千万的农民。我们要向着农民“烧心香”，我们心里要充满那农民的甘苦。我们要常常念着农民的痛苦，常常念着他们所想得的幸福，我们必须有一个“农民甘苦化的心”，才配为农民服务，才配担负改造乡村生活的新使命。倘使个个乡村教师的心都经过了“农民甘苦化”，我深信他们必定能够叫中国个个乡村变做天堂，变做乐园，变做中华民国的健全的自治单位。这是我们绝大的机会，也就是我们绝大的责任。

我们深信教育是国家万年根本大计。

我们深信生活是教育的中心。

我们深信健康是生活的出发点，也就是教育的出发点。

我们深信教育应当培植生活力，使学生向上长。

---

* 本篇系陶行知1926年11月在中华教育改进社特约乡村教师研究会第二次会议上的讲话。原载1926年12月10日《新教育评论》第3卷第2期。

我们深信教育应当把环境的阻力化为助力。

我们深信教法学法做法合一。

我们深信师生共生活，共甘苦，为最好的教育。

我们深信教师应当以身作则。

我们深信教师必须学而不厌，才能诲人不倦。

我们深信教师应当运用困难，以发展思想及奋斗精神。

我们深信教师应当做人民的朋友。

我们深信乡村学校应当做改造乡村生活的中心。

我们深信乡村教师应当做改造乡村生活的灵魂。

我们深信乡村教师必须有农夫的身手，科学的头脑，改造社会的精神。

我们深信乡村教师应当用科学的方法去征服自然，美术的观念去改造社会。

我们深信乡村教师要用最少的经费办理最好的教育。

我们深信最高尚的精神是人生无价之宝，非金钱所能买得来，就不必靠金钱而后振作，尤不可因钱少而推诿。

我们深信如果全国教师对于儿童教育都有“鞠躬尽瘁，死而后已”的决心，必能为我们民族创造一个伟大的新生命。

（民国十五年十一月二十一日中华教育改进社特约乡村学校——江宁县教育局管辖燕子矶小学、尧化门小学、巴斗山小学、江苏省立明陵小学——教职员在明陵小学开第一次联合研究会，由全体会员通过。）

中国师范教育建设论*

教什么？怎样教？教谁？谁教？这是师范学校的几个基本问题。要想把师范学校办得好，必须把这些问题先弄明白。

师范学校首先要问的是“教什么”，这是教材问题。施教的人不能无中生有，他必得要运用环境所已有的事物去引起学生之活动。所以遇了“教什么”这个问题，我们暂时可以下一句答语：有什么，学什么；学什么，教什么；教什么，就拿什么来训练教师。但是世界上有的东西，无计其数；所有的未必是所需要的。因此，我们姑且又要加上一句答语：要什么，学什么；学什么，教什么；教什么，就拿什么来训练教师。

所有和所要都知道了，我们立刻发生教法问题。我们要接着问一问“怎样教”，教的法子要根据学的法子，学的法子要根据做的法子。教法、学法、做法是应当合一的。我们对于这个问题所建议的答语是：事怎样做就怎样学；怎样学就怎样做；怎样教就怎样训练教师。

教什么和怎样教，决不是凌空可以规定的。他们都包含“人”的问题。这问题就是“教谁?”人不同，则教的东西、教的方法、教的分量、教的次序都跟着不同了。我们要晓得受教的人在生长历程中之能力需要，然后才晓得要教他什么和怎样教他；

---

* 本篇原载1926年12月3日《新教育评论》第3卷第1期。

晓得了要教他什么和怎样教他，然后才晓得如何去训练那教他的先生。

预备要做先生的是那种人？他对于教师职业的兴味、才能如何？他充当某种教师是否可以胜任愉快？现在实际在那儿当教师的是谁？师范学校所期望于他所训练的人才有多少能做适当的教师？这也是师范学校要考虑的问题。我们的建议是：谁在那儿教，谁欢喜教，谁能教得好，就应当训练谁。

就上面所说的，总起来看，我们知道，师范学校是要运用环境所有所需的事物，归纳于他所要传布的那种学校里面，依据做学教合一原则，实地训练有特殊兴味才干的人，使他们可以按着学生能力需要，指导学生享受环境之所有并应济环境之所需。这个定义包含三大部分：一是师范学校本身的工作，二是中心学校的工作，三是环境里的幼年人生活。这三大部分应当发生有机体的关系，使得他们的血脉可以流通，精神可以一贯。他们中间不当有丝毫的隔膜。一看这个定义，我们立刻晓得师范学校的出发点就是他所要传布的中心学校，中心学校的出发点就是环境里的幼年人生活。由此我们也就可以明白建设师范教育之历程。

环境里的幼年人生活既是中心学校的中心，我们首先就要把他弄个明白。我们要晓得幼年人在生长历程中有什么能力，有什么需要。我们虽不能完全知道，但是学者已经研究出来的，我们必须充分明了。幼年人不是孤立的，他是环境当中的一个人。环境对于幼年人的生活有两种大的力量：一是助力。自然界的光线、空气、食物、饮料，在常态之下，都是扶助人类生长的东西。社会里的语言文字、真知灼见以及别人的互相提携，也都有扶助我们生长的作用。二是阻力。例如狂风、暴雨、水患、旱灾、虫害种种，都是自然界与人为难的东西。社会方面的贪官、污吏、劣绅、土棍、盗贼以及一切不良的制度风俗，也是我们生长的挡路物。可是阻力倘不太大，可以化为助力。逆境令人奋斗，生长历程中发生了困难才能触动思想，引起进步。人的脑袋就是这样长大的，文明也是这样进化的。我们应当运用自然界和社会界的助力、阻力去培植幼年人的生活力，使他可以做个健全分子去征服自然，改造社会。因此，我们又要问自然界与社会界对于幼年人的生长有什么助力，有什么阻力，他们对于幼年人生长的贡献是什么？他们有什么缺憾要人力补天工之不足？一个环境对于幼年人生长之助力、阻力、贡献、缺憾，要具体的分析开来，才能指导教育的实施。倘使囫囵吞枣，似乎没有多大用处。分析出来的具体事实必定是整千整万，学校自然不能完全采纳进去。所以进一步的工作就是估量每件事实的价值。价值估量之后再作选择的工夫，把价值最低的除开，需要可缓的除开，学校不必教不能教的除开，留下来的容纳到学校里去，编成教材，制为课程，佐以相当设备，配以相当程序，使教师指导学生脚踏实地的去做去学。这样一来，中心学校就可以办成了。这种学校是有根的。他的根安在环境里，吸收环境的肥料、阳光，化作自己的生命，所以他能长大，抽条，发叶，开花，结果。这种学校是与自然生活、社会生活联为一气的。他能适应环境的生活，也能改造环境的生活。他是本地的土壤里产生出来的，他自能在相类的环境里传布。我们可以祝他说："恭喜你多福，多寿，多儿子，儿子又生孙，孙又生儿子，子子孙孙生到无穷期，个个都像你，个个胜过你。"中心学校有了办法，再办师范学校。师范学校的使命，是要运用中心学校之精神及方法去培养师资。他与中心学校的关系也是有机体的，也是要一贯的。中心学校是他的中心而不是他的附属品。中心学校也不应以附属品看待自己。正名定义，附属学校这个名字要不得。实习学校的名字好得多，但是这个名字包含了"思想与实习分家"的意味，也不是最好的。师范学校的各门功课都有专业的中心目的，大部分都应当与中心学校联串起来。例如教育学、心理学等等功课若是附加的性质，决不能发生很大的效力。这种功课应当与实地教学熔为一炉，大部分应当采取理科实验指南的体裁以谋教学做三者之合一。我们进行时对于师范生本身之能力与需要，当然要同时顾到。因为师范生将来出去办学的环境与中心学校的环境必定不能一模一样；要想师范生对于新环境有所贡献，必得要同时给他们一种因地制宜的本领。

师范毕业生得了中心学校的有效办法和因地制宜的本领，就能到别的环境里去办一个学校。这个学校的精神与中心学校是一贯的，但不是刻印板的，不是照样画葫芦的。他要适应他的特殊环境，也要改造他的特殊环境。

这个学校对于学生所要培植的也是生活力。他的目的是要造就有生活力的学生，使得个个人的生活力更加润泽、丰富、强健，更能抵御病痛，胜过困难，解决问题，担当责任。学校必须给学生一种生活力，使他们可以单独或共同去征服自然，改造社会。

我们这里所建议的步骤是一气呵成的：自然社会里的生活产生活的中心学校，活的中心学校产生活的师范学校，活的师范学校产生活的教师，活的教师产生有生活力的国民。

这个建设历程，从头到尾都是息息相通的，倘使发现不衔接、不联络、不适应的地方，到处可以互相参考纠正，随改随进。所以中心学校随着自然社会生活继续不断的改进，师范学校随着中心学校继续不断的改进，地方学校随着师范学校继续不断的改进，自然、社会生活又随着地方学校继续不断的改进。

上述师范教育的建设历程，倘用下图表示，更能一目了然：

中国师范教育建设图[1]

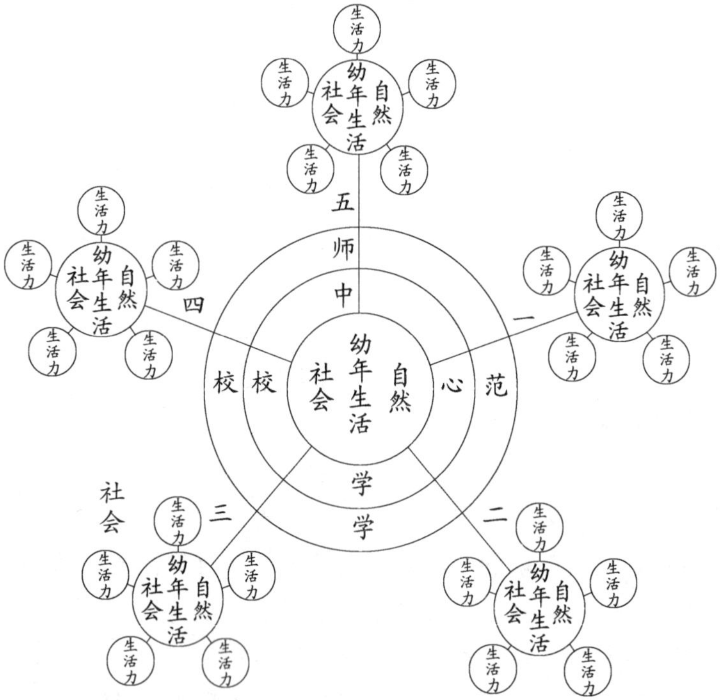

说明：

自然、社会里的幼年生活是中心学校之中心。

中心学校是师范学校之中心。

一、二、三、四、五是师范毕业生办的学校。

生活力代表师范毕业生所办学校培养之学生。

训练初级师范教员之高等师范或师范大学，可于师范学校外加一圈，并类推。

师范学校既以中心学校为中心，那末，有那一种的中心学校就有那一种的师范学校：有幼稚园为中心学校，就可以办幼稚师范；有小学为中心学校，就可以办初级师范；有中学或师范为中心学校，就可以办高等师范或师范大学；有各种职业机关或学校做中心学校，就可以办各种职业师范。

师范学校既以中心学校为中心，就得跟着中心学校跑。凡有好的中心学校的地方，都可以办个师范；凡是没有好的中心学校的地方，都可以取消师范的招牌。否则就应当根本改造中心学校和各方面的关系，使他名实相符。师范学校人数也可不拘，看中心学校的容量而定。他能容几个人就是几个人，不必勉强。一个师范可以有几个中心学校，一个中心学校也可以做几个师范学校的公共中心。例如，一个乡村师范可以有几个单式学校，几个复式学校，几个单式学校做他的中心学校。又例如，一个好的中心小学里可以容纳初级中学、高级中学、甚至于大学程度的师范生在这里学习。初级中学程度的人在这里学习之后可以去当初小的教师，高级中学程度的人在这里学习之后可以去当高小的教师，大学程度的学生在这里学习之后可以去办初级师范或县立师范。

中心学校的成立有两种方式都可以行：一是另起炉灶来创设;二是找那虚心研究、热心任事、成绩昭著并富有普遍性之学校特约改造，立为中心学校。这两种方式可以按照情形酌量采择施行。

有了中心学校，就可以在中心学校左近建筑或租借房屋开办师范班或师范学校。收录师范生可有两种办法。一是本校招收新生始终其事，予以完全训练。这种办法规模较大，需用人才、设备、经费也较多。二是招收他校将毕业而有志充当教师之学生或有相当程度之在职之教职员，加以相当时期之训练。照这种办法，师范部只须准备宿舍、图书、讨论室、指导人才及所需之其他设备，就可开办。这是比较轻而易举的。毕业后发给修业证书，俟办成有生活力之学校始发给正式毕业证书。原肄业学校如因本校没有师范训练，亦得依照规定手续保送相当学生来此学习。毕业证书可由两校合发。这种种办法各级师范都可适用。

上面所说的是建设中国师范教育的根本原理与实施概要。中国师范教育前清办理失策，以致师范学校与附属学校隔阂，附属学校与实际生活隔阂。我们所以有这种隔阂，是因为我们的师范教育或是从主观的头脑里空想出来的，或是间接从外国运输进来的，不是从自己的亲切经验里长上来的。这种师范教育倘不根本改造，直接可以造成不死不活的教师，间接可以造成不死不活的国民。有生活力的国民是要靠着有生活力的教师培养的；有生活力的教师又是要靠着有生活力的师范学校训练的。中国今日教育最急切的问题，是旧师范教育之如何改造，新师范教育之如何建设。国家所托命之师范教育是决不容我们轻松放过的。我们很希望全国同志会精聚神的来对付这个问题。

注释

① 在《新教育评论》上发表时，编者曾将此图略去，作者在编本文集时又将此图恢复。据戴伯韬回忆：在晓庄时，陶行知曾用一块大白布画了一幅乡村师范建设图。图中央是一个圆圈，中写“活师范”，周围连接若干圆圈，中写“活中心学校”，每个中心学校又伸出许多触角，上书“实际生活”，使人一目了然。

中华教育改进社改造全国乡村教育宣言书*

本社①的乡村教育政策是要乡村学校做改造乡村生活的中心，乡村教师做改造乡村生活的灵魂。我们主张由乡村实际生活产生乡村中心学校，由乡村中心学校产生乡村师范。乡村师范之主旨在造就有农夫身手、科学头脑、改造社会精神的教师。这种教师必能用最少的金钱，办最好的学校，培植最有生活力的农民。我们深信他们能够依据教学做合一的原则，领导学生去学习那征服自然改造社会的本领。但要想，这种教育普遍实现，必须有试验、研究、调查、推广、指导之人才，组织、计划、经费及百折不回的精神，方能成功。本社的事业范围很宽，但今后主要使命之一，即在厉行乡村教育政策，为我们三万万四千万农民服务。我们已经下了决心，要筹募一百万元基金，征集一百万位同志，提倡一百万所学校，改造一百万个乡村。这是一件伟大的建设事业，个个国民对他都负有绝大的责任。我们以至诚之意欢迎大家加入这个运动，赞助他发展，指导他进行，一心一德的为中国乡村开创一个新生命。

* 本篇是陶行知代表中华教育改进社写的。原载1926年12月3日《新教育评论》第3卷第1期。

注释

①本社　中华教育改进社，1921年底由实际教育调查社、新教育共进社、新教育杂志社合并组成。熊希龄、蔡元培、黄炎培，范源濂、郭秉文、张伯苓等为董事，陶行知为主任干事。

中国乡村教育之根本改造*

中国乡村教育走错了路！他教人离开乡下向城里跑；他教人吃饭不种稻，穿衣不种棉，做房子不造林；他教人羡慕奢华，看不起务农；他教人分利不生利；他教农夫子弟变成书呆子；他教富的变穷，穷的变得格外穷；他教强的变弱，弱的变得格外弱。前面是万丈悬崖，同志们务须把马勒住，另找生路！

生路是甚么？就是建设适合乡村实际生活的活教育。我们要从乡村实际生活产生活的中心学校；从活的中心学校产生活的乡村师范；从活的乡村师范产生活的教师；从活的教师产生活的学生，活的国民。活的乡村教育要有活的乡村教师。活的乡村教师要有农夫的身手，科学的头脑，改造社会的精神。活的乡村教育要有活的方法，活的方法就是教学做合一：教的法子根据学的法子，学的法子根据做的法子；事怎样做就怎样学，怎样学就怎样教。活的乡村教育要用活的环境，不用死的书本。他要运用环境里的活势力，去发展学生的活本领——征服自然改造社会的活本领。他其实要叫学生在征服自然改造社会上去运用环境的活势力，以培植他自己的活本领。活的乡村教育，要教人生利。他要叫荒山成林，叫瘠地长五谷。他要教农民自立、自治、自卫。他

* 本篇是陶行知1926年12月12日邀集上海的中华教育改进社社员举行的乡村教育讨论会上的演讲词。

要叫乡村变为西天乐园，村民都变为快乐的活神仙。以后看学校的标准，不是校舍如何，设备如何，乃是学生生活力丰富不丰富。村中荒地都开垦了吗？荒山都造了林吗？村道已四通八达了吗？村中人人都能自食其力吗？村政已经成了村民自有、自治、自享的活动吗？这种活的教育，不是教育界或任何团体单独办得成功的。我们要有一个大规模联合，才能希望成功。那应当联合中之最应当联合的，就是教育与农业携手。中国乡村教育之所以没有实效，是因为教育与农业都是各干各的，不相闻问。教育没有农业，便成为空洞的教育，分利的教育，消耗的教育。农业没有教育，就失了促进的媒介。倘有好的乡村学校，深知选种、调肥、预防虫害之种种科学农业，做个中心机关，农业推广就有了根据地、大本营。一切进行，必有一日千里之势。所以第一要教育与农业携手。那最应当携手的虽是教育与农业，但要求其充分有效，教育更须与别的伟大势力携手。教育与银行充分联络，就可推翻重利；教育与科学机关充分联络，就可破除迷信；教育与卫生机关充分联络，就可预防疾病；教育与道路工程机关充分联络，就可改良路政。总之，乡村学校是今日中国改造乡村生活之唯一可能的中心。他对于改造乡村生活的力量大小，要看他对于别方面势力联络的范围多少而定。乡村教育关系三万万六千万人民之幸福！办得好，能叫农民上天堂；办得不好，能叫农民下地狱。我们教育界同志，应当有一个总反省，总忏悔，总自新。我们的新使命，是要征集一百万个同志，创设一百万所学校，改造一百万个乡村。我们以至诚之意，欢迎全国同胞一齐出来加入这个运动，赞助他发展，督促他进行，一心一德的来为中国一百万个乡村创造一个新生命。叫中国一个个的乡村都有充分的新生命，合起来造成中华民国的伟大的新生命。

一九二六年十二月

试验乡村师范学校答客问*

乡村师范学校是什么？

乡村师范学校是依据乡村实际生活，造就乡村学校教师、校长、辅导员的地方。

为什么要加上试验两个字？

中国乡村教育走错了路，现在已经到了山穷水尽，不得不另找生路。试验就是用科学的方法去采新的生路。我们在前面已经看着一线光明，不能说是十分有把握，但深愿“试他一试”。

这个学校是谁办的？

这个学校是中华教育改进社结合少数乡村教育同志办的。

中华教育改进社为什么要发这种宏愿？

中华教育改进社三年以来对于乡村教育素所注意，近来更觉得这件事是立国的根本大计。估计起来，中国有一百万个乡村，就须有一百万所学校，最少就须有一百万位教师。个个乡村里都应当有学校，更应当有好学校。要有好的学校，先要有好的教师。好的教师有生成的，有学成的。生成的好教师如同凤毛麟角，不可多得，恐怕一百万位乡村教师当中，九十九万九千九百位是要用特殊的训练把他们培养成功的。这是一件伟大的事业，

* 本篇原载1926年12月30日《申报》第10版。又载1927年1月16日《乡教丛讯》第1卷第2期。

要全国同志运用心力财力才能办到。本社不忍放弃国家一分子的责任，所以很情愿在万难中设立这个小小的试验乡村师范，为的是要造就好的乡村教师去办理好的乡村学校。

乡村教师要怎样才算好?

好的乡村教师，第一有农夫的身手，第二有科学的头脑，第三有改造社会的精神。他足迹所到的地方，一年能使学校气象生动，二年能使社会信仰教育，三年能使科学农业著效，四年能使村自治告成，五年能使活的教育普及，十年能使荒山成林，废人生利。这种教师就是改造乡村生活的灵魂。

乡村学校要怎样才算好?

有了这样好教师，就算是好的乡村学校；好的乡村学校，就是改造乡村生活的中心。

现在中国有没有这种学校?

现在中国有少数乡村学校确是朝着这条路走。他们的精神确系要令人起敬。如同燕子矶小学、尧化门小学、开原小学，都是著有成绩的乡村学校。最近改造的江宁县立师范学校、明陵小学、笆斗山小学，成绩也有可观。别的地方一定也有这种学校，因为不晓得清楚，不能列举。这几个学校假使再给他们五年或十年的时间，当能使这些乡村得到一种新生命，开创一个新纪元。

这些学校为什么办得这样好?

因为他们的教职员有办理乡村教育的天才，并且有虚心研究学问的精神。

这些学校与试验乡村师范要发生什么关系?

因为地点接近燕子矶小学和尧化门小学，已经特约为试验乡村师范学校的中心小学，其他学校就辅助分工研究关于乡村小学的种种问题。

何谓中心小学?

中心小学以乡村实际生活为中心，同时又为试验乡村师范的中心。平常师范学校的小学叫做附属小学，我们要打破附属品的观念，所以称他为中心小学。中心小学是师范学校的主脑，不是师范学校的附属品。中心小学是师范学校的母亲，不是师范学校的儿子。中心小学是太阳，师范学校是行星。师范学校的使命是要传布中心学校的精神、方法和因地制宜的本领。

试验乡村师范学校依据中心小学办理，已经听得明白，但究竟采用什么方法使他实现呢？

我们的一条鞭[①]的方法就是教学做合一。

什么是教学做合一？

教学做合一是：教的法子根据学的法子，学的法子根据做的法子。事怎样做就怎样学，怎样学就怎样教。比如种田这件事要在田里做，就要在田里学，也就要在田里教。教学做有一个共同的中心，这个中心就是“事”，就是实际生活，教学做都要在“必有事焉”上用功。

试验乡村师范的课程与平常学校有什么不同的地方？

试验乡村师范的全部课程就是全部生活，我们没有课外的生活也没有生活外的课。约略分起来，共有五门：一、中心小学生活教学做；二、中心小学行政教学做；三、师范学校第一院院务教学做；四、征服天然环境教学做；五、改造社会环境教学做。

什么是第一院？

我们的师范学校将来要分两院：第一院是招收他校末一年半学生及相等程度之在职人员，加以一年半的训练；第二院是完全师范制，一切训练，都由本校始终其事。因为第一种办法较为轻而易举，所以先办第一院。

什么是院务教学做？

我们第一院里面种种事务都是要学生分任去做的，什么文牍、会计、庶务、烧饭、种菜，都是要学生轮流学习的。全校只用一个校工担任挑水一类的事，其余一切操作，都列为正课，由学生躬亲从事。

师范生要学习烧饭种菜，这是什么道理？

乡村里当教师，不会烹饪，就要吃苦。我们晓得师范生初到乡间去充当教师，有的时候，不免饿得肚皮叫，就是因为他们不会炊事。从前科举时代文人因过考需要，大多数都会烹饪。现在讲究洋八股反把这些实用的本领挥之门外，简直比科举还坏。所以我们这里的口号是："不会种菜，不算学生"；"不会烧饭，不得毕业"。

教师处于什么地位？

本校各科教师都称为指导员，不称为教员。他们指导学生教学做，他们与学生共教、共学、共做、共生活。不但如此，高级程度学生对于低级程度学生也要负指导之责。

什么资格的学生可以进来呢？

初级中等学校、高级中等学校、专门大学校末了一年半的学生和在职教职员有相等程度的都可以投考。但是他们必须有农事或土木工经验方才有考取的把握。这是顶重要的资格，这两个条件完全没有的人，不必来考。凡是小名士、书呆子、文凭迷的都最好不来。如果有人想办乡村小学，为预储师资起见，保送合格学生来学，学成就去办学，这是我们最欢迎的。

考些什么功课？

我们所要考的有五样东西：一、农事或土木工操作；二、智慧测验；三、常识测验；四、作国文一篇；五、三分钟演说。

收录多少学生呢？

我们现在暂定为二十名。倘使我们在这两个月当中经费可以多筹些，如果合格学生很多，我们也可以多收几名。倘使合格学生很少，我们就少取几名；只要有一个合格学生，我们都是要开办的。我们教一个学生和教一千个学生一样的起劲，因为如果这个学生是个人才，他对于乡村教育必有相当的贡献。一个人是千万人的出发点。倘使我们这次招生只能得到一个真学生，我们也就心满意足了。

毕业年限怎样？

我们的修业年限暂订为一年半，但不是一定不移的，可以按照实在情形酌量伸缩。不过修业后必须服务半年，经本校派员考查，确有精神表现，才发给各种毕业证书。

费用要多少呢？

本校学费一概不收，膳费每月暂以五元为最高额，由师生共同经管。杂费依最节省限度另订。学生种田，照佃户租田公允办法，每年赚钱多少，看自己运用心力的勤惰巧拙，统归本人所用，账目完全公开。

试验乡村师范学校设在何处？

这个学校设在南京神策门外迈皋桥，离燕子矶、尧化门都很近。我们准备了田园二百亩，供师生耕种；荒山数座，供师生造林；最少数经费，供师生自造茅草屋居住。

茅草屋怎样布置？

每个茅草屋住十一个人：十位学生，一位指导员。里面有阅书室、会客室、饭厅和盥洗室、厕所。屋外后面附一个小厨房，厨房之后有一个小菜园。

茅草屋没有造成住在何处？

住在帐篷里。谁的茅草屋没有造好，谁就要住在帐篷里。十一个人都要受茅草屋指导员的指导，按照图样建造一个优美的、卫生的、坚固的、合用的、省钱的茅草屋。个个人都要参加，都要动手。教师不但是教书，学生不但是读书，他们是到这里来共同创造一个学校。从院长起以及到学生，谁不造成茅草屋，谁就永久住在帐篷里。

宿舍之外还有什么？

本校一切建筑都是茅草屋。除宿舍外，我们要有图书馆、科学馆、教室、娱乐室、操室、温室、陈列所、医院、动物园。指导员家属住宅，都要逐渐使他们成立，但总依据茅草屋的形式建筑。

简括些说起来，试验乡村师范的精神究竟何在？

本校的精神可以拿本校校旗之意义来代表。旗之中心有一个小圆圈，里面有个“活”字代表所要培养之生活力。圈外有个等边三角，代表学教做三者合一。三角上面有一个“心”放在当中，表示关心农民甘苦之意。左边有一支笔，右边有一把锄头。三角之外有一大圆圈放射光芒，好比是太阳光。四面有一百个金色星布满全旗，代表一百万个学校，改造一百万个乡村，使个个乡村都得到光，合起来造成中华民国的伟大的光。

民国十五年十二月二十八日黎明

注释

① 一条鞭　明代政治改革家张居正所推行的一项经济政策，他把各项赋役合并为一，按亩征收。这里借用其名，以喻“教学做合一”。

幼稚园之新大陆*

——工厂与农村

最需要幼稚园的地方是什么？最欢迎幼稚园的地方是什么？幼稚园应当到而没有到的是什么地方？幼稚园还有什么新大陆可以发现？

（一）女工区域是需要幼稚园的。妇女上工厂做工，小孩子留在家里，无人照应，最感痛苦。若带在身边，那末工厂里的特殊紧张之环境，便要阻碍儿童的发育。倘使工厂附近有相当之幼稚园，必能增进儿童之幸福而减少为母者精神上之痛苦。同时女工既不必心挂两头，手边又无拖累，则做工效率自然也要增加好多。所以为儿童教育计，为女工精神计，为工业出产效率计，这种工厂附近必须开办幼稚园。这是幼稚园的第一个新大陆，我希望幼稚园同志快来探获。

（二）农村也是需要幼稚园的。农忙的时候，田家妇女们忙个不了，小孩子跟前跟后，真是麻烦。哥哥姊姊也要帮忙操作，无暇陪伴弟妹玩耍，所以农忙一到，乡村小孩子就要缺乏照料。倘使农村里有了幼稚园，就能给这些小孩子一种相当的教育，并能给农民一种最切要的帮助。幼稚园的同志们！诸君可曾想到这个新大陆？我深信如果诸君愿意下乡，采桑娘子必定是诚心诚意的欢迎诸君的。

---

* 本篇原载1926年11月12日《新教育评论》第2卷第24期。

幼稚园的下乡运动和进厂运动必须开始，实无疑义。但现在的幼稚园必须经过一番根本变化，方能到乡村和工厂里去。它第一要打破外国的面具，第二要把贵族的架子放开，第三要省钱，不当用的不必用。这里要整天整年的幼稚园。半天的幼稚园只能解决一半的困难。幼稚园放假也只能跟着女工农妇空闲的时候为转移。现在幼稚园还有一件事没有注意到，这事就是儿童的康健，儿童的康健比什么事还要紧。幼稚园教师倘没有受过严谨的卫生训练，则幼稚园恐怕要变成传染疾病的中心。我有一个朋友全家害过猩红热，又一个朋友的小孩儿都染着百日咳，还有好几家朋友的小孩子染着沙眼病和天花，都是因为幼稚园里不注意卫生所致。我希望大家把儿童康健当做幼稚园里面第一重要的事情，幼稚园教师应当做康健之神。工厂和农村是幼稚园可以发现的新大陆。它们只欢迎爱护康健的幼稚园，不欢迎传染疾病之幼稚园。

从野人生活出发*

无锡开原小学校长潘一尘来帮助我们创办第三中心小学，和我们同住了六天。临去那一晚，我问他对于试验乡村师范的生活有什么感想。他说：“你们这里简直是原始生活，不是农民生活。”我说：“原始生活虽说不到，但是一部分确实是野人生活。我们这里的教育是从野人生活出发，向极乐世界探寻。”这段谈话，虽是寥寥数语，却能表示晓庄教育之真相。封建制度下之农民生活是最不进步的。他们一天一天的过去，好像人生毫无问题。乡村教育虽是为农民谋幸福，但从农民生活出发，能否达到目的是很可怀疑的。所以我们鼓起勇气把乡村教育的摆子使劲摆到野人生活上去。野人生活是最富于问题的。生活上的实际问题一个一个的来到我们面前，命令我们思想，要求我们解决。这些问题来势急于星火，不容我们苟且偷安。倘使我们不振作精神，当机立断，必定有不堪言状的痛苦，甚而至于只有死路一条。山上出狼，我们必得学习打猎。地上有蛇，我们必得学习治毒。聚蚊成雷，我们必得学习根本铲除蚊子的方法。衣、食、住、行各种问题，我们在尝试野人生活的时候得到了极亲切的了解。没有到晓庄以前，没有住在晓庄以前，我们对于这些生活需要简直是一知半解。嘴里虽能说得头头是道，其实心中那里觉得到啊！我

* 本篇原载1927年7月1日《乡教丛讯》第1卷第13期与同年9月10日《申报》。

们从野人生活里感觉到人的身体是不足以应付环境的。我们觉得人类要想征服天然势力，必须发明、制造、运用身体以外的工具。我们自从尝了野人生活，对于工具觉得万分重要，没有生活工具，简直不必空谈生活教育。可是朋友们不要误会，我们不是要做羲皇上人[①]，我们的黄金时代是在未来。我们从野人生活出发，不是没有出息，开倒车，不是要想长长久久的做野人。出发的号令已下，我们要向极乐世界去探寻了。

注释

① 羲皇上人　太古的人。羲皇，指伏羲氏。古人想像伏羲以前的人无忧无虑，生活闲适。

生活工具主义之教育*

“教育以生活为中心。”这句话已经成为今日学校里的口头禅。但是细考实际，教育自教育，生活自生活，依然渺不相关。这是因为什么缘故？我们先前以“老八股”不适用，所以废科举，兴学堂；但是新学办了三十年，依然换汤不换药，卖尽气力，不过把“老八股”变成“洋八股”罢了。“老八股”与民众生活无关，“洋八股”依然与民众生活无关。但是新学校何以变成“洋八股”，何以与民众生活无关？这其中必有道理。

人的生活，必须有相当工具，才能表现出来。工具充分，才有充分的表现；工具优美，才有优美的表现；工具伟大，才有伟大的表现。“老八股”与“洋八股”虽有新旧之不同，但都是靠着片面的工具来表现的，这片面的工具就是文字与书本。文字与书本只是人生工具之一种，“老八股”与“洋八股”教育拿他当作人生的唯一工具看待，把整个的生活都从这个小孔里表现出去，岂不要把生活剥削得黄皮骨瘦吗？文字、书本，倘能用的得当，还不失为人生工具之一；但是“老八股”与“洋八股”的学生们却不用他们来学“生”，偏偏要用他们来学“死”。中国教育所以弄到山穷水尽，没得路走，是因为大家专靠文字、书本做惟

* 本篇原载1927年7月1日《乡教丛讯》第1卷第13期，原题《工具教育》，作者将此文收入本集时改用现题。

一无二的工具，并且把文字、书本这个工具用错了。我们要想纠正中国教育，使他适应于中国国民全部生活之需要，第一就须承认文字、书本只是人生工具的一种，此外还有许多工具要运用来透达人生之欲望；第二就须承认我们从前运用文字、书本的方法是错的，以后要把他们用的更加得当些。

现在有一班人，开口就说：西方的物质文明比东方好，东方的精神文明比西方高。这句话初听似乎有理，我实在是百索不得其解。精神与物质接触必定要靠着工具。工具愈巧则精神愈能向着物质发挥。工具能达到什么地方即精神能达到什么地方。动物以四肢百体为工具，所以他的精神活动亦以四肢百体的力量所能达到的地方为限。人的特别本领就是不专靠自己的身体为工具。人能发明非身体的工具，制造非身体的工具，应用非身体的工具。文明人与野蛮人的最大分别就是文明人能把这些非身体的工具发明得格外多，制造得格外精巧，运用得格外普遍。有了望远镜，人的精神就能到火星里去游览；有了显微镜，人的精神就能认识那叫人生痨病的不是痨病鬼乃是痨病虫。今年五月七日第一次飞渡大西洋的飞行家林白从德国柏林通电话到美国和他的老母谈话，是精神交通破天荒的成功，也是物质文明破天荒的成功。精神文明与物质文明是合而为一的。这合而为一的媒介就是工具。教育是什么？教育是教人发明工具，制造工具，运用工具。生活教育教人发明生活工具，制造生活工具，运用生活工具。空谈生活教育是没有用的。真正的生活教育必以生活工具为出发点。没有工具则精神不能发挥，生活无由表现。观察一个国家或一个学校的教育是否合乎实际生活，只须看他有无生活工具。倘使有了，再进一步看他是否充分运用所有的生活工具。教育有无创造力，也只须看他能否发明人生新工具或新人生工具。中国教育已到绝境，千万不要空谈教育，千万不要空谈生活；只有发明工具，制造工具，运用工具是真教育，是真生活。

如何教农民出头*

上次，我和杨先生①讨论到怎样把国家建设在农业上，如何教农业文明过渡到工业文明，如何使农民得执工商业之牛耳等等问题。现在把我个人近来关于这些问题的心得，约略说一下。

如何教农民出头？这个问题的解决，我们可举种棉花来比。农民辛辛苦苦，把棉花收获下来之后，他对于棉花就不能自主了。棉花要出头到纱厂里去，纱厂里要他的出头费。纱厂以逸待劳，价格随意而定。农民为经济所迫，不得不低价出售。再进而至于由纺纱厂到织布厂，由织布厂到市场，没有一个关口不是有人要收很重的出头费。到布出卖的时候，农民买进来穿是很贵的棉布衣。棉花出售时是何等的便宜，穿布时却是大大的昂贵起来了。我们现在要想个法子，把纺纱厂、织布厂以及市场打成一贯，使农民能执工商业之牛耳，则棉花可以出头，种棉花的人也跟着棉花出头了。依我想来，这是可以做得到的。比方：以江苏省来说，江苏一省有二千五百万的农民，以五个农民为一家来计算，统共有五百万个农家。如果每家出一元，可以得到五百万元之数。以这五百万元，可以兴办农民纺纱厂，农民自己做股东，把农民自己所产的棉花，送到农民自办的工厂里去。再每家出一

---

* 本篇是陶行知1927年在晓庄试验乡村师范学校的演讲。记录者：戴邦杰（戴伯韬）。原载1927年8月15日《乡教丛讯》第1卷第16期。

元来办织布厂以及商店。如此，二千五百万的农民，不但可以省去出头费，也还可以赚得赢利不少。

从农业国进到工业文明的过程中，必然有多数人要受淘汰而失业。因为机器发达，人工省去。这种现象，是确然不可免的。我们现在既然要把农业、工业打成一片，在农业上因机器而遭失业的人，就可以调进纺纱厂、织布厂、商店去做工度日。这个农民失业的危险，如果是农民执工业的牛耳，就可以避去一大部分。

孙中山先生的实业大计划，也包括上述的事业。他主张利用国家资本与外资来发展国内实业。如果他的计划实行，要想教农民执工业上之牛耳，就得教农民实行把民权操在手中，运用国家权力来出头。国家资本，倘使分别缓急，必定要用来先筑十万里的铁路。因为这是农民出头必由之路。如果工厂里的货物运不出去，则生产过剩，价格低落，实业必归失败，所以筑路是发展实业的第一步。假如国家资本只能先顾筑路，创办纱厂一时不能并举，那末我们运用农民自己的资本与劳力，慢慢儿来开办起来，也是必要的政策。因为政府与农民共同努力，出头当然可以快些。

但如何可以从农民的荷包里掏出一元钱来做股东，以及如何可以使农民执有民权？这两件事须靠我们从事乡村教育诸同志的努力。农民对于这种大规模举动的不明了，与不知民权为何物，固然要靠舆论来鼓吹与启迪，但最要紧的还着重在培植小农民的乡村教师。假如每村有农户百家，五百万家就有五万个农村。假使这五万个乡村教师都受有特殊训练，那末五万个教师联合起来，不啻就是五万个村庄联合起来，也就是农民资本聚集的媒介。这样积少成多，就可以开办纺纱厂、织布厂等等。如此棉花可以出头无阻，农民也就可以出头无阻了。至于如何训练农民执民权，如何教他们运用选举权、罢官权、创制权、复决权，也要靠乡村教师为之教导。这是我一月来对于这些问题考虑的一斑。

上月我曾种山芋一次，知道山芋必定要底下可以安根，上面可以出头，才可以活。我们要想中国活起来，就得要在农业上安根，在工商业上出头。这个问题很大，希望诸位注意这问题，细细加以研究。

注释

①杨先生　即杨效春。

平等与自由*

中山先生①解释平等的意义，有很大的贡献。他说：世界上有真平等，假平等，不平等。什么是不平等？帝、王、公、侯、伯、子、男、民的地位是一步一步的高上去。我的脚站在你的头上；你的脚又站在他的头上。这是叫做不平等。现在要打倒这种不平等，那是应当的。但是打不平等的人，往往要把大家的头一齐压得一样平，变成平头的平等，殊不知头上虽平，立足点却是不能平了。好像拿可以长得五尺高的树，和可以长得一丈高的树一齐压得一样平，岂不是大错吗？这种叫做假平等。真平等是要大家的立脚点平等，你的脚站在什么地方，我的脚亦站在什么地方。大家在政治上要站得一样平，经济上也要站得一样平。这是大家的立脚点平等。这才是真平等。

中山先生之解自由，没有他解释平等那样清楚。但他有一点说得很好，他说："中国人不是不知道自由；中国人的自由实在是太过了。"所以他不用自由做口号，而用民族、民权、民生做标帜，与梁任公②先生的维新以自由为口号，是完全不相同的。外国人说："中国人不知自由。"然而外国人那里知道他们的自由远不如中国呢！

---

* 本篇系演讲记录。记录者：陈昌嵩、戴邦杰。原载1927年9月1日《乡教丛讯》第1卷第17期。收入本书时，作者将第三段中"……不知不觉中流露出来。"之后的两句话删去，现附在文后；另有几处文字上的小删改。

按中山先生的意思，说到自由是要求国家之自由。国民革命成功之后，团体能自由，个人不能自由。中国之所以弄到这地步，就是因为大家私人的自由太过，不注重国家之自由。私人的自由既然太过，则各人有各人的主张。所以中国人大多数是无政府党。我们中国人骨髓里，都含有无政府主义。这种无政府主义的倾向，往往在不知不觉中流露出来。我们想到国家危险时，固然是要自抑私人之自由，但在不知不觉中，难免不爱享过分之自由。我们于不知不觉中，都有无政府主义的倾向。现在我们要救中国，亟当抑制个人之自由，切不能火上加油的提倡一盘散沙的自由了。这是革命未成时所不得不采之政策。

但是革命成功以后，个人可以不要自由，这句话，我很怀疑。因此我常想着什么地方要自由，什么地方不要自由。我又想到种山芋时所得的感想。我问邵德馨③先生山芋如何种法。他告诉我说："底下可以安根，上面可以出头，山芋乃可活。"因此我忽然悟到人生"出头处要自由"。如树木有长五尺长的，一丈长的，十丈长的；树的出头处，是要自由的。如果我们现在只许树长五尺，不许它长一丈与十丈，那世界上不是无成材了吗？因此我们要使它们尽量自由长上去。我们人类的智愚贤不肖，也如树木有能长到十丈长的，也有只能长到五尺长的，这是天生成的。如果你嫌五尺太矮，要把它拔到一丈，它因为力量的不足，是要死的；如果你嫌一丈太高，要把它压到五尺，它因为受了过分的压制，也是要死的。倘若不死，必是它的内力胜过压力，那压力必定是要被它撞穿的了。

个人如此，团体国家之自由解释，也是如此。如果国家的力量能够进步到什么程度，就尽它的力量进步到什么程度，谁也不能压迫的。如今列强对中国施行压迫，不许我们尽量出头；我们不愿被压力压死，就得使劲把压力撞破。个人能否得到出头的自由，是在乎个人之反抗与努力；国家能否得到出头的自由，那就非靠民众之努力与奋斗不可了！

近来我替友人书了一联：“在立脚点谋平等，于出头处求自由。”上联是本着中山先生之学说；下联就是本着我的自由解释。在沪时我把这意思与胡适之[4]先生也谈论过的。他说：“思想事业，要受困难与不自由，才能发奋振作。”颇与我们的标语“教师应当运用困难以发展思想及奋斗精神”相同。他说：“烧肉要把锅盖盖得紧，才能熟。你要出头自由，我要出头不自由。”当时我反驳他说：“(一）锅里的肉，是死的，出头不出头没有多大关系。（二）我们愿肉受压力是为肉的幸福呢？还是为我们口腹之欲呢?”凭藉困难，培养人才，当然是最好的教育法。但是困难是否要在出头处压下去，是一问题。现在我仍旧坚信出头处要自由，但为使诸位同学明了各方面意见，并将胡适之先生的意思举出来，希望大家加以研究。

(**删去的两句：**比如蔡元培、吴稚辉，总算是忠实的国民党员，但是在不知不觉的时候，难免要流露无政府主义的色彩。共产党是与无政府党绝对不同的，但他的中国首领陈独秀，在不知不觉中，又何尝不是个无政府主义者。)

注释

① 中山先生　即孙文。
② 梁任公　即梁启超。
③ 邵德馨　即邵仲香。
④ 胡适之　即胡适。

教学做合一*

教学做合一是本校的校训，我们学校的基础就是立在这五个字上，再也没有一件事比明了这五个字还重要了。说来倒很奇怪，我在本校从来没有演讲过这个题目，同志们也从没有一个人对这五个字发生过疑问。大家都好像觉得这是我们晓庄的家常便饭，用不着多嘴饶舌了。可是我近来遇了两件事，使我觉得同志中实在还有不明了校训的意义的。一是看见一位指导员的教学做草案里面把活动分成三方面，叫做教的方面，学的方面，做的方面。这是教学做分家，不是教学做合一。二是看见一位同学在《乡教丛讯》[①]上发表一篇关于晓庄小学的文章。在这篇文章里，他说："晓庄小学的课外作业就是农事教学做。"在教学做合一的学校的辞典里并没有"课外作业"。课外作业是生活与课程离婚的宣言，也就是教学做离婚的宣言。今年春天洪深先生创办电影演员养成所，招生广告上有采用"教""学""做"办法字样。当时我一见这张广告，就觉得洪先生没有十分了解教学做合一。倘使他真正了解，他必定要写"教学做"办法，决不会写作"教""学""做"办法。他的误解和我上述的两个误解是相类的。我接连受了这两次刺激，觉得非彻底的、源源本本的和大家

* 本篇系陶行知1927年11月2日在晓庄学校寅会上的演讲词。原载1928年1月15日《乡教丛讯》第2卷第1期。

讨论明白，怕要闹出绝大的误解。思想上发生误解则实际上必定要引起矛盾，所以把这个题目来演讲一次是万不可少的。我自回国之后，看见国内学校里先生只管教，学生只管受教的情形，就认定有改革之必要。这种情形以大学为最坏。导师叫做教授，大家以被称教授为荣。他的方法叫做教授法，他好像是拿知识来赈济人的。我当时主张以教学法来代替教授法，在南京高等师范学校校务会议席上辩论二小时，不能通过，我也因此不接受教育专修科主任名义。八年[②]，应《时报·教育新思潮》[③]主干蒋梦麟先生之征，撰《教学合一》一文，主张教的方法要根据学的方法。此时苏州师范学校首先赞成采用教学法。继而“五四”事起，南京高等师范同事无暇坚持，我就把全部课程中之教授法一律改为教学法。这是实现教学合一的起源。后来新学制[④]颁布，我进一步主张：事怎样做就怎样学，怎样学就怎样教；教的法子要根据学的法子，学的法子要根据做的法子。这是民国十一年的事。教学做合一的理论已经成立了，但是教学做合一之名尚未出现。前年在南开大学演讲时，我仍用教学合一之题，张伯苓先生拟改为学做合一，我于是豁然贯通，直称为教学做合一。去年撰《中国师范教育建设论》时，即将教学做合一之原理作有系统之叙述。我现在要把最近的思想组织起来作进一步之叙述。教学做是一件事，不是三件事。我们要在做上教，在做上学。在做上教的是先生；在做上学的是学生。从先生对学生的关系说：做便是教；从学生对先生的关系说：做便是学。先生拿做来教，乃是真教；学生拿做来学，方是实学。不在做上用工夫，教固不成为教，学也不成为学。从广义的教育观点看，先生与学生并没有严格的分别。实际上，如果破除成见，六十岁的老翁可以跟六岁的儿童学好些事情。会的教人，不会的跟人学，是我们不知不觉中天天有的现象。因此教学做是合一的。因为一个活动对事说是做，对己说是学，对人说是教。比如种田这件事是要在田里做的，便须在田里学，在田里教。游水也是如此，游水是在水里做的事，便须在水里学，在水里教。再进一步说，关于种稻的讲解，不是为讲解而讲解，乃是为种稻而讲解；关于种稻而看书，不是为看书而看书，乃是为种稻而看书；想把种稻教得好，要讲什么话就讲什么话，要看什么书就看什么书。我们不能说种稻是做，看书是学，讲解是教。为种稻而讲解，讲解也是做；为种稻而看书，看书也是做。这是种稻的教学做合一。一切生活的教学做都要如此，方为一贯。否则教自教，学自学，连做也不是真做了。所以做是学的中心，也就是教的中心。"做"既占如此重要的位置，宝山县立师范学校竟把教学做合一改为做学教合一。这是格外有意思的。

十一月二日

注释

①《乡教丛讯》 半月刊。中华教育改进社乡村教育同志会会刊，后与晓庄学校合办。

② 指民国八年 即1919年。

③《时报·教育新思潮》 即《时报》副刊《世界教育新思潮》专栏。陶行知为该专栏主要撰稿人之一。

④ 新学制 即1922年由北洋政府颁布的学制，又称壬戌学制。

在劳力上劳心*

昨天我讲《教学做合一》的时候，曾经提及“做"是学之中心，可见做之重要。那末我们必须明白“做”是什么，才能明白教学做合一。盲行盲动是做吗？不是。胡思乱想是做吗？不是。只有手到心到才是真正的做。世界上有四种人：一种是劳心的人；一种是劳力的人；一种是劳心兼劳力的人；一种是在劳力上劳心的人。二元论的哲学把劳心的和劳力的人分成两个阶级：劳心的专门在心上做工夫，劳力的专门在苦力上讨生活。劳力的人只管闷起头来干，劳心的人只管闭起眼睛来想。劳力的人便成了无所用心，受人制裁；劳心的便成了高等游民，愚弄无知；以致弄成“劳心者治人，劳力者治于人”的现象。不但如此，劳力而不劳心，则一切动作都是囿于故常，不能开创新的途径；劳心而不劳力，则一切思想难免玄之又玄，不能印证于经验。劳力与劳心分家，则一切进步发明都是不可能了。所以单单劳力，单单劳心，都不能算是真正之做。真正之做须是在劳力上劳心。在劳力上劳心是真的一元论。在这里我们应当连带讨论那似是而非的伪一元论。一次我和一位朋友讨论本校主张在劳力上劳心，我的朋友说：“你们是劳力与劳心并重吗？”我说：“我们是主张在劳

* 本篇系陶行知1927年11月3日在晓庄学校寅会上的演讲词。原载1928年1月31日《乡教丛讯》第2卷第2期。

力上劳心，不是主张劳力与劳心并重。”劳心与劳力并重虽似一元论，实在是以一人之身而分为两段，一段是劳心生活，一段是劳力生活，这种人的心与力都是劳而没有意识的。这种人的劳心或劳力都不能算是真正之做。真正之做只是在劳力上劳心，用心以制力。这样做的人要用心思去指挥力量，使能轻重得宜，以明对象变化的道理。这种人能以人力胜天工，世界上一切发明都是从他那里来的。他能改造世界，叫世界变色。我们中国所讲的科学原理，古时有“致知在格物”一语，朱子[①]用“在即物而穷其理”来解释，似乎是没有毛病的了。但是王阳明[②]跟着朱子的话进行便走入歧途。他叫钱友同格竹，格了三天，病了。他老先生便告奋勇，亲自出马去格竹——即竹而穷竹理，格了七天，格不出什么道理来，也就病了。他不怪他自己格得不对，反而说天下之物本无可格，所能格的，只有自己的身心。他于是从格物跳到格心，中国的科学兴趣的嫩芽便因此枯萎了。假使他老先生起初不是迷信朱子的呆板的即物穷理，而是运用心思指挥力量以求物之变化，那便不至于堕入迷途。在劳力上劳心，是一切发明之母。事事在劳力上劳心，便可得事物之真理。人人在劳力上劳心，便可无废人，便可无阶级。征服天然势力，创造大同社会，是立在同一的哲学基础上的，这个哲学的基础便是“在劳力上劳心”。我们必须把人间的劳心者、劳力者、劳心兼劳力者一齐化为在劳力上劳心的人，然后万物之真理都可一一探获，人间之阶级都可一一化除，而我们理想之极乐世界乃有实现之可能。这个担子是要教师挑的。惟独贯彻在劳力上劳心的教育，才能造就在劳力上劳心的人类；也惟独在劳力上劳心的人类，才能征服自然势力，创造大同社会。最后，我想打一个预防针，以免误解。一次有一位朋友告诉我说：“你们在劳心上劳力的主张，我极端的赞成。”我说：“如果是在劳心上劳力，我便极端不赞成了。我们的主张是‘在劳力上劳心’，不是‘在劳心上劳力’。”

十一月三日

注释

① 朱子　即朱熹。

② 王阳明　即王守仁。

以教人者教己 *

“以教人者教己”是本校根本方法之一，我们也必须说得明白，方知他效用之大。昨天邵先生①教纳税计算法，就是“以教人者教己”的例证。邵先生因为要教大家计算纳税，所以就去搜集种种材料，并把这些材料融会贯通起来，然后和盘托出，教大家计算。他因为要教大家，所以先教自己。他是用教大家的材料教自己。他年年纳税，但是总没有明白其中的内幕，今年为什么就弄得这样彻底明白呢？因为要教你们，所以他自己便不得不格外明白了。他从教纳税上学得的益处怕比学生要多得多哩。近来韩先生②教武术，不是要一位同学发口令吗？这便是以教人者教己。这位同学发口令时便是以同学教同学。因为要他发口令，所以他对于这套武术的步骤就格外明了。他在发口令上学，便是以教人者教己。第三中心小学潘先生③是素来没有学过园艺的。但是他第三中心小学有园艺一门功课，他必得教。既然要教园艺，他对于园艺便要格外学得清楚些。他拿园艺教小学生的时候便是拿园艺来教他自己。我们从昨天起开始交际教学做。第一次轮流到的便是孙从贞女士，今天有客来，便须由她招待。来宾到校必定要问许多问题，孙女士必须一一答复。但她是一位新学生，对

* 本篇系陶行知1927年11月3日在晓庄学校寅会上的演讲词。原载1928年2月12日《乡教丛讯》第2卷第3期。

于学校的经过历史、现在状况及未来计划都是没有充分明了。因为要答复来宾的问题，她必须预先把这些事情弄得十分明白，才不致给来宾问倒。她答复来宾的问题时，从广义的教育看来，她便是在那儿教，来宾便是在那儿学。为了要答复来宾的问题，她自己就不得不先去弄得十分明白，这便是以教人者教己。我们平常看报，多半是随随便便的。假使我们要教小学生回家报告国家大事，那末，我们看报的时候，便不得不会精聚神了。我们这样看报，比起寻常的效率不知道要大得几多倍哩。这便是借着小孩讲国家大事来教自己明了国家大事。这便是以教人者教己。又比如锄头舞的歌词是我做的，对于这套歌词，诸位总以为我做了之后便是十分明了了，其实不然。我拿这歌词教燕子矶小学生时，方把他弄得十分明白。以前或可以说只有七八分明白，没有十分明白。自己做的歌词还要等到教人之后才能十分明白，由此可见“以教人者教己”的效力之宏。从这些例证上，我们可以归纳出一条最重要的学理，这学理就是“为学而学”不如“为教而学”之亲切。“为教而学”必须设身处地，努力使人明白；既要努力使人明白，自己便自然而然的格外明白了。

十一月五日

注释

① 邵先生　即邵德馨。

② 韩先生　即韩凌森。

③ 潘先生　即潘一尘。

答操震球之问

问：小孩子在“做”上，我只见他学，却不见他教。此处怕只有学做合一，没有教学做合一，对不对？

答：这孩子如果是鲁滨孙枯路梭[①]，那便只有学做合一，没有教学做合一。实际上却没有这样的孩子。他是个孩中孩，他的一举一动都免不了要影响别的小孩子。关心儿童教育的父母往往对子女说：“你不要和那个孩子玩，别给他带坏了。”这就是小孩教小孩。小孩是怎样教别的小孩呢？他在做上教。他一面做，一面学，一面教。他的教育力量有时比教师大得多。所以好父母、好教师都要为儿童择友，运用小孩教小孩。不但如此，小孩也能教成人。小孩的一举一动也影响到成人。成人无论“石化”到如何程度，除非是进了棺材，都是免不了要受儿童的影响的。最能感受儿童影响的是老年人。老年人常与小孩接近，便要成为“老有童心”。六十岁的小孩，便是这样造成的。小孩不但教小孩，并且可以教成人。不愿拜小孩子做先生的人，不配做小孩子的先生。所以小孩子也是教学做合一。教学做合一是全人类教育历程之真相，无论男女老幼，丝毫没有例外。只有飘流荒岛的鲁滨孙可以跳出教学做合一的法掌。

注释

① 鲁滨孙枯路梭 （Robinson Crusoe）通译鲁滨孙。英国作家笛福的长篇小说《鲁滨孙漂流记》中的主人公。

如何使幼稚教育普及 *

教人要从小教起。幼儿比如幼苗，必须培养得宜，方能发荣滋长；否则幼年受了损伤，即不夭折，也难成材。所以小学教育是建国之根本，幼稚教育尤为根本之根本。小学教育应当普及，幼稚教育也应当普及。如何使幼稚教育普及，是我们最关心的一个问题。依我看来，进行幼稚教育之普及要有三个步骤。

（一）改变我们的态度

一般人的态度总以小孩子的教育不关重要，早学一两年，或迟学一两年，没有多大关系。我们很漠视小孩子的需要、能力、兴味、情感。因此，便不知不觉的漠视了他们的教育，把他们付托给老妈子，付托给街上的伙伴。在这种心理之下，幼稚园是不会发达的。我们要想提倡幼稚园，必须根本化除这种漠视小孩子的态度。我们必须唤醒国人明白幼年的生活是最重要的生活，幼年的教育是最重要的教育。

关心幼儿的父母，明白幼稚教育之重要，并且愿意送子女进幼稚园。但是他们有一种牢不可破的成见也是要不得的。这成见就是不愿他们的子女与贫苦人家的子女为伍。他们以为自己的子女是好的，贫苦人家的子女是不好的。他们以为贫苦人家的子女

* 本篇原载1928年2月29日《乡教丛讯》第2卷第4期。

进了幼稚园便要把他们的子女带坏了。因此，幼稚园便成了富贵人家和伪知识阶级的专利品。我们应当知道民国只有人中人，没有人上人，也就没有人下人。人中人是要从孩中孩造就出来的。教育者的使命是要运用好孩子化坏孩子，不应当把好孩子和坏孩子分开。更不应当以为富贵人家的孩子是好孩子，贫苦人家的孩子是坏孩子；尤其不可迁就富贵人家的意见排斥贫苦人家的儿女。富贵人家及伪知识阶级的父母倘不愿把亲生子女做新中国被打倒之候补者，就应当把自己的子女和不幸的人家的子女放在一个幼稚园里去受陶冶。办理幼稚园的先生倘若不愿把幼稚园当作富贵太太们打麻将时用之临时托儿所，便应当把整个的幼稚园献给全社会的儿童。可是这样一来，幼稚园教师便须明白他们的使命：不是随随便便的放任，乃是要运用好孩子化坏孩子，运用坏孩子的好处化好孩子的坏处。

承认幼年生活教育之重要，是普及幼稚园之出发点；承认幼稚园为全社会幼儿的教育场所，是普及正当幼稚园的出发点。我们必须得到这两种态度，幼稚园才有普及的希望。

（二）改变幼稚园的办法

幼稚园的办法是费钱的，不想法节省，必不容易普及。最需要幼稚园的地方是乡村与女工区。女工区的幼稚园，还可由工厂担负经费，纵使用费太多，尚易筹措。乡间是民穷财尽，费钱较少之小学尚且不易普及，何况费钱加倍的幼稚园呢？所以在乡间推行幼稚园好比是牵只骆驼穿针眼。我们必须向着省钱的方针去谋根本改造，幼稚园才有下乡的希望，才有普及的希望。

（三）改变训练教师的制度

普及教育的最大难关是教师的训练。我们要想普及幼稚教育至少需要教师一百五十万人，这是一个最难的问题。因为不但是经费浩大，并且训练不得其法，受了办理幼稚园的训练，不一定去办幼稚园，或者是去办出一个不合国情的幼稚园，那就糟了。幼稚师范是要办的，但幼稚师范必须根本改造，才能培养新幼稚园之师资。纵然如此，我们也不能专靠正式幼稚师范去培养全部的师资。我们现在探得一条新途径，很能使我们乐观。试验乡村师范学校的幼稚师范院在燕子矶设了一所乡村幼稚园，叫做第二中心幼稚园。开办之初便收了三位徒弟，跟着幼稚教师徐先生[①]学办幼稚园，张宗麟先生任指导。前天他和我谈起，幼稚园的徒弟制似可推行到小学里去，并且可以解除乡村小学教员的一个大问题——生活寂寞。我说："这是的的确确的。徒弟制不但能解除生活寂寞，并且能促进普及教育之进行。"普及小学教育及幼稚教育非行徒弟制不可。倘以优良幼稚园为中心，每所每年训练两三位徒弟，那末，多办一所幼稚园，即是多加一所训练师资的地方，这是再好没有的办法。我看三百六十行，行行有徒弟，行行都普及。木匠到处都有，他是怎样办到这个地步的？徒弟制。裁缝匠、泥水匠、石匠、铁匠和三万万四千万种田匠，哪一行不是这样普及的呢？老实说，教学做合一主义便是沥清过的徒弟制。徒弟制的流弊是：劳力而不劳心，师傅不肯完全传授，对于徒弟之虐待。假使我们能采徒弟制之精华而除去他的流弊，必定是很有成效的。若把这种办法应用到幼稚园里来，我是深信他能帮助幼稚教育普及的。我和陈鹤琴先生近来有一次很畅快的谈话。他主张拿鼓楼幼稚园来试一试。鼓楼幼稚园是最富研究性的，现在发了宏愿，要招收徒弟来做推广幼稚师资之试验，是再好没有的了。

以上所说的普及幼稚教育的三个步骤，不过是我个人所见到的，一定有许多遗漏的地方。关心幼儿幸福的同志，倘以别的好方法见教，那就感激不尽了。

注释

① 徐先生　即徐世璧。

“伪知识”阶级*

自从俄国革命以来，“知识阶级”[①]（Intelligentsia）这个名词忽然引起了世人之注意。在打倒知识阶级呼声之下，我们不得不问一问：什么是知识阶级？知识阶级是怎样造成的？应当不应当把他打倒？这些问题曾经盘旋于我们心中，继续不断的要求我们解答。近来的方向又转过来了，打倒知识阶级的呼声一变而为拥护知识阶级的呼声。我们又不得不问一问：什么是知识阶级？知识阶级是怎样造成的？应当不应当将他拥护？在这两种相反的呼声里面，我都曾平心静气的把这些问题研究了一番，我所得的答案是一致的。我现在要把我一年来对于这些问题考虑的结果写出来，与有同样兴趣的朋友们交换意见。

我们要想把知识阶级研究得明白，首先便须分别“知识”与“智慧”。智慧是生成的，知识是学来的。孟子[②]说：“由射于百步之外也：其至，尔力也；其中，非尔力也。”会射箭的人能百步穿杨。射到一百步的力量是生成的限度；到了一百步还能穿过杨树的一片叶子，那便是学来的技巧了。这就是智慧与知识的分别。又比如言语：说话的能力是生成的，属于智慧；说中国话、日本话、柏林话、拉萨话，便是学成的，属于知识。人的禀赋各

* 本篇的最后两段曾以《读书人》为题刊载于1928年1月31日《乡教丛讯》第2卷第2期。

不相同，生成的智慧至为不齐。有的是最聪明的，有的是最愚笨的。但从最愚笨的人到最聪明的人，种种差别都是渐渐的推上去的。假使我们把一千个人按着聪明的大小排列成行，我们就晓得最聪明的是少数，最愚笨的也是少数，而各人和靠近的人比起来都差不了几多。我们只觉得各个不同，并找不出聪明人和愚笨人中间有什么鸿沟。我们可以用一个最浅近的比方把这个道理说出来。人的长矮也是生成的。我们可以把一千个人依着他们的长矮顺序排列：从长子看到矮子，只见各人渐渐的一个比一个矮；从矮子看到长子，只见各人也是渐渐的一个比一个长。在寻常状态之下，我们找不出一大群的长子，叫做长子阶级；也找不出一大群的矮子，叫做矮子阶级。我们在上海的大马路上或是在燕子矶关帝庙会里仔细一望，就可以明白这个道理。从人之长矮推论到人之智愚，我们更可明白生成之智慧只有渐渐的差别，没有对垒的阶级。智慧既无阶级，自然谈不到打倒、拥护的问题。

其次，我们要考察知识的本身。知识有真有伪。思想与行为结合而产生的知识是真知识，真知识的根是安在经验里的。从经验里发芽抽条开花结果的是真知灼见，真知灼见是跟着智慧走的。同处一个环境，同等的智慧可得同等的真知灼见。智慧是渐渐的相差，所以真知灼见也是渐渐相差。智慧既无阶级，真知识也就没有阶级。俗语说“三百六十行，行行出状元”。真知识只有直行的类别，没有横截的阶级。各行的人有绝顶聪明的，也有绝不中用的。但在他们中间的人，智力上的差别和运用智力取得之真知识的差别都是渐渐的，都是没有阶级可言。倘使要把三百六十行的“上智”联合起来，称为知识阶级，再把三百六十行的“下愚”联合起来，称为无知识阶级，那就是一件很勉强很不自然的事了。

照这样说来，世界上不是没有知识阶级了吗？不，伪知识能成阶级！什么是伪知识？不是从经验里发生出来的知识便是伪知识。比如知道冰是冷的，火是热的是知识。小孩儿用手摸着冰便觉得冷，从摸着冰而得到“冰是冷的”的知识是真知识。小孩儿单用耳听见妈妈说冰是冷的而得到“冰是冷的”的知识是伪知识。小孩儿用身靠近火便觉得热，从靠近火而得到“火是热的”的知识是真知识。小孩子单用耳听妈妈说火是热的而得到“火是热的”的知识是伪知识。有人在这里便起疑问：“如果样样知识都要从自己经验里得来，岂不是麻烦得很？人生经验有限，若以经验范围知识，那末所谓知识岂不是也很有限了吗？没有到过热带的人，就不能了解热带是热的吗？没有到过北冰洋的人，就不能了解北冰洋是冷的吗？”这些疑问是很重要的，我们必须把他们解答清楚，方能明了真知识与伪知识的分别。我只说真知识的根是要安在经验里，没有说样样知识都要从自己的经验上得来。假使我们抹煞别人经验里所发生的知识而不去运用，那真可算是世界第一个大呆子。我们的问题是要如何运用别人经验里所发生的知识使他成为我们的真知识，而不要成为我们的伪知识。比如接树：一种树枝可以接到别一种树枝上去使他格外发荣滋长，开更美丽之花，结更好吃之果。如果把别人从经验发生之知识接到我们从自己经验发生之知识之上去，那末，我们的知识必可格外扩充，生活必可格外丰富。我们要有自己的经验做根，以这经验所发生的知识做枝，然后别人的知识方才可以接得上去，别人的知识方才成为我们知识的一个有机体部分。这样一来，别人的知识在我们的经验里活着，我们的经验也就生长到别人知识里去开花结果。至此，别人的知识便成了我们的真知识。其实，他已经不是别人的知识而是自己的知识了。倘若对于某种知识，自己的经验上无根可找，那末无论如何勉强，也是接不活的。比如在厨房里烧过火的人，或是在火炉边烤过火的人，或是把手给火烫过的人，便可以懂得热带是热的；在冰房里呆过的人，或是在冰窖里呆过的人，或是做过雪罗汉的人，便可以懂得北冰洋是冷的。对于这些人，“热带是热的，北冰洋是冷的”虽从书本上看来，或别人演讲时听来，也是真知识。倘自己对于冷热的经验丝毫没有，那末，这些知识虽是学而时习之，背得熟透了，也是于他无关的伪知识。

知识的一部分是藏在文字里，我们的问题又成为："什么文字是真知识？什么文字是伪知识？"经验比如准备金，文字比如钞票。钞票是准备金的代表，好一比文字是经验的代表。银行要想正经生意必须根据准备金去发行钞票，钞票是不可滥发的。学者不愿自欺欺人，必须根据经验去发表文字。文字是不可滥写的。滥发钞票，钞票便不值钱；滥写文字，文字也不值钱。欧战后，德国马克一落千丈，当时有句笑话，说是"请得一席客，汽车载马克"。这句话的意思是马克纸币价格跌的太低，寻常请一席酒要用汽车装马克去付账。这是德国不根据准备金而滥发纸币之过。滥发钞票，则虽名为钞票，几是假钞票。吾国文人写出了汗牛充栋的文字，青年学子把他们在脑袋子里都装满了，拿出来，换不得一肚饱。这些文字和德国纸马克是一样的不值钱，因为他们是在经验以外滥发的文字，是不值钱的伪知识。

我国先秦诸子如老子[3]、孔子[4]、孟子、庄子[5]、墨子[6]、杨子[7]、荀子[8]等都能凭着自己的经验发表文字，故有独到的议论。他们好比是根据自己的准备金发可靠的钞票。孔子很谦虚，只说"述而不作，信而好古"，自居为根据古人的准备金为古人清理钞票；他只承认删诗书，定礼乐，为取缔滥发钞票的工作。孟子虽是孔家的忠实行员，但心眼稍窄，只许孔家一家银行存在，拼命的要打倒杨家、墨家的钞票。汉朝以后，学者多数靠着孔子的信用，继续不断的滥发钞票，甚至于又以所滥发的钞票做准备库，滥上加滥的发个不已，以至于汗牛充栋。韩文公[9]的脾气有些像孟子，他眼看佛家银行渐渐的兴旺，气愤不过，恨不得要拼命将他封闭，把佛家银行的行员杀得干干净净。他至今享了"文起八代之衰"的盛名，但据我看来，所谓"文起八代之衰"只是把孔家银行历代经理所滥发的钞票换些新票而已，他又乘换印新票的时候顺带滥发了些新钞票。程、朱、陆、王[10]纵有许多贡献及不同的地方，但是他们四个人大部分的工作还是根据孔、孟合办银行的招牌，和从前滥发的钞票去滥发钞票。他们此时正与佛家银行做点汇兑，所以又根据佛家银行的钞票，去滥发了些钞票。颜习斋[11]看不过眼，谨慎的守着孔家银行的准备库，一方面大声疾呼的要严格按着准备金额发行钞票，一方面要感化佛家银行行员使他无形解体。他是孔家银行里一位最忠实的行员，可是他所谨守的金库里面有许多金子已经上锈了。等到八股[12]发达到极点，朱注的“四书”[13]被拥护上天的时候，全国的人乃是以朱子所发的钞票当为准备金而大滥特滥的去发钞票了。至此，中国的知识真正濒于破产了。吴稚晖先生劝胡适之先生不要迷信整理国故，自有道理。但我觉得整理国故如同清理银行账目一样，是有他的位置的。我们希望整理国故的先生们经过很缜密的工作之后，能够给我们一本报告，使我们知道国故银行究有几多准备金，究能发行多少钞票，那些钞票是滥发的。不过他们要谨慎些，千万不可一踏进银行门，也去滥发钞票。如果这样，那这笔账更要糊涂了。总括一句：只有从经验里发生出来的文字才是真的文字知识，凡不是从经验里发生出来的文字都是伪的文字知识。伪的文字知识比没有准备金的钞票还要害人，还要不值钱。

伪的知识、伪的文字知识既是害人又不值钱，那末，他如何能够存在呢？产生伪知识的人，应当连饭都弄不到吃，他们又如何能成阶级呢？伪知识和伪钞票一样，必须得到特殊势力之保障拥护才能存在。“伪知识”阶级是特殊势力造成的，这特殊势力在中国便是皇帝。

创业的皇帝大都是天才。天才忌天才是很自然的一件事。天下最厉害的无过于天才得了真知识。如果政治的天才从经验上得了关于政治的真知灼见，谁的江山也坐不稳。做皇帝的人，特别是创业之主，是十分明了此中关系的，并且是一百分的不愿意把江山给人夺去。他要把江山当作子孙万世之业，必得要收拾这些天才。收拾的法子是使天才离开真知识去取伪知识。天才如何就他的范围、进他的圈套呢？说来倒很简单。皇帝引诱天才进伪知识的圈套有几个法子。一、照他的意旨在伪知识上用功，便有吃好饭的希望。俗话说“只有穷秀才，没有穷举人”，伪知识的功夫做得愈高愈深，便愈能解决吃饭问题。二、照他的意旨在伪知识上用功，便有做大官的希望。世上之安富尊荣，尽他享受。中了状元还可以做驸马爷，娶皇帝的女儿为妻。穿破布烂棉花去赴朝考的人，个个都有衣锦回乡的可能。三、照他的意旨在伪知识上用功，便有荣宗耀祖的希望。这样一来，全家全族的人都在那儿拿着鞭子代皇帝使劲赶他进圈套了。倘使他没有旅费，亲族必定要为他凑个会，或是借钱给他去应试。倘使他不去，又必定要用“不长进”一类的话来羞辱他，使他觉得不去应试是可耻的。全家全族的力量都做皇帝的后盾，把天才的儿孙像赶驴子样一个个的赶进皇帝的圈套，天下的天才乃没有能幸免的了。

“伪知识”阶级不是少数人可以组织成功的。有了皇帝做大批的收买，全社会做这大批生意的买办，个人为名利权位所诱而不能抵抗出卖，“伪知识”阶级乃完全告成。依皇帝的目光看来，这便是“天下英雄，尽入我彀中”。雄才大略的帝王个个有此野心，不过唐太宗[14]口快，无意中把他说破罢了。最可叹的是皇帝手段太辣：一方面是积极的推重伪知识，所谓“满朝朱紫贵，尽是读书人”一类的话，连小孩都背熟了；一方面是消极的贱视伪知识以外的人，所谓“万般皆下品，惟有读书高”，又是从娘胎里就受迷的。所以不但政治天才入了彀，七十二行，行行的天才都入了他的圈套了。天才是遗传的，有其父必有其子。老子进了圈套，儿子、孙子都不得不进圈套。只要“书香之家”四个大字，便可把全家世世代代的天才圈入“伪知识”阶级。等到八股取士的制度开始，“伪知识”阶级的形成乃更进一步。以前帝王所收买的知识还夹了几分真，等到八股发明以后，全国士人三更灯火五更鸡去钻取的知识，乃是彻底不值钱的伪知识了。这种知识除了帝王别有用意之外，再也没有一人肯用钱买的了；就是帝王买去也是丝毫无用，也是一堆一堆的烧去不要的。帝王是醉翁之意不在酒，他那里是收买伪知识，他只是用名利、权位的手段引诱全国天才进入“伪知识”的圈套，成为废人，不能与他的儿孙争雄罢了。

这些废人只是为“惜字炉”继续不断的制造燃料，他们对于知识的全体是毫无贡献的。从大的方面看，他们是居于必败之地。但从他们个人方面看，却也有幸而成的与不幸而败的之分别。他们成则为达官贵人，败则为土豪、劣绅、讼棍、刀笔吏、教书先生。最可痛心的，就是这些废人应考不中，只有做土豪、劣绅、讼棍、刀笔吏、教书先生的几条出路。他们没有真本领赚饭吃，只得拿假知识去抢饭吃，骗饭吃。土豪、劣绅、讼棍、刀笔吏之害人，我们是容易知道的；教书先生之害人更广、更深、更切。我们是不知道的。教书先生直接为父兄教子弟，间接就是代帝王训练“伪知识”阶级。他们的知识，出卖给别人吧，嫌他太假；出卖给皇帝吧，又嫌他假得不彻底。不得已，只好拿来哄骗小孩子。这样一来，非同小可，大书呆子教小书呆子，几几乎把全国中才以上的人都变成书呆子了，都勾引进伪知识阶级了。伪知识阶级的势力于是乎雄厚，于是乎牢不可破，于是乎继长增高，层出无穷。

皇帝与民争，用伪知识来消磨民间的天才，确是一个很妙的计策。等到民间的天才消磨已尽，忽然发生了国与国争，以伪知识的国与真知识的国抗衡，好一比是拿鸡蛋碰石头，那有不破碎的道理！鸦片之战，英法联军之战，甲午之战，没有一次幸免，皇帝及大臣才明白伪知识靠不住。于是废八股，兴学堂，这未始不是一个转机。但是政权都操在“伪知识”阶级手中，他们那会培养真知识？他们走不得几步路，就把狐狸尾巴拖出来了。他们自作聪明的把外国的教育制度整个的抄了一个来。他们曾用眼睛、耳朵、笔从外国贩来了些与国情接不上的伪知识。他们把书院变成学堂，把山长改为堂长[15]。“四书”用不着了，一律换为各种科学的教科书。标本、仪器很好看，姑且拣那最好看的买他一套，在玻璃柜里陈列着，可以给客人参观参观。射箭很不时髦，要讲尚武精神，自须学习兵操。好，他们很信他们的木头枪真能捍国卫民咧！这就算是变法！这就算是维新！这就算是自强！一般社会对于这些换汤不换药的学堂却是大惊小怪，称他们为洋学堂，又称学堂里的学生为洋学生。办学的苦于得不到学生，于是除供饭食发零用外，还是依旧的按着学堂等级给功名：小学堂毕业给秀才；中学堂毕业给贡生；高等学堂毕业给举人；大学堂学生给进士；外国留学回来的，赴朝考及第给翰林点状元。社会就称他们为洋秀才、洋贡生、洋举人、洋进士、洋翰林、洋状元。后来废除功名，改称学士、硕士、博士等名目，社会莫名其妙了。得到这些头衔的人还是仍旧用旧功名翻译新功名，说是学士等于秀才，硕士等于举人，博士等于翰林，第一名的博士便是从前的状元。说的人自以为得意，听的人由羡慕而称道不止，其实这还不是穿洋装的老八股吗？穿洋装的老八股就是洋八股。老八股好比是根据本国钞票发行的钞票，洋八股好比是根据外国钞票去发行的钞票，他们都是没有准备金的假钞票。洋八股和老八股虽有新旧之不同,但同不是从经验里发生的真知识，同是不值钱的伪知识。从中国现在的情形看来，科学与玄学[16]之争，只可说是洋八股与老八股之争。书本的科学，陈列的实验，岂能当科学实验之名？他和老八股是同样无用的东西。请看三十年来的科学，发明在哪里？制造在哪里？科学客倒遇见不少，真正的科学家在哪里？青年的学子：书本的科学是洋版的八股，在讲堂上高谈阔论的科学客，与蒙童馆里的冬烘先生[17]是同胞兄弟，别给他们骗走了啊！

所以中国是有“伪知识”阶级。构成中国之伪知识阶级有两种成分：一是老八股派，二是洋八股派。这个阶级既靠伪知识骗饭吃，不靠真本领赚饭吃，便没有存在的理由。

这个阶级在中国现状之下已经是山穷水尽了。收买伪知识的帝王已经消灭，再也找不出第二个特殊势力能养这许多无聊的人。但因为惰性关系，青年们还是整千整万的向着这条死路出发，他们的亲友仍旧是拿着鞭儿在后面使劲的赶。可怜得很，这些青年个个弄得焦头烂额，等到觉悟回来，不能抢饭的便须讨饭。伪知识阶级的末路已经是很明显了，还用得着打倒吗？又值得拥护吗？

但是一班狡猾的“伪知识”者找着一个护身符，这护身符便是“读书”两个字。他们向我们反驳说：“书也不应当读了吗？”社会不明白他们葫芦里卖的是什么药，也就随声附和的说：“是啊！书何能不读呢！”于是“读书不忘救国，救国不忘读书”，便成了保障伪知识阶级的盾牌。所以不把读书这两个字说破，伪知识阶级的微生物便能在里面苟延残喘。我们应当明白，书只是一种工具，和锯子、锄头是一样的性质，都是给人用的。我们与其说“读书”，不如说“用书”。书里有真知识和伪知识，读他一辈子，不能辨别他的真伪；可是用他一下，书的本来面目便显了出来，真的便用得出去，伪的便用不出去。也如同真的锯子才能锯木头，真的锄头才能锄泥土，假的锯子、锄头一用到木头、泥土上去就知道他不行了。所以提到书便应说“用书”，不应说“读书”，那“伪知识”阶级便没得地方躲了。与“读书”联成一气的有“读书人”一个名词。这个名词，更要不得。假使书是应当读的，便应使人人有书读。决不能单使一部分的人有书读，叫做读书人；又一部分的人无书读，叫做不读书人。比如饭是应当吃的，应使人人有饭吃。决不能使一部分的人有饭吃，叫做吃饭的人；又一部分的人无饭吃，叫做不吃饭的人。从另一方面看，只知道吃饭，不成饭桶了吗？只知道读书，不成为有脚可以走路的活书架子了吗？我们为避免堕入伪知识阶级的诡计起见，主张用书不主张读书。农人要用书，工人要用书，商人要用书，兵士要用书，医生要用书，律师要用书，画家要用书，教师要用书，音乐家要用书，戏剧家要用书，三百六十行，行行都要用书。行行都成了用书的人，真知识才愈益普及，愈能发现了。书是三百六十行的公物，不是读书人所能据为私有的。等到三百六十行都是用书人，读书的专利营业便完全打破，读书人除非改行，便不能混饭吃了。这个日子已经来到，大家还不觉悟，只有死路一条。凡受过中国新旧教育的人，都免不了有些“伪知识”的成分和倾向。为今之计，我们应当痛下四个决心：

一、从今以后，我们应当放弃一切固有的伪知识；

二、从今以后，我们应当拒绝承受一切新来的伪知识；

三、从今以后，我们应当制止自己不要再把伪知识传与后辈；

四、从今以后，我们应当陪着后起的青年共同努力去探真知识的泉源。

最后，我要郑重的说：二十世纪以后的世界，属于努力探获真知识的民族。凡是崇拜伪知识的民族，都要渐就衰弱以至于灭亡。三百六十行中决没有教书匠、读书人的地位，东西两半球上面也没有中华书呆国的立足点。我们个人与民族的生存都要以真知识为基础。伪知识是流沙，千万不可在他上面流连忘返。早一点觉悟，便是早一点离开死路，也就是早一点走向生路。这种生死关头，十分显明，绝无徘徊迟疑之余地。起个取真去伪的念头，是走向生路的第一步。明白伪知识的买主已经死了永不复生并且绝了种，是走向生路的第二步。以做“读书”人或“读书”先生为最可耻，是走向生路的第三步。凡事手到心到——在劳力上劳心，便是骑着千里驹在生路上飞跑了。

注释

①“知识阶级”（intelligentsia）　即知识界或知识分子的总称。把知识分子称为“知识阶级”是五四运动时期的叫法。

②孟子　即孟轲。

③ 老子　即老聃。

④ 孔子　即孔丘。

⑤ 庄子　即庄周。

⑥ 墨子　即墨翟。

⑦ 杨子　即杨朱。

⑧ 荀子　即荀况。

⑨ 韩文公　即韩愈。

⑩ 程、朱、陆、王　程，即程颐与程颢兄弟，合称“二程”。朱，即朱熹。陆，即陆九渊。王，即王守仁。

⑪ 颜习斋　即颜元。

⑫ 八股　明清科举考试制度所规定的文体。全篇由破题、承题、起讲、入手、起股、中股、后股、束股八部分组成。“入手”后的四部分才是正式议论，以“中股”为全篇的重心。这四部分中各有两段对偶文字，共八股，所以叫八股文。其题材内容，限于四书五经，不许作者自由发挥，字数也有严格规定。用八股文取士的科举制度束缚人们的思想，阻碍科学文化的发展。

⑬ 指朱熹所注的《四书章句集注》，包括《大学章句》一卷，《中庸章句》一卷，《论语集注》十卷，《孟子集注》七卷。朱熹在书中按其唯心主义理学的观点，对四书作了系统的注释。宋以后被历代封建统治者规定为必读的教科书。

⑭ 唐太宗　即李世民。

⑮ 山长　元代书院设山长，讲学之外，并总领院务。清乾隆时改名院长，清末仍名山长。堂长，清末创设各级各类学堂后，设堂长总理校务、教务。

⑯ 玄学　指魏晋时期主要的哲学思潮。它以宣传《老子》的“玄而又玄，众妙之门”而得名。玄学主张“以无为本”，认为世界的本原是“无”，万事万物都是“无”所派生的。宣扬“无为而治”。

⑰ 冬烘先生　指思想迂腐、学识浅陋的教师。

艺友制师范教育答客问*

——关于南京六校[①]招收艺友之解释

艺友制是什么？

艺是艺术，也可作手艺解。友就是朋友。凡用朋友之道教人学做艺术或手艺便是艺友制。

艺友制如何可以应用到师范教育上来？

师范教育的功用是培养教师。教师的生活是艺术生活。教师的职务也是一种手艺，应当亲自动手去干的。那些高谈阔论，妄自尊大，不屑与三百六十行为伍的都不是真教师。学做教师有两种途径：一是从师，二是访友。跟朋友操练比从师来得格外自然，格外有效力。所以要想做好教师，最好是和好教师做朋友。凡用朋友之道教人学做教师，便是艺友制师范教育。

艺友制是如何发现的？

发现艺友制之起因有二：一是由于感觉现行师范教育之缺憾，二是由于感觉各种行业施行艺徒制之实效。现行师范教育将学理与实习分为二事，简直是以大书呆子教小书呆子，所出的人才和普通中学不相上下。国内少数优良小学全凭天才做台柱，至于师范教育的贡献还是微乎其微。大多数受过师范训练的人，至今办不出一个可以令人佩服的学校，岂不是大可叹息的事吗？我

---

* 本篇原载1927年1月9日、11日《民国日报》。又载同年9月10日《申报》。

们再看看木匠徒弟所做的桌椅，裁缝徒弟所做的衣服，漆匠徒弟所做的牌匾，不由人要觉得十分惭愧了。艺友制便是这种叹息惭愧的土壤里面发生出来的一根嫩苗。现在中国职业界有一个不好的趋势，这趋势便是以仿效学校为荣。所以有汽车学校、理发学校、洗衣学校，这种学校那种学校，不一而足。谁知道一染上学校气，便是失败之母。我可以断定黎锦晖、黎明晖办的中华歌舞团，比他们办的中华歌舞学校效力要大得多。三百六十行虽然不可跟学堂学，但是学堂实在应当跟着三百六十行学才好。我们这艺友制，便是要跟三百六十行学点乖，好去培植些真人才。

那末，艺友制是否要起而代替师范学校？

不是的。师范学校应当根本改造，不应当废除。现在各省归并师范的潮流，是欠深谋远虑的。不过我们主张的艺友制是要和师范学校相辅而行的，不是拿来替代师范学校的。

徒弟制既行之有效，何不爽爽快快的就称他为艺徒制的师范教育？

艺徒制虽是有效力，但也有缺点。徒是步行的意思，倘若师傅引着徒弟一同步行，当然是很好的。但是有许多师傅坐着汽车要徒弟跟着跑，那就不好了。平常工匠待艺徒如奴仆，秘诀心得又不肯轻传，以致事业不能进步，光阴多耗于没有价值之工作。所以艺徒的名词，最好不再沿用。换一个友字，则艺徒的好处一概吸收，坏处一概避免了。

艺友制究竟是使用什么方法？

艺友制的根本方法是教学做合一。事怎样做便怎样学，怎样学便怎样教。教的法子根据学的法子，学的法子根据做的法子。先行先知的在做上教，后行后知的在做上学。大家共教共学共做才是真正的艺友制，惟独艺友制才是彻底的教学做合一。

什么地方能行艺友制？

凡学校有一艺之长的教师便可招收艺友。从幼稚园以及到研究所，只要这个条件符合，都可试行艺友制。假使中国现有之二十万学校个个有把握，便个个可收艺友，个个可做训练教师之中心。每年训练一位，只要五年便可解决普及四年小学教育所要之师资问题。但是一百个学校当中至少有九十个是没有把握的，我们的责任是要使没有把握的学校变为有把握的学校，使有把握的学校个个都变做训练教师的一个小小的中心。

艺友制的理论，看来似乎是站得住，但是有没有地方实行过，结果好不好？

我们考察乡村学校后，觉得燕子矶小学、尧化门小学、开原小学的办法很可为他校取法，便于前年与这几个学校约设铺位，使远道来校参观的人可以留校作较长时期之研究。这便是艺友制之发端。后来江问渔[②]先生要在板浦创办小学，便派了他的侄儿江君希彭到燕子矶小学过了三个月的生活，很得实益，这是第一个具体的例子。去年秋季燕子矶幼稚园成立，丁夫人[③]和两位女毕业生随着张、徐[④]二指导学办乡村幼稚园，进步也很快。至此我们对于这种办法发生了极大的希望。我们深信这种办法不但是最有效力之教师培植法，并且是解除乡村教师寂寞和推广普及教育师资之重要途径。这时我们还找不到一个更适当的名词，只好迁就称他为徒弟制。但是总觉得徒弟制这个名词不能完全表出我们的真意，所以迟迟的不愿发表。今年一月五日早晨，忽然想出艺友制三字来代表这种办法，大家都欢喜得很。现在南京六校已经联合开始招收艺友，市教育局陈鹤琴课长并拟在市立实验小学及幼稚园中试行。就以往结果观察，我们敢说只要有人负责指导，艺友制是值得一试的。

注释

① 六校　指晓庄试验乡村师范学校、市立实验小学、鼓楼幼稚园、燕子矶小学、尧化门小学和燕子矶幼儿园。

② 江问渔　即江恒源。

③ 丁夫人　即燕子矶小学校长丁超的夫人。

④ 张、徐　指晓庄试验乡村师范学校幼稚园教育指导员张宗麟、徐世璧。

集 外 文 汇

《金陵光》出版之宣言*

学报奚以光名乎？曰：天地之大，万物之繁，吾人所恃以别上下、高低、大小、方圆、正斜、黑白、动静、美恶者，光而已矣！无光，则虽有天地万物，奚由辨别乎？学校之宏，学生之众，吾人所赖以知兴衰、进退、勇怯、智愚、贤不肖者，报而已矣！无报，则虽有学生学校，奚由表见乎？故光所以别天地万物之形，报所以彰学生学校之迹。报与光之功用既同，则名报为光，不亦宜乎？且吾人学业，必求进步；吾人进步，必期速捷。万物流行之速，孰有过于光者乎？风卷不足概，电溜莫能喻，瞬息万里，莫可纪极。吾愿以光流行之速率，为吾同学进步之速率；复以同学进步之速率，而为金陵大学①进步之速率。光乎？进步乎？吾愿一言以祝之曰：学校与学生进步如流光。

或问曰：光之为物亦繁矣！日，光也；月，光也；电，光也；磷，光也；塔灯，光也；爱斯②，光也。下至萤雪爝火之细，莫不有光。天然之光，光也；人造之光，亦光也。《金陵光》，安居乎？曰："太阳信深仁，衰气欻有托。"此杜少陵③元冬登飞

* 本篇系《金陵光》中文报发刊词，载1913年2月《金陵光》第4卷第1期。《金陵光》是我国最早的大学学报之一，为学生所办。1909年12月创刊。初为英文报，从第4卷第1期起接受陶行知的倡议，增设中文报，陶行知任编辑，自第5卷第5期起，任中文主笔。在1913至1914年两年间，他在该报发表的文章约18篇（内有英文稿、译稿，用名陶文濬、知行）。这些文章论述范围较广，涉及政治、社会、教育、医学等各方面，多切中时弊，令人警醒。

阁之诗也。可见光由热生，热随光至，可以御寒振衰。世有厌世之流，悲观之派，昧爱人之宗旨，忘牺牲之大道，谓热心为好事，谓力行为有求。彼既寒心而凉血，吾《金陵光》则以随来之热力，曝其心，温其血，祛其寒，振其衰，使共跻于热忱乐为之学子。如是，则冬日之效收，而光之用神矣。

曹子建[④]曰："月临席上，绮文依而愈妍。"吾同学之造业，虽不必待《金陵光》而进步，而同学之成绩，必待《金陵光》而彰明。游子负笈他乡，或千里跋涉，或重洋骇渡，谁无父母，独不一念及吾辈之学业、交游与夫学校之现象乎？家函不过道其大略，《金陵光》则特详之。吾知青嶂月出，白首之老无愁矣。

当夫黑云蔽天，两大昏晦，月未出而日遮蒙，霹雳一声，使生物得复明辨彼我者，电之光也。倘不幸而有人焉，惑于外物，狎于弗义，大道不明，天良澌灭，必不得已，欲《金陵光》一闪其雷鞭，则亦直闪之耳。

《金陵光》，吾同学之公共日记也。同学既有公共之日记，则固有之精神可以保存，已具之精华有所托属。其中之一举一止，一言一行，咸足以备他年之考据，以作来者之前鉴。虽事已陈，迹已藐，而此公共日记，直能闪烁其彩色，以至于无穷。

吾辈青年为学，正如日暮浮舟险峡，邪说淆听，瓦裂之怪石也；跛行冒善，云翻之豪湍也。是非莫别，安危一发。吾《金陵光》则作船工之塔灯，明其径途，所以佐迷津者之造业焉！

世之金玉其外而败絮其内者，岂鲜也哉？心疾不治，大丧随之。《金陵光》于此则射其爱斯之光，察其肺腑，烛其心肝，病原既得，而后可施针砭也。

吾辈青年非能为左丘明、弥尔通[⑤]之徒，谁能入门墙、登堂奥而无所用其光哉？是故囊萤，借萤之光也；映雪，借雪之光也；凿壁，借爝之光也。人之习业，至于囊萤、映雪、凿壁，亦可谓无奈之至矣。然三贤必出于囊萤、映雪、凿壁之计者，何哉？无光即无以造其业耳！吾《金陵光》既以佐同学造业自任，则谓之为萤，为雪，为爝，皆无所不可也。

曰日，曰月，曰电（限于行所言），曰磷，曰雪，曰萤，天然之光也；曰爱斯（X），曰爝火，曰灯塔，人造之光也。兼天然人造而有之者，《金陵光》也。《金陵光》随学生天演[⑥]之进步自然发生，是之谓天然之说。天下本无《金陵光》，有《金陵光》，自金陵大学学生始，是之谓人造之说。《金陵光》之为天然、为人造姑无论，而其目的则一。目的为何？曰："李杜文章在，光焰万丈长。"[⑦]此光，《金陵光》之目的也。曰：然则《金陵光》之作为，可得闻乎？曰："青华易过，韶光不再。"此光字，《金陵光》用以勉励同学及时努力，勿使徒伤老大也。"利剑光耿耿，佩之〔使〕我无邪心。"[⑧]此光字，《金陵光》用以警醒同学，避不善如蛇蝎，勿以恶小而为之也。一勉一警，莫非欲吾同学就早切磋，蔚为国器。对于《金陵光》，便怀有盛世黎民嬉游于光天化日之感。由感立志，由志生奋，由奋而捍国、而御侮，戮力同心，使中华放大光明于世界，则《金陵光》之责尽，始无愧于光之名矣。嘻！"白帝更声尽，阳台曙色分。"[⑨]《金陵光》之第一号，即旭日东升之晓光，今出矣，吾同学曷速兴起耶！

注释

① 金陵大学　前身为美国基督教教会在南京办的3所书院。1890年在华传教士成立中华教育会，强调加强合作。1906年长老会的益智书院和基督会的基督书院的高年级联合组成宏育书院。1910年美以美会的汇文书院与宏育书院正式组成金陵大学，1911年获纽约州的特许证。陶行知1909年入汇文书院。1910至1914年在金陵大学文科学习。

② 爱斯　指爱克斯克，即X射线。

③ 杜少陵　即杜甫。诗句出自《西阁曝日》。

④ 曹子建　即曹植。

⑤ 弥尔通　通译弥尔顿。弥尔顿与左丘明都是盲人。

⑥ 天演　即进化。指达尔文发现的物种发展的生存竞争，自然选择的进化

过程。

⑦“李杜文章在，光焰万丈长”　见韩愈《调张籍》。

⑧“利剑光耿耿，佩之使我无邪心”　见韩愈《利剑》，引文缺一“使”字，现据韩愈诗集增补。

⑨“白帝更声尽，阳台曙色分”　见杜甫《晓望》。

增刊中文报之缘起*

（甲）推广规模

世间事物不能无进步，即规模不能无推广。本校[①]自有英文报，迄今已阅四载。而此四载之内，三公会[②]联合，三书院[③]统一，学校有进步，学生有进步，成绩日多，精神日旺，安可不有规模更大之学报与学校学生平行进步，以宣导其磅礴，记载其成绩，而鼓舞其精神哉？

（乙）保存国粹

自西学中输，新学派之醉心欧化，蔑视国文也，久矣。殊不知腐儒鄙弃西学，固属偏见；而新进蔑视国文，尤为忘本。夫国文之用，所以表示一国人之思想，记载一国人之行动，以互相传达，而特异于外人者也。故国界一日不消除，则国文一日必留存，未有有国而可弃其国文者也。国文有缺点，吾当补缀之；国文有窒塞，吾当贯通之；国文衰暗，则当改良之，光明之。其事实难，然吾辈青年学子所不可放释之责任也。同人有志于此。爰增刊中文报，以磨炼作国文之才，而唤起爱国文之心。能作能爱而后可言保存；能保能存而后可言光明。

---

* 本篇原载1913年4月《金陵光》第4卷第1期。

（丙）灌输学术

诗云："他山之石，可以攻玉。"泰西学术，实高出吾人之上。何妨借人之长，以济己之短。然徒有英文学报，不过将我之所长彰之外人，而对于国内学子反不能尽其介绍之职，殊为憾事，故加入中文以承其乏。凡关于学校、学生，足为吾辈学子研究之助，本报即译之。虽才有未足，力有未逮，然泰山不让细尘也。

注释

① 本校　指金陵大学

② 三公会　指美以美会、基督会、长老会。

③ 三书院　指汇文书院、基督书院、益智书院。

一夫多妻之恶结果*

风俗因之颓敝　道德因之衰微①

贫弱之大原　富强之劲敌

人第知则百斯男②，多婚可以广嗣，三千佳丽，多婚可以纵欲，而不知其害乃至大且繁也。凡多婚之结果，实罪恶之丛生。

（一）伤平等　男女同赋人权，本无尊卑贵贱可言。奈多婚之风行既久，重男轻女成为习俗。故桑间濮上③，但讥女子之不贞；妃嫱宫嫔，未言男子之多欲。褒姒、骊姬，仅充赎罪之锾；戎女、齐姜，空守白头之约。天下最不平等之事，莫甚于此矣。夫职司衾裯者，既卑如仆役；即□若糟糠者，亦莫不仰望颜色。故以陈皇后之贵，犹有长门之贬；周泽妻之贤，犹有诏狱之送。盖夫妻之情，为妾所疏；妻恐伤夫之情，事夫愈谨；夫别有所钟情，凌妻愈甚。是妻与妾，而皆不得与夫平等也。且夫百两④之将，千金之掷，所冀者粉白黛绿、翠袖长裙，悦目而已；歌喉宛转、瑟琴杂奏，适耳而已。洎乎色衰反目，则鞭挞交加，重则有性命之忧，轻则有陌路之哭。夫之于妻妾，爱之则如玩物，恶之

* 本篇分两部分发表于1913年2月《金陵光》第4卷第1期和4月第3期。前一部分署名为刘佩宜、陶知行，后一部分署名陶知行意、（刘钟璐）。刘钟璐即刘佩宜。题下原有小注：摘自《多婚危言》。

则如牛马；爱贱之，恶亦贱之也。男之于女无论矣。即女子之中，尤有不平等者在焉。同是女子，虽有贫富之不均，亦无轻重之可言，而共事一夫，妾与妻不能享同一之权利。妾奉妻为主母，而妻待妾如奴婢。幸而遇大量者，犹可稍事优容；不幸而遇悍妇，一触其怒，体无完肤。虽主人之宠，亦难抗也。不惟妻与妾有尊卑之分，即妻之子女与妾之子女，亦各有嫡庶之别。嫡出者于财产之接受，社会之交际，以及荫袭之大，起居之细，莫不占有优先之地位，是并弟兄姊妹而不平等矣。若多婚之习除，则何由有此三种不平等哉？吾知其必不能容于共和时代也。

（二）损亲爱　一国和而后国治，一家和而后家齐。亲爱则和，交恶则不能和。娣姒交恶，所妒者财，而兄弟不和；妻妾交恶，所妒者色，而夫妇嫡庶不和。兄弟不和，析居犹可也；至于夫妇嫡庶不和，则家不可为矣。盖姬妾众多，则虽兼爱家如墨子[5]，亦不能均其爱力。必有色艺较佳而宠较专者，必有不安于室者，于是妻与妾争名分，妾与妾争嬖幸。而子女之中，又各袒其母，各逞其气，各争其权。有如人彘之祸[6]，皇孙之啄[7]，五公子之争立[8]，皆多婚阶之厉也。

（三）侵自由　自由之权，人所自有；而自由之乐，人每不克自享者，罪恶侵之也。一人之情钟于一人，则同心同德，互相赞助，处则合力以治家，出则合力以谋国。英雄侠骨，儿女柔情，可谓兼之矣！自由之乐为何如乎？不然，情之所钟，不得其正，以一人之情愫，分系于数人之身。朝注于彼，夕专于此，五光十色，视眩目迷，儿女情长，英雄气短，心已不克自由矣。而为妻妾者，无同舟共济之心，有同室操戈之患，恶感既深，诟谇屡见。邹鲁交哄于萧墙[9]，燕齐相持于帷闼[10]。为夫者既见株连，难守中立，欲加干涉，不易左袒，阃内之鲁仲连岂易为哉？况乎食指浩繁，家累愈重，身更不克自由矣。其不克自由，非人侵之，自侵之耳！

（四）旷夫怨女 男之生也，宜有室；女之生也，宜有家。男子无室者，谓之旷夫；女子有家若无家者，亦可谓怨女。中国承专制之余，富贵者挟其多金，以一人而娶数十人之多，少者亦四五人、二三人不等。夫如是，则必使中华国民生男少、生女多，而后可给多婚者之求，可免无室之嗟。不然，多一人之多婚，即多数人或数十人之不婚。况富人争购女子，女子之身价愈高。纳妾者，卖女者，皆视女子为奇货。贫寒之徒，以无力出聘金，则斑白不婚者有之矣！至女子适人，原思有倡随之乐，今乃与人共事一夫。家庭权利，幸则与人分享，不幸则尽为人所攘，固不仅卧榻之侧，任他人鼾睡已也。当至宠衰见弃，度日如年。春花似锦，伤雨露之不时；秋月如珪，念风云之难际。粉黛泣红颜之命，花落增悲；曼声度白头之吟，鸟啼如诉。有若秦皇之终身不见，明妃之仰天太息。怨女之怨，实难胜矣！

（五）反动罪恶 宇宙间无论何事，有原动力，必有反动力。原动力大，反动力必大。男子之多婚，既以最大之压力使女子不得平等矣。其愚而懦者，固抱恨终身，赍志以没；其强而黠者，必大施其奸狡之计，非礼之行，以求达其平等之目的。是故男子既可逾墙而搂处子，女子也可登垣而阚[11]宋玉；男子既可以列金钗，女子也可以置面首。古今之由多婚而辱门楣、污宫廷者，比比然也。

（六）滋生罪恶 多婚之罪恶，岂止渔色一端而已哉？渔色者，罪之魁而恶之胎也。赵媛吴女，纤歌妙舞，非此不足以侑觞，而对此乐境，能不为之浮白[12]乎？色不足以尽其乐，则牛饮以继之，而嗜酒之害生焉。当夫炎天挥扇，冬日围炉，清谈非消闲之品，声歌有聒耳之时，团聚无以为欢，何以消此永昼？乃作猪奴之戏，姑为麻雀之叉，喝雉呼卢，兴高采烈，而赌之害生焉。且精神有限，娱乐无穷。一旦意倦神疲，神懒心动，借阿芙蓉君[13]以振刷精神者，实繁有徒也。酒也，博也，鸦片也，皆道德家所谓之罪恶也。世之犯此三者，未必尽由多婚，而既犯多婚，则染此更易矣。

（七）戕身弱种 苏子瞻[14]曰："好色者必死。"斯言也，犹有病。夫人未有不死者，果如是，好色何惧哉？盖所谓必死者，必自速其死也。天下事物，足以速人之死者，惟兵、鸩与色耳。兵、鸩之死人，其理昭然，人咸畏之；色之死人，虽习实隐，人咸昵之。今夫佳木葱茏，人孰信其速形枯槁哉？然斧斤旦旦而伐之，生机之能久存者，鲜矣。人值青年，身体健全，亦何至旦暮夭折？奈色迷不悟，多娶以餍其欲，是无异操群斧而自戕也。迨痨瘵已形，犹谓参苓可治，岂不悲哉！而市井无赖，迎合社会心理，因之造伪药以渔利。自来血、补脑汁等壮剂，果克收生死肉骨之效乎？观二者畅销，亦可觇国民体质之弱矣。矧将萎之木，枝叶必不茂；将涸之源，支流必不长；衰弱之父，生子必不强。中国人民虽庶，而患虚证者实繁。良以先天既弱，即无嗜好，多病已如李密，况更染颓风乎？华种之弱，有由来矣。

（八）塞智蔽聪 语云：酒能汩性，利令智昏，色尤甚焉。人之聪明，全恃脑力。姬妾众多，色欲过度，脑力受无形之斫丧，运用不灵；良知良能，有时而泯。故夫差明君也，以纳西施而封甬；玄宗英主也，以纳太真[15]而幸蜀；吴三桂豪杰也，以陈圆圆之故，而召清兵。故欲保身体之健全，脑力之活泼，不可蹈多婚之恶习。

（九）废时失业 人之最宝贵者，莫如光阴；所亟图者，莫如事业。是以大禹有寸阴之惜，孔子有逝水之叹。盖以人生寄蜉蟒于天地，不过数十寒暑。而于此数十寒暑之中，志学以前，草昧初启；耳顺而后，精力日衰。是学士之探赜钩玄，政客之励精图治，农工商贾之操奇计赢，所经营者如此其巨，而可乘之时机如此其促也。彼多婚者，销磨驹隙于征求美色，运动婚娶；趋承妻妾之意旨，调和阃内之诟谇。值年富力强之时代，作追欢买笑之生涯，自以为人生乐境，无逾于斯。斯人也，在官必偾其职，为工必荒其艺，经商必失其资，读书必废其学。盖人之经营缔造，全赖一心；心专于此，则力懈于彼。韩文公[16]曰："业精于勤荒于嬉。"多婚，乃嬉之尤者也。

（十）伤财破产　节用之风渺，理财之道衰；风俗流于奢靡，浮竞有违矩则。琼台玉宇，大兴阿房之工；绣闼雕甍，姑作藏娇之所。妾之于主人也，或索珠玉以为饰，或裂锦绣以为衣。夸富斗靡，争妍博宠，冶容诲淫，纵欲败度，伤财更无论矣。世之娶季家姬者，不过以一人养一人耳，犹疲于奔命，况以一人养数人乎？吾恐群姬之欲壑未盈，而主人之家资已竭。在中人以下之产者，废时失业，已无以开财之源；而任意挥霍，又无以节财之流。即使富如石崇，金夸郭氏[17]，终为有限之资财，难作长久之征逐。无法以生财者，既倾家而荡产；而稍有权势者，则大开方便之门，权济燃眉之急。于是收暮夜之金，贿赂公行；假催科之名，横征暴敛；国帑库款，侵吞无余；军饷吏俸，扣蚀有差。宦囊不足以支持，则阳假外债之名，阴充妻妾之奉。小则破家荡产，大则蠹国殃民。多婚之害，至此极矣！

（十一）多婚与社会之关系　多婚既具有传染之性质，经长久之变迁，始创之于个人，继遍行于社会。捷如影响，迅若雷电。由是服用日华，旷怨日多，人民之无德育也，而社会成奢淫之俗；塞智蔽聪，铄灵灰慧，人民之无智育也，而社会长昏惰之俗；戕身贼体，流毒子孙，人民之无体育也，而社会有萎靡之习。至于共和之世，人道大昌，待己则自由，待人则亲爱；立于宪法之下，则人我平等。平等、自由、亲爱，社会中之三大要素也，而皆为多婚所破坏，甚可慨已。

（十二）多婚与国家之关系 政治之良否，视乎社会之风俗；风俗之厚薄，视乎人民之道德。多婚盛而民德衰，民德衰而风俗漓，风俗漓而政治敝。盖善政难挽颓风，薄俗易妨政治，故奢淫之风，贫国之渐；萎靡之风，弱国之原。贫矣，弱矣，朝野上下，更昏惰性成，不求振作，何怪贫而愈贫，弱而愈弱？苟在上者，无多婚之好，则廉俸所入，足以供其挥霍；公费有余，不敢私其涓滴；毁家纾难，不期廉而自廉；鞠躬尽瘁，不期勤而自勤。在下者，无多婚之好，而后家有余蓄，人有余力，应国债之募，则踊跃输将；办公益之事，则黾勉应付；举人人日富之资，以为国家岁入之助；易人人渔色之心，以为国家干城之谋，则司农何至有仰屋之嗟，海疆何至有烽烟之警哉？惜乎数千年来，多婚之积弊太深，虽英雄豪杰，犹不能去此嗜好，则今之当局诸公，海内志士，虽欲亟起挽救，犹非数十年之功，可以绝其根株；而况失此时机，任其滋蔓，则中国前途尚堪问耶！

注释

①“风俗因之颓敝”四句　这四句题词是王正廷写的，作者原注云：“王正廷先生序。”序即指此。

② 则百斯男　多子的代称。《诗·大雅·思齐》：“大姒嗣徽音，则百斯男。”《传》：“太姒十子，众妾则宜百子也。”大姒即太姒，为周文王之妃。

③ 桑间濮上　桑间，古卫国地，在濮水之上。《汉书·地理志下》：“卫地……有桑间濮上之阻，男女亦亟聚会，声色生焉。”后人称男女幽会的地方为“桑间濮上”。

④ 百两　《诗·召南·鹊巢》：“之子于归，百两御之。”“之子于归，百两将之。”两为车辆的古字；御，迎也；将，送也。诸侯婚嫁以百辆车迎送。

⑤ 墨子　即墨翟。

⑥ 人彘之祸　指吕太后残害戚夫人事。《汉书·外戚传》："太后遂断戚夫人手足，去眼熏耳，饮喑药，使居鞠域中，名曰人彘。"

⑦ 皇孙之啄　指汉成帝宠妃赵飞燕残害皇孙事。《汉书·外戚传》："燕飞来，啄皇孙，皇孙死，燕啄矢。"

⑧ 五公子之争立　《左传·昭公十三年》："初，共王无冢適（嫡），有宠子五人，无適立焉。乃大有事于群望，而祈曰：'请神择于五人者，使立社稷。'乃遍以璧于群望曰：'当璧而拜者，神所立也，谁敢违之？'"

⑨ 邹鲁交哄于萧墙　萧墙：门屏。《论语·季氏》："吾恐季孙之忧不在颛臾，而在萧墙之内也。"当时鲁国季孙将伐颛臾，孔子反对，认为季孙之忧在内部，说了这句话。后世以萧墙喻内部，称内乱为"祸起萧墙"。这句是用邹鲁两个小国开战于萧墙来比喻妻妾内室之争。

⑩ 燕齐相持于帷闼　燕将乐毅攻齐，取70余城，唯莒、即墨不下，两军对峙，后田单以即墨破燕。事见《战国策·燕策》。帷：帐幔；闼：门内。这句意指妻妾争强斗胜于闺闱。

⑪ 登垣而阚　宋玉《登徒子好色赋》中说东邻的美女子"登垣而窥臣三年，至今未许"。

⑫ 浮白　指饮酒。

⑬ 阿芙蓉君　对鸦片的戏称。

⑭ 苏子瞻　即苏轼。

⑮ 太真　即杨太真。

⑯ 韩文公　即韩愈。

⑰ 郭氏　指郭况，郭皇后之弟。《后汉书·郭皇后纪》："况迁大鸿胪，帝数幸其第，令公卿诸侯亲家饮燕，赏赐金钱缣帛，丰盛莫比。京师号况家为金穴。"

因循篇*

披阅英儒培根所著之《因循论》（Essay on Delays），兴起无穷感触。盖以生乎今之世，列强既具有进取之特性，其学术工商复高出吾人之上，以强佐强，进步一日千里。吾人欲与并驾齐驱，其进取当有列强十百倍之猛勇。即欲在世界求一生存，犹当夙兴夜寐，不容稍事蹉跎。苟仍委靡不振，习于因循，则保守已无余地，大局何堪设想？爰引申培氏之说，撰著因循之篇，究因循之原因，揭因循之结果，俾国人晓然于因循之害，不独妨一己之发展，实足以障人群之进化焉！

（一）释名

趑趄其行，应前不前，是为因循。因循之人，除退化无收效，除敷衍无方法。对于事言，是为放弛责任；对于己言，是为自暴自弃。阳膺职守，其实滥竽也。

（二）辟因循者之图说

因循者，每自饰其说曰："'欲速则不达'，'其进锐者其退速'。与其不达何如迟？与其退速何如藏其锋？"曰：孔孟之为此言，盖以警夫世之暴躁者，深恐有如宋人之揠苗[①]，非徒无益，

* 本篇原载1913年4月《金陵光》第4卷第3期。

而又害之。然揠苗诚过矣，而圃人迁就其培植，延迟其灌溉，以致禾苗日即于枯槁，则又何说耶？不及犹过也！因循与欲速，皆背中庸之正道。则彼因循者之图说欺人，适以彰其偏耳！

（三）因循之原因

（甲）原于畏　处此物竞之世界，与器间有竞争，与物诱有竞争，即下至饮食起居之细，亦莫不含有竞争之义。于是筹备竞争也，宜任劳；实行竞争也，宜耐苦。竞争而不能胜，则难生矣！竞争而败北，则痛生矣！彼畏怯者，心既懦弱，气安能壮？于是见劳而畏焉，见苦而畏焉，见难而畏焉，见痛而畏焉。畏则虽知其应进而不敢进，虽知其应行而不敢行；不敢进，不敢行，而因循之念萌矣。

（乙）原于惰　存诸念者，谓之惰；惰之见于事实者，谓之因循。“今日不学，曰有明日；今年不学，曰有明年。”因循自误，实惰为之原动力也。

（丙）原于自满　自满则目空一切。凡事举不足介其意，以为即稍自暇逸，先鞭亦莫我着。于是朝夕因循，放心不求。推求其故，则皆自满一念有以致之耳！（泰西寓言有所谓龟兔竞走者。一日，兔与龟订竞走之约。兔见龟行笨滞，以为莫能为，偷息中途，卒以延时太久，龟得先登。斯兔之所以失败，由于因循；而所以致兔之因循者，则自满耳！此言虽小，可以喻大。）

（丁）原于自私　人自私之念太过，则所为莫非扩张一己之利益。有益于我，则求之惟恐不力；利益少杀，则泄沓从之。甚或今日慕其利，明日见利之更大于此者，复移其爱慕之心于彼。既得所欲，而向昔之职守，或碍于势而未能遽卸；或尚有利益可渔，则其结果必为因循敷衍无疑。今日官僚界、社会界中，以一人而兼数差者，不可更仆数[②]，而所事皆鲜有成效可睹。问其何以至此？曰：惟因循故。问其何以因循？曰：惟自私而不量力故。

（戊）原于宴安　管子[3]曰："宴安酖毒，不可怀也。"吕东莱[4]又从而说明之，谓为隳心丧志之所由来。盖形为物役，形已不克自主；心志又为形役，而复由形而役于物，则心安得不丧？志安得不隳？心丧志隳，而能不因循者几何哉？是故国事虽艰，先之以妻妾之奉，耳目之乐。宴安既不可须臾离，则敷衍国事，以循情欲，势所必然也。

以上五者，乃因循之大原。间有因大事牵连，势不得不迁延小事者，其情可原，故不列论。

（四）因循之结果

因循之原既明，则吾人所急当研究者，即因循于个人果具何等之结果，于社会果有何等之影响。

（甲）失机宜　培根氏对于此点，论之最详。其言曰："机会之去，如射弹空中，霎时即没。"培氏又以为机会既难得而易失，则乘迎必期敏捷，断不容稍事徘徊。故其章末曰："吾人处事，当察之以阿耳嘎斯[5]（Argus）之百目，行之以白流辽斯[6]（Briareus）之百臂。"若舍此不务，专事狐疑，则由狐疑而观望，由观望而因循，忍此大好机会，偷逝于无声无臭之间，迨至四十五十，始嗟一事无成，悔之无及矣，岂不悲哉！

（乙）长惰　人能习于勤，亦能习于惰。人之有惰念，不难芟除之；所可惧者，既由惰而因循，复由因循而长惰。习与性成，斯惰之根牢不可拔矣。

（丙）伤名誉　因循者，鲜不陨职。迨至事无成，或成而不良，人必訾议之曰："此某责任之不尽也，此某因循之贻误也。"人相诽，家相谤，名誉隳落矣。吾雅不欲以名誉勉人为善，然此实因循必然之结果，无可讳者也。

（丁）妨他人之进步　人非皆鲁滨孙[7]，谁能处世而可离其群者哉？不能离群，则我与群有相互之关系。故名誉不独我伤，全体受其玷辱；机宜不独我失，全群滞其进步。我既因循，群亦难于有为，理势然也。懦弱如余，宁随勇为者之疾趋，虽力竭声嘶，犹觉愉快；一与因循者遇，则如逢逆风，如拉千钧。吾心焦，吾首疾，吾额蹙，吾不可以一朝居，吾无可如何。况彼忧时如焚之士，吾知其与因循者同群，其苦楚当有更甚于余者矣。

（戊）引他人之因循　因循之人，不独妨他人之进步，且足以引他人之因循。盖勇行之士，固可努力前进，曾不因人之因循而稍存退步。而懦弱之徒，其始亦未尝不以因循为非是，然浸假而灰心矣，浸假而效尤矣，浸假而随浪浮沉矣。观乎吾国在野各会之委蛇不进，参议院、政府之敷衍溺职，何一非由于一二人之因循，而牵及全局之因循者哉？

（五）结论

由上论观之，则因循之害，既足以自误，复足以误人，更足以误国。吾人果自爱，则不当因循；吾人果爱人爱国，尤不当因循。然世人之因循，相习既久，脑印已深，一旦除之，自非易事。于此则吾人所当垂择者，有二事焉：（一）不问他人因循与否，吾惟努力前进，勇行其是；（二）因循既由畏、惰、自满、自私、宴安诸念所致，则欲远离因循，自非排去畏、惰、自满、自私、宴安五念不可。自警警人，务期易怯为勇，易惰为勤，易自满为不足，易自私为利人，易宴安为忧劳，使国人共跻于勇为之士，则吾辈所不可放释之责任也。由（一）说，则己不致陷于因循；由（二）说，则可勉人力行。果能如是，则吾国虽弱且贫，其前途必有光荣之希望。不然，社会因循而民气不张，政府因循而国魂不振，吾国行将由贫弱而渐臻于沦丧，岂不甚可畏乎？勉哉国人！

注释

① 宋人之揠苗　事见《孟子·公孙丑上》。揠，拔也。宋人想通过拔苗以助

其长。

② 不可更仆数　即更仆难数，语出《礼记》。后用以形容事物繁多，数不胜数。

③ 管子　即管仲。

④ 吕东莱　即吕祖谦。

⑤ 阿耳嘎斯　百眼巨人，希腊神话人物。

⑥ 白流辽斯　百手巨人，希腊神话人物。

⑦ 鲁滨孙　通译鲁滨逊。

导引新生之倡议 *

入校不苦，初入校则苦；初入校不苦，初入校而无人导引斯真苦。王君湘山曰："今吾在校中，不过起居饮食，稍有不便，乃思亲之念切耳。惟初进学校之苦，则难以言语形容也。"此过来人阅历之语，闻者疑其言乎？请得毕论初进校之苦。

游人入意大利圣彼得教堂，莫不怃然自藐。本校墙宇华丽虽不足，而雄壮则有余。初进，罕不一望气夺（多人之言如此）。既入校，四觅始得缴费处。券既购，诣监学室派书。监学室中，学生如云。自日升至于中昃，书有不得派者。问之，则新生耳。何则？彼新生心存畏怯，行用趑趄，不敢趋前，斯为捷足所先登矣。俟见监学，则未惯见外人者，望其颜貌，益增悚惶。口将言而嗫嚅，甚至言语不通，则愈觉其困难矣。课派毕，购书上所派班，时刻已过，而未觅得上班处者，恒事也。且忽而鸣大钟，忽而鸣小钟（本校有大小二钟各有所司），其义未解，罔知所适。他若饮食起居诸事，未娴规则，动蹈愆咎。彼善于交游者，固不难于每事问，而颜薄之徒，唇未启而面已赧，无惑乎其摸索不已也。甚有恶少，专以欺侮戏弄新生为事，问之或不答，答则指鹿为马；与彼同室，则颐指气使，如主人之待奴仆。其黠者，固能暂受胯下之辱；而弱者，不吞声饮泣而愈形抑郁乎？及夜登榻，

* 本篇原载1913年4月《金陵光》第4卷第3期。

历溯日间种种之苦境，追思家中种种之乐趣，苦时忆乐，益觉凄凉，辗转不寐，泪由耳堕。学子初入校之苦，盖难堪矣！

吾之为此言，非故为骇人听闻之论。实欲吾先进诸同学，痛定思痛，推己及人，群膺引导之责，力图照料之方，务使后来者视入校如归乐境焉。李敏甫先生演说美国学生精神，曾云及先生赴美之年，未到校而该校青年会即派招待员，为之照料起居饮食，莫不周密尽致。夫美人之于先生，白黄异种，美亚异洲，其相遇且有如是之隆，况吾人之于后来同学，虽新旧有别，而都属同胞，安可坐睹彼辈初入之困苦而不一援手乎？吾青年会对于新来同学，素存爱敬，故每学期开学后，必集茶会，以笃新旧交谊，行①已钦佩无似；苟能赞同敝议，出而提倡实行其导引新生之计画，则新生更蒙福靡极，行②亦无不乐随诸君子之后，而效其区区之力焉！

注释

①② 行　作者自称。

为考试事敬告全国学子*

口诵心维，日就月将。一学期之韶光，行且风驰电掣过去矣！今者暑假伊迩，吾人对于此将至未至之考期，其观念果何如乎？大概勤生多主乐观，惰生多主悲观。彼勤生兢兢业业，一日读一日之书，一时学一时之业；平日不虚度分阴，至考则不待楮墨，已有左券之操。更逆计前列之荣，师友之鉴赏，父母之宠幸，怡然意满，安得不乐乎？惰者则异是，平日惟宴安是娱，逸豫是耽。光阴宜宝贵也，而等于闲度；学业宜精思也，而苟于涉猎。至考则有落第之虞，更逆知点额之辱，师友之藐视，父母之责备，溯往自伤，而往者不可追，嗒然若失，又安得不悲乎？

然此二者，不足以尽将考时学子之态度也。夫畏辱思荣，荣益求荣，人之情也。彼惰者之自悲，吾无间焉。所惧者，彼既以惰而荒业，复不愿自居下风，谓美名可以幸邀，令誉可以幸取。因畏辱心而生侥幸心，复因侥幸心而生谲诈心者，比比然也。彼勤者之有荣，吾之悦也。所惧者，溺于虚名，不自满足，自量才智不如人，犹殚思竭虑，求有以达其冠军之目的。始于一念之贪，终于欺诈之行，此又学子考试时通常之态度也。

噫！两军对垒而阴谋用，五洲互市而狡计生，考试之时有试

---

* 本篇原载1913年5月《金陵光》第4卷第4期。《金陵光》在本期刊登启事：自本期起该刊只设中英文主笔，不再设总编辑，陶行知任中文主笔。

探焉！试探维何？夹带也，枪替也。稍敛形迹者，则剽窃焉，耳语焉，其为名虽繁，其为欺则一。而所以陷溺之者，则不出畏、贪之二念。试言其害：

（一）欺亲师

事亲莫大于孝，事师莫大于敬。不孝不敬，莫大于欺。考以舞弊而前列，终非庐山真面目。师不及察，给以优分，是师见欺矣。考卷寄家，亲不及辨，以为是真吾儿之英隽，是亲见欺矣。欺师不敬，欺亲不孝，不孝不敬，是为败德。败德之人，不得志害身家，得志害天下。自来滔天罪恶，盖有始于此者矣。

（二）自欺

彼舞弊者，果得售其术耶？吾以为能欺父母，能欺师傅，而不能欺同学。彼不肖之流，固相与朋比为奸，而自洁之士，必贱其行，必耻与伍。常见弄术者，考试未完，人言已藉藉而不堪入耳。彼固欲假此以邀前列，不知及因此而遭同学之鄙弃，召同学之藐视。将以求荣，适以受辱；将以欺人，适以欺己：其愚亦已甚矣。

（三）违校章

行欺禁令，载在章程。学校之章程，学校之法律也。违背学校章程而行欺，是藐视学校之法律也，是违背学校之法律也，是以学生而为犯人也。学生将以正人者也，己不自正而欲正人，可乎？学生将以治人者也，己不自治而欲治人，可乎？学生将以引人服从法律者也，己不服从而令人服从，可乎？学生之位置，最高贵之位置也；学生之前程，最远大之前程也。以尊荣之学生，而行同偷窃，甘以身试法，不独行为不轨，亦且太自轻其身份矣。

（四）辱国体

其在专门大学中，教员有外人，学生有外人。吾华生之一举一止，一言一行，莫不为彼邦人士所注意。倘不慎而所安、所由、所以，皆未能出于诚，则彼外人行将以一斑而概全豹，谩谓吾“中华之大病在于不诚”。则诸君有何面目对于此大好山川乎？吾之为此言，非欲诸君之媚外也。吾辈既忝为共和之国民，则不可不有共和之精神。共和之精神维何？自由而已！西谚曰：“惟真诚为能令国民自由。”言行真诚，以保守扩张此铁血换来之自由，使外人对于中华民国皆存爱敬心，不起轻慢心，则吾人所当黾勉者矣！不此之务，而惟欺诈是尚，则不徒召外人之藐视，亦且失其共和国民之精神矣。

（五）害子孙

舞弊者，岂仅一己行欺而已哉？其影响且及于子孙矣。生人之一举一动，皆印于神经系内，浅者霎时即没，深者历世不移，遗传而成本能。故父母惯于行欺，其恶根性之于子女，与生俱传。及长，子女可以不学而能欺。且孩童最易受影响人者也，父母之言行举动，子女多于不知不觉中被其激触，效而尤之。今日之学子，即他年之父母也；为学子而行欺，是不啻引将来子女之行欺矣。可不惧哉！

曰欺亲师，曰自欺，曰违校章，曰辱国，曰害子孙：考试舞弊之五恶德也。文文山[①]曰：“读圣贤书，所学何事？”学欺亲师耶？学自欺耶？学违校章耶？学辱国耶？学害子孙耶？毋亦不大背圣贤之道，而违其莘莘求学之初心也。闻之“道德为本，智勇为用”。欲载岳岳千仞之气概，必先具谡谡松风之德操；欲运落落雪鹤之精神，必先养皑皑冰雪之心志。德也者，所以使吾人身体揆于中道，知识不致偏倚者也。身体揆于正道，而后乃能行其学识，以造人我之幸福；学识不致偏倚，而后乃能指挥身体，以负天降之大任。道德不立，智勇乃乖。故有勇无德，楚项羽[②]所以有垓下之围；有才无道，盆成括所以有杀身之祸；智勇兼备而无德，拿破仑所以有拘囚之恨。世顾有无德而能善其终者乎？吾辈学子可以深长思矣！

且吾人今日盖莫不以爱国爱人自任矣。对于吞赃纳贿，则重斥之；对于任用私人，则訾议之；对于运动位置，则鄙弃之。吾嘉其志，吾佩其言，然爱国者必遵守法律。今日不服从学校之法律，安望其他日服从国家之法律乎？爱人者，必推亲及疏。今日师傅之昵而欺之，父母之亲而欺之，己身之切而又欺之，安望其他日之能爱人乎？孔子曰："君子素其位而行。"（Perform your duty where you are.）今日之责不尽，安望其将来之尽责乎？况彼贪官污吏，其成也非一朝一夕之故。始于天性遗传之不良，继之以家庭教育之不良，继之以塾师教育之不良，终而入世，又复浮沉于不良之政府、社会中，习与性成，斯一举手而蠹国殃民。甚矣，始之不可不慎也！为学生而可求人枪替，为官亦可以金钱运动位置；为学生而为人枪替，为官亦可任用私人；为学生而夹带，而剽窃，而耳语，为官亦可吞赃纳贿。何则？履霜坚冰，其所由来也渐耳。故欲他日爱国爱人，必自今日不欺始。欺人欺己而自谓爱国爱人者，假爱也。亲且不爱，遑论乎疏？己且不自爱，遑论乎推己而爱人？

观彼行欺者流，鼠窃狗偷，畏首畏尾。未考之先，藏之惟恐不密；当考之时，袭之惟恐不速；既考之后，虑之惟恐不远。其用心殆可谓劳矣，而其结果乃如是之恶，则人亦何乐而为此？无如世道凌夷，俗尚欺诈，各校规则复未能严紧，加之教员多以得学生欢心，为保全位置计，见若不见，闻若不闻，弗敢穷究，驯致中人以下皆未免逐浪浮沉，习以为常，恬不为怪。不思其行为之鄙陋，反矜其运技之神速。噫！斯风不振，教育之前途何堪设想？敢以孔圣之言进告吾所敬爱之学子："过则勿惮改。"失之于前，改之于后，不失为颜回③，不失为周处。若其徘徊歧路，不改前愆，则正邪不两立，清浊不同流。吾所敬爱之学子中，不乏洁身自好之士。所望毋惮权势，毋徇私情，择善而行，见义而为。大声疾呼而忠告之，耳提面命而规谏之；忠告规谏之不从，割席[④]与绝之；割席之不悛，鸣鼓而攻之[⑤]：必达肃清之目的而后已。诸君，诸君！今日不能止同学之欺行，安望他日除国家之秕政，革社会之恶俗乎？挽狂澜而息颓风，是所望于诸君之力行。

注释

① 文文山　即文天祥。

② 项羽　即项籍。

③ 颜回　即颜渊。

④ 割席　管宁（158—241）少时，与华歆（157—231）同席读书，有乘轩冕过门者，歆废书往观，宁与割席分座，两人从此断交。

⑤ 鸣鼓而攻之　见《论语·先进》，即声其罪而责之。

伪君子篇*

伪君子之居乡而假愿者，即孔子所谓之乡愿[①]。人之为伪，不必居乡，凡率土之滨皆可居。人之行诈，不仅假愿，凡君子之德皆可假。然必假君子之德以行诈，始谓之伪。故总名之曰：伪君子，从广义也。

伪君子曷由乎来？曰：非圣贤皆求名，惟其求名，故避毁邀誉。人之有誉，而己不能行，不敢行或不愿行，又欲邀其誉，则不得不假之。人之所毁而明由之，必损于名；又欲邀毁中之名，而避名中之毁，则不得不掩之。中人以下，莫不趋利，惟其趋利，故避祸邀福。由其道而可得福，而己不能行，不敢行或不愿行，又欲邀其福，则亦不得不假之。明由其道而祸从之，又欲趋祸中之利，避利中之祸，则亦不得不掩之。假人之所誉，掩人之所毁，与夫假其可得福，而掩其可得祸，皆伪也。为伪所以求名趋利也。天下之名，莫美于君子，而非分之利，则舍小人之道莫由趋。世人慕真君子，而真君子之墙数仞，不得其门而入。真小人则亡国败家，身死为天下笑，复凛然可惧。为真君子难，为真小人不易。舍难就易，于是相率而为似君子非君子、似小人非小人之伪君子。是故伪君子非趋利即求名，而趋利求名者，必是伪君子。伪君子之由来，名利为之也。

---

* 本篇原载1913年11月《金陵光》第5卷第6期及12月《金陵光》第5卷第7期。

世衰道微，人欲横流。遇一名正言顺之词说，必群相假之以饰人之耳目，防人之攻击，而逞其心思之所欲。于是伪君子乃杂然应时而兴，随地而起。位高者为伪大，位卑者为伪小；时急则伪烈，时安则伪微。就总纲论之，有言是心非者，有行是心非者。其尤者，则心有杀人之心，行有杀人之行，而惟以语言文字为之涂饰。其险者，则造其近因，而收其远果，沫以小惠而攫以大利。就细目分之，争权则曰平等，逞志则曰自由，好事则曰热心，有求则曰力行，“任情则曰率性”〔丙〕，“矫饰则曰尽伦，拘迫则曰存心，粘缀则曰改过，比拟则曰取善”〔乙〕，“虚见则曰超悟”〔丙〕，“持位保禄则曰老成持重，躲闲避事则曰收敛定静，柔媚谐俗则曰谦和逊顺”〔丁〕，“意气用事则曰独立不惧”〔己〕，漫然苟出则曰如苍生何，逐物意移则曰随事省察，心志不定则曰讼悔迁改，苟贱无耻则饰以忍耐。“随俗袭非则饰以中庸”〔己〕，“不悖时情则饰以忠厚，不分黑白则饰以混融”〔庚〕。“阳为孔颜无上乐，阴则不事检点”〔丙〕；“名为圣人无死地，实则临难苟安”〔己〕。“以破戒为不好名者有之”〔丙〕，以冥顽为不动心者有之。放心不求，姑以恬淡无为为搪塞；枉寻直尺，直以舍身济世为解释。“有利于己，而欲嘱托公事，则称引万物一体之说；有害于己，而欲远怨避嫌，则称引明哲保身之说”〔庚〕。假警惕以说滞，借自然以释荡。直而讦，辩而佞，恭而劳，慎而葸。“自谓宽裕温柔，焉知非优游怠忽，自谓发强刚毅，焉知非躁妄激作”〔甲〕？外似斋庄，中实忿戾；表似密察，里实琐细；貌似正而志在矫，容似和而神在流。仲尼[2]其面，阳货其心；虞舜其瞳，项羽其行。睚眦必报，则藉口于奋勇；鸡鸣狗盗，则借辞于用智；两毛不擒，则图说于施仁；狡兔三窟，则托称于示惠；逢亲之恶，所以显吾之孝；遂兄之过，所以著吾之悌；成国之暴，所以彰吾之忠；践诺之误，所以明吾之信；嫂溺不援，自谓执礼；率土食人，自称义师；避兄离母，自号操廉；矜己傲物，自谓知耻。众矣哉！伪君子之类。杂矣哉！

伪君子之途。

伪君子虽百出而莫穷，然自外言之，其所以为诱者则一。一者何？名利而已。伪君子与世浮沉，随祸福毁誉而变其本色，以博名利。故其出处、去就、进退、取与，不定于义理，而定于毁誉祸福，而义理亡。夫人之出处、去就、进退、取与，贵当其义理耳。出处、去就、进退、取与，而违乎义理，则非人之出处、去就、进退、取与矣。自内言之，人之所以受名利之诱，而演出千百之伪状者亦一。一者何？心伪而已。张甑山曰："为人须为真人，毋为假人。"朱子[3]曰："是真虎必有风。"真人必有四端之心："心不在焉，视而不见，听而不闻，食而不知其味。"故人而心伪，则耳目口舌俨然人也，而实假人矣。孔子曰："恶乎成名？"谓其无以成真人之名也。

天下非真小人之为患，伪君子之为患耳。真小人，人得而知之，人得而避之，并得而去之。伪君子服尧之服，诵尧之言，而处心积虑，设阱伏机，则桀纣也。桀纣，汤武得而诛之也。桀纣而尧，则虽善实恶，虽恶而难以罪之也；虽是实非，虽非而难以攻之也；真中藏假，虽假而难以察之也。博尧之名，而无尧之艰；享桀纣之利，而无桀纣之祸。无人非，无物议，伪君子以此自鸣，世人以此相隐慕。一家行之而家声伪，一国行之而国风伪，行之既久而世俗伪。嗟夫！真小人之为患，深之不过数世，浅则殃及其身而已；伪君子则直酿成伪家声、伪国风、伪世俗，灾及万世而不可穷。故曰："乡愿，德之贼也！"孔子恶似而非，恶乎此也。综天下而论，伪君子惟吾国为最多；统古今而论，伪君子惟今世为最盛。吾国之贫，贫于此也；吾国之弱，弱于此也；吾国多外患，患于此也；吾国多内乱，乱于此也。读者疑吾言之骇乎？他姑不论，使吾总统之神武大略，国会之济济多才，苟于公诚一端，稍加之意，同心同德，以戮力国事，则中国不其大有为乎？不以公诚使其才与势，此其宵旰忧劳，所以鲜补于国计民生也。诗云："君子如怒，乱庶遄已。"孟子[4]曰："文王[5]一怒而安天下之民。”吾政府对于年来内乱，亦既赫赫斯怒，然而平乱而乱不平，安民而民不安，毋亦能怒而不能真文王、真君子之怒乎？呜呼！真人不出，如苍生何？

著者曰：吾十八以前，只知恶人之为伪，不知恶己之有时亦为伪，且每以得行其伪为得计。呜呼，误矣！自入本校，渐知自加检点。然初一二年中，致力于文科之学，未暇在受用学问上加功。虽时有道学演说，心不在焉，故诚心终不伪心胜。入大学后，暇时辄取《新约》[6]展阅之，冀得半言片语以益于身心而涤其伪习。读至耶稣责法利赛人徒守旧俗假冒为善一节，恍然自失曰：“吾从前所为得毋为法利赛人乎？”触想孔圣亦有“恶似而非”及“乡愿，德之贼也”之言；又痛自深恨曰：“吾从前所为，得毋为贼乎？”自后乃痛恶己之为伪，视为伪之我如贼，如法利赛人。自呼为真我，呼为伪之我曰伪我，或曰贼，或曰法利赛人。吾圆颅不啻为真我与伪我之战场，真我驱伪我不遗余力。伪我虽有时退却，然我之大病根，在喜誉恶毁。名之所在，心即怦然动，伪言行即不时因之而起。事后辄痛悔不安，因思不立定宗旨，徒恃克治，终少进步。龙溪先生[7]曰：“自信而是，断然必行，虽遁世不见，是而无闷；自信而非，断然必不行，虽行一不义而得天下，不为。”小子不敏，窃愿持此以为方针。历不破除名利之见，决无不为伪之理。率此行后，纵未能一时肃清伪魔，然较前颇有进步。孟子自言四十不动心，王子[8]自言南都以前尚有些乡愿意思。二贤岂欺我哉？阅历则然耳！夫二贤，一则善养浩然之气，一则善致良知。其立真去伪，尚且若是其难，何况吾辈小子！然其工夫虽困难万状，二贤终有成功之日。吾于是乎且喜将来真我之必胜，而伪我之必可败。其胜其败，是在及早努力，百折不回，在心中建立真主宰，以防闲伪魔。行出一真是一真，谢绝一伪是一伪。譬如淘金，期在沙尽金现，顾可因其难而忽之哉？暑假中，存养省察有得，辑之成篇，意在自勉而兼以勉人也。

原注

〔甲〕欧阳南野⑨

〔乙〕罗念庵⑩

〔丙〕王塘南⑪

〔丁〕邹南皋⑫

〔己〕顾泾阳⑬

〔庚〕顾泾凡⑭

注释

① 乡愿　《论语·阳货》："乡原，德之贼也。"原通愿，乡愿指乡里中言行不一，伪善欺世的人。

② 仲尼　即孔子。

③ 朱子　即朱熹。

④ 孟子　即孟轲。

⑤ 文王　即周文王。

⑥《新约》　《圣经·新约全书》的简称。

⑦ 龙溪先生　即王畿。

⑧ 王子　即王守仁。

⑨ 欧阳南野　即欧阳德。

⑩ 罗念庵　即罗洪先。

⑪ 王塘南　即王时槐。

⑫ 邹南皋　即邹元标。

⑬ 顾泾阳　即顾宪成。

⑭ 顾泾凡　即顾允成。

杀机之天然淘汰*

或问曰：天道好杀乎？杀机其长此盘牙而不可解乎？胡为乎杀器之日利而战术之日工也？应之曰：杀也者，天演必然之现象，人类必经之浩劫，有始之日，更有终之期。或者命益，用著兹篇以答之。

（一）杀机随统系之进化以渐减

原人无中坚之团体，流寓不定，散猎衣食住。凡衣食住之所在，即杀机之所在。故每战与战事之人虽少，然杀事实频繁莫伦。迨强有力之团体组成，或聚亲，或成家，或聚家成族，或聚族成部落、成国，则各团体之众人，有服从号令之义务，不得随己意肆杀。故每战杀人虽多，而战之次数反因以减少。故统系愈坚，杀事愈鲜。

（二）杀机随战斗团体之多寡以为差

原人涣散无纪，人各自为攻守，故杀事绝不可胜计。至亲戚相团结以成家，则个人之战斗权移于一家。此时系家与家相杀，而非个人相杀矣。进而为族，为部落，为国，其战斗团体愈大，则战斗团体愈少，而战事亦愈减。

* 本篇原载1913年12月《金陵光》第5卷第7期。

（三）杀机随人道之昌明以渐减

原人仅知遂欲，凡可以遂欲者，不问亲疏，虽杀之莫惜。如印弟安人[①]之杀父宰子以充饥。父子且勿恤，遑问其他至亲！亲之义明，则护同类，残异类。个人相杀，移而为种族相杀，于是杀亲遂为社会所大禁。迨异类相处日久，习惯融洽，民胞物与之念以兴。昔之视杀外人为无上荣者，今已视为人道之大诟病矣。

（四）杀机与战斗力有相反之比例

自表面视之，则兵器愈利，战术愈精，战斗力愈大，而杀机亦随之愈益增长。殊不知事有大谬不然者：一、就财政方面观察，英、德诸国岁入大份用于军费，人民负荷不胜。各国政府因欲松人民仔肩之故，已有惮战之势。二、就利器方面观察，今日战器之利，不独较古远胜，即视拿破仑时，亦不可同日语。英儒某谓，今日五万兵，可敌拿破仑氏时十万。苟居今日，而欲如昔时之穷兵黩武，则幸而胜，其损失已不胜计矣。三、就均势方面观察，列强势均力敌，复有攻守同盟。一国兴兵，全球祸结，事非万不得已，谁甘冒此不韪而为祸首？有此三因，于是海牙[②]和平等会，应时而出，以解国际纷争。同时学者复群相主张国际公法，以范围国际行动。而比利时、孔哥[③]等国，亦相继邀列强承认其永久局外中立，以维均势而护和平。故战术愈精，兵器愈利，战斗力愈大，则杀机亦愈就衰微。

（五）杀机随政治之进化以渐减

人类初有政治机关时，鲜不残民以逞。然而穷兵黩武，必有一蹶。纣刳比干[④]，为炮烙刑，杀戮无时，而亡于周。执政者渐明仁者无敌，轻兵致弱之道。于是无论对内对外，悉变其虐民政治，而为悦民政治；悦民政治之极，则有刑措。故悦民政治之兴起，即杀机消灭之萌芽也。

（六）杀机与文化之关系

由以上五点论之，则杀机随文化以为推移。故建筑文明之资料，即为止杀之资料。国内杀人之多寡，即其国文野之比例；国际杀人之多寡，即世界文野之比例。文明愈进，则杀机愈少；文明之极，则杀机永消于无形。彼时之一番泰和气象，实足令人津津生羡也。

虽然，天下之德，莫大于生生；世人之责，莫要于福后。杀机趋势虽日就衰微，然坐待其天然之淘汰，则不知更经若干浩劫，更历若干岁月，始臻郅治。故运用人力济天工之不足，以速其和祥之临，实吾辈对方来莫要之事业，安可因有天然淘汰而忽之哉！

注释

① 印弟安人　通译印第安人，美洲最古老的居民。

② 海牙　荷兰城市。1899年和1907年两次在此召开“海牙和平会议”，通过了13个公约和一些声明文件，通称《海牙公约》，亦称《海牙法规》。

③ 孔果　通译刚果。当时为比利时属国。

④ 纣剞比干　殷纣王无道，国势危殆，比干以死力谏，纣恼羞成怒，杀之，剖腹验心。

民国三年之希望*

爆竹声喧，桃符颂献，旗悬五色[①]，乐奏八音[②]。此非吾校庆祝民国三年元旦之盛景乎？我之好祥，奚不如人？然阅报章，则荆棘满纸；游街衢，则疮痍遍地。逢故旧欲致吉利语，而嗫嚅不能启口。视此国家，对兹社会，皆哀有余，而乐不足。噫！当此良辰美景，谁使我抱无涯之戚哉？虽然，往者不咎，来者可追，去故取新之希望，时势或能许我乎？

第一，希望民国文官，不贪财，不因循，不争门户，戮力以襄国事。

第二，希望民国武臣，严纪律，重人道，不矜功，不嚣张，为义战，不为暴戾。

第三，希望内乱永平，寇贼绝迹，使农工商贾，各安其业，共乐太平。而学子亦不为残贼影响所耽误，俾得从容新其体健，新其学问，新其道德，早日蔚为国家栋梁材。

第四，希望人人洗心革面，一刷污俗。种种恶念、恶言、恶行，譬如昨日死；种种善念、善言、善行，譬如今日生。与日俱新，与月俱新，更与年俱新。俾民国精神形式，同从兹更始，永永留存，渐渐发育，直至万万载。

吾之希望，四端而已。有此四端，则外患不作，内乱不兴，

* 本篇原载1914年1月《金陵光》第5卷第8期。题前原标明为“社评一”。

百工乐业，人才辈出。民力足，民德进，可以富，可以强，可以比骋列国，可以雄视寰球，岂不熙然盛世乎？然天下非希望之为贵，能透达之而复能保持之之为贵耳！民国元年元旦，全国之大希望，非所谓袁孙[3]交欢乎？民国二年元旦，全国之大希望，非所谓正式国会乎？当夫中山北上，两院开幕，全国人士，盖莫不弹冠以庆，希望之透达矣。曾几何时，而萁豆相煎，两贤交阨，国会亦专务自杀，如海市蜃楼，霎时没去。噫！吾又安知今年希望之不同于此也？故吾希望吾之希望得以透达，吾更希望透达之希望得以保持。不然，今年之希望，旋得而旋失；明年之希望，复旋得而旋失。则此无量热血、无量头颅换来之民国，更有何希望之可言？吾希望民国三年希望之不至于如此也！

注释

① 旗悬五色　辛亥革命后使用的国旗为红、黄、蓝、白、黑五色横列。

② 八音　我国古代对乐器的统称，指金、石、土、革、丝、木、匏、竹八类。

③ 袁孙　指袁世凯、孙中山。

呜呼某校 *

年考将届，某校学生某起谓某教员曰："请先生给我们些范围。"

众学生曰："这是要的，这班书顶难。"

某教员曰："上班了四个月，只念了十八面书，怎样叫难?"

既思欲保存饭碗，惟有取悦学生；欲取悦学生，惟有允其要求。乃继曰："那吗，照书面数，逢单的就考，逢双的就不考，也不好?"

众学生曰："好……好……好!"

考试届，某教员书考题毕，一生曰："先生，第二个题目在书上哪一面呢?"继又一生曰："先生，末了一个题目我忘记了，在哪一面吗?"

某教员始则支吾两语，终则一一俱应学生所问。考试始终，学生忽而交头耳语，忽而纸球四飞。抽屉之下，几成藏书楼。一时眼手交忙，大有偷儿之态度。教员则如知情之捕快，见若不见，闻若不闻。

记者曰：一学期而读十八面书，已属不成事体。考时复取其半，以为范围；范围之外，复有指点；指点不足，继以夹带；夹带不足，继以枪替、剽窃。学生以此欺教员，教员亦以此误学

* 本篇原载1914年1月《金陵光》第5卷第8期。题前原标明为"社评二"。

生，成何教员？成何学生？更成何学校？然就吾之目光所观察，正不止某校已也。呜呼，民国教育之前途！

医德*

人无智愚贵贱，谁能越出道德范围，而不伤人害己者乎？惟其事弥大，其责弥重，斯其德亦弥要。人生至贵，惟兹寿命。岐黄[①]操生杀之权，同于官吏，则医之德，视他人为尤要矣。故在周官有医师，掌医之政令，岁终稽其医事。泰西业刀圭者，必经过考试，乃得悬壶[②]。盖医以救人为旨，不设专官，则场成逐利。医以精术为贵，不严甄别，则拙或滥竽。贪医不救人，庸医欲救人而不能，则医何益于人？人亦何资乎医？非然者，专官设，则贪医有所忌惮；甄别严，则庸医不能幸进。祸源既塞，流弊自消。故审其结果，察其艺能，即所以振其医德，使无旷生死骨肉之天职也，其政善矣！然自巫、医并称，医道既见贱于世，医德亦视同弁髦，而无人过问。业是术者，或纯盗虚声，或无稽臆说。探宝止于一藏，尝鼎足于一脔。粗谙药谱，浅步方书，即辄尔出而问世。平时既俭腹，则临事势不得不敷衍。是故，切脉要事也，而备为索案；问症重务也，而专在口给。流弊不还，是以进不能救人，退不能救己，误尽苍生，害尽医德。犹复分门别户，簧鼓是肆。为师则以讹传讹，纵有一二宝贵心得，亦持“绣得鸳鸯从君看，不把金针度与人”[③]之主义。至若阴险之流，则富者唆其利，贫者忽其苦。他人恫瘝，视同秦越，而利禄薰心，未

* 本篇原载1914年3月《金陵光》第6卷第1期。

克须臾离。故有利则立邀回春，无利则药毒于病。王良诡遇[④]，赵阉指鹿[⑤]，医界中岂鲜其人哉？而世间阴谋奸计，多假手于医生。医德不彰，盖贪之一念阶之厉也。间有一二慎术仁施之辈，然杯水车薪，欲其挽回颓风，势有不能者矣。世人见其然也，不曰“学医人费”，则斥为“小道不足以昌大门闾”。故子弟不至愚庸，不可造就，父母不令学医道也；士流不至贫极，无可聊生，不寄身医界也。谚云：“秀士学医，如菜作齑。”又曰：“儒家作医家，医家医家贫。”呜呼！医道为贪庸之逋逃薮也久矣，特生死骨肉之术，岂愚庸所得而厕身乎？魏敬中曰：“医道精微，非浅人所可意窥，非躁心所可尝试。又自度聪明才力，皆有所不给。”诚重之也，诚难之也。夫天下事业多，子孙愚，劳力之役皆可服也，何必劳心而日拙。况著述之家，书不尽言，言不尽意。子舆[⑤]氏云：“大匠诲人，能与人规矩，不能使人巧。”见几察隐，阐奥探源，全恃学者自悟，此可望诸愚庸乎？且古今医书浩瀚，真伪杂参，议论不一，疾病亦不一。以不一之议论，治不一之疾病，而不能运神骋智，折衷善择其间，则诚有如堪舆[⑥]家所言，错认半字罗经，便入蛇神牛鬼之域。此言虽近巫，可以喻真。盖绳墨贵乎变通，成法不可拘滞。治病当活泼泼地如珠之走盘，苟刻其舟而胶于柱，则官礼且或误苍生，矧技术之书哉？赵括不可恃以治兵，庸愚安可赖以治疾？迄乎医不对症，妄投汤药，则一医瘦人虏，再医腐人脏，三医戕人命。罪孽莫大于伤生，伤生莫众于庸医矣。故以他业言，则有德欠智，尚称忠厚。以医言，则智以德贵，德更由智立。盖脑力不灵，则病源不达，药性不悉，医理不明。婴病者不死于病，而死于药；不死于药，而死于医。是知技精，非医德之大全；然必精于技，而后可以言医德。不然，妄医伤人，罪戾已大，尚何德之可言？故子弟愚庸，父兄令其学医，是陷其子弟于不仁不义矣。自视愚庸，而犹昧然厕身医界，是自陷于不仁不义矣。至人生斯世，何莫不衣食？然用衣食以处生，非为衣食以害生也。士非为贫，而有时乎为贫。为贫则农工商贾、抱关击柝、委吏乘田[8]，何莫非衣食之途？奚必滥竽医界，衣人皮而食人肉哉？盖既庸且贪，其结果必归暴戾残忍。欲求方药不变作杀人之介，岐黄不演成荼毒之媒，不可得之数也。彼其疾病罹身，命悬旦夕，势不得不赍百年之重器，持至贵之寿命，付诸孤注之一掷。而其所仰望再造之医生，操术不能精，怀抱不能正，错认病源，误下刀圭而不恤。至轻病变重，重病致死，则家人狃于运气之数，委之天之亡我，非医之罪。医更何惮，借以自解曰："吾固医病不医命。"故曰：医愈众，药愈多，夭折死亡亦愈繁，殆非虚语也。嗟呼！哀我烝民，何生不辰，既罹恶疾，复逢虐医。有医如此，何若无医之为愈也。故郝耳母[9]氏（O.W.Holmes）演说于哈弗德医科大学曰："苟举医药而尽投之海底，则人食其利，鱼受其害。"痛哉言乎！救世物理论曰："医者非仁爱不可托，非聪明理达不可任，非廉洁淳良不可信。"程氏国彭曰："医者之道，其操术不可不工，其处心不可不慈，其读书明理，不至于豁然大悟不可止。"故医之大德三：一曰操术精，二曰宅心仁，三曰持行廉。惟艺精乃可与言仁，惟心仁乃与言廉，亦惟艺精、心仁、行廉乃可与言医。然吾犹有进者，吾国素灵[10]，虽云虚理，亦有奥旨之存。银丸纵称幻术，奚无绝技之藏？泰西医学，自科学萌芽进化以来，已脱虚理幻术之习。而彼邦人士之业此道者，又皆兢兢业业，日有发明。其著作宏富，诚为活命仙法，济人宝筏。互市以来，译者亦未尝不众。然通于医者未必通于文，工于西者未必工于中。象胥[11]既昧信达雅之旨，而对于中医数千年来之经验，复鲜能贯通而融会之。中医固远逊于欧美，然亦有其不朽。学者旁搜密采，取要删繁，含中西医药于一炉而冶之，以造诣于精微之域，亦未始非活人活国之大德业也。故艺精操廉，仰体天帝好生之德，实行民胞物与之念，复能译书著说，启迪后觉。俾医道日宏，医术日精，闾阎昌炽，比户安和，渐杜夭折之伤，早登仁寿之域，则良医之功，与良相等。范文正公[12]曰："不为良相，则为良医。"医之尊荣若此，则置身斯道者，宜如何奋发其德以副名实乎？苟其驽骀滥竽，素餐尸位，则在官为民蠹，在医为民蠹矣！为蠹医欤？为良医欤？择善而从，是所望于刀圭家。

注释

①岐黄　中医学术的代称，相传岐伯和黄帝为医家之始祖。

②悬壶　《后汉书·费长房传》："市中有老翁卖药，悬一壶于肆头，夜则缩身壶中。"后人因称行医为悬壶。

③"绣得鸳鸯从君看，不把金针度与人"见元好问《论诗绝句》。

④王良诡遇　王良，春秋时的善御者。他为赵简子驾车，依规矩驾御，整天无一猎获，受到诬报。后来他"为之诡遇"（不依法御车），一朝而获十禽，得到"良工"的称誉。事见《孟子·滕文公下》。

⑤赵阉指鹿　赵阉，指赵高。秦宦官，后任丞相。赵欲为乱，恐群臣不从，乃先设验，献鹿于二世，说是马，群臣中顺从的也说是马；也有说鹿的，赵高便暗中把说鹿的杀了。后遂以"指鹿为马"来比喻颠倒是非，混淆黑白。

⑥子舆　即孟轲。

⑦堪舆　风水迷信的一种，即相宅相墓之法。堪为高处，舆为低处。

⑧委吏乘田　委吏，古代管粮仓的小官。乘田，春秋时鲁国主管畜牧的小吏。《孟子·万章下》："孔子尝为委吏矣，尝为乘田矣。"

⑨郝耳母　通译霍姆斯。

⑩素灵　《素问》和《灵枢》的简称，是我国古医学文献《内经》中的两篇。

⑪象胥　古代翻译官。《礼记·秋官》："象胥掌蛮闽貉戎之国，使掌传王之言而喻说焉。"

⑫范文正公　即范仲淹。

视神经上血管影之观察法*

人身生理之构造，关系心理作用至切。血管影之于视觉，其一证也。吾人常见眼前有物，即疑之为鬼为怪，而不知往往目外本无物，徒因生理上之运用，遂呈为心理上之现象耳！爱呵瓦大学①心理学教授西少耳②先生（Prof. Seashore）察出一法，能令人自见其目中视神经（retina）上之血管影。此法须试验者立暗室中，闭其一目，持烛或火柴，在睁开之一目傍近，上下前后而映之，则见目前有网形檀色之一物。略如下图，而形较大。此网形之物，即视神经之血管影也。

记者近亦察得一法，此法不用烛光，不用暗室。试验者熟睡透光室中，醒时向空中微开一目，所见亦同前，惟颜色稍异。盖日光之色与烛光之色固不同也。

此法记者每晨醒时曾试验多次，复请同学数人试验数次，皆历历不爽。其理由如下：

吾人目中之棍形神经（rods）③、棱形神经（cones）④

* 本篇原载1914年4月《金陵光》第6卷第2期。陶行知在本期刊登启事称：知行刻因要事已辞去中文主笔一职，当由职员公推张君枝一接充。

俱在血管后。故光线从目入，血管之影即落在神经上，反射而呈象于目外。故所见之影，并非空中或墙上有何物件，不过目中生理之作用耳！血管影当目开时，固无处而不在也。然在暗室映烛则可见，光室睡后则可见，而平居日用独不见有所谓血管影者何耶？曰：吾人惯于视外而不惯于视内，志意倾向外物，已成天性。故虽有血管影而不之觉。立暗室之中，则他物之光，不足以夺目，故惟血管影为最显。酣睡后，则目未适应外来之光，复微睁之，故惟血管影能落神经上。有此原因，故二法均能观察之。

注释

① 爱呵瓦大学　通译衣阿华大学。

② 西少耳　通译西肖尔。

③ 棍形神经　指视网膜中的视杆细胞。

④ 棱形神经　指视网膜中的视锥细胞。

惠罗先生激励支哥大学体育会诸君赴吴米大学赛艺文*

体育会之设，操场之辟，执事人费几许心力，学校费几许金钱，果何为乎？欲我辈急起直追，学识道德而外，体健又足以驾人之上耳。今日三育并重，有学识道德，而无健全之身躯，则筋骨不能劳，体肤不能饿，心虑不能困。戚施夸毗之病夫，又何能运其学识道德，以树不世之业，而为人类造莫大之福哉。此学堂养育人才，所以蕲蕲然三致意于体育也。且学校之令誉，视乎学校之兴盛，视乎教育之良否。体育为三育之一，学校之兴盛令誉系焉。耶鲁哈德二大学，科学不必过本校之精也，道德不必过本校之纯也，而盛名独享，以迄于今。本校难以望其肩背，本校体育未表现于世耳。

本校有鉴于兹，于是兢兢然立会以提其纲，举能以督其事，实冀体育进步，以一日千丈为期。学堂兴盛，以声价十倍为的。在监督学校者，其心苦矣，其诣孤矣。其希望无穷，非诸君而莫属。健儿，健儿！曷猛起而图之。进进重进进，摩蹠擦掌，为体育求进步，即为学校求荣誉。学校者，吾辈求学处也。食于斯，寝于斯，交游于斯，习业于斯。学校而荣，吾之荣也。学校而辱，吾之辱也。吾有进步，学校进步矣。吾得胜利，学校胜利矣。健儿，健儿！曷猛起而图胜利进步，荣学校而复荣己也。

---

* 本篇原载《金陵光》1914年4月第6卷第2期，题款为“知行达诣”。

前兹四年，吾负笈车伊尼，适支哥[1]与吴米[2]会赛，获入场旁观，幸矣。然耳鼓于鼓掌声外，常闻有云："饭桶输了！饭桶输了！"支哥学生东归，则曰："饭桶去了！"其明指支哥学生，不待吾言。然惠彼时胡越不相及，不过付之一笑。今则在秦为秦，触思之余，恨不得空约旦河之水，以洗此不洁之名；恨不得身有乌获之勇，以振此懦弱之风。今与吴米会赛之期又届，在惠心雄力弱，安能济事？所望诸君以学校之荣，为己身之荣，学校之辱，为己身之辱。秉惠之雄心，运君之雄力，卧薪尝胆，不忘会稽之辱，再接再厉，直以招吴为期。幸勿谓天已诱其衷，国囿博览运动会，吴人已大负，不复可惧。此自满招损之道，晋文胜楚之所以忧也。天下非胜之荣，败而复胜之为荣，非败之辱，胜而复败之为辱。胜败之不常，有备者昌。彼吴人岂独无报复之心。吾知寝食不安，日以雪恨为念，早有人矣。彼知警，则知备。我自满，则弛备。以无备与有备遇，几何不亏前功于一篑也。吴人败而复胜，是为大荣。吾人胜而复败，是为大辱。回视五月二十四日之紫电青霜，已成幻景，而不可复睹。其时之奔走号呼，亦为徒劳，不亦大可惜哉。果于此而爱惜韶光，奋勉勤操，人人为熊为罴，日日飞扬蹈厉，彼以踊跃争先自矢，此以学堂干城自任，十日习法，十日演操，一举而足球胜，再举而篮球获。既射且饮，乃振衣罗基[3]之峰，濯足米西[4]之流。大好河山含笑欢迎，诸君于此相道获胜事，乐也何如。迨夫凯旋归来,惠不敏，谨从诸同学之后，手舞足蹈，高唱学校歌以迓。荣也又何如。于是吾体育会又多一纪念日，将见十一月二十二与五月二十四，并垂于无穷，以与支哥大学校同光。诸君其勉之。

注释

① 支哥　通译芝加哥。

② 吴米　通译密苏里。

③ 惠　即惠罗，通译惠勒。

④ 罗基　今译落基山。

⑤ 米西　今译密西西比河。

共和精义 *

共和譬之金，国家譬之金矿。专制横威，民气雌伏。共和之道不昌明，犹金在矿，瓦石蔽之，榛莽障之。天府虽富，不可得而见也。及民智日开，意志无由宣泄，则必思所以解脱其捆缚，犹之财用不足，则思辟地利以足生计也。故当民穷力敝之秋，有人告以某处有金矿，则闻之者莫不争先恐后以趋之。亦犹苦于虐政之民，一闻共和之三大信条，即视为全智全能之神，狂冲纷驰，不惜杀身流血以殉之。然而金矿深埋，或丈而见焉，或十丈而见焉，或百丈而见焉。即得金矣，或参以土，或参以石。为矿工者，或死于毒气，或死于塌泻，或死于过劳。恒人见丈而金未见也，见金未得而损失已大也，则莫不嗒然丧胆，悼然懊悔。昔日之讴歌金矿者，今日乃反唇相讥矣。共和为进化之结果，有必经之阶级，必施之培植，必运之心力。时机未到，共和不得成熟也。吾国民主告成，以迄于今，生民之涂炭，产业之凋敝，干戈之连结，经济之衰颓，外患之频临，不特无术防御，抑且视昔加甚。共和既不能作人民水深火热之救主，则其转讴歌而为吐弃，易希望而为失望者，亦物极必反之恒情耳！然金固犹是金也，共

* 本篇系陶行知1914年在金陵大学的毕业论文，署名陶文濬。此文在毕业典礼上宣读后，当即面赠江苏省教育司长黄炎培，黄氏后来在哭陶诗中称此文为“秀绝金陵第一声”。原载1914年10月《金陵光》第6卷第5期及11月《金陵光》第6卷第6期。

和固犹是共和也。金未获而捐弃者，非金之咎，而矿工之愚昧惰怯耳！共和未建而灰心者，非共和之罪，而人民之愚昧惰怯耳！民为邦本，本固邦宁。国本曷以固？曰：惟共则固，共而能和则固。故共和也者，国民全体同心同德，戮力以襄国事，以固国本，以宁国情，使进化于无穷之主义也。国本不固，国情不宁，有退化而无进化，患在共猜、共忌、共争而不能共和耳！共和岂有弊哉？今执途之人而问曰："子愿夫妻子女之与共乎？"吾知非抱极端来世主义者，必皆愿。又问之曰："子愿夫妻子女之能和乎？"吾知人非至丧心病狂，必皆愿。家如是，国何独不然？世安有对于恃以治内防外之国，而不愿其共且和乎？吾于以知今之厌恶共和，吐弃共和者，必非对于国体之本心，不过如受创之矿工，征于一时之劫难，遂并其理想之财源而亦弃之耳！吾恐其中道灰心，徒碍进步，故本革丁、百吞二氏[①]之旨，揭示共和之真相，以与国人共商榷也。

共和之三大信条

自由、平等、民胞，共和之三大信条也。共和之精神在是，共和之根本在是。谬解自由、平等、民胞三大信条，即为谬解共和之真相。不徒精神射入歧途，抑且动摇共和所与立之根本。危乎险哉！非正名何以挽狂澜于既倒？

（一）自由

法律之内有自由，道德之内有自由。逾越法律，侵犯道德，此自由之贼，而罗兰夫人所以有"自由，自由，古今几多罪恶假汝之名以行"之言也。自由有正负，曰：不自由毋宁死；曰：不有代议士，不出租税；曰：非依法律，不得侵及人民之生命财产，此负面之自由也。此种自由，人民久已不惜蹈汤赴火以争之，其成绩已大有可观。然人民脱离强暴之羁绊，未必即能自由也。盖天下之至不可超脱者，有自奴焉！故真自由贵自克。天下之至不可侵越者，有他人焉！故真自由贵自制。天下之至不可忽略者，有公福焉！故真自由贵个人鞠躬尽瘁，以谋社会之进化。

（二）平等

天之生人，智愚、贤不肖不齐，实为无可韪之事实。平等主义亦不截长补短，以强其齐。在政治上、生计上、教育上，立平等之机会，俾各人得以自然发展其能力而为群用，平等主义所主张者此耳。况人虽万有不齐，然亦有其同焉！试问谁不欲衣食住之满意乎？谁不欲父母夫妻子女之安适乎？谁不欲发展其机能乎？谁在患难不欲人之拯救乎？谁逢恐悸而不欲人之解脱之乎？平等主义欲人一举一止，当思他人思安之心，固不减于我也。自由平等不过达目的之手续，非可以目的视之也。人民争自由平等，冀得各尽其能以为社会耳！为自由平等而争自由平等，则大谬也。自由平等所在即责任所在，天下无无责任之自由平等也。人欲求自由平等之乐，而不肯受责任之苦，多见其愈求愈远耳。

（三）民胞

胡越相处，尔猜我虞，行动能自由而机会能平等乎？故平等自由虽美名，必畛域铲除，博爱心生，国人以兄弟相视，始能得其实际。故自由平等，虽为共和三大信条之二，然共和之大本则在民胞焉！民胞之义昌，而后有共同目的、共同责任、共同义务；而后贵贱可除，平等可现；而后苛暴可蠲，自由可出。苟无民胞主义以植共和之基，则希望共和，犹之水中捞月耳！

共和主义对于个人之观念

（一）共和主义重视个人之价值

众人意志结合，以成社会邦国。共和主义曰个人者，社会邦国之主人翁也。主人翁可不自重乎？阳明子[②]人皆可以为圣贤之义，实隐符近世共和对于个人之希望。夫人皆可以为圣贤，则人安可不勉为圣贤乎？天生烝民，有智愚强弱之不同；其见诸事也，复有成败利钝之不同：共和主义亦不能否认之。然分金，金也；两金，金也；即至亿金、万金，亦金也。轻重不同，其为金则一。人虽贵贱贫富不同，其柔能强愚能明之价值则一。共和主义则重视个人此种可能之主义也。西谚曰："蹄钉失，马鞋废；骅骝蹶，骑将亡。"夫蹄钉与骑将，其贵贱何啻霄壤别？然以失钉故，将亦不能保其首领。则以各自有其价值，而不可相蒙也。贾子[③]曰："一夫不耕，或受其饥；一女不织，或受其寒。"此个人在经济界各具之价值，共和主义则充其类耳！

（二）共和主义唤醒个人之责任

顾子[④]曰："天下兴亡，匹夫有责。"共和主义即以此责任付之各分子。盖个人之有价值，以其对于社会有天职之当尽耳。其在帝制之下，仅君主与诸臣负之。共和主义则责之全体国民，群策群力，群运群智，群负群责，以求群之进化福利，此共和之目的也。且各人因担负此责之故，渐知成德以福人群，奉天命为归宿，而不敢止于独善。况工欲善其事，必先利其器。人民身负重担，自不得不修德养力以为之备。故共和主义之大利，即藉责任以养成完善之国民。

（三）共和主义予个人以平等之机会

共和主义既承认个人有尽天职之价值，复责个人担负进化之大任矣。然或阂于阶级，或压于强暴，不克尽其天职，负其责任。共和主义于此则削其阶级，铲其强暴，无贫富贵贱，俱予以自由发展智仁勇之机会，俾得各尽其能，为全群谋福利进化；机会愈平衡，能力愈发展，斯进化愈沛然莫之能御。拿破仑尝以“登庸众才”自诩，此英主之言，实惟共和能实行之也。

共和主义对于社会之观念

共和主义，视人民为社会之主权。群之良窳，惟民是视。民苟愚劣，社会绝对不能兴盛。社会欲求兴盛，必负改良个人之责。故在共和主义之下，社会之大任即为济弱扶倾，而教其愚不肖，社会一而已矣。强忽弱，则强者亦弱；强扶弱，则强者愈强。因社会集众人而成，多一分病子，即病一分。其健者苟不思所以治之，则蔓延之祸，可立而待，强者亦不能高枕卧矣！故共和主义以博爱为社会组织之大本，而以兄弟视其分子。既昆弟矣，斯平等。富贵者不特不许以财势骄人，且当用以扶其贫贱之兄弟。故灾害相恤，疾病相扶持，爱敬相交待，以日趋于进化，系社会惟一之天职，绝不容稍有放弃。个人为社会而生，社会为个人而立，实共和主义之两元也。

共和主义对于政治之观念

政府者，人民之政府。人民自治以谋人民之福利，此林肯氏之概念，实共和政治之圭臬焉。

（一）共和政治图谋国民全体之福利

共和政治，观察施行舆论之政治也。舆论代表各界意志需求。共和政治予人民以言论、著述、集会之自由，俾各界意志需求，得以发为舆论，民隐得以上达，政府乃从而折衷之，开导之，择良而要者施行之。于是各界意志需求，多得圆满之效果。即各界对于政治俱有迫切之希望，浓厚之趣味。欲人民之不爱国，不可得已。

（二）共和政治重视共和目的、共同责任

有理想而无实习理想之机会，则理想不得达。一国之中不乏法家拂士⑤，然在专制政体之下，贤智者对于社会改良，虽有伟谋硕画，苦不得施之矣；而负责人少，鲜能达其目的。然在共和国，苟有良策，人民共持其目的，共负其责任。朝发理想，夕生事实，阻碍既少，功效自富，稗政易除，善政易兴。国人见其然也，则其伟谋硕望之心亦愈切。故共和政治不特有透达既往目的之能力，且有发生将来目的为进步之母。故苟采取共和政治，则进化无穷期。

（三）共和政治能得最良之领袖

治国不能无首领，治共和国更不能无首领。共和主义承认人民为主权，非主张无首领，乃主张良首领也。君主嗣统，只问血胤，鲜问才德。共和首领由民举，必其人能亲民，新民，恤民，然后民乃推戴之。即有大奸巨滑，以媚民手段，占窃神器，然朝违民意夕可弹劾也。

共和之险象

（一）国民程度不足

共和国政府既由人民治理，则人民能力之厚薄，其政府之良窳，即于焉定之。然国民程度之高下，不徒在识字读书已也。有读万卷书，卒业大学校，而不能为一圆满之国民者。故有政治知识、社会阅历，足当国民之名而无愧者，其为数盖少。况此少数良国民，或阻于人事之纷扰，或夺于来生之修证，或视官司为藏污之所而引身自洁，或惮案牍为劳神之魔而躲闲避事。有此诸因，于是良国民愈如凤毛麟角而不可多见。噫！贤能不出，则共同责任何人担负，共同目的何人筹画乎？

（二）伪领袖

法家拂士不出，国事竟无人问乎？动物不能无脑腑，即人群不能无领袖。君子不出，小人斯出矣！人民之性，能导于正，亦能导于邪。尧舜率天下以仁，而民从之；桀纣率天下以暴，而民从之。欲小人之不暴其民，舍"乱亦进治亦进"之君子出，其道末由。诗曰："彼其之子，不称其服。"君子不出，则非其人而有居其位者矣。诗曰："彼君子兮，不素食兮。"君子不出，则有居其位而不忠其职者矣。诗曰："受爵不让，至于已斯亡。"君子不出，则有贪禄不止者矣。诗曰："谁秉国成，不自为政，卒劳百姓。"君子不出，则有惮责重而不肯负荷者矣。诗曰："彼月而微，此日而微，今此下民，亦孔之哀。"君子不出，则有居高明之位而有以流俗自况者矣。为政重领袖，为共和政尤重领袖。故谓共和政治为愚民政治者，大谬也。人民不以其愚治国，而以其所付托之领袖治国。领袖愚劣，斯政治愚劣；领袖仁智，斯政治仁智。此革丁氏所以谓共和国之成败利钝，在于领袖之智愚仁暴也。共和政治之伪领袖有二：一为媚民政客。此辈不问国情，不顾进化，只施其和顺温柔之手段，取媚选举机关，以窃权势。二为选举理事。此辈乘国民无暇问政之隙，运其机械，约束选举，与媚民政客暗结，左右政局，以图安富。共和国有此二种伪领袖，则稗政难除，善政难兴；公共福利不能谋，公共进化不可期。虽然，此亦程度不足，贤能独善，阶之厉也。

（三）党祸

国民对于政治有自觉心，则必发生政治问题。而各人对于此种问题之决判，有主急进者，有主保守者，议论纷纷，其同者必各合于一。故政党之为物，实共和国必然之现象。且国大民众，共同之意志易于发表而力于施行，欲维持公安，必恃此强有力之政党。故在共和政体之下，政党实为必要之团体。然弊缘利生，政党之为祸于共和政体，盖亦未可忽也。

（甲）政党仅国家之一部分，而非其全体。党人往往以一党自画，而忘全体之福利。

（乙）缘此党见，实生偏忠。忠于一党，遂谓忠于全国，愈忠愈不忠。然急烈派热忱，本无限制，安能望其明此。

（丙）既具党见，复尽偏忠，则妒嫉倾轧之事，必然发现。一党当权，则反对党必尽其能以障碍其政策之施行，使失民心，而为将来夺权之地步。

（丁）党之意志，视同神圣，党人有违无赦，斯个人失自主之精神。

（四）多数之横暴

自服从多数之说行，而少数人失良心志愿之自由。多数之横暴，有视君主为加甚；多数之主张，可以定个人之命运。然多数人之主张，非可以尽合天理也。文底裴利比曰："国家对于强且众之部分，而不能护翼其至寡且弱之部分，是不啻为大盗之群。"盖人数之多寡，不能定理由之曲直，多数既占优胜，其大责任即为谋全体之福利。少数为全体之一部分，多数人苟不能均润其福利于少数，则多数政治已耳。共和云乎哉？多数横暴之最凶险者，是为乌合之众。伪领袖攘臂一呼，和者万人，其结合以脑感而不本于公理。征之历史，则法国恐怖时代，杀人如麻，流血成川，其彰明较著者也。

共和与教育

吾于共和之险象，既已详言之矣。然戒险防险，思所以避之，则可；因畏险而灰心，则大不可也。避之之道唯何？曰：人民贫，非教育莫与富之；人民愚，非教育莫与智之；党见，非教育不除；精忠，非教育不出。教育良，则伪领袖不期消而消，真领袖不期出而出。而多数之横暴，亦消于无形。况自由平等，恃民胞而立，恃正名而明。同心同德，必养成于教育；真义微言，必昌大于教育。爱尔吴[6]曰：“共和之要素有二：一曰教育；二曰生计。”然教育苟良，则人民生计必能渐臻满意。可见教育实建设共和最要之手续，舍教育则共和之险不可避，共和之国不可建，即建亦必终归于劣败。罗比尔曰：“吾英人第一责任，即教育为国家主人翁之众庶是已。”故今日当局者第一要务，即视众庶程度，实有不足。但其为可教，施以相当之教育，而养成其为国家主人翁之资格焉。

共和与交通

吾国国大民众，种庞族杂，方言不一，习惯不齐，情势暌隔，博爱难生。欲沟通声气，养成共和大本，非便利交通，则肤功不克奏也。

共和与人文之进化

共和者，人文进化必然之产物也。使宇宙万物无进化，则共和可以无现；使进化论放诸邦国社会而不准，则共和犹可以无现，无如进化非人力所能御也。进化非人力所能御，即共和非人力所能避。

（一）民智日进，自觉心生。于是觉苦思甘，觉劳思逸；觉捆缚思解脱。人不能甘之，逸之，解脱之，则亦惟思所以自助自为而已。不自由毋宁死，实感情必至之现象。人而至于不惜杀身以赴其目的，则何事不可成？况此种现象最易痒染，一夫作难，和者万人。不徒理想，诚事实也。强有力者，亦未尝不欲施愚民政策，以塞人之自觉、自治之源。无如万国交通，必群策群力，群运群智，然后方可以制胜。若恃一二人之智力，则鲜不受天然之淘汰。故不教育其群者，必受外侮，而臻于亡。况世多慈善之家，苟有不教育人民之国，则又安能阻受教人民之发生自觉心也？自觉心不可逃避，即共和不可逃避。

（二）人民相处日久，互爱心生。他人痛痒，视同切肤。民胞主义，渐以昌明。宗教家、伦理家复从而提倡之，躬行之，以为民表。耶教“天父以下皆兄弟”，孔教“四海之内皆兄弟”之义，不独深印人心，凡奉其教义者，抑且不惜披发缨冠，以趋人之急难也。故民胞主义愈膨胀，则专制荼毒愈衰微，共和主义益不能不应时而遍布于全球矣。此共和为人文进化不可逃避之结果者二。知共和之不可避，则吾人亦无容施其抵抗共和之拙计，以生建设共和之阻力，而耗国家之元气也。

共和与秩序

专制人民，不能一跃而至共和。其间有一定之顺序，不可强求，不可速长。否则，妄解自由，谬倡平等，秩序紊，伦常乱，公理昧，权利争，祸患所中，烈于洪水猛兽。吾国共和初建，人民莫不以为成功之速，超越全球。不及三载，福利未享，而纲纪瓦裂殆尽，民生日趋艰窘。非共和之不足救国，发动太过之咎耳！此太过之发动力，至今已成陈迹，而无讨论之价值。然因发动太过，故有今日之反动力。此反动力虽为必然之现象，然不谨之又谨，亦易太过，而起反动之反动。故吾国当发动太过之后，不能不利用开明专制，只可当作航海之舵。易言之，则开明专制，为当今护持纲纪之要具。然只可当作透达共和之一种手续，断不可视为政体之目的。盖恐其过度而邀成反动之反动也。痴虬[7]氏曰："为政不难，为政于共和之时难。"为政于共和之时，而不得不厉行专制为尤难。厉行专制，而实欲养成共和，则难之尤难。民知其难，而遵循法纪，乃可以为民；官知其难，而视民如伤[8]，乃可以为官。能如是，则秩序能维，进化可期。非然者，民思革官命，官思革民命，官民多一度消长，则国步多一度艰难，即民主多一度憔悴，其结果不过产出一个贫与弱。多见其共争而沦胥以亡也。共和云乎哉？国人其审诸！

注释

① 革丁、百吞二氏　革丁，通译戈登。百吞，通译博登。

② 阳明子　即王守仁。

③ 贾子　即贾谊。引文见贾谊《陈政事疏》。

④ 顾子　即顾炎武。

⑤ 法家拂士　出自《孟子·告子下》："入则无法家拂士，出则无敌国外患者，国恒亡。"拂通弼，拂士意为辅弼的贤士。

⑥ 爱尔吾　通译爱尔威。

⑦ 痴虬　通译芝诺。

⑧ 视民如伤　语出《左传·哀公元年》，如伤就是恐惊动之意，谓爱惜人民。

中国运入美国物产大宗之研究*

中国运入美国之物产，以生丝、毡料、茶叶、山羊皮为大宗。四者之中丝为最，毡次之，再次为茶叶，再次为山羊皮。茶叶原属吾国物产运入美国第二大宗，一千九百零六年以降，其运入总额即远下于毡料。此固因毡料之销场趋增。然其大根源，则由于吾国茶叶漫无进步，坐视大好市场为他人所攫去耳。除此四大宗外，其运入总额上百万（美币）者有香料；上五十万者有草席，有牛皮；上三十万者有裘，有丝制货，余如生铁、白豆之类皆不上五万，琐碎不容长言。惟彼四大宗为中美商业命脉攸托，关系至钜。濬有一得之愚，安忍默默，敢说平日所得，制图造表，加以说明，俾热心商务诸君有所考镜。至于如何对症下药，以振兴四大宗之销场，则现在尚未能有所贡献。此盖非实地详细观察不能奏效也。

下表并图俱本美国商务司（Bureau of Foreign and Domestic Commerce）历年刊印之《国外通商月录》所制。年度俱用西历，每年始一月终十二月（亦有始七月终六月者）。价目一采美币。

* 本篇载1915年5月《安徽公报》第40期时，文前有安徽巡按使公署对“留美学生陶文濬函送中美货物调查表并照片请送部备选”的批语，谓“中国运美物产大宗之研究一篇阅悉，该生以平日调查所得，造图制表加以说明，具征留心商务，深堪嘉慰。应即采登本省公报，俾广流传，而资考镜。至送部备选一层，仍应查照前批，俟遇有官费缺额时，再行酌核办理，此批照片存。”所造的四幅图完全不清，故略；制的四张表依稀可辨，收入文中，少量数字可能有误。

至于输入国图表中，只取其重要者一二国，与中国对举而比较之；其不甚重要者，则限于篇幅不能尽列。惟于说明中略及之。

美国生丝进口说明

丝为中国运入美国物产之最大宗，占一千九百十四年中国物产运入美国全额百分之三十。自一千九百年至一千九百十四年，美国生丝销场自三十二兆①余金洋增至八十九兆余。销场既勃兴，若此则吾国生丝入口宜乎继长增高，一日千丈。然十五年间，仅增五兆。以视日本丝之趋增五十六兆，六倍于其十五年前运入美国之数，三倍于美销场增加之速率，岂不瞠乎其后。吾辈须知，吾国今日运入美国生丝之总额，较日本十五年前尚少四十八万，或谓犹贤乎意大利之退步。然反审吾国幅员之广，人工之廉，则又岂其然乎。除日本、意大利外，生丝入口与竞者有法兰西、支利②诸国，然近来每年进口总额皆不上三十万。要之，美国每年能销九十兆金洋之丝，吾国只运入十二兆，日本独运六十八兆，占美国生丝进口九分之七，市场几为其所专据。吾国丝商苟仍此不振，则江河日下夫岂可免。

美国生丝进口表

输入国 年度	中国	日本	意大利	进口总额
1900	7,961,429	13,372,780	9,583,16	58,453,359
1901	7,483,889	21,171,438	8,942,41	49,267,780
1902	9,461,356	28,725,364	14,305,057	47,947,881
1903	7,671,465	23,145,545	16,816,344	44,394,210
1904	9,979,565	37,141,105	15,261,725	55,448,245
1905	9,500,580	27,803,31	15,144,523	63,889,396
1906	8,698,676	30,352,854	15,324,639	65,673,279
1907	11,437,556	40,814,144	15,683,134	73,097,581

续表

年度＼输入国	中国	日本	意大利	进口总额
1908	8,449,147	39,506,103	14,586,455	65,021,068
1909	11,041,678	42,306,534	17,837,048	75,512,401
1910	11,815,369	43,744,447	10,974,478	72,026,994
1911	12,056,949	45,768,609	7,504,530	80,254,945
1912	12,896,568	54,415,953	8,371,234	77,401,931
1913	13,523,858	53,316,757	8,585,346	89,770,970
1914	11,611,669	68,545,547	8,307,976	59,784,921

美国毡料进口说明

毡料为中国运美物产之次大宗，一千九百十四年占中国物产运入美国全额百分之十二。自一千九百年至一千九百十四年，美国毡料销场自八兆余增至十四兆余；吾国运入额则自一兆余跃至四兆余，四倍十五年前之数，可谓利市。同时，英国运入总额亦增一兆，惟不及吾国这速。次为俄国，亦有进步，一千九百九年以前，俄国运入总额月录未分列，故无可考。英俄而外，与竞于美国毡料之市场者，有阿尔根廷[3]国、土耳其国、印度，皆上五十万金洋。

美国毡料进口表

年度＼输入国	中国	日本	俄国	进口总额
1900	1,373,341	2,678,723		8,476,738
1901	760,650	2,795,924		7,310,13
1902	1,699,253	3,873,553		19,252,845
1903	2,095,025	4,135,748		13,254,352

续表

年度 \ 输入国	中　国	日　本	俄　国	进口总额
1904	2,531,859	3,375,091		13,119,439
1905	3,204,813	3,469,092		15,847,373
1906	4,154,540	3,804,744		15,777,047
1907	3,984,200	8,464,791		14,427,173
1908	1,754,879	2,526,695		6,736,451
1909	3,918,158	4,506,540	2,490,303	16,706,720
1910	3,674,093	2,897,940	1,775,569	10,493,033
1911	3,940,299	3,944,390	2,576,84	12,991,424
1912	3,402,011	4,517,296	4,152,475	17,582,586
1913	5,065,031	2,579,119	2,589,971	13,101,354
1914	4,388,914	3,682,272	2,626,719	14,398,981

美国茶叶进口表

年度 \ 输入国	中　国	日　本	印　度	英　国	进口总额
1900	3,537,217	4,328,307	415,908	447,289	11,783,317
1901	3,321,474	4,194,804	294,048	641,566	8,744,190
1902	7,187,320	5,391,871	712,460	883,437	14,570,265
1903	6,221,545	8,001,008	970,402	1,263,513	17,050,494
1904	6,161,530	7,402,554	1,157,133	1,527,874	16,857,970
1905	5,155,640	6,707,128	942,905	1,630,597	15,003,885
1906	4,335,536	5,974,352	1,146,490	1,653,060	14,047,046
1907	4,583,942	7,878,804	1,195,876	2,283,747	15,660,328
1908	3,379,251	7,451,850	1,119,793	2,133,203	14,892,961

续表

年度 \ 输入国	中国	日本	印度	英国	进口总额
1909	3,635,901	7,595,564	1,367,433	2,786,932	16,593,032
1910	2,890,495	8,670,882	1,536,676	3,701,180	16,631,486
1911	2,101,960	9,701,008	2,005,702	3,470,711	18,517,171
1912	3,741,194	7,799,453	2,145,652	3,261,358	17,944,384
1913	2,690,297	7,162,467	1,578,524	3,903,816	16,404,293
1914	3,197,732	7,822,315	2,064,932	3,613,115	17,775,979

美国茶叶进口说明

茶叶为中国运美物产第三大宗，一千九百十四年占中国物产运入美国全额百分之九而弱。自一千九百年至一千九百十四年，美国茶叶销场自十一兆增至十七兆余，吾国运入额数则自六兆降至三兆余。同时，日本运入额数自四兆余增至八兆而弱，印度自四十一万增至二兆，英国自四十四万增至三兆余。以总额言之，日本运入最多，英次之，我国第三，印度第四。以十五年增加速率言之，日本倍其向数，印度五倍之，英国六倍之，吾国反减其半。此亦可见吾国茶叶不竞之一斑也。除日、英、印外，与竞于美国茶市者有加拿大，其一千九百十四年运入总额达九十万金洋。加、印皆为英属，合而计之，英、日茶叶运入总额几无上下床之分，我国则远下之。苟失今不治，则淘汰之祸近在眉睫。合群策群力以谋茶叶之开拓，是所望于业茶诸君。

美国山羊皮进口说明

除丝、毡、茶外，吾国运入美国物产以山羊皮为最大宗，一千九百十四年占中国运美物产全额百分之五。自一千九百零六年至一千九百十四年，美国山羊皮销场自三十二兆半减至二十兆。输入国不独吾国进口总额从而减少，即印度、墨西哥诸国亦因以缩小。印、墨而外，运山羊皮于美国者，有俄罗斯、英吉利、阿尔根廷、阿典④，皆上百万；法兰西、巴西、斐洲⑤亦上五十万。一千九百零六年以前，月录括山羊皮于皮货之内，未曾分析，故本图表只从一九零六年起。

美国山羊皮进口表

年度 \ 输入国	中国	印度	墨西哥	进口总额
1906	3,292,210	11,134,181	2,769,813	32,518,896
1907	3,612,914	8,200,505	2,443,187	26,565,334
1908	1,505,630	6,258,935	2,049,676	18,835,098
1909	2,408,511	10,701,111	2,513,185	29,771,061
1910	3,932,804	8,543,786	2,724,506	27,223,492
1911	2,590,629	7,141,111	1,941,512	21,762,359
1912	1,821,837	8,216,182	1,739,345	23,932,333
1913	2,538,504	7,562,753	1,731,623	23,402,609
1914	1,975,154	6,553,116	1,165,461	19,767,447

注释

① 兆　数目，百万为兆。

② 支利　通译智利。

③ 阿尔根廷　通译阿根廷。

④ 阿典　通译雅典。

⑤ 斐洲　通译非洲。

双十节纪念*

诸位同胞！我们今天为何聚在此地？聚在此地的缘故，就是要纪念六年前的今天。六年前的今天，是什么日子呢？就是中国百姓最宝贵的一天。自从有历史以来，中国应该是中国百姓的中国。但是，从实际上看起来，经过几千年，只是一姓一家的中国，不能算百姓的中国。要知道，从一姓的中国变为百姓的中国，是从那一天起的呢？就是六年前的十月十号的日子。拿一姓的国家做成百姓的国家，你也有份，我也有份，他也有份，四万万同胞都有份。这是应当纪念的第一件事情。

从民国未成立以前，英雄豪杰不知道费了许多的心血，义士健儿不知掷了许多的头颅，我们百姓不知道耗了许多的身家财产，所以“共和”两字，不是容易做成的，那是千万人的心血、头颅、身家、财产换来的。但是，所化费的虽多，究竟有成功的一天。这一天，就是六年前的十月十号。六年前的十月十号，就是我们的英雄豪杰有志竟成的一天。这是我们应当纪念的第二件事情。

民国成立以后，内忧外患，乘势迭起，纷纷扰扰，弄成一个四面夹攻的形状。外患一方面：有俄蒙协约[①]，片马问题[②]，青岛

* 本篇系陶行知1917年10月10日在南京高师纪念会上的演讲。记录者：谢守恒。载1918年《南京高等师范学校校友会杂志》第1期。

问题[3]，日本之最后通牒[4]，以及老西开案[5]等事情；外患不足，那白狼[6]、马贼[7]、帝制[8]、复辟[9]等内乱又起来了。好像生的寒症，又起了热病。幸而二次革命[10]，三次革命，四次革命，共和的元气虽未能十分的恢复，而这个双十节的日子，总还没有人能够去了它。在去年的十月十号，兄弟纪念民国死而复活[11]；今年十月十号，我们应该要纪念的是民国再死再复活[12]。死而复活，应该要纪念；再死再复活，更要纪念。今日我们应该要纪念的第三件事情，就是纪念共和再死再复活。

纪念民国的成立，是要叫我们知道：民国与我们有生死存亡的关系。纪念民国未成立以前，是要叫我们知道创业的艰难；纪念民国成立之后，一直到今，是要叫我们知道守成的不容易。须知纪念是属于今天以前的事；今天以后，我们对于民国，应该要有哪一种的精神、定哪一种的方法、做哪一种的事情呢？我们居在四百万英方里的地方，是数千年祖宗传下来的；我们所治的中华民国，是千万英雄血所造成功的。我们对此中华民国，应该要报何等的恩典、负何等的责任呢？第一要爱国，要爱我们的民国。国要爱，我们的民国更要爱。死而复活，再死再复活的民国，更要爱而又爱。凡国家都有人爱，我们不爱国家，或者爱的不深，外国人就要代我们爱了。印度人爱印度不深，英国人代他爱；朝鲜人爱朝鲜不深，日本人代他爱，中国人不爱台湾、香港、青岛、大连湾、威海湾、广州湾，所以给外国人夺去了。我们倘若是对全国的爱情不深，那全国就要跟着别人跑去了。所以一国的存亡，看国民有爱国的心没有。有了爱国心，虽亡必存，没有爱国心，虽存必亡。

要知道爱国心是一件事，爱国的法子又是一件事。猿猴爱子，用力抱紧他，拿小猿猴抱死，那是没有爱的法子。所以有了爱国心，必定要有爱国的法子，方能达到我们爱国的目的。倘不照这样儿做，虽有爱国心，也无济于事。

爱国心如同火一样：用得好，可以照了我们读书做事；用得不好，把房子都能烧去，所谓不戢将自焚也[13]。所以有爱国心不难，有限制的爱国心是很难。应该有适当的限制爱国的法子，譬如义和团[14]这件事，法子不好，结果也不好。四百五十兆的赔款，叫我们苦百姓三十九年方能还得清楚。这是小不忍则乱大谋，不是爱国，乃是害国。所以爱国的法子，应该要有适当限制，可以进则进，可以退则退，方能算真正爱国的国民。有了爱国心，又有爱国的法子，如此的爱国，方能有益于国。

有了爱国心，又有爱国的法子，那末我们对中华的国民，就有五种的希望。希望在哪里？就包括在中华民国的五色国旗里。

一、红是血色。希望人人都能为国家流血，都能为民国流血。共和既然是血造成，也要拿血来保守他。有害共和的国贼就是国敌，我们国民都要以血来保护。一人流血不够，就继以千百万人的血。因为要享共和的幸福，必定要付共和的代价。共和的代价是什么？就是红的血。

二、黄是金色。希望有个黄金世界，全国实业发达，财源尽开，人人都能自食其力，读书人不做成高等的游民，国家自然富起来了。美国的强，大半由于富；中国的弱，大半由于贫。所以要强，非富不行。

三、蓝是天色。天无所不覆，譬如教育能普及，个个百姓都受其恩泽。希望从今日以后学校大开，全国国民都能进学校做学问，就可以增高我们国民的程度。

四、白是白玉之色。希望个个人的品行清洁，如同白玉一样，无一点疵瑕。品行不清洁，虽天天说爱国，也是无益；品行清洁，虽不讲爱国，也是爱国。

五、黑是铁色。交通便利，统一国家，全要靠着铁路，所以希望铁道的多，如蛛网一样。不争战的时候，可用在交通；既争战的时候，可用以调遣军队。

但是又有一说：红是大红顶儿[15]，黄是黄马褂[16]。虽有了青天在上，见了银子，良心就要变异了。我们说爱国很容易，要实行是难了。我们在学校里，风平浪静，说了爱国的事，所以有爱国的五种希望。将来到社会上去，不能谨慎防备的，就难免为风俗所移。大概爱国的心与利己的心互为消长：利己的心长，那爱国的心消；要爱国的心长，非除去利己心不行，非具真确的牺牲心不能去。去年双十节，兄弟在美国聚会之后，西友问双十节的意义，答曰：Double Cross，即双十字架之谓。十字架系犹太国刑具之一，耶稣殉道其上。其门徒出外传道，皆背十字架，效基督以身殉道之义，故十字架渐成牺牲之代表物。吾国人如能加倍的牺牲报国，然后我们对于祖宗所遗传、烈士流血所造的民国，可以无负。中国既贫且弱，吾辈要救中国的贫，当负一十字架；要救中国的弱，又须负一十字架。背了两个十字架，须有一身为国死两次的精神。以学校里讲，先生应在教课上牺牲，诲人不倦，一见不勤学的人，即是吾不教之罪，终身从事于教育界，鞠躬尽瘁，死而后已；学生亦当有牺牲精神，按才而学，勉为后生可畏。既然教员负一双十字架，学生负一双十字架，教育的前途，必定有蒸蒸日上的希望。那末这双十节一天，不徒可以纪念，尤可为矜式。

注释

① 俄蒙协约　指沙俄为吞并中国领土外蒙古，1912年11月，与外蒙古傀儡当局非法签订的不平等条约。

② 片马问题　片马在云南省西部。1900年英国武装侵占片马附近诸寨，激起当地各族人民的反抗。1910年至1927年间英仍不断侵入该地，强设军政机构，当地居民继起抵抗，在全国人民声援支持下，英国不得不承认片马属我国领土。

③ 青岛问题　1914年9月，日本帝国主义以对德宣战为借口，出兵山东，强占胶济沿线与青岛。

④ 日本之最后通牒　1915年1月，日本向袁世凯提出灭亡中国的“二十一条”，袁氏慑于国内外形势，不敢立即接受。日本一面对袁恫吓威胁，一面又支持他称帝。经过数月密谈，日本以最后通牒方式，迫使袁氏于1915年5月9日接

受除第5项以外的全部要求。

⑤ 老西开案　1916年10月20日，法国侵略者悍然强占天津老西开，激起天津各界人民的强烈反抗，全国人民纷纷声援，斗争坚持近半年之久，法国被迫不敢强占老西开。

⑥ 白狼　即白朗。

⑦ 马贼　清末民初，活跃在东北与内蒙一带的土匪武装。1916年与宗社党人勾结，妄图控制东北，复辟清王朝，后被吉、奉联队和东北各族人民联合击溃。

⑧ 帝制　袁世凯窃取政权后，1915年底宣布复辟帝制。袁氏的倒行逆施激起全国人民强烈的反抗，被迫于1916年3月22日宣布取消帝制。

⑨ 复辟　辛亥革命后发生过两次封建复辟：第一次是1916年的“丙辰复辟”，中途夭折；第二次是1917年的“丁巳复辟”，即张勋复辟。张勋以调停“府院之争”为借口，于该年6月入京，7月1日拥溥仪复辟。后段祺瑞以讨逆为名，入京驱张。复辟丑剧演了短短12天便即告终。

⑩ 二次革命　即1913年孙中山发动的反对袁世凯独裁的战争，亦称癸丑赣宁之役。

⑪ 民国死而复活　指1916年袁世凯病死，第二次讨袁的护国运动取得胜利。

⑫ 民国再死再复活　指1917年反对复辟清朝、驱逐张勋所取得的胜利。段祺瑞以“再造民国”的“功臣”复任国务总理，重新掌权。本文所说“二次革命”、“四次革命”，是指“二次革命”后，民国所经历的多次曲折斗争及其所取得的胜利。

⑬ 不戢将自焚也　戢，收敛之意。《左传·隐公四年》：“夫兵，犹火也，弗戢，将自焚也。”意说是用兵如用火，用得不好，将自己焚烧自己。

⑭ 义和团　源自义和拳、梅花拳、大刀会等民间秘密结社。活动于山东和直隶（今河北）等省，参加者大多是农民、手工业者与其他劳动群众。1899年下半年，义和拳等组织改称义和团。1900年八国联军进攻中国，义和团英勇抗击侵略者。由于敌军的血腥镇压，清政府的残酷迫害及农民自身的弱点，义和团运动失败。

⑮ 大红顶儿　清代官员帽上顶珠的质色是区别官员级别的标志，大红顶儿级别最高，官属一、二品。

⑯ 黄马褂　封建时代的服饰颜色，有一套等级森严的制度，黄色是帝王专用色，赏穿黄马褂，是清朝皇帝对臣民最高的“恩赐”。

就任金陵大学同学会本部会长时的讲话*

猥以菲材，过蒙推爱，以致举全会重要职务，托之于素无经验之人。陨越①时虞，此后会务进行，尚祈不时指示。至诸君子新议筹备中学一案，俱见硕画远谋。缘以南京户口之众，当有十五中学，今则所有不过三分之一耳！况江苏素称交通便利之区，苟宁垣有一精神完美之中学出见，其为各界欢迎，必无疑义。

注释

① 陨越　本意为颠坠，后用以比喻失败，失职。

* 本篇系1917年10月16日陶行知在金陵大学同学会本部职员选举会上的讲话纪要。摘自《金陵大学同学会本部职员选举会纪事》。记录者：宜。原载1917年12月《金陵光》第9卷第2期。

在金陵大学同学会下关支部成立会上的讲话*

同学会已有四兄弟，分处于纽约、上海、汉口、南昌，惜邻近处无一兄弟。今日下关有幼弟产生，故今日之会有莫大荣幸，莫大价值。欲知其荣幸及价值，当明是会之关系。即将本会与同学个人之关系一一说明，凡与本部之关系，与各支部之关系，与母校之关系，与社会及国家之关系，亦逐层阐发。今日幼弟产出之时，如筹备主任所宣布者，落地第一声，即惊人听闻。本部对于下关支部，固怀有最亲密之感情，尤具有无限之希望焉！

---

* 本篇系1917年12月16日陶行知在金陵大学同学会下关支部成立会上的讲话纪要。当时他是金大同学会会长。摘自《金陵大学同学会下关支部成立记》。记录者：刘丙彝。原载1918年2月《金陵光》第9卷第3期。

在金陵大学同学恳亲会上的讲话*

一

吾人有两种家庭：甲、身体生长之家庭；乙、学问生长之家庭。今日与会诸君，皆有一番感触，即九世[①]以上同居之大家庭中团聚之乐是也。而为吾侪之老母者欢迎之际，愉快又当何如！

二

本部对于各支部之希望有四：

甲、由学校方面而生者。母校之扩充，全恃各支部之赞助，古人所谓“天下兴亡，匹夫有责”。包君[②]前拟于新校舍中特辟一室，以供校中历史上伟人之肖像。吾侪盍兴乎来！

乙、由各支部内部组织上而生者。可分三端，即：交换知识，联络感情，互相砥砺是也。

丙、由各支部所在地方上而生者。吾人公布一事，必藉广告之力。广告之法有三：招贴、报纸外，即个人之身体是也。苟同

---

* 本篇系陶行知在金陵大学同学恳亲会上的讲话纪要，摘自《金陵大学同学恳亲会记录》。记录者：刘钟璐。恳亲会于1917年圣诞节举行，到会者200余人。陶行知以同学会会长身份在会上讲了话。讲话现编为两段。第一段为会议开始时的讲话，余为会议结束时的讲话。原载1918年2月《金陵光》第9卷第3期。

人中一分子于某地方上，能发展其事业，尊重其道德，某地方上人人皆赞扬母校矣；苟一不慎，或公德缺乏，或私德逾闲，某地方上人人亦将毁谤母校矣。

丁、由各支部彼此联络上而生者。联络之方法虽繁，约言之有四：1. 言论机关，感情之联络，全恃交通之利便。《金陵光》者，吾侪互通问讯之传声机也。2. 职业介绍部，以地点言，或甲地才乏，而乙地事简；以人才言，精于农者，每不宜于西北，精于矿者，每不宜于东南。则量才器使，全恃各地介绍部之支配得宜耳。况有此部，消息益灵，机缘亦不至坐失矣。3. 办事应有公共目的。综观已立各支部之宗旨，与本部宣言多不谋而合。至所以不尽吻合者，皆由本部章程未能广布之咎。惟此后各支部应如何一致进行，乃同人等所宜共勉者也。4. 恳亲会。斯会之宗旨利益，包监督等言之已详。本部同人所希望者，经此一番联络，他日赴会将见年盛一年。

本会之幸，母校之幸，即中国之幸也！

注释

① 九世　指金陵大学第九届毕业生。

② 包君　指金陵大学校长包文。

试验主义之教育方法*

荀子[①]曰："大天而思之，孰与物畜而制之！从天而颂之，孰与制天命而用之！望时而待之，孰与应时而使之！因物而多之，孰与骋能而化之！思物而物之，孰与理物而勿失主也！"此数语，可谓中试验精神之窍要矣。盖凡天下之物，莫不有赖于其所处之境况，境况不同，象征自异。故欲致知穷理，必先约束其境况，而号召其象征，然后效用乃能发现。若其待天垂象，俟物示征，则以有限之时间，逐必不可得之因果，是役于物，而制于天也，安得不为所困哉？即得矣，或出于偶然；有常矣，或所示者吝。吾又安能穷其极处，无不到哉？

昔王阳明格竹七日而病，及在夷中，乃恍然以为："天下之物，本无可格。其格物之功，只在身心上。"呜呼！此皆不能约束其境况，号召其象征，有以致之也。彼善致知者，役物而不为物所役，制天而不为天所制。设统系，立方法，举凡欲格之物，尽纳之于轨范之中。远者近之，微者大之，繁者简之，杂者纯之，合者析之，分者通之，多方以试之，屡试以验之。更较其异同，审其消长，观其动静，察其变化，然后因果可明，而理可穷也。故试验者，发明之利器也。试验虽不必皆有发明，然发明必

* 本篇原载1917年下半年《南京高等师范学校教育研究会会刊》第1期，又载1918年4月《金陵光》第9卷第4期，同年6月《安徽教育月刊》第6期刊载时题为《试验主义之教授方法》。

资乎试验。人禽之分，在试验之有无；文野之别，在试验之深浅。试验之法，造端于物理、生物、生理，浸假而侵入人群之诸学，今则哲理亦且受其影响矣。盖自培根（Bacon）用以格客观之物，笛卡儿（Descartes）用以致主观之知，试验精神，遂举形而上学、形而下学而贯彻之。究其结果，则思想日精，发明日盛。欧美之世界，几变其形。

吾国数千年来相传不绝之方法，惟有“致知在格物”[②]一语。然格物之法何在？晦翁[③]与阳明各持一说。晦翁以即物穷理释之，近矣。然而即物穷理，又当用何法乎？无法以即物穷理，则物仍不可格，知仍不可致。阳明固尝即物而穷理者也，然未得其法，格物不成，归而格心。使阳明更进一步，不责物之无可格，只责格之不得法，兢兢然以改良方法自任，则近世发明史中，吾国人何至迄今无所贡献？故欧美之所以进步敏捷者，以有试验方法故；中国之所以瞠乎人后者，以无试验方法故。征之世界进步，试验方法既如此不可废也，则其应用于教育界者，又何若哉？

教育为群学[④]之一种，介乎形而上学、形而下学之间。故其采用试验方法也，较迟于物理、生物诸学。然近二百年来，教育界之进步，何莫非由试验而来？是以泼斯泰来齐（Pestalozzi）[⑤]试验幼子，而官觉之用以明；赫耳巴尔忒（Herbart）[⑥]设研究科，而统觉之理以阐；福禄伯（Froebel）[⑦]创幼稚园，而游戏之效以著；杜威（J. Dewey）之集成教育哲学也，以试验；忒耳诺泰刻（Thorndike）[⑧]之集成教育心理也，亦以试验。他若全部发育也，先质后文也，自动也，兴味也，感应结也，习惯法也，无不根源于试验。举凡今日教育界所视为金科玉律者，何莫非昔贤屡试不爽之所遗留哉？是故试验之消长，教育之盛衰系之。

柏林大学保尔生（Paulsen）[⑨]曰：德国中世纪以前，狉狉榛榛，等于化外之民。及拉丁文输自罗马，民情一变。既而文艺北渐，蕴成宗教变革[⑩]，而民德又一进，是德人再得力于拉丁民族也。当十七世纪，法国礼乐艺术最盛，德人见异思迁，其贵族咸以能说法语为荣。及十八世纪，大风烈铁骑帝（Friedrich the Great）[11]又定法文为学校必修科，并聘法人为高级教师。其学于法人也，可谓勤矣！此外，于英吉利及希腊之文化，皆无所不吸收。此德人师天下之期也。迨至十八世纪之初，哈里大学（Halle University）[12]与郭听斯堡大学（Göttinsburg University）相继而兴，皆以宣扬试验精神为务。其后赫尔巴耳忒与福禄伯诸贤，先后辈出，凡所建树，皆根本于试验。虽执政者屡加干预，而其教之流行，速于置邮传命，不数十年而弟子几遍国中。至十八世纪末叶，复与国家主义[13]会合，以国家主义定目的，试验主义定方法，相演相成，用著大效。此后言教育者多宗德人。故十九世纪以前，德人师天下；十九世纪以后，天下师德人。试验主义实与有力焉！

美国三十年前之教育，亦几无事不模仿旧大陆。自乾姆(James）[14]创设心理试验科，而学者趋向一变。至于今日，凡著名大学，莫不设教育科，其同时试验教育心理者以百计。其试验机关与从事实地试验教育之人，几无处无之；其试验精神之充塞，可谓盛矣。观其效果，虽未必人人皆有贡献，然英德识者，佥谓美国近今小学教法冠天下。其收效之速，有如此者，夫岂偶然哉？

吾国办学十余年，形式上虽不无可观，而教育进化之根本方法，则无人过问。故拘于古法，而徒仍旧贯者有之；慕于新奇，而专事仪型者有之。否则思而不学，凭空构想，一知半解，武断从事。即不然，则朝令夕罢，偶尔尝试。提学使[15]弗善也，一变而为教育司；教育司弗善也，再变而为教育科；教育科弗善也，三变而为教育厅。不满十年，而变更者三，岂其善于试验哉？毋亦尝试而已。孔子曰：“温故而知新，可以为师矣。”仍旧贯，只是温故；仪型他国，则吾人以为新，他人以为旧矣。空想无新可见，武断绝自新之路，尝试则新未出而已中途废矣。何怪乎吾国教育之不振也！故欲教育之刷新，非实行试验方法不为功。盖能试验，则能自树立；能自树立，则能发古人所未发，明今人所未明。人将师我，岂惟进步已哉？若徒因人成事，逐世浮沉，则人进一尺，我进一寸；人退一寸，我退一尺。亦太可怜矣！

今之议者，每曰教育救国。教育岂尽能救国乎？吾敢断言曰：非试验的教育方法，不足以达救国之目的也。虽然，试验岂易言哉？知其要而无其才，不足以言试验，有其才而无百折不回之气概，犹不足以言试验也！故试验者，当内省其才，外度其势；视阻力为当然，失败为难免；复贯以再接再厉之精神，然后功可成也。吾教育界有急起直追以试验自矢者乎？吾将拭目以待之。

注释

① 荀子　即荀况。

② 致知在格物　《礼记·大学》中有“致知在格物，物格而后知至”的话。格：推究，研究。格物，推究事物的原理。

③ 晦翁　即朱熹。

④ 群学　即社会学。

⑤ 泼斯泰来齐　通译裴斯泰洛齐。

⑥ 赫尔巴尔忒　通译赫尔巴特。

⑦ 福禄伯　通译福禄培尔。

⑧ 忒尔诺泰刻　通译桑戴克。

⑨ 保尔生　通译包尔生。

⑩ 宗教变革　16世纪欧洲新兴资产阶级发动的一次反封建的大规模社会政治运动。

⑪ 大风烈铁骑帝　通译腓特烈大帝

⑫ 哈里大学　通译哈勒大学，1694年创设。

⑬ 国家主义　是一种以抽象的国家概念欺骗人民服从资产阶级利益的反动思想。对内强调“国家至上”，对外宣扬民族优越论，并以“保卫祖国”的名义为侵略战争进行辩解。

⑭ 乾姆　通译詹姆斯。

⑮ 提学使　清末学官名，辛亥革命后废除。

江苏市乡教育状况之一斑*

今日非来演讲，乃代诸君报告调查之成绩。寒假前本会曾发市、乡教育调查表，调查各省、市、乡教育状况，藉资研究。兹就诸君所缴之成绩，外省少而苏省多，计学校十三，教师百，学生千七百二十九，故今所报告者，仅江苏市乡教育之一斑。夫国有国粹，省有省粹，苏省省粹，素推教育。诸君同学是邦，共研教育，他山借镜，安可不循名责实乎？分学生、教员、设备三端，报告如次：

一、学生

甲　学生与人数之比较　据民国四年调查，苏省有学生二六九，四二二人，人数约二十七兆，学生占人数百分之一弱。现据调查报告，淮阴市有人数八七，八四〇。据世界统计，学生与人口之比较；为百分之十九，约五分之一。淮阴市应有学生一七，五六八，今只有学生九二八，视人口数不过百分之一。此学生与人数比较之大略也。

---

* 本篇系1918年陶行知在南京高师教育研究会上的演讲记录。记录者：陈纲、彭蠡汇。南京高师教育研究会乘年假之便，预备7份表格，请各会员调查家乡教育情况。1918年3月14日，指导员陶行知依据会员报告研究市乡教育情况，作了这次演讲。原载1918年《南京高等师范学校校友会杂志》第1期，又载1918年《南京高等师范学校教育研究会会刊》第2期。

乙　年龄与学级之比较：年龄与学级关系甚巨，一级之中，年差愈大，教授愈难，而休学、留级者愈多。因学生之知识，随经历而异，年差愈多，经历愈不同，而知识之高下，更不相等一级，教授困难横生。此教育者所宜注意者也。列表如下：

同级学生年差表

级 数	国一	国二	国三	国四	高一	高二	高三	中一	中二	中三	中四
学生总数	237	230	217	135	168	173	149	147	118	93	82
年　差	8	7	11	8	11	12	13	12	11	10	9

休学生与过学龄学生之关系

级 数 学生数	国一	国二	国三	国四	高一	高二	高三	中一	中二	中三	中四
休学学生总数	43	38	79	72	27	23	2	1	2	1	1
过学龄之休学生等于休学学生百分之相差岁数	70%	82%	76%	56%	100%	100%	100%	100%	100%	100%	100%

丙　通学生　学校之势力范围，可以通学之远近推之。试观下表，学校势力有能达七里者，但此项学生因有特别情形，不足据论。故其势力虽达七里者，实则三里以外已薄弱矣。列表如下：

通学生与学校之距离

里 数	$\frac{1}{2}$	1	2	3	4	5	6	7 以上
总　数	402	249	121	53	17	1	3	3
百分数	47.3%	29.33%	14.2%	6.24%	2%	0.12%	0.35%	0.35%

丁　寄宿生　此次调查寄宿生，其中虽有远至二三百里以上者，然为数甚少。故其势力仅达于二百里内，过此则甚微也。列表如下：

寄宿生家、校之距离

里 数	1—99	100—199	200—299	300—400
百分数	76%	14%	9%	1%

二　教员

甲　教员之年俸　支结教员薪俸，各校不一。有以十月计算者，有以十二月计算者。欲求划一计法，只有以年俸为准。列表如下：

教员年俸表

年　俸 校　名	最高位	中　位	最低位
国民小学	240	102	30
高等小学	600	200	70
中　学	1200	600	240

乙　教员每周担任钟点　小学教员课务最忙。下表所列，惟中位及最高位，容无兼职，低位则难免也。

学　校 钟　点	国　民	高　小	中　学
最高位	26	24	20
中　位	17	16	14
低　位	4	8	5

丙　教员学业　此次调查教员学业甚杂，顾中学教员无高等小学毕业及中等肄业者，亦幸事也。列表如下：

教 员 学 业 表

学业＼学校	国民	高小	中学
科举	18%	16%	15%
高小毕业	20%	10%	
中学毕业	26%	13%	10%
中学肄业	6%	10%	
寻常师范毕业	24%	45%	30%
大学毕业	2%	3%	30%

丁　教员经验　小学、中学教员有同一之程度者，则应有同一之待遇。唯世人待遇教员，往往厚中学而薄小学，故学问高而经验丰者，每鄙小学而不就，此宜改革者也。列表如下：

年数＼学校	国民	高小	中学
1	26%	6%	15%
2	12%	10%	20%
3	20%	23%	5%
4	18%	17%	10%
4 以上	22%	50%	50%

三　设备

此次调查教室，共四十有三。两面进光者三十，窄者八，小者九，差堪者可二十。按教室之光，宜自左边一面射入，窗户与窗户距离，宜一尺有余，窗户面积与地板面积之比，以四分之一至六分之一为当。教室之大小，每人当以十六英方尺为准。

江苏学务委员之调查*

社会一切事业皆胎息于教育，而教育之盛衰进退，又全视乎规划之、指挥之、监察之者之得其人与否。规划、指挥、监察地方教育者，即所谓学务委员是也。是则欲图一地教育之改良，必先进其学务委员之程度。欲进学务委员之程度，又必先审其良窳优劣之如何，然后着手设施，有所依据。故调查学务委员，实教育改良之要务也。今年五月，江苏教育厅委托本校代办县视学讲习会事宜。知行因请各县视学将所属学务委员状况，依表填报。计共得四十三县。虽全省情形，未尽于此，要其大概，固已可窥一斑矣。其统计结果，录之如下：

一　江苏四十三县学务委员年龄统计表

年龄	20—29	30—39	40—49	50—59	60—69
人数	26	132	64	23	3
居总数百分之几	10.5	53.3	25.9	9.3	1.2

总数248人　中位37岁　最高位67岁　最低位20岁

按美国大都市学务委员不得逾六十岁。盖精力日衰，恐不能胜此繁剧之任也，而二十岁之为学务委员者，亦不多见；其适合

* 江苏省教育厅委托南京高师代办县视学讲习会，由陶行知任主任。本篇是1918年5月他在讲习会上的讲演。记录者：吴崑。原载1918年《南京高等师范学校校友会杂志》第1期。

年龄当在二十五至五十岁之间。

二　江苏四十三县学务委员经验统计表

经验年数	一年以下	一年	二年	三年	四年	五年	六年	七年	八年	九年	十年	十一年	十二年	十三年	十四年	十五年
人数	2	7	10	28	19	28	35	38	32	12	28	8	11	5	3	2
居总数百分之几	0.75	2.7	3.6	8.7	7.2	16.6	13.7	14.4	12	4.5	10.65	3	4.1	1.9	1.1	0.75

总数263人　中位7年

江苏多数学务委员在教育界任事，有七年左右之经验，不为不足。

三　江苏四十三县学务委员在本区任事时期统计表

时期	一年未满	一年以上	二年以上	三年以上	四年以上	五年以上	六年以上	七年以上
人数	11	15	25	39	48	23	20	6
居总数百分之几	5.9	8	13.4	20.1	25.7	12.3	10.7	3.3

总数187人　中位4年

四　江苏四十三县学务委员学业表

学　业	人　数	居总数百分之几
私塾出身	27	14.6
高等小学毕业	5	2.7
师范讲习科毕业	9	4.8
师范讲习科六个月毕业	6	3.2
师范讲习科一年毕业	32	17.4
师范讲习科一年半毕业	9	4.8

续表

学　业	人　数	居总数百分之几
师范讲习科二年毕业	14	7.6
中学肄业	3	1.6
中学毕业	23	12.5
师范本科毕业	32	17.4
优级师范毕业	13	7
专修科毕业	5	2.7
专修科肄业	2	1
高等毕业	2	1
大学毕业	3	1.6

总数　184人

论及学务委员之学业，至低须有本区中学校长同等之程度，然后足以唤起社会之信仰。按上表所载，学务委员在师范讲习科毕业者最多，次则为初级师范毕业生，次则塾师宿儒，亦占百分之十四而强。美国克比里先生，主张学务委员应以大学毕业，并入大学院师范科有研究而得博士学位者为上，今其繁盛都市，委员大概皆此等人充当，较之我国远过多矣。

五　江苏四十三县学务委员年俸统计表

年　俸	10—99	100—199	200—299	300—399	400—499
人　数	27	115	64	61	7
占总数百分之几	9.9	41.9	23.3	22.3	2.9

总数274人　中位190元　最高位456元　最低位10元

由年俸统计表观之，江苏四十三县学务委员之年俸最高者为四百五十六元，中等为百九十元。稽之美国，则人口二十五万以上之城市，其学务委员所得之年俸，多者万元，中等七千余元。比较二国所出代价之高低，可以知其教育之盛衰矣。

师范生应有之观念*

鄙人承贵两校之嘱，来与诸君畅谈，不胜快乐。鄙人最喜同学生谈话，因十余年来，无日不做学生；即现在当教员，亦未尝不是做学生，盖不学则不能教。既为学生，则与诸君均为同志，同志相谈，自必非常快乐。诸君均为师范生，所研究者为教育，而鄙人所研究者，亦为教育，尤为同志中之同志，所以更为快乐。诸君平日在校，已受良好之教训，固无庸鄙人多谈。惟是同志相聚，亦不可不有所研究，尚希诸同志加以指正为荷。今日所讲之题，即《师范生应有之观念》。

一　教育乃最有效力之事业

教育能改良个人之天性。人之性情有善有恶，教育能使恶者变善，善者益善。即个人性情中，亦有善分子与恶分子，且善分子中亦含有恶。如爱，乃性情中之善分子也；而爱极生妒，变善为恶矣。恶分子中亦含有善。如怒，乃性情中之恶分子也，然文王一怒而安天下，用恶为善矣。教育乃取恶性中之善分子，去善

* 本篇系1918年5月陶行知向安徽省立第一师范学校和省立第一女子师范学校师生所作的讲演。记录者：陈世勋、谢荣冠、陈硕果、吕璜、郑上元、王式禹。经陶行知审阅后铅印成册，未在报刊上公开发表。解放初，安庆市图书馆名誉馆长蒋元卿同志，从收购的旧书刊堆中发现此文。现据原印本重新标点，将篇首原有的“陶先生曰”四字删去。

性中之恶分子。如开矿然，泥内含金，金内亦杂有泥。开矿者取泥内之金，去金内之泥，然后成为贵品。教育亦若是矣。

教育能养成共和之要素。共和国有两大要素：一须有正当领袖，一须有认识正当领袖之国民。盖领袖有正当者，亦有不正当者。正当领袖，能引导国民行正当之事业；不正当领袖，能诱致国民行不正当之事业。故又必须养成能认识正当领袖之国民，领袖正当则从之，领袖不正当则去之。由是，正当领袖之势力日张，而不正当领袖之势力日蹙。所以教育能巩固共和之基础也。

教育能传播非遗传的文化。人之言语非生而知之者，必由渐习而后能。然亦只能说一国之语，如中国人只能说中国语，而不能言德、美、俄、日等国之语。如欲能言德、美、俄、日等国之语，必由专习而后能。推而言之，世界文化无虑千万，皆父母所不能遗传者，而教育能一一灌输之。鄙人谓教育能造文化，则能造人；能造人，则能造国。今人皆云教育能救国，但救国一语，似觉国家已经破坏，从而补救，不如改为造国。造一件得一件，造十件得十件，以至千百万件，莫不皆然。贫者可以造福，弱者可以造强。若云救国，则如补西扯东，医疮剜肉，暂虽得策，终非至计。若云教育造国，则精神中自有趣味生焉，盖教育为乐观的而非悲观的也。

教育为最有可为之事。古今名人莫不由研究教育而出。如达尔文、杜威、威尔诺刻等，皆由研究教育而出者也。但须有决心，有坚志，则成事何难？惟此尚是第二事。我等第一要知：人是人，我是我。天既生我，则必与我以一种为人所乐能为之能力。不然，既有他何必有我！天既生孔子，万事皆孔子所能为，则又何必生我而为古人之附属物？由此观之，则我等当自立，当自强，为我之所能为，不随人学步，庶不负天生我之意。教育既然如此，则我师范生当作何种之观念？以鄙人看来，男师范生与女师范生之观念，当有不同。欧战发生后，德法发生一莫大之问题。因其平时男教师比女教师为多，一旦战事发生，国内乏男子担任教育事业，影响于儿童者甚大。中国亦如此。但美国、加拿大则不然，其小学教师皆以女子充当，其男子皆任兵役以卫国家，所以战事发生后，教育依然不受影响。再，女子与儿童有天然亲爱之感情，非若男子之爱护儿童出于勉强也。但高等小学则有不同，因此须养成其进取勇敢之精神，激发其军国民之志气，故须利用男教师。此男女教师不同之点也。然其共同之点，则在以教育为专门职业。地理、历史、哲学、医学、生理学等，虽皆为教育家所利用，而教儿童则非修专门之教育的科学不可。今世界上有四种教育家：一、政客教育家，藉教育以图政治上之活动；二、空想教育家，有空想而未能实行；三、经验教育家，以经验自居，不肯研究理论；四、科学教育家，则实用科学以办教育者。中国现在教育家只有政客、空想、经验三种，但教育以科学教育为最重要，故男女师范生当专心致志、抱定主义、以教育为专门职业，则何人不可几，何事不可为耶？

二　教育乃一种快乐之事业

《论语》曰："有朋自远方来，不亦乐乎？"非当日孔子言教育之快乐耶？孔子一生诲人不倦，至于发愤忘食，乐以忘忧，不知老之将至。现任教育者，无不视当教员为苦途，以其无名无利也。殊不知其在经济上固甚苦，而实有无限之乐含在其中。愚蒙者，我得而智慧之；幼小者，我得而长大之；目视后进骎骎日上，皆我所造就者。其乐为何如耶！故办教育者之快乐，当在手续上，而不在其结果之代价。换言之，即视教育为游戏的作业、作业的游戏也。至于劳碌动作，以求结果之代价者，则宜摈弃于教育界外。

三　各种教育之职业皆须视为平等

现在教员一般心理，每以大、中学校之等级高，高小国民学校之等级低，于是以教大、中学校为荣，而以教高小、国民学校为贱。不知大学要紧，中学要紧，而高等小学、国民小学、幼稚园尤要紧。以鄙人主张，凡大学、中学、小学等教员，国家须有同等之酬劳，社会须有同等之待遇。然常人心理，多不明小学之紧要，师范生亦有不明此理者。由是，他人固不以平等看待，即自视亦觉小学教员不如大学、中学教员之价值。甚至去而不为，放弃其应做之职业。故欲救此弊，先须视各种教育之职业皆为平等，此师范生所当注意者也。

四　教育为给儿童需要之事业

教育者，乃为教养学生而设，全以学生为中心，故开办学校、聘请教师，无一非为学生也。若无学生，焉有学校？既无学校，焉有教师？然则教师与学生，焉可无同情耶？同情谓何？即以学生之乐为乐，以学生之忧为忧；学生之休戚即我之休戚，学生之苦恼即我之苦恼是也。鄙人曾参观一校，终日仅一见教师之笑，不可谓不威严矣！吾人若设身处地为其学生，必也视之为判官、为阎罗，如芒刺之在背矣。此教师不能与学生同情之故也。现中国教师之大弊，即在于此。此又我师范生所当注意者也。

五　教育为制造社会需要之事业

教育为改良社会而设，为教育社会人才而设。故学校非寺院岩穴也，教员非孤僧隐士也。夫既为社会而设，若与社会不相往来，何以知社会之需要？中国前此之弊，即在于此，亦我师范生所宜注意者也。

六　教育为师范生终身之事业

现在为教师者，男则因赋闲无事，遂暂为之；女则因尚未适人，而暂为之。事既得，家既成，则远翔而不顾。视办教育如用雨伞，雨则取以遮盖，晴则置之高阁；视居学校如寓客栈，今日寓此，明日便去，虽有蚊蚤之为害，不过今宿，又何必大事驱除！教育中亦有害虫，教师之责，所宜驱除，岂可以暂为，遂视同秦越而不作整顿之计耶？昔英女皇依里萨伯[①]终身不嫁，人问之故，辄以英吉利即吾之夫一语以对。意相加富尔终身不娶，人问之故，辄以意大利即吾之妻一语以对。故鄙人今亦有二语告于诸君，即男师范生应以教育为之妻，女师范生应以教育为之夫，有此定力，则赴汤蹈火，在所不辞，鞠躬尽瘁，死而后已。吾身不成，吾子绍之；吾子不成，吾孙绍之；子子孙孙，世世代代，相续无间，海可枯而吾之志不可枯，石可烂而吾之志不可烂。西藏，极西边极穷苦之地也，有须吾办教育者，吾即往西藏而不辞。蒙古，极北边极穷苦之地也，有须吾办教育者，吾即往蒙古而不辞。不要名，不要利，只要教育好；不怕难，不怕死，只怕教育不好。师范生乃负此志者，故与别种学生不同。读书要当作教书读，求学要当作教学求。蚕食桑叶，消化而吐出能为锦绣之丝；师范生求学，亦当融会贯通而吐出有益于人之事业也。

以上所说，皆属泛论。尚有一问题，与诸君商酌，庶上说皆可解决而变为切实。曾子曰："吾日三省吾身。"[②]诸君亦当自省为何不入他校而入师范学校？岂为师范学校豁免学膳费而来乎？抑为求学之故，无他校可入，不得不入师范学校乎？或迫于父母之命，不得已而入师范学校乎？将负大才能、抱大兴味而后入师范学校乎？假如因免学膳费，因无他校可入，及因父母所迫而入，姑且无论。若因负大才能抱大兴味，其将何以自待？吾见今日师范毕业者，有一部分人不办教育，或办教育而不尽心力者，皆由初未能自省也。然则，以上所说均成空谈矣。鄙人此番之话，方为负大才能抱大兴味而入师范学校者言之，望诸君皆注意焉。如有误谬之处，不妨指出纠正，实甚欣幸。

注释

①依里萨伯　通译伊丽莎白。

②“吾日三省吾身”　见《论语·学而》。省，反省。

在职业教育设施法的讨论会上的发言*

一

调查毕业生之出路，为职业教育设施之最要根据。盖知毕业生之出路，然后方可依据最需要而学校能为力者开办之。

所谓调查者，是指毕业之已入职业者而调查之。某界容若干毕业生，某界有几何需要，按其需要而应济之，虽不中不远矣。

此则在乎陶冶与指示，若欲使学生于职业选一种而自任之，则须先历试之以各种职业之要素而后可。盖使其既富职业之经验，然后始知适当之所在。譬如：于味，必遍尝五味，然后知甘苦之辨也；于色，必遍观五色，然后知黑白之分也。职业于人亦何独异，试习农工商贾及其他业之要事，然后知农工商贾之兴趣而有一定目的。

所谓历试者，不过各业之基本要素耳。职业虽有万千，而各

* 关于职业教育设施法，南京高师教育研究会曾召开两次常会进行专题讨论。第一次会议是1918年5月23日召开的，为第八次常会。记录者：龚励之、胡喆。第二次会议是1918年6月4日召开的，为第十二次常会。记录者：孙毅。原载1918年《南京高等师范学校教育研究会会刊》第2期。本篇系陶行知的两次讲话记录。讨论会所讨论条目如下：甲、普遍设施法（1）调查社会状况。（2）注重职业指导。（3）与职业界联络。（4）改良旧职业。（5）课程与社会需要相应。（6）使职业与个人为一体。（7）培养职业道德。乙、特殊设施法（1）小学职业之陶冶。（2）培养职业教师。（3）推广补习学校。（4）各校分设职业科。（5）推广职业机关。

业之基本要素，则不过数端而已。若能将其公共所需之要点使学生试择其一而从事焉，则才能可以成事，兴味可以乐业矣。

学生之志不一，父兄之见亦异，联数百不相为谋之人，而会议各个子弟之职业，恐无补于事实。若学生之数不多，则可请各生家属来校接洽，若学生之数太多，则除将试之结果通知家属外，实罕他法。

旧职业改良，诚不可缓。盖新既难骤得，而旧者又不足以供社会之要求，其危其窘，莫此为甚，譬如德国出品，人皆羡之。推其始，皆由旧有之物逐渐改良，以至于是。其改良之得力处，则其补习学校。补习学校可就其本人之职业为实习学校，又助之以理想，故改良易而成功速。然此系特殊设施，当纳入乙之（3）中。

此诚最要，譬如旧时商业簿记，计算之法甚繁，今之学校须能力矫其弊，使之简易，然后可以诏之教育。盖学校之兴不特为造就人才而已，亦所改良人才能使社会因之而发达。不然，则职业学校可以不设矣。

犹未尽也[①]。当复增快乐一层，其义始备。盖人必乐为，然后可为之不倦，终身行之不强勉，自能与职业为一体。

使之历试各业之要素，然后择一合于兴味者习之，则入职界必能乐业也。故学生入之始，必入试习科，方可获效，苟不正之于始，必难获效于终。

一时之兴味，与试习发生之兴味不同。一时之兴味不可靠，试习发生之兴味，则可凭其事。虽难，然不可忽。

二

有经验而无学识之农工，若使之补习学识，恐难收效。盖其目不识丁，从何输以学识？且彼以己之经验为可恃，方且轻视学识。意者补习学校特设模范农工场，使农工产物丰盛优美，百倍于无识之农工所产者，则无识之农工必羡慕而欲效，然后聚伊等讲演善诱之，则必得其信仰，必收卓效。

分设职业科[②]，卒然使学生选择一业，殊非善法。盖学生年少识浅，从未习验，安有识别某业得失甘苦之能力？故于分设职业科之前，宜设试习科。试习科者，举凡社会中一切正当之职业，悉使学者一一尝试，以观其感情成绩。若于某业感情独厚，成绩独优者，必其性之所近，力之所及，然后令入某科，必获良效。试习科实职业科之先导，不可不察也。

注释

① 犹未尽也　指张开轩的发言。张提出："尤必视之为重要之事，视之为己身之任，然后职业与个人始为一体。"

② 分设职业科　指张开轩提出："高小及其他普通学校均可分设职业科"，"或自第二年、第三年分设，均无不可"。

教育研究法*

今日系本会诞生之辰，亦即鄙人与诸君观摩之始。总干事云："指导员为本会学识之产婆。"鄙人内省颛蒙，短绠深汲，覆悚堪虞。兹姑勉竭棉薄，以占可否耳！

本会既定名教育研究会，则国家何以必有教育？教育何以必须研究？研究何必待集会？诸君顾名思义，不可不知也。鄙意共和国有要素二：一、正当之领袖也，盖先知先觉，楷则烝黎，导斯民于轨范之中，进社会于熙壤之域，悉其责焉。然英才俊质，虽恃先天之禀赋，亦赖经验之陶冶。故必有完美之人才教育，始能产正当之国民领袖。非然者，不胎求子，庸有济乎？二、健全之公民也。盖社会日进，庶业綦繁，国事良癒，断非少数之国民领袖所克左右。苟无多数健全之公民，利害洞彻，时势明了，取鉴先觉，各尽其职，则有倡无和，事卒不举。故人才教育以外，又当以普通教育为根本，以造成健全之公民。然则领袖也，公民也，实共和之长城也。而产此长城者何乎？舍教育吾奚属哉！

故方今教育家之天职，在考察吾国共和之长城造乎未造，所造者完乎不完；何者应改弦更张，何者应补苴修正。如欧美之职业教育，吾国曩未之行，此则急宜酌采者也。国人受教育者，百

---

* 本篇系陶行知在南京高等师范学校教育研究会上的讲演。记录者：刘著良、吴崑。原载1918年6月《金陵光》第9卷第5期。

分应有九十，而今仅居其一，此则急宜完足者也。实业学校[①]办法弗良，学生应用其所学者，十仅一二；改营他业者，十且八九，致演成农不农、工不工、商不商之险状，此则急宜改革者也。醉心西化，动辄效颦，而不知宜于彼者，未必皆宜于我；宜于中学者，未必宜于小学。如代数一科，中学校莫不肄习。以鄙人所见，未必皆受益，此则急宜修正者也。教育家之在今日，殆所谓仔肩重任者乎！

夫教育之关系既如彼，教育家之天职又如此，则吾人之不能昧于斯道也，明矣。盖教育之举措，悉当根据于学理。学理幽深，研究始明。教育学术，吾人所宜研究，庶南辕无北辙之虞，奏刀有理解之效也。

虽然，独学寡闻，千虑一失，集会琢磨，厥利有三：一、可以交换知识也。盖集众人之才力经验，共研所学，则切磋观摩，互资考鉴，学理因辨难而大明，知识以互易而愈广矣。二、彼此可以鼓励也。学理深邃，则玄眇难明；事业恢宏，则困阻恒多。畏难者见而步却，虑失者当之心灰。苟集会攻研，则彼此激励，中阻无碍矣。三、可以互益兴趣也。盖治学以兴趣为主。兴趣愈多，则从事弥力；从事弥力，则成效愈著。然离群独立，索然寡欢，困难偶及，兴阻中途。苟集会研究，则彼此激励，兴味时增，无此弊矣。

然则研究之道，果何在乎？今仅就管见所及，约略言之，以资考证。一、疑难须发乎中，标题须择其要。发于中，则蕴蓄有素，心得恒多，择其要，则真实不虚，言皆切中。譬一人焉，始则多数问题，蕴蓄于中，继乃举其无关教育、涉及专门、繁杂难理、鲜趣乏资料者，依次汰除，则所存者，莫非普通应用、平易切实、兴味饶足、研资丰厚者已。二、问题既拟，则必征求知识以解决之。征求知识之法，就主观言之，约有三端：一曰虚心，虚心则成见消除，不为物蔽，休休相容，惟真理之是求；二曰留心，留心则社会环象随在考察，不仅恃载籍以资考证；三曰专心，专心则精敛神萃，致力一途，不扰于物，易底于成。若就客观言之，则亦有三：一曰明辨，盖资料杂陈于前，苟不明辨剖析，以别其用途，则取舍不当，必有留瓦遗珠之憾；二曰比校，比校则古今中外之异同，因果是非之轨迹，同时并观，了如指掌；三曰统列，统列则纪录之资料，进化之事实，群分类聚，条理井然矣。

且征求知识之方法，亦随知识之性质而异。知识有新有旧，有已有者，有本无者。征求已有之旧知识，有二法：一曰交谈问答，盖交谈学理，彼此之意见融通，问答辩难，事物之真理阐发，其助学识，诚非浅鲜；二曰读书，读书多，则积理富；积理富，则随时应用，绰有余裕矣。但专事征求旧知识，则世界无进化；欲求世界进化，非探觅新知识不为功。探觅新知识之法亦有二：一曰观察，观察愈力，则物感愈众，天文等学之发明，俱赖于是；二曰试验，试验者，自设景况，产生结果，以为学理之左证也。一须统束各种情况，使之纯一不杂；二宜活动其一，使为主因。非然者，主因之外又杂他因，则结果难确矣。故教育家欲比较两教授法之优劣，则必课堂之设备同，课本之教材同，时间教师同，其他教法同，以及学生之年龄、男女、程度、家境同，然后施各异之教法，而后可知其结果之究孰优孰劣也。然则欲教育之进步，须先有正当之试验家，施行精密之试验术也，明矣。此外，将一事之结果、内容，条分缕析，开会逐一讨论，决不可模糊影响，混合而言。盖拓都[②]为么匿[③]之结体，么匿明，则拓都易知矣。讨论时最忌者有数事：一曰闲谈，盖泛滥无节，难中肯綮，隔靴搔痒，徒作捕光掠影之谈，最足以眩惑是非也；二曰盲从，胸无定见，人云亦云，实不足以言讨论；三曰成见，盲从固陋，拘执亦非，盖有成见在胸，则自是其是，不能容纳真理；四曰武断：不先论事理之果何如，而遽下判断，非特抑他人之思想，亦且失研究之真诠。忘己忘人，俱为要道。忘己则大公无我，真理是徇；忘人则独抒己见，不畏诽谤。讨论既毕，则其结果非特牢记于心，又宜举行试办，然后将其良者竭力推广，导人效则。现三十二法身，掉广长圣舌[4]，实分内事也。再鄙人不才，忝居本会指导员之职，间尝思教员二字，殊属不妥。盖人师之责，不在教学生，而在教学生学。故本会之精神，亦当在学而不在教。尝观世界大教育家，如白斯达罗齐、福禄伯等之伟功盛业，无不在试验，无不在发明。故鄙人深愿本会为试验之先河，为发明之鼻祖。吾尤愿诸君为白斯达罗齐，为福禄伯，为条魏，为曹朗达。大家努力，共建此共和之长城。

注释

① 实业学校　民国初年办的职业学校，分甲乙两种。

② 拓都　英语total，意为：“全体或整个”。

③ 么匿　英语unit，意为：“单个或个体”。

④ 现三十二法身，掉广长圣舌　《楞严经》卷六曰：“我身成三十二应，入诸国土。”说观音为拯救苦难众生，能现三十二种应化身形。《法华经》说观音能示现三十三身，与前说大同小异。广长舌相为三十二大人相中的二十七相。《大智度论》卷八：舌相广长，语必真实。

在南京高师教务会议上的报告纲要*

（甲）教务处之组织

子、教务主任，一人；

丑、书记，“英文”、“中文”各一人；

寅、事务员，二人。

（乙）各分科之组织

本校现设“二部”、“六专修科”，各有一主任。

（丙）教务会议之种类

子、全体教务会议；

丑、学科教务会议；

寅、分科教务会议。

（丁）各科教室与预备室以及其他相关联之设备室，均已联络一气。

（戊）减少授课时间，已经教育部普通司长认可。暂定标准：体育、图书、实验及实习功课，二时算一时。

子、教习多教少研究；

丑、学生无研究之时刻，以致无自动之机会。

寅、各科功课，每星期总在三十小时以内。

---

* 本篇系陶行知1918年9月14日在南京高等师范学校全体教务会议上的报告纲要，摘自《南京高等师范学校全体教务会议记录》。

(己) 修正学业成绩之登录方法，学业成绩刊有单行本。

(庚) 分科教务会议日期之支配，列表如下：

每月第一星期：国文、史地部，理化部；

每月第二星期：教育科，农科；

每月第三星期：工科，商科；

每月第四星期：英文科，体育科。

(辛) 本学期拟设法提倡全校关于体育之方法，故分科教务会议最好不在星期六下午举行。

(壬) 补考之方法

子、尽量在三星期内补课，如有特别情形，可由教员与教务主任接洽；

丑、考验方法，临时商定。

智育大纲*

本校以诚为训育之本，亦以诚为智育之本。盖诚合成已成物而言，故格物所以致知，即所以致诚。《中庸》曰："自明诚谓之教。"又曰："诚之者，择善而固执之者也。"曰明，曰择，皆智育所有事，而皆所以致其诚也。故本校智育，亦以诚为本。依据诚训以养成学生思想及应用能力，则本校智育之标准也。深望诸生能思想以探知识之本源，能应用以求知识之归宿。盖明知识之本源，然后乃能取之无尽；明知识之归宿，然后乃能用之无穷。若徒以灌输知识为务，而不求所以得其源流，则枯寂之弊所不能免，又安能尽物之性哉？故本校智育以养成思想及应用能力为标准。标准既立，方法乃生。

本校智育方法，有一贯之精神，曰：试验。盖徒事思想而无试验，则蹈于空虚；徒知应用而无试验，则封于故步，皆不足以尽智育之能事也。荀子曰："大天而思之，孰与物畜而制之！从天而颂之，孰与制天命而用之！望时而待之，孰与应时而使之！因物而多之，孰与骋能而化之！思物而物之，孰与理物而勿失之也！"此数语，可谓中试验精神之窍要矣。盖凡天下之物，莫不

* 本篇系陶行知1918年9月17日在南京高等师范学校的演讲。其主要部分摘自《试验主义之教育方法》一文，加上首段，中间抽去几段和个别文字改动。原载1918年9月20日《南京高等师范日刊》。

有赖于其所处之境况，境况不同，象征自异。故欲致知穷理，必先约束其境况，而号召其象征，然后效用乃能发现。若其待天垂象，俟物示征，则以有限之时间，逐不可必得之因果，是役于物而制于天也，安得不为所困哉？况既得矣，或出于偶然；即有常矣，或所示者吝，吾又安能穷其极处无不到哉？

昔王阳明格竹七日而病，及在夷中，乃恍然以为“天下之物本无可格，其格物之功，只在身心上”。呜呼！此皆不能约束境况，号召象征有以致之也。彼善知致知者，役物而不为物所役，制天而不为天所制。设统系，立方法，举凡欲格之物，尽纳之于轨范之中：远者近之，微者大之，繁者简之，杂者纯之，合者析之，分者通之，多方以试之，屡试以验之，更校其异同，审其消长，观其动静，察其变化，然后因果可明，而理可穷也。故试验者，发明之利器也。试验虽不必皆有发明，然发明必资乎试验。人禽之分，在试验之有无。文野之分，在试验之深浅。试验之法，造端于物理、生物、生理，浸假而侵入人群之诸学，今则哲理亦受其影响矣。盖自培根用以格客观之物，笛[①]用以致主观之知，试验精神遂举形而上、形而下学而贯彻之。究其结果，则思想日精，发明日盛，欧美之世界，几变其形。

吾国数千年来相传不绝之方法，惟有“致知在格物”一语。然格物之方法何在？晦庵与王阳明各持一说。晦庵以即物穷理释之，近矣。然而即物穷理又当用何法乎？无法以即物穷理，则物仍不可格，知仍不可致。阳明固尝使用即物穷理者也，然未得其法，格物不成，归而格心。使阳明更进一步，不责物之无可格，只责格之不得法，兢兢然以改良方法自任，则近世发明史中，吾国人何至迄今无所贡献？故欧美之进步敏捷者，以有试验方法故。中国之所以瞠乎人后者，亦以无试验方法故。

柏林大学保尔生[②]曰：“德国中世纪以前，狉狉榛榛，等于化外之民。及拉丁文输自罗马，民情一变。既而文艺北渐，蕴成宗教变革，而民德又一进，是德人再得力拉丁民族也。”当十七世纪，法国礼乐艺术最盛，德人见异而迁，其贵族咸以能说法语为荣。及十八世纪，大风烈铁骑帝又定法文为学校必修科，并聘法人为高级教师，其学于法人也，可谓勤矣。而于希腊及英吉利之文化，亦皆无所不吸收，此德人师天下之期也。迨至十八世纪之初，哈里大学与郭听斯堡大学相继而兴，皆以宣扬试验精神为务。其后，学者先后辈出，凡所建树，皆本于试验。至十八世纪末叶，复与国家主义会合，以国家主义定目的，试验主义定方法，相演相成，用著大效。此后言科学者多宗德人。故十九世纪以前，德人师天下；十九世纪以后，天下师德人。试验主义实与有力焉。

吾国维新二十载，形式上虽不无可观，而智识进化之根本方法，则无人过问。故拘于古法而徒仍旧贯者有之；慕于新奇而专事仪型者有之。否则思而不学，悬空构想，一知半解，武断从事。即不然，则朝行夕罢，偶尔尝试而已。孔子曰："温故而知新，可以为师矣。"仍旧贯，只是温故。仪型他国，则吾人以为新，他人以为旧矣。空想无新可见，武断绝自新之路，尝试则新未出而已中途废矣，何怪乎智识之不进也！故欲智识之刷新，非实行试验不为功。盖能试验，则能自树立，能自树立，则能发古人所未发，明今人所未明，人将师我，岂惟进步已哉？然能试验，岂易言哉？知其要而无其才，不足以言试验；有其才而无百折不回之气概，犹不足以言试验也。故试验者，当内有其才，外度其势，视阻力为当然，失败为难免，复贯以再接再厉之精神，然后功可成也。诸生宜急起直追，以试验自矢，则所思者皆有所用，所用者皆本所思，当不难自明以至于诚也。勉之！勉之！

注释

① 笛　即笛卡儿。

② 保尔生　通译包尔生。

以科学之方新教育之事*

本校同学，知教育之重，设会研究。及至今日，人数倍增，则研究所得，必更昌宏，可为忭贺。

夫国之盛衰，视乎教育；而教育之新旧，视乎研究。守陈法而不革，拘故步而自封，则亦造成旧国，不适于新势而已。本会同人，踊跃如斯，研究之新颖，盖可预知也。苟全国人士研究教育者之数，亦若本会之与年增进，则亦何患不盛乎？然而亦难言矣。或假教育之名，而肆其政治之愿者，不乏其人，则虽置身教育之场，而其意不属，以为用役之才将操纵于天下，教育界不过其逆旅耳。逆旅之兴替，岂足当过客之盼哉？则教育之利害兴革，又岂若人之事哉？斯亦不足责矣！此政客之教育家，无补于事者一也。亦有笃守篇籍，罔知变通，其收效仍莫由光大。虽学术一道，不当废弃乎前言，而拘泥之，夫何堪与言乎进步？此书生之教育家，无补于事者二也。

惟有以科学之方，新教育之事，庶几可耳！参酌古今，辨析毫芒，躬验体察，条理秩然，终身以之，勤劬专一，斯真教育之人矣。夫以科学方法研究教育，其遭遇困难，盖无异于哥伦布之探寻新地，立说而不见信，筹资而不见予，风涛险阻，蛮夷侵

* 本篇系陶行知1918年9月27日在南京高师教育研究会上的演讲，原题为《教育研究会指导员陶知行先生演讲》。记录者：范冠东。今题为编者改拟。原载1918年10月5日《南京高等师范日刊》，又载《南京高等师范学校教育研究会会刊》第3期。

凌，其能卒底于成者，亦非偶然矣！吾今略举教育新理发明时之轶事，以助研究教育者之兴趣。

约翰·费司刻（John Fiske）①创幼稚说，谓族类愈高，其成愈晚，缘伊尝读万力司（Wallace）②获取幼猩之事：取幼猩饲之，离母三月而不能行。禽兽生数月而能自立者夥矣，猩独不能，则以其族类高也。等而上之，至于人类，则其成愈晚矣；等而下之，则虫豸多生而知之也。此幼稚说所由创也。桑戴克（Thorndike）欲求父母于子女才能之关系，则以孪生弟兄五十姓，而试之以算数、文法之课，窥其尽同，则孪生者之巧拙常等，可以知遗传之故矣。福兰息司·高尔登（Francis Galton）③考察英雄家族之性情，比校剖析，缕列无遗，遂开遗传学之宗。裴司塔洛齐（Pestalozzi）④之研究教授法也，则考察其子而得之。艾而克思(Yerkes）⑤之验尝试法也，取龟而置之穴外。龟之欲入新穴也，纵横回旋数十次，久乃得之。桑戴克则以猫为验，置猫笼中，猫见笼外肉，竭力求出，爬搔数十次，始获触机脱出。复纳入之，则其跳踉不似初次之甚矣。再纳之，则其出愈易。多次而后，竟不复试探，径拨机而出。是故，循偶然之故而得常然之理，乃益信效果原则之说。今更谈教育制度之发明，若加雷（Gary）⑥之学校，以善利用校舍著称于世。价微耳（Wirt）⑦之创此制也，盖观诸市廛，商贾支配店伙，彼此错综，不费时地，乃照用此法于学校，以一室而为二校之用，使校内各地无时无学生之踪迹，此上课而彼自修，甲参考而乙操练。是故他人岁需万金者，如此八千金而已足；他人需教师百人者，如此九十人而已足，办学而最合于经济学理者也。斯说初布，世莫之信，遇钢铁大王，其说乃申。节俭之说，固戚戚于讲实利之人耳。然新理之行不亦难哉！福禄伯（Froebel）之设幼稚园，则由爱玩天然物而创之，以爱玩天然物者移之于童稚。然其初始，亦屡遭政府之非难阻止，而其制终获大行于世。盲童学校之起原亦有足述者：某逆旅主人饰盲人令作剧，胡爱（Hally）见之，深知盲人之可教育，于是设学校专纳盲童，创种种新法以施教育。更有异者陈：沙力方夫人（Mrs.Sullivan）研究教育，毕生只教一人，名海仑克楼（Helen Kellr）[8]，然其成就大有功于教育界。盖其所教者，生而兼聋喑瞽三者于一身，常人必以为无可为矣，而女士则穷力以启之，虽其耳目口舌失其作用，而心思犹存，且外尘不染，更有灵于常人者；故使其一指按于鼻，一指按于喉，一指按于唇，以自觉其所感之气息振动之度，用窥想其所表暴之意义，萃其五官之用，寄于感觉，则感觉愈灵，遂授以发音之术，而喑者则不喑矣。此后竟能通数国文，且能演说。

由是观之，世间岂有难事哉？亦视研究者之专否耳！苟其心不专，不以教育为其毕生之业，浅尝轻试，又不遵科学之途术，则其事虽易，目所常见，亦将熟睹而无所创获，矧其难者乎？故有心之人，随时随地皆能触其教育之理而创新说。天下之事万变，斯新理之出无穷，人亦何患无用心之地哉！苟不实事求是，详加审谛，惟就前人之说以遵循之，则教育终无大昌之时也。至于徒袭外人之余绪，而不思自己有以考察之，亦可以自反矣！

注释

① 约翰·费司刻　通译约翰·费斯克。

② 万力司　通译华莱士。

③ 福兰息司·高尔登　通译弗兰西斯·高尔顿。

④ 裴司塔洛齐　通译裴斯泰洛齐。

⑤ 艾而克司　通译业歧兹。

⑥ 加雷　美国葛蕾学校（Gary　School），此校善于利用设备，一校能收他校两倍的学生。

⑦ 价微耳　通译沃特。

⑧ 海仑克楼　通译海仑·凯勒。

戏剧与教育*

戏当演乎？戏当观乎？欲知戏剧与教育之间关系，必先明戏剧于演者及观者有若何之影响。

甲、关于演者之影响

一、教育贵宜适性

人之游戏倾向与生俱来，戏剧特高，称之游戏耳。非拘束成习者，莫不乐为之。于其乐为之中，寓人生之要道，则演者必尽全副之精神，以乐其道。

二、教育贵发舒

人之为学，固籍正当之外感，尤恃充分之反应。发舒足者，所获益亦多。故演戏者，无思想情操则已，有之，必能见面盎背，施于四体，尽其发舒之能事焉。

三、教育贵中节

自动之宜提倡，尚矣；然自动而不中准绳，则妄动矣。妄

* 原载1918年《南京高等师范学校教育研究会会刊》第3期。

动，非教育所宜有也。演戏者之声音、容貌、举止，皆不得不调和中节，故习礼娴乐，莫善于戏。

四、教育贵群效

教育以适群为目的，故必求所以培养协力之道。协力［囊］厚者，其教必良。一剧之中，人各按其所长司其职务，工分而力合。情景声色，如百川发皇，腾越向海，奔流沛然，莫之能御。合群之方，庸有良于此者乎？

乙、关于观者之影响

一、教育贵备正当之消遣

劳思逸，疲思安，人之情也。安逸而不得其道，适伤其生。故教育之目的不徒教人作业，抑且教人消闲。有正当之作业，有正当之消闲，庶乎无大过矣。美国驻德公使威特先生谓德国有三宝，其一即公共戏园，盖人民有此消闲之所，无虑失德矣。故能乐而不淫，哀而不伤，则戏剧诚人人必需之游息也。于此时而寓教焉，则社会教育事半功倍矣。

二、教育贵养正当之情操

事有知之未必行，行之未必力者，多由于感情未动耳。故化知为行为，变思想为事实，必自培养情操始。培养情操，重在直觉，盖不遇可歌可泣之事，安知歌之泣之？不知歌泣其事，又安能力行之哉？戏剧能传人成败忧乐，引人入胜，是不特能兴人之情操，亦且能锻炼之也。

三、教育贵探有生之方法

教育以适于群生为目的，故其方法，亦以合于生存之真相为标准。戏剧与人生之相去，其间不能以寸，莎士披耳[1]曰：“大千世界都是舞台，匹夫匹妇，莫非优孟。”盖世人无处不演戏，无处不看戏。所异者，舞台之大小耳。故自广义言之，戏剧即人生，人生即戏剧。夫以有生之人演人生之事，岂不诚教人为生之美术哉！

戏剧予观者之影响既如此，于演者又如彼，然则戏剧有利无弊乎？曰：唯唯否否。益生者，戏能演之能教之；害生者，戏亦能演之能教之。戏之能力则大矣！善用，则社会可以改良；不者，用之风化足以败坏。是不可以不慎也，然不善用戏剧，遂咎其为不可用者，又戏剧之罪人也。

注释

① 莎士披耳　通译莎士比亚。

都市教育调查法之商榷*

近来中国对于调查教育一事渐知注重，于是有调查欧、美、日本、菲列宾等国教育之举。调查者费精力，耗时日，跋涉山川，不辞劳苦，实因调查与教育有极大之关系。今试言都市教育调查之利益。

一　调查为确实研究之根据

教育一事，注重实际，若研究者但凭理论，徒托空言，施之实际，难免枘凿不入之弊。故欲得教育真相为研究之根据，调查实为最要方法之一种。

二　调查为改良教育之地步

各地所施教育注重之点，各有不同。调查而后，利弊立见。利者宣扬之，弊者改良之，于是各地教育皆可对症施药，而教育可以发达矣。

三　提倡统系之调查

欧美各国，对于调查教育一事，视之非常重要。美国都市教

---

* 本篇系陶行知1918年11月26日在南京高师教育研究会第4次常会的演讲。记录者：包瀚。原载1918年《南京高等师范学校教育研究会会刊》第3期。

育、议会或学务总监，往往请他地教育专家调查本城教育状况，以免本地人有偏见之处。但吾国调查多凭个人眼光，而各地报告类皆限于一部。故办学之人，公私之感情隔膜，中西之声气不通，求一全局正确之消息，迄不可得。于此而组织一有系统之都市教育调查，未始不可供他方参考之一助也。调查之利益既如上所述，请更言其方法。

调查之法约有四种：

（一）由接谈而得知其状况。

（二）由观察而得知其状况。

（三）由考察教育机关所备之表册而得知其状况。

（四）不能亲自调查者，则用制成之表格，请教育机关照填。

然第四法，吾国教育界大半置之不理，殊少效果，欲收调查之实效，非多用（一）（二）（三）三法不可。易言之，即须亲至各地调查，以所见所闻录于表上。调查后，再统计之，则全城之教育状况可知矣。然调查之际，对于今日中国社会情形有当注意者四：

（一）得正当之介绍。有正当之介绍，而后所至，方能融洽，可得充分之事实。

（二）表格宜熟悉。表格有不便或无暇当时填写者，宜先熟记，以便事后填入。

（三）发问宜谦和，事项须取领教态度。

（四）表格中调查不得者，毋须失望；表格中如缺席与留级表，各学科考验不及格之学生人数表，毕业出路调查表，揆于今日中国教育情形，谅难得相当之消息。但制表之意，务期详尽，宁备而不用，庶不致遗漏也。且表中所列，须备具要素。学校所不能填入者，即其缺点所在。譬如，某校若无毕业生出路之材料可填，即可知该校仅传授生徒，而不问其归宿，其教育之宜改良可知矣。

调查方法略尽于此，今请言本会之调查事：

凡调查教育，当先由近处入手，以处于南京之高等师范教育研究会而不知南京之教育状况，实说不过去。故本会[①]第一步须先行调查南京之教育状况，然后再至他处。但南京地方甚大，学校有国立、省立、公立、私立者，又有基督教、天主教、回教立者，此外又有私塾，问题颇不简单。欲加调查，似宜分工办理，然后以各人调查所得，统计论断之，则全城之教育状况了然矣。会员有志加入调查者，非常欢迎，可至总干事处签名。总期群策群力，共睹厥成。至于调查方法及表格之宜损益者，亦望诸会员详细讨论。

学校设备与卫生

一　界说

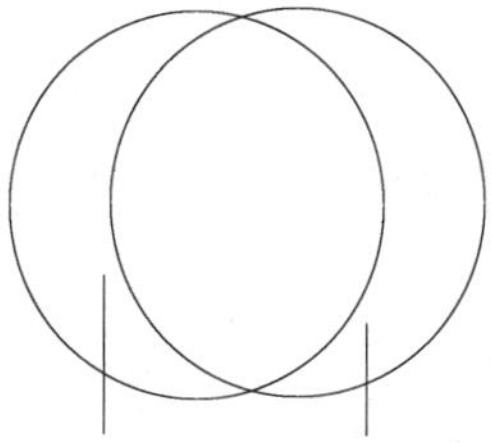

二　缘起

（一）近世教育目的注重发达全部之个人。（二）近世教育方法注重设备适当之境遇。

三　史略

一八三三年，法国首颁学校卫生法令。一八三七年，法国首设学校体格检查。一八六七年，德国笃斯顿地方首先检查学童目力。一八七〇年，瑞典首创校医之名。一八八七年，英国伦敦城首设学校保姆。

四　学校卫生之重要

* 原载1918年《安徽教育月刊》第7期。

（一）美国现有学童十九兆。每年学童死亡数为六万五千，内有四万五千皆可预防。（二）因病退学者，居退学儿童百分之十五；因病留级者，居留级儿童百分之十六。

五　学校卫生之范围

学校卫生之范围：
- 设备之卫生
- 教学法之卫生
- 卫生学
- 体操
- 体格检查

六　学校设备之卫生

（一）校址　清洁、静。面积足敷校舍校园及运动场之用。运动场面积，每学童一百方尺，至少三十方尺。

（二）校舍

（甲）建筑　美观与实用。长方形，砖或石，两层与底层。

（乙）出入口　出入口至少须有两处，每处须有一丈阔。

（丙）舍内布置　底层设操室、手工室、机器室、校役室、便所。第一层设大会堂、教室、特殊教室、图书室、蒙养园、应接室、办事室、缝纫室、烹饪室、膳室。第二层教室自修室，教员休息室。

（丁）教室　长三十尺，宽二十四尺，高十二尺。每生宜占地板面积十五方尺，每生宜占室内体积二百立方尺。光线自学生左边入，玻璃窗面积等于地板面积五分之一。窗与窗相隔不得过一尺，窗前不宜有照壁墙。窗底与前屋顶所成之角，不宜过三十度。窗帘宜从中下垂，并宜活动。空气容量，每生每小时宜调换三千立方尺；调换速率，每秒钟不得超过六尺。水汽宜占空气百分之四至六，热度以六十八度为宜。黑板宜用石质，装在室前或两旁，阔三尺，高随学级异。一二年级，高（自地板至黑板底）二尺；三四年级，高二尺二寸；五六年级，高二尺四寸；七八年级，高二尺六寸。中学校黑板，高二尺七寸至三尺。椅案每室四十套，以能随意高低为标准。某处国民小学，调查四年级以上学生，曲背者居百分之二十；某师范学校，举行新生国文考验，作文时姿势适当者，四百人中得四人。后房。

（戊）大会堂　宜在第一层，长八丈，讲台三尺七寸。

（己）饮具　公杯之害。美国二十八州禁止公用杯，喷泉杯每十人一具。

（庚）公共手巾　某校用公共手巾时，三百九十学童中，有六十人患沙眼。其后手巾用毕即煮，并施眼药，经八月而患沙眼者，仅二十人矣。

（辛）洒扫　湿布把、吸尘器。

（壬）厕所　小便，男生每二十五人一具；大便，男生每二十人一具，女生每十二人一具。

七　教学法之卫生

（甲）智力特殊之儿童　痴者占千分之二，钝者占百分之三又二分之一，聪明者占百分之四。

（乙）体力特殊之儿童

病症 \ 市乡别	都市儿童之百分〔数〕	乡村儿童之百分〔数〕
目　病	13.4%	0.21%
耳　病	1.28%	4.78%
呼吸病	2.1%	4.2%
贫血病	11.52%	1.65%
肺　病	0.32%	1.25%

（丙）特别儿童应有特殊之教学法、特殊辅助、特殊班、特殊学校（如露天学校之类）。

八　卫生学

关于卫生之知识、原理、习惯，须列入课程，使学生得以防患未然。

九　体操　操室　运动场　学校园

（一）运动场

（甲）国民小学　梭板、摇板、摇梯、秋千、浪桥、哑铃、木棒、红绿带、草簟。　（乙）高等小学　足球场、篮球场、网球场、跑道、沙坑、梭板、摇梯、秋千、摇板、浪桥、哑铃、球杆、木棒、跳架、草簟、足球、网球、篮球、红绿带。　（丙）女子高等小学　篮球场、网球场、摇板、梭板、摇梯、秋千、浪桥、哑铃、木棒、球杆、篮球、网球。运动场宜注意之三事：指导员宜得其人，场所每人至少须有三十方尺之地位，器具完备。（丁）加利之运动场。

（二）学校园

- 学校园
  - 按组织分
    - 校园（学校直接管辖）
    - 家园（学校指导）
  - 按功用分
    - 美感
    - 教材
    - 烹饪

十　体格检查

（一）组织　每两千学童，置保姆二人，校医一人

（二）检查之手续

（甲）秋季之教室常例检查。（乙）平日之教室临时检查。（丙）学生离校三日，保姆奉委探访家庭时，宜有特别检查。（丁）校舍及其他有关系之周环，宜随时视察。（戊）各个之详细检查，每年一次。（己）病疫之预防。（庚）体格之校正与医治。

（三）保姆之职务

（甲）协助校医检查体格。（乙）越每日每周或每月之例行视察。（丙）掌理记录报告。（丁）校中通常诊治。（戊）意外服务。（己）个人卫生之教学。（庚）指导家庭卫生事宜。（辛）报告旷课情形。（壬）亲师恳亲会。（癸）游戏运动场察事宜。

（四）保姆之效力

（甲）能使学生有充分之补救：

	病童数	治愈数	百分比较
不用保姆	789	168	21.1%
用保姆	757	606	80%

（乙）能使校医劝诫有充分之效力：

	校医劝诫数	有效者	百分比较
不用保姆	1780	420	23.6%
用保姆	1254	1204	96.3%

（丙）能使家长对于儿童身体有充分之留意。

（丁）能减少儿童之微恙，使出席之数有增加。

（戊）传染病之销假规则：

症　名	过此期限方准销假，否则传染可虞
脱红热 一名喉痧又名烂喉痧	六星期以上，俟皮屑脱净、红退完、鼻膜不发炎、身体健全方可入校
瘖　子 吴人称痧子	二星期以上，俟发出斑点日起算
蔷薇疹	一星期以上，俟发出斑点日起算
水　痘	疤盖脱尽为限
喉　风 一名白喉风	两次培养基内不显病菌，再隔一星期方可入校。
天哮呛 一名百子咳	俟咳止后须隔八星期
腮　肿	以三星期以上为度
虱 白虱头虱跳虱之类	以虱及虱子尽去为度
轮　癣	俟完全治愈后方可入校
疥　疮	
浓泡疮	

（己）种痘（庚）医牙。

十一

今日学校卫生事业之发达，首推美国；然美国之提倡学校卫生，实基于一千八百九十四年波斯顿之时疫，距今仅二十五年耳。吾人苟有决心，极力提倡，则二十五年后，为世界学校卫生之表率者，安知非中国乎？前途远大，在乎力行，吾辈勉之。

美国活动教授之一段*

柏格罗女士（Miss Biglow）是美国哥伦比亚大学①师范院附属小学校的教员，平日担任功课，素来注重顺性利导，所以他班上的学生，比别班的更加活泼，也更加守规矩。

某日，二年级学生中有个名叫多玛（Thomas）的恰过生日，他的母亲特为他备了一盘生辰糕送到课堂里来，要柏女士分给多玛的同学吃，以便大家热闹一番。柏女士接过盘来，笑问全班学生说："谁应分这美丽的糕？"大家回答说："先生，你来分。"女士以为然，将糕一块一块儿的切好了。又问："请告诉我，谁应吃第一块糕？"大家欢呼说："多玛，多玛！"女士依大家的话，先给多玛一块，然后按着座位的次序，分给全班学生。分了后，还余几块，女士又问道："现在糕尚有余，怎样是好？"一位学生起立说："先生请自吃一块。"又一个学生说；"多玛的母亲在那边，何不给她一块？"又一个学生指着参观的人说："何不给那三位客人几块？"这三个学生的话，柏女士以为都不差，故先派一个学生送糕给多玛的母亲，其次再送参观的客人每人一块，然后女士自取一片，大家齐吃一顿。学生、教员、母亲和参观的客人皆大欢喜。最后，一位七岁女孩来向多玛说："多

---

* 本篇原载1919年3月10日《时报·教育周刊·世界教育新思潮》第3号，又载1919年4月22日《南京高等师范日刊》，有副标题："柏格罗女士分糕寓教"。

谢你的好糕，我很情愿天天是你的生日。”大家听见，都以为是妙人妙语。过不多时，习字的功课到了，快乐之后，势难静坐。柏女士乃弹琴数下，大家听了那清静的琴声，就不知不觉的静起来了。这是柏格罗女士分糕寓教的一段教授法，作者亲眼看见的。这分糕的方法很有教育上的价值，所以就将它来介绍于同志。

按以教育的目光看来，这段故事有五个要点。第一，小学教育的功效，一部分要靠着学校和家庭的联络。看多玛的母亲送糕到学校里来，可以晓得她母亲与教师的感情深厚。第二，教育的方法首重启发思想。女士所问的事，表面上看起来，似很平常，却是能引起学生独立的思想。第三，课堂里面的精神，一来靠着先生和学生的感情，二来靠着同学彼此的感情。看这一课的终始，不但教员和学生有感情，就是那同学彼此的感情也很融洽。那堂内一段和气，实非笔墨言语所能形容的。第四，教育儿童，应当严格的地方便须严格；应当放任的地方便须放任。美国的教育偏重放任，中国的教育偏重严格。太放任了虽是富于自由，不免溢出范围；太严格了，虽是谨守规则，却有些枯干气味，都不是应当有的现象。柏格罗女士的班上，自由中有规则，规则中有自由。学生既有发言的机会，又能中绳准，真是难得的！第五，善教的人随事寓教，不但是教书就算了。同一生辰送糕，如果遇了不好的先生，他便会驳斥说：“学校重地，不准吃糕。”遇了平常的教员，也不过一饱口福就罢了。但是到了好先生的手里，就是教育的一段好材料。

注释

① 哥伦比亚大学　1754年创立于纽约，是由13个院系构成的综合大学。初名“英王学院”，1912年改称现名。陶行知于1915~1917年在该校学习。

道路与教育*

建筑道路这个问题，不独与民情的联络，实业的发达，通商的便利有密切的关系，就是于振兴教育，也有很大的辅助。

美国马撒朱赛州（Massachusetts）①道路修得好，他的教育也很发达。我参观该州教育的时候，有农业教育司斯密司先生同乘汽车周游三日，遍览全州农业学校。据斯密司先生自己说，他平时每月视察全州农业学校二次。他视察学务所以如此之快，是因为有好的道路。参观的时候，又看见一个乡村农业学校，校中学生普遍都住在五英里之外。还有一个通学生，他的家离学校有二十二英里之远，约华里六十六里。他早上进学校，晚上回家住宿，这也是因为道路好的缘故。我又看见一个农业学校的学生，农忙的时候，都在家里作农，教员每日乘汽车到各学生田园里巡环教授。若不是道路好，怎样办得到呢？再还有乡下的地方，地广人稀，若想普及教育，非用车运载学生上学不可。所以，美国乡村教育的普及，多半依赖这车载学生上学的方法。所以乡村教育发达的地方，必定有好的道路。因为非此，则不便于运载学生，这也是道路对于教育的辅助。

回看中国，道路不修，交通不便，县视学视察本县教育，多则每年二次，少则一次还不到。比较那马州视学的每月二次，当

* 本篇原载1919年3月24日《时报·教育周刊·世界教育新思潮》第5号。

有什么感想？又看那中国通学生家校距离，很少超过三里的，那就是说，学校的势力，不出三里之外。比较那马州通学生离校的六十六里，又当有何感想？有人说，要兴教育先修道路。这句话很有些道理。

注释

① 马撒朱赛州　通译马萨诸塞州，旧译麻省。

介绍杜威先生的教育学说*

美国哥伦比亚大学教员杜威先生，是当今的大哲学家，也是当今的大教育家。今年是先生的休息之期，他想要在这一年当中，到东亚来游历一番。现在已经到了东京，在帝国大学讲演。大约四月间就要到中国来，预备游历上海、南京、北京以及别的地方。杜威先生素来所主张的，是要拿平民主义做教育目的，试验主义做教学方法。这次来到东亚，必定与我们教育的基本改革上有密切关系。既然有这大的关系，就不能不略为晓得杜威先生的历史。

先生于西历一八五九年，生于美国弗尔卯梯州[①]之柏林顿城。一八七九年毕业于弗尔卯梯州立大学。一八八四年在约翰司霍布金大学[②]得哲学博士学位。此后历充米支干大学[③]和米尼梭泰大学[④]哲学教员。至一八九四年即应支加哥大学[⑤]之请，担任哲学教授。一九〇二年改任该校教育科主任。一九〇四年以后一直到现在，都在哥伦比亚大学服务。这是杜威先生的一段小史。

但是读这一段小史，只略为明白他一生经过的大概。他一切的学说主张，都不能从这里看出来。所以要知其人，必先读其书。就我所晓得的，杜威先生所出的著作，共有十六种。我们且

* 本篇在1919年3月13日《时报·教育周刊·世界教育新思潮》第6号发表后，又改题为《杜威先生的史略和著作》，作为《杜威先生在华讲演集》一书的序言，文中列出杜威著作增至21种。同年7月15日又载《新中国》第1卷第3号。

按着出版年份，把他们先来介绍给大家同志看看。

《心理学》	一八八六年出版
《人生哲学的评论》	一八九四年出版
《人生哲学的研究》	同年出版
《数目的心理学》	同年出版
《我之教育信条》	一八九七年出版
《学校与社会》	一八九九年出版
《学校与儿童》	一九〇〇年出版
《儿童与课程》	一九〇二年出版
《论理学的研究》	一九〇三年出版
《思维术》	一九〇九年出版
《教育丛论》	一九一〇年出版
《达尔文在哲学上的势力》	同年出版
《德国的哲学与政治》	一九一五年出版
《将来的学校》	同年出版
《平民主义的教育》	一九一六年出版
《试验的论理学》	同年出版

除了上列书籍之外，还有许多著作散见于各种杂志当中。例如《哲学评论报》、《心理评论报》、《哲学心理和科学方法杂志》和《新民国》上，都时常有杜威先生的名论。

上列各种书报，凡是研究杜威先生的教育学说的，都应该备来参考。不过教育界中普通的人，只要选几种最关紧要的读读，就可以明白他学说的大概了。他的著作当中，和教育最有关系的，一是《平民主义的教育》，二是《将来的学校》，三是《思维术》，四是《试验的论理学》[⑥]。这四部书，是教育界人人都应当购备的。我们教育界同志，对于杜威先生的教育学说，有想研究的么？如有，就须先读这四本书。等他到了中国之后，我再来介绍大家亲听他的言论。

注释

① 弗尔卯梯州　通译佛蒙特州。

② 约翰司霍布金大学　通译约翰斯·霍普金斯大学，美国铁路大王约翰斯·霍普金斯1876年创建。

③ 米支干大学　通译密执安大学。

④ 米尼梭泰大学　通译明尼苏达大学。

⑤ 支加哥大学　通译芝加哥大学。

⑥ 论理学　逻辑学的旧称。

普露士教育之基本改革*

欧战之后，各国教育都有改革的趋势。但是，其中改革最大最速的莫过于德国，而德国联邦中尤以普露士[①]的教育改革，为最有研究的价值。

普露士为德国联邦的领袖，有土地二十万八千七百八十英方里，战前有人民四十兆十六万五千余人，土地、人民约占德国全国三分之二，所以他的政治和教育足为全国的代表。

教育和政治最有密切的关系。若欲明白普露士教育上的改革，必须先明白现在普国掌政权的是什么人。德国自从拉撒尔（Lassalle）[②]、马克思（Marx）提倡社会主义以来，五六十年间，社会民主党（Social Democrats）就逐渐膨胀。到一九一二年众议院（Reichstag）选举，该党共得四百二十五万票，占全国总票数三分之一，以票数论，已为德国最大的政党。不过，碍于选举法的限制，选举的人虽多，而被选举的人实少，终不得操纵政权。但是大战争以后，君主推翻，限制全消，社会民主党就一跃而为全国政治的中枢。所以，现在掌普露士国政的，就是社会民主党人。社会民主党所主张的有四大端：一，共和的政治；二，安全的社会；三，建设的法律；四，职业的自由。他们所最反对的，第一是君主，第二是武力，第三是宗教的专制。普国新政府的教

* 本篇原载1919年3月《新教育》第1卷第2期。

育部总长赫尼禧[3]（Herr Hänisch），就根据这几种主义，宣布教育政策三十二条。现在要就其主要的讨论一番：

（一）关于教育宗旨上的改革　从前普国的教育宗旨，是要养成畏神、自立、爱国的顺民，所谓God-fearing，selfsupporting，patriotic subject就是。新政府成立后，就把这个宗旨打消，一面提倡平民主义，一面脱离宗教的束缚。

（二）关于教育行政上的改革　普国的中央教育行政，素与宗教行政并在一处，都是归宗教教育部（Ministeriumfür Geistlichen und Unterrichtsangelegenheiten）管辖。到去年新政府成立，就设文化部（Kultur Ministerium），专司教育行政事宜。部中最重要职员六人，皆由社会党员充任，这是关于中央教育行政的改革。至于地方教育行政，也有一个很大的变动。普国地方教育，很受宗教的影响。中世纪的时候，教育的权柄都操在宗教师手里。后来他们的势力，虽然渐渐减少，然而除了大城之外，宗教师仍然有视察教育的权柄。此次新政府成立，就要把这个权柄收回。一切视察，归有经验的专家主持。这是关于地方教育行政的改革。

（三）关于学校组织上的改革　普国新政府对于学校组织上，也有两种主要的改革。第一种就是多设统一学校（Einheitschule）。从前，普国根据于阶级制度，小学有两种：一种为Volkschule[4]，专收平民的子弟而设，进了四年之后，就不能转学；八年毕业之后，就永远不能上进。又一种为Vorschule[5]，专收贵族及富绅的子弟。由此毕业，可以自由上达。有了这种不平等的教育，所以社会的阶级更分高下了。这是要设统一学校的第一个缘故。此外，又有那复杂的中学制度，有六年毕业的，有九年毕业的，有重古文的，有重实科的。中学的本体既不一致，而与小学又不充分联络。所以当时曾有设立统一学校的主张，使有才者都能向上。但是，这种办法很触君主贵族的忌讳，不久就为柏林会议所取消。到新政府成立的时候，又把这个问题提起来，要厉行推广统一学校。凡根据阶级的学校，一律取消，这可算是共和教育的一个大胜战。关于学校组织上的第二种改革，就是男女同学问题。大战之前，普国小学学生中，男女同学的占总数三分之二，其余三分之一都是男女分学的。因为普国风俗很不赞成男女同学，天主教徒更加反对。所以学生数多，可以分教的时候，男女都是分教的。小学如此，中学以上是更不必说了。但是，此次新政府成立后，就把限制男女同学的条件取消了。

（四）关于教员上的改革　从前宗教不甚自由，教员往往有教授宗教的义务。新政府以为这种办法，有违宗教自由的精神，就规定教员非自愿不得强令教授宗教。国体未改之前，全国人民有二年军役之义务，教员得减至一年，新政府把这一年也完全免去。从前校长权大，一切校事，教员能够参与的地方很少。新政府特给他们参与校务的权柄，并许他们组织教员同盟（Teachers Union）⑥。大学以上学校，则注重学问自由，使教员得以自由发表意见。又为优待教员起见，特添设班次，减少每班学生名额，使从战场上回来的教员可以安身。这都是普国新政府体恤教员的好意。

（五）关于课程上的改革　关于课程上，普国新政府有三种主要的改革。第一，是关于德育的。普国从前和英国一样，把宗教一门列入正课中，但是没有英国那样的统一。所以天主教徒有天主教徒的主张，耶稣教徒有耶稣教徒的主张。甚至于教科书也是各色各样的，有天主教的教科书，也有耶稣教的教科书。耶稣教势力圈内的公立学校，不用天主教发行的教科书；天主教势力圈内的公立学校，不用耶稣教发行的教科书。大家分门别户，各是其是。新政府主张宗教和教育分立，所以就把宗教一科，不列入正课，以修身代之。如有宗教师要加授宗教，亦可给他相当的时间从事教授，却不得举行考验，以别于正课。第二，是关于体育的。从前厉行军国民主义的时候，体育一门很注重兵操，现在政府主张一律废除兵操。第三，就是关于社会主义的。从前政府对于社会主义，没有一处不加以限制，所以不能自由研究发表。新政府既为社会党所组织，就主张在大学校内添设社会主义一科，以资研究。

（六）关于社会教育上的改革 美国前驻德国大使，说德国有三宝，其一就是公共戏园。新政府对于社会教育上的第一件事，就是把戏园收归国有。一切皇家戏园都改为国立戏园，皇家乐会都改为国立乐会。将来积极进行，社会教育必更有可观了。

我们大家知道，普露士的教育是最重军国民主义的阶级制度的，这回大战把这种教育制度都打破了。最重军国民主义的阶级制度的学校，一变为平民的共和的学校，岂不是世界的一个大大的幸福么？现在这军国阶级主义的祸根，既然为一阵狂风拔得干干净净，我很希望他在东亚的枝叶，不久也就要凋落了；我更希望当这军国、阶级两主义凋落的时候，那抄袭德国精神的国家也能回心转意，培植那平民主义的教育，使他能够开花结果，为东亚放一异彩。

注释

① 普露士　通译普鲁士。

② 拉撒尔　通译拉萨尔。

③ 赫尼禧　通译黑尼施。

④ Volkschule　德语，意为：大众学校。

⑤ Vorschule　德语，意为：学前班，又可译为：学前教育机构。

⑥ Teachers Union　现通译为教员工会。

试验教育的实施*

试验主义与新教育的关系，在第一期《新教育》月刊上已经论过。现在所要继续研究的问题，就是怎样将这实验的教育实行出去。照我看来，建设试验的教育，约有四种主要办法。

（一）应该注意试验的心理学

心理学是一切教学方法的根据，要想在教学上求进步，必须在心理学上注重试验。现在中国各级师范学校所教的心理学，不是偏重书本的知识，就是偏重主观的研究。推其结果，不独没有发明，就是所教所学的，也是难于明了。所以现在第一件要事，就须提倡试验的心理学。大学校的教育科和高等师范学校，都应当设备相当的心理学仪器。至于初级师范学校，也应当拣那必不可少的设备起来，使教员学生都有试验的机会。心理学有了试验，然后那依据心理的教育也就不致蹈空了。

（二）应该设立试验的学校

我们现在所有的学校，大概都是按着一定的格式办的，目的有规定，方法有规定。变通的余地既然很少，新理安能发现？就以师范学校的附属学校而论，有为实地教授设的，也有为模范设

* 本篇原载1919年4月14日《时报·教育周刊·世界教育新思潮》第8号。

的，但为试验教育原理设的，简直可以说没有。所以全国实行的课程、管理、教学、设备究竟是否适当，无人过问，也无从问起。为今之计，凡是师范学校及研究教育的机关，都应当注重试验的附属学校；地方上也应当按着特别情形，选择几个学校，做试验的中心点。不过试验的时候，第一要得人，第二要有缜密的计划。随便什么学校，如果合乎这两个条件，就须撤消一切障碍，使它得以自由试验。如不得其人，又无缜密的计划，那仍是轻于尝试，不是真正的试验了。

（三）应当注意应用统计法

教育的原则，不是定于一人的私见，也不是定于一事的偶然。发明教育原理的，必须按着一个目的，将千万的事实征集起来，分类起来，表列起来，再把它们的真相关系一齐发现起来，然后乃能下他的判断。这种方法，就叫做统计法。试验教育是个很繁杂的事体，有了这种方法，才能以简御繁，所以统计法是辅助试验的一种利器，也是建设新教育的一种利器。研究教育的人，果能把这个法子学在脑里，带在身边，必定是受用无穷的。所以研究教育的机关，就须按着程度的高下，加入相当分量的统计法，列为正课，使那从事研究的人，能得一个操纵事实的利器。

（四）应该注重试验的教学法

试验的教学法，有一个最要之点，这要点就是如何养成学生独立思想的能力。现在通用的方法，只是赫尔巴的五段教授[①]，总嫌他过于偏重形式。最好是把杜威的思想分析拿来运用。按照杜威先生的意思：第一，要使学生对于一个问题处在疑难的地位；第二，要使他审查所遇见的究竟是什么疑难；第三，要使他想办法解决，使他想出种种可以解决这疑难的方法；第四，要使他推测各种解决方法的效果；第五，要使他将那最有成效的方法试用出去；第六，要使他审查试用的效果，究竟能否解决这个疑难；第七，要使他印证，使他看这试用的法子，是否屡试屡验的。这几种方法，只是一套手续。有了这个方法，再加些应有的设备，必能养成学生一种试验的精神。

上面所举的四种方法当中，前三种是改造教育家应有的手续。他们的目的在使担任教育事业的人，得了一种精神方法，能够发明教育的原理。第四种是改造国民应有的手续，他的目的在使普通国民，得了一种精神方法，能够随时、随地、随事去做发明的工夫。总而言之，会试验的教育家和会试验的国民都是试验教育所要养成的。

注释

① 赫尔巴的五段教授　赫尔巴，通译赫尔巴特。五段教授，指预备、提示、联想、总括、应用五段。这是赫尔巴特学派关于课堂教学阶段的理论，通称“五段教学法”。19世纪末至20世纪初盛行于欧美，传入中国后，曾对中国旧时中小学教育产生一定影响。

新教育*

今天得有机会，与诸同志共聚一堂，研究教育，心中愉快得很。现在把关于新教育上各项要点，略些谈谈。

（一）新教育的需要

我们现在处于二十世纪新世界之中，应该造成一个新国家，这新国家就是富而强的共和国。怎样能够造成这新国家呢？固然要有好的领袖去引导平民，使他们富，使他们强，使他们和衷共济；但是虽有好的领袖，而一般平民不晓得哪个领袖是好的，哪个领袖是不好的，也是枉然。所以现在所需要的，是一种新的国民教育，拿来引导他们，造就他们，使他们晓得怎样才能做成一个共和的国民，适合于现在的世界。举例来说，有一个后母给她的儿子洗澡，所用的水，时而太冷咧，时而太热咧，这就是不能合着他儿子的需要。我们所研究的新教育，不应该犯这个毛病，一定要合于现在所需要的。

（二）新教育的释义

先说“新”字是什么意思？某处人家因为要请客，一切设备

* 本篇系陶行知1919年7月22日在浙江第一师范学校毕业生讲习会上的讲演。记录者：李宗武、洪鋆。原载1919年9月《教育潮》第1卷第4期。

家伙，都去向别家借用，用过之后，就去还了。这是客来则新，客去便旧了，不得为根本的新。我们中国的教育，倘若忽而学日本，忽而学德国，忽而学法国、美国，那是终究是无所适从。所以新字的第一个意义要“自新”。今日新的事，到了明日未必新；明日新的事，到了后日又未必新。即如洗澡，一定要天天洗，才能天天干净。这就是日日新的道理。所以新字的第二个意义要“常新”。又我们所讲的新，不单是属于形式的方面，还要有精神上的新。这样才算是内外一致，不偏不倚。所以新字的第三个意义要“全新”。

次说“教育”是什么东西？照杜威先生说，教育是继续经验的改造（Continuous reconstruction of experience）。我们个人受了周围的影响，常常有变化，或是变好，或是变坏。教育的作用，是使人天天改造，天天进步，天天往好的路上走；就是要用新的学理，新的方法，来改造学生的经验。

（三）新教育的目的

这目的可分两项来说明：第一对于天然界，要使学生有利用他的能力。例如，我们要使光线入室不需风的时候，就要用玻璃窗。照这样把所有一切光、电、水、空气等，都要被我们操纵指挥。现在中国和外国物质文明的高下，都从这利用天然界能力的强弱上分别出来的。然而其中也有危险的地方，如造出许多杀人的物扰乱世界，是万万不可的。所以第二项目的，是对于群界要讲求共和主义，使人人都能自由守着自己的本分去做各种事业。一方面利用天然界，一方面谋共同幸福。可说一句，新教育的目的，就是要养成这种能力，再概括说起来，就是要养成“自主”、“自立”和“自动”的共和国民。自主的就是要做天然界之主，又要做群界之主。即如选举卖票一事，卖和不卖，到底由自己的主张。果能自主的人，富贵不淫，贫贱不移，威武不屈，人家有什么法子对付他呢？至于自立的人，在天然界群界之中，能够自衣自食，不求靠别人。但是单讲自立，不讲自动，还是没有进步，还是不配做共和国民的资格。要晓得专制国讲服从，共和国也讲服从，不过一是被动的，一是自动的，这就是他们的分别了。

（四）新教育的方法

此番我从南京到上海，再从上海到嘉兴，一直到杭州来，有种种的方法，或是走，或是坐船，或是坐火车，或是坐飞艇。在这几种方法之中，哪几种是较好，哪一种是最好，而且哪一种是最快，这便是方法的考究。要考究这个方法，下列的几条，应该注意的：

（甲）符合目的　杀鸡用鸡刀，杀牛用牛刀，这就是适合的道理；教育也要对着目的设法。现在学校里有兵操一门，是为了养成国民有保护国家的能力而设的。但是照这样“立正”、“开步”的练习，经过几年之后，能否达到应战之目的，却须要研究的。

（乙）依据经验　怎样做的事，应当怎样教。譬如游水的事，应当到池沼里去学习，不应当在课堂上教授。倘若只管课堂的教授，不去实习，即使学了好几年，恐怕一到池里，仍不免要沉下去的。各种知识有可以从书上求的，不妨从书上去得来；有不可以从书上求的，那应该从别处去得他了。

（丙）共同生活　在学校中不能共同做事，一到社会也是不能的。所以要国民有共和的精神，先要学生有共和的精神；要学生有共和的精神，先要使他有共同的生活，有互助的力量。

（丁）积极设施　教人勿赌博，勿饮酒，这都是消极的禁止。至于积极的办法，要使他们时常去做好的事情，没有机会去做那坏的事情。在学校之中，常常有正当的游戏运动，兴味很好，自然没有工夫去做别的坏事了。

（戊）注重启发　在学校里并非一面教人，一面受教，就算了事。要使学生的精神意志和能力，渐渐的发育成长。孔子说“不愤不启，不悱不发”。我更要进一步说，使他不得不愤，使他不得不悱。杜威先生也说，教学生的法子，先要使他发生疑问；查出他疑难的地方，使他想种种方法，去解决这个问题；从这些方法之中，选出顶有成效的法子，去试试看对不对；如其不对，就换个法子，如其对了，再去研究一下。照这方法来解释同类的问题和一切的问题。所以现在的时候，那海尔巴脱[1]的五段教授法等，觉着不大适用了。

（己）鼓励自治　这便是教学生对于学问方面或道德方面，都要使他能够自治自修。

（庚）全部发育　身体和精神要全体顾到，不可偏于一面。譬如在体育上，耳目口鼻手足统要使他健全；在智育上，既要使他自知，又要使他能够利用天然界的事物；在德育上，公德和私德，都不可欠缺的。

（辛）唤起兴味　学生有了兴味，就肯用全副精神去做事体，所以“学”和“乐”是不可分离的。学校里面先生都有笑容，学生也有笑容。有些学校，先生板了脸孔，学生都畏惧他，那是难免有逃学的事了。所以设法引起学生的兴味，是很要紧的。

（壬）责成效率　凡做一事，要用最简便、最省力、最省钱、最省时的法子，去收最大的效果。做这件事，用这个方法，在一小时所收的效果是这样，用别个方法止须十分钟或五分钟，就有这样的效果，那后法就比前法为胜了。照此把时间、精力、金钱和效果的比较选择，可以得出一个最好的法子。

以上所讲，都是新教育上普通的说明。至于新教育对于学校课程等的设施和教员学生应当怎样的情形，休息几分钟再讲。

新学校

学校是小的社会，社会是大的学校。所以要使学校成为一个小共和国，须把社会上一切的事，拣选他主要的，一件一件的举行起来。不要使学生在校内是一个人，在校外又是一个人。要使他造成共和国民的根基，须在此练习。对于身体方面、道德方面、政治方面，凡国民所不可不晓得的，都要使他晓得，那学校便成为具体而微的社会了。我国学校的弊病，不但在与社会相隔绝，而且学校里面，全以教员做主，并不使学生参与。要晓得一社会里的事务，该使大家知道的，就该大家参与；该使少数领袖管理的，就该少数领袖参与。这样不靠一人，也不靠少数人，使每个学生、每个教员晓得这个学校是我的学校，肯与学校同甘苦，那才是共和国社会里的真学校。

新学生

"学"字的意义，是要自己去学，不是坐而受教。先生说什么，学生也说什么，那便如学戏，又如同留声机器一般了。"生"字的意义，是生活或是生存。学生所学的是人生之道。人生之道，有高尚的，有卑下的；有片面的，有全部的；有永久的，有一时的；有精神的，有形式的。我们所求的学，要他天天加增的，是高尚的生活，完全的生活，精神上的生活，永久继续的生活。进一步说，不可学是学，生是生，要学就是生，生就是学。求学的事，是为预备后来的生存呢？还是现在的生存，就是全体生活的一部分呢？既然晓得教育是继续经验的改造，那末对于天然界和群界，自然受他的影响；天天变动，就是天天受教育，差不多从出世到老，与人生为始终的样子。你哪一天生存不是学？你哪一天学不是生存呢？孔子到了七十岁，方才从心所欲不逾矩，他是一步一步上进的。凡改变我们的，都是先生；就是我们自己都是学生。以前只有在学校里的是学生，一到家里就不是学生；现在都做社会的学生，是从根本上讲，来得着实，不至空虚。虽出校门，仍为学生，就是不出于教育的范围。所以每天的一举一动，都要引他到最高尚、最完备、最能永久、最有精神的地位，那方才是好学生。

新教员

新教员不重在教，重在引导学生怎么样去学。对于教育，第一，要有信仰心。认定教育是大有可为的事，而且不是一时的，是永久有益于世的。不但大学校高等学校如此，即使小学校也是大有可为的。夫勒培尔[②]研究小学教育，得称为大教育家。做小学教师的，人人有夫氏的地位，也有他的能力；止须承认，去干就能成功。又如，伯斯塔罗齐[③]、蒙铁梭利[④]都从研究小学教育得名，即如杜威先生，也是研究小学教育的。这都是实在的事，并非虚为赞扬。我从前看见一个土地庙面前对联上，有一句叫“庙小乾坤大”，很可以来比。况我们学校虽小，里头却是包罗万有。做小学教员的，万勿失此机会，正当做一番事业。而且这里头还有一种快乐——照我们自己想想，小学校里学生小，房子小，薪水少，功课多，辛苦得很，哪有快乐？其实，看小学生天天生长大来，从没有知识，变为有知识，如同一颗种子的由萌芽而生枝叶，而看他开花，看他成熟，这里有极大的快乐。照以上两层——做大事业得大快乐——是为一己的，而况乎要造新国家、新国民、新社会，更非此不行嘛！那不信仰这事的，可以不必在这儿做小学教员。一国之中，并非个个人要做这事的，有的做兵，有的做工，有的做官吏，……各人依了他的信仰，去做他的事。一定要看教育是大事业，有大快乐，那无论做小学教员，做中学教员，或做大学教员，都是一样的。第二，要有责任心。不但是自己家中的小孩和课堂中的小孩，我应当负责任；无论这里那里的小孩，要是国中有一个人不受教育，他就不能算为共和国民。在美国一百个人之中，有九十几个受教育。中国一百个人之中，只有一个人受教育。而且二十四个学生中，只有一个女学生。我们要从这少数的人，成为多数的人，要用多少年的工夫？非得终身从事不行。况且我们除了二十岁以前、六十岁以后，正当有为之时没有多少，即使我们自己一生不成，应当代代做去。切不可当教育事业是住旅馆的样子，住了一夜或几夜之后，不管怎么样，就听他去了。那教育事业，还有发达的希望吗？第三，做新教员的要有共和精神。就是不可摆出做官的态度，事事要和学生同甘苦，要和学生表同情，参与到学生里面去，指导他们。第四，要有开辟精神。时候到了现在，不可专在有教育的地方办教育。要有膨胀的力量，跑到外边去，到乡下地方，或是到蒙古、新疆这些边界的地方，要使中国无地无学生。一定要有单骑匹马勇往无前的气概，有如外国人传教的精神，无论什么都不怕，只怕道理不传出去。要晓得现在中国，门户边界的危险，使那个地方的人，晓得共和国的样子，用文化去灌输他，使他耳目熟习，改换他从来的方向，是很要紧的。第五，要有试验的精神。有些人肯求进步，有些人只晓得自划地，除了几本教科书外，没有别的书籍。——诸君已经毕业之后，还在这儿讨论教育，那是最好的。——他人叫我怎样办，我便怎样办，专听上头的命令。要晓得上头的命令，只不过举其大端，其中详细的情形，必定要我们去试验。用了种种方法，有了结果，再去批评他的好坏，照此屡试屡验，分析综合，方才可下断语。倘使专靠外国，或专靠心中所有，那末，或是以不了了之，或是但凭空想，或是依照古老的法子，或是照外国的法子，统是危险的。从前人说“温故而知新”，但是新的法子从外国传到中国，又传到杭州，我们以为新的时候，他们已经旧了。所以望大家注意，不可不由自己试验得出真理，方不至于落人之后哩！

新课程

这要从社会和个性两方面讲。从社会这面讲来，要问这课程是否合乎世界潮流，是否合乎共和精神。学了这课程之后，能否在中国的浙江，或是浙江的杭州，做一个有力的国民。更从个性的一面讲来，谁的事教谁，小孩子的事教小孩子，农人的事去教农人，方才能够适合。我且拿学代数来做个例，看这课程是否为学生所需要。我有一次对学生发问道：“有几多人应用过代数？”

那一百人中止有七八个人举手。又问："不曾用过代数的人举手！"就有九十几个。后再查考那七八个人所用的东西，止须一星期，至多不过一月，就可教了。照这样看来，我们应该有变通的办法。是否为了七八个人去牺牲那九十几个人。那七八个人，或为天文家，或习工业，或学医生，所用代数，不过百分之一罢了。我们不可以为了一个人，去牺牲九十九个人；也不可以为了九十九个人，去牺牲那一个人。总要从社会全体着想，有否其他有用的东西未列在课程里？或是有用不着的东西还列在课程里呢？照这样去取舍才行。

新教材

就教科书一端而论，编书的人，有的做过教员，有的竟没有做过教员。就拿他自己的眼光来做标准，不知道各地方的情形怎么样。用了这种书去教授，哪里能适合呢？所以教科书止可作为参考，否则硬依了他，还是没有的好。又有一种讲义，当看作账簿一般。社会上各种文化风俗，都写在这账簿上。这账簿有没有用处，或是正确不正确，须要仔细考查。譬如富翁，虽然将他所有的财产，写在账簿上，拿来传给他的儿子，若是不去实地指点他，那几处房子或是田地，是我所有，和这账簿对照一下，他的儿子仍然不晓得底细。也许有几处田地房产，已经卖出；也许有几处买进的，还没有登记上去，总要使他儿子完全明了，那帐簿方才有效。要拿教科书上的情形引导把学生看，或是已经变迁的情形，指点他明白。几年前的朝鲜和现在不同；俄国已经分做十几国[⑤]，更不可以拿从前的来讲。总要明白实际的事情，因为账簿是死的，人是活的，要拿账簿来为我所用，不要将活泼泼的人为死书所用。要晓得账簿之外，还有许多文化在那里，要靠教科书是有害的。

新教育的考成

我到店里去要一件东西，他拿了别的东西给我，我就不答应了，怎么我要这件，你偏与我那件呢？教育的事，也是这样。要按照目的去考成，方才不会枉费了精神和财力。譬如从农业、工业或商业学校里毕业出来的学生，有几多人在那里做他应当做的事。若是不问他的结果，一味的办去，正如做母亲的人把他的女儿出嫁，不将他长女出外的情形，来加以参考，以至于第二第三个女儿吃着同样的苦头，这是因为不考成的缘故。

再有几层，我在别处已经讲过，暂且不说。总之，大家觉得要教育普及，先要认定目的。做若干事，须得若干的代价，决不是天然能成功的。即就小孩子而论，美国一人需费四元四角五分，中国每人止有六分。试问没有代价的事，能办得好办不好？但这事人人负有责任。我们做教员的，不但教学生，又要想法子使得社会上的人对于教育认为必要。譬如有钱的人，可以教自己的孩子，同时他邻舍的小孩子，因为没得钱受教育，和这小孩子一块儿玩，就把他带坏了。所以单教自己的儿子，还是不中用的。把这种情形使他们觉悟，人非木石，断没有一定不信的。虽然有些困难的地方，我们总可以用自己的力量去战胜他的。

注释

① 海尔巴脱　通译赫尔巴特。

② 夫勒培尔　通译福禄培尔。

③ 伯斯塔罗齐　通译裴斯泰洛齐。

④ 蒙铁梭利　通译蒙台梭利。

⑤ 十几国　指苏联的十几个加盟共和国。

对于教员和师范生的几点希望*

对于教员的希望：一、如何而后可使教员与学生关系密切。学校是施教育的地方，教员负施教育的责任。教员与学校，相互间的关系，当然是最密切的了。然而，现在大多数教员，对于学校，总带着一个客体观念，似乎事事都没有切己利害。一方面又因生计问题，不能不多求钟点。但是一个学校，能有许多钟点呢？一校的钟点，既不足供其需要，势不能不兼求于他校，因之视教授等于贩卖。用那已经带有"贩卖性质"的教授，说是不敷衍塞责，岂非欺人之谈吗？再有什么"学生个性的研究"等问题，那更不必问了。但是我们也不能深怪他，因为他的钟点既多，预备上也得有相当的时间。一天除却预备和讲授，实在再没有旁的时间给他研究那些问题了。然而这种情形，直接受影响的，就是学生；间接受影响的，就是教育前途，仔细想想，真个十二分危险。余谓此问题的解决，除了先解决经济问题，委实没有别的法子。解决经费问题，就是增加教育经费。要如此，学校对于教员，也才能讲到优遇；教员的生计，也才能根本解决。生计既已解决，学校又加以至诚的精神，专一的托付，那还怕相互间的关系不密切么？二、如何而后可使各科联络贯通。学科是为

* 本篇系1919年9月20日陶行知与"贵州实业教育团"的谈话记录，摘自《陶知行与贵州教育团谈话》。记录者：《时报》记者。题目为编者改拟。原载1919年9月22日《时报·教育周刊·教育界》。

便利研究，有系统的知识，贵明了，尤贵实验。有了实验，已经学过的，既足证明；还未学过的，更可发明。惟是讲到实验，非先求各科联络贯通不可。因为各科都有互为辅助的能力，要是任他各不相关，那实际也是空谈了。然而，要各科如何才能联络贯通呢？说到这里，关系于教员的却不少。因为各科教员，要有旁的工作的时间，方能期他认真研究，共同讨论。比方定一个标准，大家的向心力，都是依着这标准去的。教授程序有钩接的方法，那末到了实验的时候，不单是可以得其所以然，且能特别发生若干新思想、若干新意味。所以既要望教育发达，对于此点，就应该详细研究，求个结果。而第一问题的解决，尤其不可缓了。三、当使教员有进步的机会。学科仿佛是机器，教员仿佛是贩卖机器的人。机器天天有发明的，学科也天天有进步的。假使贩卖机器的人，所预备的货物有限，或者非现时代的货物，不能供给人的需要，试问那事业可能发达么？又能同着顺潮流的贩卖竞争么？所以，他必定要计算，看众人的需要，是甚么新发明的？是那些机器计算的？他就照着预备，等待别人需用。教员对于教授上，还是如此。要他有了进步的机会，能进步，然后教材才丰富，教授法才生动，学生所得的科学知识，也就切合于现代的趋势了。但是进步的机会，要在什么地方去求呢？总之，这个问题也与经济有关系。要是经济问题解决了，教员不起生计上的恐慌，还愁没有机会么？按以上三个问题，于教育前途关系绝大。然而根本的解决，都在经济上面。所以增加教育经费一层，实不可缓，否则虽有巧妇也难为无米之炊，那末还讲什么教育发达呢？恐怕我们中国的教育，从此一天要比一天退下去了。

对于师范生的希望：一、推广教育。推广教育是师范生的责任。推广教育的方法，是多办学校。但是，应该在什么地方办学校呢？鄙意以为当在教育幼稚的地方去办，在没有学校的地方去办，切忌赶热闹：只往有学校的地方打主意，只往教育比较发达的地方打主意。因为局部的推广，断难望教育普及，那更讲不到平均发达四个字的上面了。我这主张，也专在平均发达四字上着眼，所以盼望他们要办学校的，想推广教育的，总要避开热闹，自己去辟一个新世界，创一个新纪元，那也才算得推广教育的真精神呢！二、对于自身的修养。做事即修养，修养即做事。余之修养为动的修养，为事务的修养，即以从事为修养的机会。大凡人做一件事体，要是没有兴味，简直可以说没有结果的。要晓得兴味有了，才可以期必往前进。往前进就是肯干。试问没有得着做事的兴味，哪里会有前进的精神？越发肯往前进，兴味越发浓厚。因此无论什么事，都可期他必成，都可收很好的结果；并且此一事有了结果，就是彼一事有了起因。做事的时间，越发修养；修养的机会，也同等的增加。事与事相接而来，修养的机会，也就没有间断，兴味更是无穷的了。故我以为做事即修养，修养即做事。然而人何必有修养？修养又有什么好处？就普通所得，修可以丰富经验，养可以活泼精神，身体且亦因之健全，所以人人讲修养。不过人之修养，多是静的，余则每以无事为苦。

在南京高师校务会议上的几个提案*

改拳术为随意科案

拳术一课，关系个人之体质及兴味，定为通习，不免违反个性，徒耗光阴。如改为随意科①，则教者能活用方法，为个别之教练；学者应其所好，自易收效。有此二因，除体育专修科外，其他各科拟将拳术改为随意科。此案已通过于体育专修科分科教务会议，事关变更各科定章，应请公决，以便施行。

规定女子旁听办法案

本校各科遇有余额时，校内职教员、学生、毕业生，经教务处之许可，向得旁听。查中国女子高等教育最不发达，中等学校毕业以后，女子几无上进之路。本校各科功课，有宜于女子旁听者，可否通融办理，容其旁听，遂其向学之志愿，未始非辅助女子教育进行之一法。谨具办法数条，务希公决：

一、本校各班有余额时，除本校职教员、学生、毕业生旁听

* 陶行知任职南京高等师范学校教务主任期间，曾在校务会议上提出过一些重要提案，现将搜集到的1919年的几个提案编在一起，以供研究。前三案于1919年12月17日提出。其中“改拳术”案，当日通过。“女子旁听”案，次年1月14日临时校务会议议决：“组织委员会讨论。”“速记打字”案，次年2月4日校务会议议决：“由教务处会同商科办理。”末一个“改良课程”案，系1919年由“全体教务会议提议”，而由陶行知草拟或审定，并由他在会议上报告，故亦附编于此。

外，得酌收女子旁听生；

二、本校各科功课，是否宜收女子旁听生，由各科分科教务会议提议，由校务会议议决施行；

三、女子旁听生必具中等学校毕业之程度；

四、设女子旁听生顾问，由校长于本校女子职教员中推定，司接洽指导事宜；

五、旁听细则由各科主任教员协同教务主任定之；

六、本简章自第二学期起实行。

添设速记打字讲习科案②

速记、打字两项，社会颇为需要。有志练习者，苦无适当求学之处。现本校速记、打字教员，尚有余闲从事此项教课。爰拟于下学期添设速记、打字讲习科，造就此项人才，以应社会之需求，似亦推广教育之一法。是否有当，务希公决。如以为可行，交由教务处拟具办法，以便进行。

改良课程案

（一）本校适用选科制，但须含下列四项之要素：

一、学生所习学程，一部分为必修，一部分为任选；

二、一科之学生可以选择他科之学程；

三、学生成绩以学分计算；

四、学程之统附以学科为根据；

附注：学科者，如国文、英文之类；学程者，如英文中之作文文法，国文中之字形学、字音学之类。

（二）学生所习学程，有属于主科者，有属于旁科者。此两种内容，分必修及任选两种。各种分量按各种情形而定。

（三）各学程之内容、大纲应行规定，至于教科书或参考书应否写出，可按学程性质分别规定。

（四）每学程每周上课钟点均须注明。

（五）凡某学程与某学程有连带关系者，须注明学习之次第。

（六）每周上课及自修合三小时，历半年者为一学分。每学生每学期以学习十五学分为标准，若遇特别情形，可减少至十二学分，可加多至二十学分。满一百二十学分者毕业，惟各科认有加增毕业学分者，得另行改订。

（七）学生学习学分之多寡，第一学期以十五学分为标准，第二学期以后须参考上学期之成绩而定。

（八）各班应否规定最多人数及最少人数，须视教员、经济、设备与学程之性质而定。

（九）本校选科制至早于民国九年九月实行。

注释

① 随意科　即选修科。

② 此案原题为《添设速记、打字讲习科案一件》。

各科招收新生案*

选科制主要办法：每级每年宜有新生，则于功课进行及班次配置皆形便利。本校自下学年始，既决定实行选科制。则各部科每年宜各招新生一级，计九年度招新生八级。本学年毕业六级、添出两级学生之数，必照现有额数，增出数十人，影响于设备及经济者甚大。救济之法：或于校外另觅寄宿舍，或收通学生，或新生酌收膳宿费，应请组织委员会详加研究，得一适当之办法，俾利进行。务希

公决

陶知行　柳贻徵　孙洪芬　邹秉文
张士一　贺懋庆　杨杏佛　饶冰斯　提议

三月廿六日

* 本篇系陶行知在南京高师任教务主任时，与柳贻徵等向校务会议所提的提案。

报告与南京学生联合会接洽情形*

昨日四五时，与南京学生联合会会长及分会代表接洽，悉会中因南京各校未罢课，受各方面质问，势颇为难。已决议先行停课五天，并通电各处学校。电尚未发。评议部开会，并拟为无限期之罢课。各校职员开会讨论都不表同情，拟于学生停课时期内，教职员照常办公。河海工程学院拟令高级生出外实行，余出外测量，评议部持反对态度。学生又反对评议部，仍拟实行出外实习、测量云。

* 本篇系陶行知1920年4月15日在南京高师临时校务会议上的发言纪要，摘自《南京高等师范学校第五次校务会议临时会议记录》。南京学生联合会成立于1919年6月，陶行知被聘为该会顾问。

报告招收新生问题*

下学年招收新生班数，定为应招八班，总人数为一百八十。学生有应试资格来校应试者，苟能及格，不论男女均可录取。惟校内仅能住一百五十人，女生应设法住校外。至一百八十人之数，亦系以预定最多数言之。如应试者程度不及，不能取足定额，可酌量减少。

* 本篇系陶行知1920年4月21日在南京高师校务会议上的发言记录。摘自《南京高等师范学校第十一次校务会议记录》。

南京高等师范学校招收特别生办法*

一、宗旨　本校为便利补习高深教育起见，各科各学程有缺额时，得收男女特别生。

二、资格

甲、学校教职员及办学人员，经学校及教育机关保送者；

乙、对于选习学程素有研究，经本校教员认可者。

三、学费　每学期十元，用品费、实验费另定。

四、膳宿　由学生自理，但寄宿地点须经学校认可。

五、甄别　半学年后，如成绩不佳，得令退学。

六、证书　凡所习学程成绩及格者，给予修业证书。

---

*　本办法系陶行知1920年6月2日在南京高师校务会议上提出，摘自《南京高等师范学校第十四次校务会议记录》。

在南京高师第十六次校务会议上的发言纪要*

一、《一览》编制委员会报告

本校《一览》因搜集材料种种困难未克进行，至为愧歉。现在时期已过，东南大学行且成立，高师去年《一览》，编成亦无甚用处，拟即停止编制。

二、招生委员会报告

本校本年招生情形，本日有印刷品分发，可不赘及。惟本校历届招考，因章程发表太迟，各省保送学生往往于考试日不能如期报到，应付极为困难。拟将招生委员会改为常设委员会，以便随时开会讨论，将下学期招生章程早日订定发表。

（经众讨论，遥付表决。通过。）

三、请与金陵大学、女子大学合设学年历委员会案

接金陵大学来函，拟与金陵女子大学及本校合设学年历委员会，以期将三校学年历渐归统一，免生种种困难，可否赞成？

（众讨论后以为三校学年历欲求统一，事实上实多困难；两校订定学年历可与本校接洽，不必合设委员会。）

---

* 本篇摘自《南京高等师范学校第十六次校务会议记录》，陶行知发言日期是1920年10月6日。

四、报告暑期学校开支

暑校开支原拟概从撙节，嗣以开四展览会、发行日刊、办理暑期学校、附属小学校、童子军等，不免多费若干。此外，如膳食因米贵溢支职员薪水，因临时添招学生助理，均不免经济上发生影响。余见印刷品不赘。

五、请组织暑期学校委员会案

本年办理暑期学校缺点甚多，提议组织暑期学校委员会，以便随时开会讨论改良。

（主席付表决：赞成者少数，未通过。）

南京高师九年度招生报告*

本学年招文史地部、数理化部预科，教育、农业、工艺、商业、英文、体育各专修科学生各一级。于八月一日开始报名，至二十日截止。计直接来校报名者四百七十二人。各省送到复试者七十五人，共计五百四十七人。二十三日至二十五日举行考试录取。文史地部，正取生十六人，备取生七人（已传补三人）；数理化部，正取生十四人，备取生六人（已传补五人）；教育科，正取生十六人，备取生六人（已传补四人）；农业科，正取生十八人，备取生七人（已传补三人）；工艺科，正取生十七人，备取生五人（已传补三人）；商业科，正取生十八人，备取生五人（已传补三人）；英文科，正取生十八人，备取生七人（已传补二人）；体育科，正取生十六人，备取生四人（已传补三人）。后以云南、甘肃、广西、河南、福建数省，送到复试生已过考期，于九月十三、十四号补考，录取文史地部三人，农业科一人，英文科三人，体育科一人。各新生中，教育科有女生二人，英文科有女生六人。贵州、四川、察哈尔三处，送到复试生已在上课之后，全体教务会议时议决不举行第三次考试，许为特别生。特别生至本月四日止，计属于文史地部者三十一人，属于数理化部者

* 本篇系1920年10月6日陶行知在南京高师第16次校务会议上所提出的报告。据油印件。原题为《九年度招生报告》。

二十六人，属于教育科者二十一人，属于农业科者十五人，属于商业科者十人，属于英文科者九人，属于体育科者四人，共一百十六人，内有女生二十人。

办理暑期学校及国语讲习科报告*

本年暑期学校及国语讲习科，自七月十二日开始至八月二十日止，兹将此六周间之经过情形，报告如下：

甲　组织

本校有行政会议规定行政方针及重要事务，由教务处、事务处及女生指导员办公处分别执行。教务处掌课程、教授、演讲、讲义、图书、成绩、游息、展览等事；事务处掌会计、膳食、斋舍、卫生、招待、交通、杂务等事；女生指导员二人，掌女生教科、膳宿之接洽照料等事。

乙　属于教务处事项

一、课程

课程本定二十七种，后因木工、金工、用器画、投影画、植

* 本篇系南京高师暑期学校油印件，未署名，当系陶行知在南京高师任教务主任时，举办首次暑期学校所作的报告。

物学教授法、植物学教授法实验等六门，报名者人数无多，照简章规定取消。马克司[①]《资本论》、市政，改为普通演讲。余共十九种，为：小学组织法，小学教授法，注音国语、团体游戏及竞技运动、社会教育学、实验心理学、青年心理学、儿童心理学、天演学说、中国古代哲学史、文学概论、社会问题、近代西洋哲学史，欧美文学趋势、英语教授法、英语语音学、个人及公众卫生学、高等数学、白话文法，嗣后加授童子军、欧史之价值、心理问题之研究三种。多者每周五时，少者二时，又附设国语讲习科，课程计十二种，为：注音字母、声音学、语言学、语音学、读本、会话、白话文法、国语教授法、成语、翻译、演讲、国语练习。

二　教员

本校教员任课者有：朱进之、廖世承、刘经庶、张谔、陆志韦、陈鹤琴、杨铨、王伯秋、何鲁、卢颂恩、张信孚、俞旨一、赵士法、周盘，顾铁生。此外，并聘请北京大学教员胡适之、陈衡哲，南开大学教员凌冰、梅光迪，金陵大学教员钱天鹤，中国青年会体育科教员麦克乐，江苏第三师范学校顾拯来、唐润身，担任素有研究之学程。

三　学生

学生总数一千零四十一人。男生九百五十五人，女生八十六人。籍贯占江苏、浙江、安徽、河南、湖北、广东、湖南、江西、山东、广西、福建、贵州、四川、直隶、云南、陕西、山西十七省。年龄最高者五十九岁，最幼者十六岁。

四　演讲

正课之外，并请中外学者十七人，于课余演讲关于学术上各问题，冀增进新知而助兴味。

五　讲义

讲义用油印，间有用石印、铅印者。逐日出版，每月多逾二万页，少亦一万六七千页。教员不备讲义者，由校派速记员临时记下，付印分给。

六　暑期学校附属小学

为学生实地试验教育起见，特组织一附属小学，设主任一人，教员三人。课程为：故事、文艺、社会、卫生、修身、直观之园作、自然野外教授、自由游戏、工艺指导等项。上课时间为每日下午一时三十分至三时十分。如有疑难问题，可提出共同研究。

七　游息

同乐会共举行四次，佐以唱歌、幻灯，并商同南京青年会、留美同学会，公请美国加州大学东亚旅行音乐团奏技一次。

八　展览

展览会共开四次：一为农业展览会，二为卫生、博物两种展览会，三为初等教育展览会，四为职业教育展览会，会期各为二日。承沪宁两地各机关，各以出品及成绩品到会陈列，足供研究；并设指导员，以备参观者之询问。

九　证书

各学程结束时，与考及格者，照章发给证明书。暑假学校共发证书四百十七张，国语讲习科二百六十三张，其余未发证书者，少数为与考不及格者，但大多数系纯粹为求学而来，各处小学将近开课之期，须回校准备上课，故未能如期结束。

丙　属于事务处之事项

一　经济

本校经济完全独立。学生应纳之费，规定每人读三学分，纳费十元；如多学，每学分加三元，至五学分为止。全膳纳费六元，半膳三元，宿费二元，杂费一元。各项收入共计洋一万六千七百余元。各项支出以学员膳食、教员薪水、川资、讲义费、高师职员学生服务津贴、展览会设备为大宗，共计一万四千八百余元，收支两抵。余洋一千八百余元，拟留充来年暑校备用。

二　膳食

本校膳食即照高师向例：每人分食，晕素菜各一，纳费以每人月支四元二角五分计算，共四十二天，收全膳费六元，半膳费三元；有退学者按日扣还。

三　宿舍

男生寝室、自修室，除用高师学生原有斋舍不敷外，将普通教室暂改寝室，并附属小学校亦有一部分暂供寄宿。其他与高师附近之地，如体育师范学校、青年会等处商订办法借作校外宿舍，又租借附近西人所设之来复女学校为女生宿舍，另设女生指导员管理之。

四　卫生

卫生事项除设临时医院，有中西医驻校诊病外，另由高师学生服务，组织卫生股，考查卫生清洁事宜，厨房买菜进校，先由卫生股验看，并注意洗涤烹饪，研究捕蝇方法。余如浴室、厕所等，均随时查看，督同校工扫除洁净。时正炎夏，千余人中，患小病者不过十余人。

五　招待

除各处职员分住外，由高师服务生帮同料理。事务处设有询问处，有来宾或学生有疑问时，随时接洽指导；如遇名人莅校演讲，均由职员至车站迎迓。开学时，由服务分队至车轮埠，指点路由，照料一切。

六　交通

为便利学生起见，于结束之前二日，嘱学生将住居相同之处自行集合团体，向车站商请优待团体办法特别减价。至临行时由职员先赴车站，按照各团下车地点，代购廉价券，并照料一切。

注释

① 马克司　通译马克思。

《南京高师第一届暑期学校概况》发刊词*

到了夏天的时候，无论什么学校都照例放暑假。外国学校放暑假，中国学校也放暑假；小学校放暑假，大学校也放暑假；男学校放暑假，女学校也放暑假，凡是学校都放暑假。究竟放暑假是为什么缘故？我们且打开眼睛看那夏天的社会：商人依旧做生意；工人依旧做苦工；那农夫到了夏天，比平日加倍的忙。试拿指头数一数，三百六十行，夏天放暑假的，只有教员和学生。放个什么，所为何来？

欧美初行义务教育的时候，城市尚未发达，人民大半住在乡下，或是自己作田，或是雇人作田。地方上教育经费又不足，不能全年开办。教员到了夏天，要去管自己的农务；学生到了夏天，也要去帮助父母料理收成的事体。学校在这种情形之下，不得不放假。

这是暑期放假的起源。后来大学校仿效小学校；城里的学校仿效乡下的学校；这国学校仿效那国的学校。大家不知不觉的照样画葫芦。问起从前所以有暑期的真正缘故，能够圆满答复的百不得一。只说是数月勤劳，得些休息，于身心很有益处。但是好好的一个人，是否一年要休息几个月；这几个月当中，是否能够

* 本篇系陶行知1920年10月为《南京高师第一届暑期学校概况》一书写的前言。署名为郭秉文、陶知行。题目原只有“发刊词”三字，编者在前面加上了该书的书名。

天天完全的休息？研究教育的人，看了这个现象，就有两种感触：（一）从心理上着想，一个人决不能一事不做，一事不想，完全休息几个月。既要做要想，就要有个正当目的来归纳他的精神。若没有这个条件，那就不但要荒废学业，并且不免走入歧路了。（二）学界中人既不能人人享受暑假利益，而暑假的风俗习惯又不能打破，那就要因时制宜，想些别的法子来解决这个问题。于是有心教育的人就想乘暑假的时候，来换些新事业，得些新阅历，使与暑假有关系的人，不但不致荒废光阴，而且能得许多平日所不能得的益处；如同旅行、游历、集会，都是解决这暑假问题的方法。但是益处最大的，无过于暑期学校。请谈暑假学校的优点：

（一）功课没有学足，或是虽学足而未学好的学生，可以乘此补习。

（二）施行选科制的学校，大都只问程度，不拘年限，那爱惜光阴的学生，就可在夏天加读几门功课，早些完毕，使那人生必需的学问，可以早些立定基础。

（三）教员最重要的精神，是求事业能力的长进，要把我们的教材教法一天长进一天。否则年年卖旧货，还有什么意味呢？但是做教员的，平日要服务，没有功夫进学校去求新知识，除了自己研究之外，很少进步的机会。如有暑期学校，那吗做教员的平日可以教学，暑假可以学教，这就是所谓教学合一。

（四）各处学校的教员，各有所长；一处的学生，往往不能遍领国内学者指教，很觉得偏枯。如设暑期学校，各处有学问的教员，可以会在一处，或是各校彼此交换教员，那吗学生就容易和国内良师接触，岂非教育界的幸福么？

本届教员担任学程的，连本校在内，共有六校。他们为提倡教育起见，冒暑讲学，极为钦佩。学员到的有十七省之多；中外男女共计千余人，年高的有五十九岁，若不是国人发奋好学，那有这种好现象？再，此次本校开始试办男女同校，杜威夫人冒暑留在南京[1]，襄助指示一切；又承赫女士慨借宿舍，至可感念。开学时，正值北方战争时期，交通断绝数日，幸大家一心向学，照常上课。又当酷暑的时候，千余人中，竟没有一人害过大病，也是一件很可庆幸的事情。现在散学，诸同学各回本处，是宜将经过情形和姓名汇刊一册，俾愿彼此通问、互相研究的得备存查；并使暑期共同的生活，稍留记载，以备将来参考。

注释

① 杜威夫人冒暑留在南京　杜威于1919年4月来华，1920年4月到南京高师讲学，夫人随同来宁。

关于教育厅长产生问题的意见*

今天诸位对于这个问题的意见，说得透彻，很为可喜。不过这个问题的性质是很复杂，里面所包含的亦很多，所以要确定怎样是不容易的事。我现在把诸位所未说及者提出来，以供诸位研究的参考。兹先把两方面所主张的利益逐一加以鄙见。

（一）官委方面所举的利益

（1）“委任可免政客利用”。我以为此条和民选差不多，因为两方面都可利用，有时倒反在官委方面容易利用。盖官委只要利用一个人，民选则要利用几十百个人了。（2）“官委易于得人”。其实易于得人亦易于失人。（3）“如不得人，易于更换”。此点不是委任的利益，乃属于免职范围里边的。（4）“被委之人办事少有掣肘”。这一条只怕不容易做到，和第九条发生同样的困难。（5）“行政易于统一”。此点有理由，好比一个公司，只有总经理要董事推举，其余的职员都由总经理支配，所以事权统一，易于收效。国家政事，只要总统由人民选举，其余行政人员都可责成总统支配，以收统一之效。（6）“责成能专”。这层

* 本篇摘自《教育厅长之产出问题》一文。原载1921年3月《教育汇刊》第2卷第1集。1920年11月25日下午7~9时，南京高师教育研究会就《教育厅长由民选抑由官委》为题，举行辩论，聘陶行知为评判员。甲乙两派各申述9条“利益”，然后互相驳难。最后陶行知作了发言，记录成本文，记录者：李勉韶。

如同（5）条，比民选为好。我们看现在的教育总长委任一个教育厅长谨慎得很，因为和他的主张与进行有关系故。假使被委者不得其当，总长即不能辞其咎，所以责成自能专一。至于民选，则由多数人民选出一个厅长，责成就分散而罕能专一。（7）“时间、财力、人力之经济”。这要看政府对于教育是否有真正的信仰热心，如果委任不得人，致起种种不良结果，当然谈不到经济。但如单就手续而言，自比民选经济些。

（二）民选方面所举的利益

（1）“人民对于教育有切肤关系”。这一层要看人民的程度和态度怎样而定。就现在说，多数人民实在不知道教育和他们有切肤关系。但人民程度逐渐提高，就能逐渐觉得教育的重要。（2）“多数人民观察周密”。这层固然不差，但是官委的人亦可由人民监视，如果不好亦可提出弹劾。（3）“不致任用私人”。此条未必比委任好。（4）“选出之人对人民负责”。这要看被选的人如何，好的自然会对全体人民负责任，那坏的恐怕只对同党之人负责，和被委者仅向委任者负责相差不远。但在共和国，无论被委的、被选的，都应向全体人民负责。（5）“如不得人，易于更换”。这条亦属于免职范围之内，可不必论。（6）“符合舆论，副民望”。实际上，民选和官委却都能得副民望的行政人员。民权强有力的国中，非副民望的固不得被选，但非副民望的亦不敢委任。（7）“易得人民帮助”。好的固能得全省人民的帮助，一有党见，就只能得同党的帮助了。（8）“被选者是本地人，熟悉本地情形”。我们并没有限定被选者一定要本地人。行政人员，最好只问才能，不问籍贯。（9）“破除官僚阶级”。这种阶级，在共和政体之下，不容他存在。所以无论官委或民选制度，都应打破此种阶级，凡被选或被委的，都是人民的公仆。

讲到现在的人民心理，如果采取民选制度，容易跑出政客来运动，弄得高尚洁白的人不愿来干。有时各县的选举人，同集一处，人地生疏，竟会随便选举，或者以交通不便，托人代庖。凡此种种，却是应当预防的危险。

我承认这个问题尚有继续研究的价值，等到充分研究之后再下判断不迟。继续研究时所应注意的有三点：（一）参考各国制度及趋势。（二）比较各省的教育会会长和教育厅长。（三）每逢一制度发生，必使舆论代表和行政实效各得其所。

请允招特别生或代办补习班案*

江西某校请送中等学校毕业生四十五人，至本校为特别生，补修英文、算学。可否酌允？或由前途[1]担任经费代为办理补习班。

（议决：本校特别生现无缺额，不能插班，亦不能代办补习班。如果有志来学，可先自预备，于下学年本校招考时来校应试。）

注释

① 前途　旧时在与人接洽事情时，作为有关对方的代称。

* 本篇系1920年12月1日在南京高师第二十次校务会议上的提案，摘自《南京高等师范学校第二十次校务会议记录》。

收取特别生标准案*

下学年似可将特别生程度提高，俾收取特别生标准与目前拟设之国文特班生相等，而不另设国文特班生名目。至其详细办法，可由招生委员会详细讨论。

（主席将陶君说付表决。通过。）

* 本篇系陶行知1921年3月16日在南京高师校务会议上的提案，摘自《南京高等师范学校第二十三次校务会议记录》。

地方教育行政为一种专门事业*

市乡教育的界说

地方包含都市和乡村，故地方教育行政有都市和乡村教育行政两种。依克伯利[①]先生所主张：上五千人的地方都可算为都市，不到五千人的都算为乡村。凡都市皆令脱离县教育行政范围而直隶于省；凡乡村皆令统属于县；县复就地方之大小酌量分区办理乡之教育。因市乡人民密度不同，经济能力不同，环境性质不同，凡此种种影响于课程编制、教学方法、行政组织的又都不同。分治就两受其利，合治就两受其弊。详细情形，当另著文说明。现在只下这一定义：上五千人聚居在一处的叫做市，不足五千人聚居在一处的叫做乡。市教育以一市为行政单位，乡教育以全县为行政单位。我所讨论的就是说：这种市教育行政和这种县教育行政要当他为一种专门事业看待，要以专门的目光研究他，要以专门的学术办理他。

地方教育事业之重要与责任

上说之定义，很是概括的。再进一步，就须将都市和乡村教育的事业责任来讨论一遍。

请先说都市。中国有五十万人口以上的都市十三处，十万人

* 本篇原载1921年7月《教育汇刊》第2卷第1集。

口以上的都市四十七处。十万以下的都市，现在尚无确实消息；但据邮政局九年度一二三等邮局所在地估算，相差不致太远，约在一千六百八十处左右。现设的七千七百六十八处邮寄代办所当中，还不免有好多都市，但确数难定了。有这种情形，所以中数[②]不易求得。我们姑且拿一个五万人口的都市来讨论，都市学龄儿童与人口之百分比，较乡村要低好多。依六三制行义务教育，每百人中应有学龄儿童十六人。故五万人口的都市，约有学童八千，教员二百余。协同二百余教员，培养八千学生，这是何等大的事业，何等大的责任。那百万左右的都市，如北京、上海、广州、汉口、西安等处教育事业的浩繁，责任的重大，更不必说了。

再说乡村教育。乡村教育以县为行政单位。中国二十二行省，四特别区域，共有一千八百四十三县，平均每县一千三百二十七方哩。最小的有千余人，最大的有二百二十七万人，平均每县有二十万人。将县内一二三等都市人口除开，平均每县乡民当有十七万之谱。乡村学龄儿童与人口之百分比，较都市多些。依六三制约计，乡村中每百人应有学龄儿童二十一人。十七万乡民之县，当有学龄儿童三万五千七百人，教员千余人。协同千余教员，培养三万五千七百学生，这事业又何等的大，责任又何等的重！

地方教育所含之专门性质

看上面所说，地方教育的重大，固已有具体的事实可作立论根据，但还不免概括。究竟地方教育非专门家不能解决有几个什么问题？

（一）计划问题

世界潮流，国家大势，以及地方人口增减，财力消长，职业变迁，影响于地方教育者最大。办学的人宜如何默察趋势，熟筹利弊，预拟一逐年进行的计划，使理想依据事实渐次实现，世界、国家、地方面面顾到。预拟这种计划，是否需要专门的学识？

（二）师资问题

学生学业的进退，多半看教员的良否为转移。五万市民之市，须教员二百；十七万乡民之县，须教员千人。这许多教员未来之先，办学的人宜如何酌量需要，分别设法培养选聘；既来之后，宜如何设法辅助指导，使有最良之精神，并如何筹备种种机会，使教员的学问能得相当的研究进步。办理上说种种，是否需要专门的学识？

（三）课程问题

课程为社会需要与个人能力调剂的工具。编制课程的人，必须明了动的社会的种种需要，将他们分析起来，设为目标，再依据儿童个人心理之时期，能力之高下，分别编成最能活用之课程，使社会需要不致偏废，儿童能力不致虚耗。这是一种最精细的手续，是否需要专门的学识？

（四）经费问题

地方财力有限，教育事业无穷。以有限的财力办无限的事业，支配经济的人，必须分别缓急，酌量进行。这分别缓急四字，包含教育事业各方面的关系。必须将这些关系彻底了解后，才谈得到分别缓急。但是这种了解，是否需要专门的学识。

（五）设备问题

物质环境在教育上之影响，尽人皆知。要有良好的教育，必须有相当的物质环境。校舍、设备、图书、仪器和校外之种种环境，都与教育有密切的关系。空谈自动、自治、自学、自强，是没多用处。有相当之设备，才能发相当之精神。即以校舍论，宜如何构造，才能使他合乎卫生、美术、经济、教育的原理。简括问一句，宜如何选择、支配、联络环境的势力，使教育得收良好的结果，是否需要专门的学识？

（六）考成问题

我们受人民的付托，办理地方的教育，费了这多钱，用了这多人，开了这多学校，教了这多学生，究竟结果如何，应否平心问一问？怎样问法，怎样度量各种教育的历程、结果，和度量之后怎样据以切实改进，都是要从专门研究中产出来的。

（七）劝学问题

假使地方人民对于教育，尚无有相当的了解信仰，就不得不做一番感化的工夫。我们宜如何表示教育的真相，证明教育的能力，使人民自觉教育为人生日常所必需，并发共同负担独力兴创的宏愿。这种教育真相的表示与教育能力的证明，是否需要专门的学识？

主持地方教育行政人员应有之学业

地方教育既有上述几种问题，非专门人才不能圆满解决，那末办理地方教育人员所应具之资格，可以推想而知。品性方面，暂且不论。现在只举学业一门，拣其最要的讨论一回。

（一）普通学问方面，至少须学哲学、文学、近世文化史、科学精神与方法、社会问题、经济学、美术等课。这种学问一来能使目光远大，二来能使同情普遍。因教育是一种永久事业，非目光远大不足以立百年之基；教育又是一种社会事业，非同情普遍，不足以收共济之效。

（二）工具学问方面，须于国文之外，至少学习外国语一门。一可使地方所办学务得与世界潮流接触，二可使自己所得学识与国外同志印证。再，统计法亦为一种重要的工具。得此就可明了别人研究的结果，也可使人明了自己所办事业的真相，并且还有许多问题要借助统计才有相当解决的。至于办事最重效率，所以科学管理一门功课，也是应当学的。

（三）专门学问方面，至少须学教育哲学、教育概论、教学法、教育心理学、中等学校之组织及行政、初等学校之组织及行政、地方教育行政问题、学务调查及报告法、学校建筑与卫生。

这许多功课，是纯粹关于教育的。各门的宗旨合起来，是使办学的人能拿教育的方法去达教育的目的。

简单些说，我们理想中的地方办学人员，学业方面，至少须有大学毕业同等程度，加些关于教育行政之专门学识。

结论

现在中国之一千六百八十市和一千八百四十三县，以主持教育的人而论，已需三千五百人。若将协理人员共同计算起来，至少需万余人。中国若想推行义务教育，非将地方办学人员与教员同时分别培养不可。现在培养师资与普及教育的关系，大家已经了解。惟独对于地方办学人员之培养，大家还没有相当的注意。山西、江苏的义务教育计划书中，都没有这回事。最好的省份，不过为他们举行一二次讲习会补救补救。反对的还以为地方教育人人能办，何必讲习。岂晓得这种学习，已非短期讲习所能了事。故中国不想推行义务教育则已，若想推行义务教育，必从培养改良地方办学人员入手。

注 释

① 克伯利　通译克佩耳。

② 中数　亦称中位数，即将许多有关的量数由小而大或由大而小，顺序排列，然后取中间的一项来作代表。这是统计的一种方法。

教育者之机会与责任*

今天我讲题是《教育者之机会与责任》，但是今天到会的，除教育者外，又有受教育的学生，提倡教育的办学者。我这题目，和上面种种人有什么关系呢？我想，学生对于教育发生的影响，自己首当其冲，自然要去看看教育者是否已经利用他的机会，尽了他的责任。办学者是督察教育者的人，更有急需了解教育者的机会与责任的必要。所以我这演讲，实在是以上三种人都应当注意的。

先从机会方面讲。教育者应当知道教育是无名无利且没有尊荣的事。教育者所得的机会，纯系服务的机会，贡献的机会，而无丝毫名利尊荣之可言。他的机会，可分四种：

（一）有可教之人；

（二）可教者而未能完全教；

（三）可教者而未能平均教；

（四）已受教而未能教好。

以上四种，都是予教育者以实施教育的机会。且先就第一种讲：

第一种是因为社会上有许多可教之人，所以教育者才能实行

* 本篇系陶行知1921年夏在安庆暑期演讲会上的演讲记录。记录者：程禔昌。载1922年7月7日《民国日报·觉悟》。

他的教育，倘若无人可教，则教育者就失其机会而无用武之地了。孔子曰：“生而知之者，上也。”美国某哲学家，对于他这句话很有怀疑，他反驳孔子说：“生而知之者，下也。”可是他的话确乎也有根据，譬如最下等的动物——细胞，彼从母体脱离后，凡彼母亲会做的事，彼都会做。再推到小牛，彼虽然不似细胞那样快，但是不用隔多时，举凡彼母亲的事，彼也会做了。小猴子却又不同，彼有几个月要在彼母亲的怀里，因为彼又是较高于小牛的动物。人又不然了，人在小孩子的时期，最早要候二三年后，始能行动，后来又慢慢由幼稚园至于大学，去学他的技能，以做他父亲会做的事。总之，幼稚时间长，所以可教；教育者的机会，也是因为有可教的小孩子啊！

第二种是说可教的人没有完全受教。如中国有四万万之众，照现在统计表计算，只有五百四十万个学生。换言之，只有一百分之一·五是学生；一百人之中，能受教育的只有一个半人。这一百分之九十八·五的不能受教育者，都打着我们教育者的门，并且告诉我们说：“现在是你们的机会到了，有一个人不入学校，就是你们还没有实行你们的机会。”

第三种是就受教的人说的。中国现在受教育有三桩不平均的地方：（一）女子教育；（二）乡村教育；（三）老人教育。

第一桩，女子教育在中国最不注重。中国全国，有一千三百余县没有女子高等小学，又有五百余县没有一个女学生。若照百分法计算起来，男学生占学生中百分之九十五，女子却只占百分之五；以家庭论，一百个家庭，只有五个是男女同受教育——好家庭了。所以为家庭幸福计，男女都应受同等的教育。女子教育的重要有三：

甲、女子同为人类，自应有知识技能，去谋独立生活。譬如四万万根柱子擎着大厦，设若有二万万根是腐朽不能用的木材，则此大厦必将倾倒，这是很明显的例子。所以女子必须受教育，去共同担负社会的责任。

乙、女子富于感化性，能将坏的男子变好，并且可以溶化男子的性情与人格。诸位不信，请看看你们的亲友，定可得着个很显著的证明。所以欲使男子不致堕落，非从女子教育着手不可。

丙、女子受教育，必定十分顾及他子女的教育，不似男子的敷衍疏忽。所以普及女子教育，不但可以收到家庭教育的好果，并且可以巩固子孙的教育啦！

第二桩，不平均是城乡学校的相差，城里学校林立，乡下一个学校都没有。以赋税论，乡下人出钱，比城里人多些；他们的代价，至少也应当和城里平均，才是公允的办法。故乡村教育，应为教育者所注意。

第三桩，是小孩子可以受教育，而老年人则无受教育之机会。一班教育者，也只顾及小孩子的教育，对于老年人很少加以注意，这也是件不平均的事。中国现在内外交矜，社会多故，如若候着那班小孩子去改造，非待二三十年后不能奏效。所以欲免除目前的危险，必须兼顾着老幼的教育。

许多女子、乡村人、老年人都打着我们教育者的门，如求雨一般的哀求我们放他们进来。这也是我们的机会到了！

第四种机会，是因为小孩子虽然受教，但是没有教好。如已教好，我们教育者又无机会了。没有教好者，可分四层讲：

甲、人为物质环境中的人，好教育必定可以给学生以能力，使他为物质环境中的主宰，去号召环境。如玻璃窗就是我们对于物质环境发展的使命之一。我们要想拒绝风，欢迎日光，所以就造一个玻璃窗子去施行我们拒风迎光的使命，教讨厌的风出去，可爱的日光进来。又如我们喜欢日光和风，但是想拒绝蚊蝇，所以又造了一种纱窗去行我们的使命。这种使命，并非空谈，因为我们有能力，确可使这些自然的环境听我们调度。故学校应给学生使命环境的能力，去作环境的主宰。以上不过是表明人对付环境的两个例子。

水也是自然环境之一，但是人不能对付彼，常常为彼所戕杀。如去年门罗[②]博士到苏州参观教育，同行有四位女学士。过桥的时候，女学士的车子忽然翻落桥底；当时船家和兵士都束手无策，等到想法捞起，已经死了一个。我们从这件事，得着一个教训，就是“学生、船夫、兵士都不会下水”，以致人为自然环境的“水”所杀。

人在青年时发育最快，身体的发育犹如商人获利一样，可是商人获利是最危险的事，偶一不慎，当悖出如其所入。我们青年生长时，亦有危险，学校讲求体育，应问此种体育是否增加学生的体健，使他们不致有种种不测之事发生？

这种学生的父兄，也带了他瘦且弱的子弟，打我们教育者的门，厉声问我们教的是什么教育？

乙、人不但是物质环境中之一人，也是人中之一人。人有团体，有个人，在这团体和个人中，便发生相对的关系。此种关系，应互相联络，以发展人性之美感。在此阶级制度破产时，我们绝不承认社会上还有什么“人上人”，“人下人”，但是“人中人”我们是逃不掉的。我们既然都是人中之一人，那末，人与人自然会有相互的关系了。这种关系能否高尚优美，尚属疑问。且就现在的选举说吧，被选人手里执着些洋钱，选举人手里执着一张票，他们所发生的关系，是洋钱的关系，选举的关系罢了！这种关系能合乎高尚的条件吗？

再看留学生的选举如何？记得从前中央学会选举时，自称为博士、硕士的留学生，不也是一样的舞弊吗？其他如大学毕业生、中学毕业生以及未毕业的中学生，他们又是怎样？他们为什么拿着清高的人格去结交金钱？去结交政客？作金钱的奴隶？作政客的走狗？这样的学生对得起国家社会吗？对得起父母吗？对得起自己的人格吗？

国家、社会、父母，都带着他的子孙，打我们教育者的门，骂我们为何太不认真以致教出这种子弟！

丙、好教育应当给学生一种技能，使他可以贡献社会。换言之，好教育是养成学生技能的教育，使学生可以独立生活。譬如社会上的农夫、裁缝、商人、工人、教员……他们都有贡献社会的技能，他们各人贡献他们所做的事，可以使社会得着许多便利。倘若有一个人没有能力，则此人必分大家的利，而造成社会的恐慌了！所以教育的成绩，就是“技能”；教育就是“技能教育”。且拿现在的师范生做个譬喻，现在师范毕业学生只有十分之八可以服务，十分之一可以升学，其余的十分之一，却做了高等游民了。再看中学毕业生，也只有三分之一可以服务，三分之一可以升学，其余三分之一，也就做了游民了！但是他们虽然不能服务，倒不惯受着清闲的日子，反做出许多不正当的事业，实在危险啊！

这种游民式学生的父兄，也打着我们教育者的门，问我们何以教出这种不会做正当事的子弟？并且教我们重新改过课程，使毕业的学生皆可独立。

丁、人不能没有休息，但休息是人最险之时。人无论怎样忙，都没有损害，倘若休息，则魔鬼立至。我们可以看出社会上许多恶事，都是在休息时候做的。所以学校里有音乐，便是给学生以正当的娱乐，使学生不致在休息时间做出恶事。可是学生回到家里，既无教员同学和他盘桓，又没有经济设置音乐去助他的娱乐，难免不发生其他的事来。所以学校应当使学生在休息时有正当的愉快。

这又是我们教育者的机会了！

总之，以上皆是我们教育者的机会。平常人对于机会怎样对待呢？大约可以看出四种情形来：

(A) 候机会　有一班教育者天天骂机会不来，好像穷妇人想发财一样，但是机会不是观望的，所以等着机会是极愚拙的事，可以料定永远不会收着成效的。

(B) 失机会　又有一班教育者，他明明看见机会来了，等到用手去捉彼，彼又跑掉了。如此一次，二次，三次……仍旧不能得着机会。因为机会生在转得极快的圆盘子上，倘如没有极敏捷的手去捉彼，总会失败的。

(C) 看不见机会　机会是极微细的东西，有时且要用显微镜和望远镜去找彼。一班近视眼的教育者，若不利用那两种镜子，是很难看见机会的。

(D) 空想机会　还有些教育者，机会没有来，到处自炫，就像得着机会一样。犹如两个近视眼比看匾，在匾没挂起来的时候，都去用手摸了匾。后来共请一位公证人去批评，他们各人述了自己的心得，公证人忍不住笑了，因为这匾还没有挂上，他们都是"未见空言"咧！

这类"未见空言"的教育者，他们一味的空想，结果总没有机会去枉顾他一次。

现在再谈谈好的教育者。我以为好教育者，应当具有灵敏的手去抓机会，并且要带千里镜去找机会，机会找着了，就用手去抓住彼，不断地抓住彼，还要尽力地发展彼。

再说一说教育者的责任。简单一句话，教育者的责任就是"不辜负机会；利用机会；能用千里镜去找机会；会拿灵敏的手去抓机会。"

办学者和学生都应当看看教育者是否利用他的机会；如果没有利用他的机会，便是他没有尽责。尽责的教育者，可以使学生发生"快乐"与"不快乐"两种感想；但是不尽责的教育者，也可以得着这两种情形，这是什么缘故？

因为教育者尽责，可以使学生在物质环境中做好人，教他学习一种技能去主宰环境。这种教育者，学生对于他有合意的，有不合意的。合意者不生问题，不合意的学生只请他认定教育者是否教我们做一个好人。如是，那我们就应当忍耐着成全这教育者的机会。设若教育者不负责，辜负了机会，不使学生求学，我们这时候，应当知道学生有好有坏，教育者也有尽责与不尽责，不尽责的教育者常为坏学生所欢迎，同时也被好学生唾弃。做好学生、好教育者，更应当对于坏教育者、坏学生，加以严厉的驱逐，使这学校成为好的学校。

这桩事，无论是教育者、学生、办学者，皆当注意。我们不能辜负这机会与责任，自然要奋斗。攻击坏教育者、坏学生，是我们不可不奋斗的事，尤其是安徽不可不奋斗的事！

注释

① 门罗　通译孟禄。

义务教育入手办法之商榷大纲*

释义

义务教育有二义：一为义务设校，一为义务就学。

就普通人民性质观之，千人中有一人不论本地有无学校，其父母必遣就学；百人中有五十三人若地方有免费学校，乃可得就学之机会；百人中有十九人非经强迫，其父母不令入学；千人中有九人虽经强迫，也难就学。

史略

一五二四年马丁·路德（Martin Luther）始倡强迫父母遣子女就学之议。一六一九年外马耳（Weimar）①实行强迫教育。一六四二年戈撒（Gotha）②继之。一六四二年美洲马撒朱赛（Massachusetts）③选士强迫父母教育子女。一七一七年普鲁士（Prussia）④宣布强迫教育法令。一七九二年法国定义务教育期限为三年。一八五二年马撒朱赛州颁布强迫教育法令。一八七〇年英国始予地方教育议会强迫就学之权。一八七九年日本实行义务教育。

* 本篇原为油印件，不全，无写作时间。但据档案记载：1921年7月江苏成立义务教育期成会，下设有研究股委员会，以研究义务教育诸问题。8月，该会聘陶行知为研究股委员会委员，故此文应为1921年8月以后不久所撰。原件至“多”后文缺。载《民国档案》季刊1990年第3期。

促进义务教育之主动力

一、宗教觉悟　德、美义务教育之初期。

二、国家主义　德国十八世纪末迄今及日本、法国之义务教育。

三、共和主义　美国与英国。共和主义之义务教育在使全国人民无论贵贱贫富，男女皆得平等机会学成自立之国民。

义务教育之入手办法

世界各国之历史不同，政俗不同，故其义务教育之施行方法，也不能尽同。若徒事仪型而不知变通，则措施必难适于本国情形。然义务教育创行以来三百余载，其间之成效利钝，必有足为吾人取鉴者。兹依据中国需要，约举数端，以资商榷。

一、组织地方教育机关以为义务设学之基础

甲、各国之经验　英国一八七〇年之地方教育议会。美国一八七二年责成都市官吏执行教育法令。日本一八八〇年改正教育令："各町村当从府县知事之指令，置独立或联合足以教育其学龄儿童一个或数个之学校。"日本一八八几〔九〕市〔年〕町村制。

乙、市乡教育分治　市乡之情形问题不同，合治则两损，分治则两益。市学区以一市为单位，乡学区以全县为单位，但可分为数乡学分区。市、乡学区之学务皆受县教育行政机关之监督。

五千人以上为市学区，五千人以下为乡学区。义务教育先从市学区入手。

丙、组织地方学务会议及学务局。

二、任用专员主持全区学务

甲、改学务委员为都市或乡村学务局长。

乙、学务局长为俸职，现在之学务委员为名誉职，但视地方情形，得酌给公费；此制不能收实效。

丙、学务局长之资格宜加高。

三、中央教育机关宜负监督指导奖励惩罚及立标准之责

甲、美国自一六四二年开始义务教育迄今二百八十载，尚有密西西比（Mississippi）[5]一洲未行义务教育，以缺中央督促故。德国普鲁士义务教育之雷厉风行，以有中央集权故。

中央负监督之责，地方负执行之责，为义务教育行政之要事。

四、义务教育经费问题

甲、义务教育之代价　美国每人担负教育经费四元四角五分金洋。日本每人担任四角一分金洋。中国每人担任六分金洋。

乙、基本金　法律保护

丙、国、省、县补助费　救济财力不足之地方，德国邦补助费在都市教育经费占百分之十六，在乡教育经费占百分之三十几。

丁、地方教育税　依据上年学生征收，以期学款逐年可以增加；须有法律保护，使不与国家税及其他地方税混合。德国地方教育税占都市教育费百分之六十九，占乡村教育费百分之十二。美国全年初等教育费三百三十六兆，内有百三十四兆为地方税。

戊、公债　设置学校不动产，可卖公债票。美国以公债充都市教育经费年几六十兆。

中央颁立公债规程。

己、教育经费支配法　依据该区或该校教员数及学生全年出席总数支配经费，以促学业之进步。

五、筹备师资

甲、各国经验　一七九四年法国为储义务教育师资，首创师范学校于巴黎。一八三九年美国马撒朱赛州设师范学校以为义务教育之准备。一八七一年日本太政官令速兴师表学校。一八八〇年改正教育令，各府县当设师范学校以养成教员。

乙、中国之需要　中国兴学以来，也颇注意师范教育，据民国六年报告：全国有师范学校百四十八所，学生二万三千一百三

十六人。但欲普及教育，当有教员二百万，现全国教育［员］数只有十八万近五千，离标准尚远。

六、提倡改良私办教育事业，以为义务教育之先声

甲、各国经验　各国施行义务教育之先，多……

注释

① 外马耳　Weimar，通译魏玛。德国爱尔福特区的一个城市。1547年成为萨克森–魏玛公国首府。1919年德意志共和国的国民议会，在此召开制宪会议，制定了魏玛宪法，1919~1933年的德国政府，也因魏玛宪法而名为魏玛共和国。

② 戈撒　Gotha，通译哥达。德国爱尔福特区的一个城市。1640~1825年、1826~1918年相继为萨克森–哥达公爵、萨克森–科堡–哥达公爵驻地。1795年爱森纳赫和拉萨尔两派在这里开代表大会，成立德国社会主义工人党，通过《哥达纲领》，马克思因而写了《哥达纲领批判》。

③ 马撒朱赛　Massachusetts，通译马萨诸塞。美国东北部新英格兰地区一州，为美国独立时最初13州之一，在反抗英国殖民统治中曾起重要作用。州内有许多著名的大学，其中包括1636年建校的哈佛大学和1861年建校的麻省理工学院。

④ 普鲁士　Prussia，本文指1786年前的以腓特烈一世和二世为国王的普鲁士公国与普鲁士王国。第一次世界大战后随着德意志帝国解体而解体，普鲁士成为魏玛共和国的一个州。第二次世界大战后被分割，1947年盟军管制委员会下令废除普鲁士建制。

⑤ 密西西比　Mississippi，美国南部一州。原为印第安人聚居地。1817年加入联邦，为美国第20州。1861年南北战争时期退出联邦。1870年重新加入联邦。

我国中等教育之先锋*

诸位，我们天天在讲革新教育使有进步，其实怎样革新以求进步，断不是空谈的事，一定要借重实验。盖必学理与实情符合，相辅而行，而后所革新者，才是真的，有用的……

我们今年这个中学，特别和大学教育科发生关系，我深知道廖先生①是研究中等教育的专家，亲身有这样一个实验的学校，大学教育科的中等教育，就是廖先生主任，将来造就出来的中等教育人才，一定是于我国中等教育界，有点特别的贡献。

这样看来，今年中学四周年成立纪念日，其可纪念的地方很多，刘先生②以哲学的眼光，实在说得不错。但我所要再补加一层可纪念的，就是中学和大学教育科今年新生之关系，实是两方面加了一种新生命。趁这个机会，我敢代表教育科，敬祝我们中学时有革新，时有进步，为我国中等教育之先锋！

注释

① 廖先生　指廖世承，当时主持附中的试验工作。

② 刘先生　指刘伯明，当时代表东南大学校长郭秉文参加纪念会。

* 本篇原载1921年12月《中等教育》第1期，系1921年9月24日陶行知在南京高师、东南大学附中成立四周年纪念会上的讲话记录，当时陶是东南大学教育科主任。

师范教育之新趋势*

教育是立国的根本。不过因为国体的不同，教育的趋势也就不一。共和国立国的要素，在国民有共同的目的，共同的了解，谋共同的利益。但是人们幼时的动机，常偏于自私自利一方面，吾们当怎样利用他，养成互助、团结、同情等好习惯和共同了解的机会，那就全靠教育。有人说："吾国无国民。"这话未免太过。但细想，实际上有国民的资格的确是不多，所以教育在中华民国里更加重要。师范学校负培养改造国民的大责任，国家前途的盛衰，都在他手掌之中。既有这种责任，那得不观察教育的新趋势，谋进步的教育！

要造成适当的国民，须有适当的教员。譬如裁缝制衣，一定要估量身材的长短肥瘦，还要知道人们的心理，然后配以适当的颜色。所以不但和身体有关，和精神亦很有关系。相传明朝有个御史①，请裁缝做衣，裁缝问："你是第一年的御史，是第二年的御史，还是第三年的御史？"他为什么要这样问？因为第一年趾高气扬，衣服必定要前长后短，方始合度；第二年稍知事故人情，要前后等长；第三年更进步了，格外虚心静气，背也曲了，所以要后长前短。办师范教育，也当作如是观。换言之，就是要

* 本篇系演讲记录。记录者：江源岷、张锡昌。原载1921年10月22日《时事新报·学灯》。

合社会的应用。不过从“用”上面，就有两个问题发生：甲、够用不够用，是讲他的数量；乙、合用不合用，是讲他的性质。

甲、够用不够用的问题

就是议论师范学校究竟要造就多少人才方才够用。这可分两层讲：

（1）假定我国人口是四百兆，有八十兆是学龄儿童，就当有二百万教员（每人教四十个学生）。现在只有十八万五千，不过占十三分之一。缺少的数目很大，就应该怎样去增加呢？

（2）人口依几何级数增加，教员也当增加。还有因病而死的，因他种关系而改业的。如女子出嫁，教员便做不来。这样的变换，教员的数目，也就要减少。据日本人调查，十七个教员中须有一人补他的缺，要达“够”的目的，真是不容易呵！但这不是师范学校单独的责任，社会、国家和教育机关都应负责的。

乙、合用不合用的问题

师范教育的趋势，在能改进不合用的变成合用的；改进合用的，变成更合用的。这种向着合用走的几个趋势，就是新趋势。现在分条来说明：

（1）乡村教育和城市教育　乡村教育不发达，可说已达极点。我国人民，乡村占百分之八十五，城市占百分之十五。就是有六千万人居城，三万万四千万人居乡。然而乡村的学校只有百分之十。这种城乡不平均的现象，各国都不能免，但是我国的乡村，未免太吃亏了。恐怕也非城市人的福哩；至于教材方面，乡村和城市也大不同。例如电灯、东洋车等，在城市是常见的，但在乡村的学校里要教起这许多材料来，就很困难了。还有放假一层，乡村和城市也不同。什么蚕假、稻假咧，那里能够把部定章程来束缚他！现在的师范学校都设在城市，连教授方面，也是重城轻乡。此后亟当想法，怎样才可以使乡村的儿童受同等的知识，享同等的待遇，这就是师范教育的一个新趋势。

（2）研究小学教材　现在的师范学校，大都是中学校的变形，不过稍加些教育学、教授法罢了。毕业以后，就拿这些教材去教学生，恐怕还是门外汉呢！所以师范生在观察要用怎样的小学教材，就怎样去学。一方面要学“学”，一方面要学“教”。这又是一个新趋势。

（3）培养特长的人才　现在的人以为师范生要件件都能。这却不对。高等科和国民科不同，普通科和特殊科又不同。师范教育，当发展各人的特长，以适合社会上的需要。例如江苏省立第三师范学校的分科研究制，是很好的师范教育。

（4）扩充师范学校　现在师范学校，平均每校二百人左右。教育部规定至多不得过四百人。但是在欧美诸国，大都每校在千人以上。可见“大师范学校”是吾国很需要的。

（5）添加新功课　社会上有新的需要，就当添加新的功课去适合他，指导他。现在社会问题很纷乱，社会学应当增加了。又因为科学的发达，各种学问，注重分析。所以虚泛的、理论的心理学不够用，儿童心理学和心理测验一定要增加了。仅讲些教育史、教育哲学也不够了，教授法、管理法……一类的实际学问，也须重新研究了。总之，社会的新需要没一定，增加的新功课也当随之而异。

（6）师范和附属小学宜格外密接　附属小学不但是实习的地方，简直是试验教育原理的机关。教育原理不是一成不变的，天天去研究，就天天有进步，天天有变革。所以附属小学是“教育学的实验室”，和别的实验室一样的。

（7）师范学校有继续培养的责任　内地有许多师范学校，对于毕业生毫不关心。这是最不好的现象。当知毕业是局部的、暂时的。学生固不可从此不学，教员也不当从此不教。所以学校对于毕业生有继续培养的责任。例如调查、讲演会、巡回指导等事情，更当注意。

(8) 培养校长和学务委员等专门人才　一学校的好坏，和校长最有关系。一地方的好坏，和学务委员最有关系。但是现在却不注意到这两层。例如南京有人口四十万，当有学龄儿童七万，教员二千人。对于学务委员，一些人没有相当的重视。物质上的酬报，每年多至四百元！吾们固不当做金钱的奴隶，但事务和代价，当然要求个相值。广州大于南京二倍余，而教育局长的薪水，每月在四百元以上，所以教育也有进步了。像广州这样优待，固然不必效法，但是今后教育界应有一种觉悟。对于一般学务委员当有相当的重视，而师范学校里，也不得不培养特长的专门的人才。这种趋势，在欧美早已现诸事实上了，我们中国的教育岂可忽视了么?

以上几种趋势，决不是一二年内所能办到的，但是现在不可不向那一方面进行。

注释

① 明朝有个御史　这是清人赵吉士所写的一则笑话故事，见《寄园寄所寄》。

对于《学制系统草案》的意见*

新制[1]比现行制[2]优点甚多，但有一点，将来修正时须注意，即成人教育未包括入系统内。各国对于年长失学者都视为重要，设补习校以为受教育不充分及年长失学者补习。本席之意，可否将成人教育列入旁支系统内，以唤起教育家注意。

初等教育若办六年，则有师资与经费两层的困难。在城市中或可设法救济，而乡间则万万办不到。师范教育要以学制之需要，想出应接的方法。例如小学改六年，分四年一期，二年一期，则师资可分别培养。可办第一期乙种师范，为四年期小学教员，办第二期甲种师范，为后一期二年小学之教员。在斐律滨[3]高小已有师范科，我国可参酌行之。至高师亦可办甲乙两期，分为初级与高级中学之教员。此外，职业教员之养成所，亦必定在高级中学，以留伸缩余地。

注释

① 新制　指《学制系统草案》。

② 现行制　指民国初年颁行的“壬子癸丑学制”。

③ 斐律滨　通译菲律宾。

* 1921年10月，全国教育会联合会在广州举行第七届年会，会议通过了《学制系统草案》。陶行知出席了这次会议。同年12月，江苏省教育厅召开《学制系统草案》讨论会，陶行知于12月8日在会上作了发言，即此篇。摘自《学制系统草案讨论会记录》。

中学教育实验之必要*

学理与经验是一套分不开的手续。学理在经验上发现，并制裁他的进行，指示他的方向。经验得此制裁指示，始能胜过所遇的困难，以谋改良。但学理未必有罗盘那样准，那样灵。有时指示了错路，制裁得太过或不及，以致失败。但失败之时之先之后，经验必使人亲自感受失败的影响，并使他不得不把他致败的学理、假设来审查修正。万一有根本的错误，就使他不得不完全取消，再设别的法子。所以不但学理指示经验，经验亦要改造学理。学理与经验相合，必有进步；二者相离，学理就要变成空思幻想，经验或也变成盲行盲动了。

我们试就此点观察中国现代的中学教育，是否犯了这学理、经验分离的毛病。一般办中学的人，或是依旧贯，或是抄袭颁布的规程，或是仪型别国的制度，终日里只管照样画葫芦。一切教学设施是否符合社会与个人的需要？学生在学校里是否学当其才？出学校后是否用当其学？一概漠不关心。那自命为教育理论家的，或与中学从无见面的因缘，或只偶尔参观，只管闭起眼睛来胡思乱想，拿起笔、开起口来高谈阔论，有时或亦言之成理，

* 本篇系陶行知任东南大学教育科主任时，针对中等教育之弊端而写。在南京高师与东大附中成立四周年纪念会上，他作了内容相同的长篇演讲，记录人记下了这样的话："我们当时会众听了，对于我国中等教育，发生无穷系念，且觉凡为这个学校的一分子，都负责任不小！"原载1921年12月《中等教育》第1期（南京高师、东大附属中学编）。

其实多为隔靴搔痒！

俗语说得好：种瓜得瓜，种豆得豆。下了理想与经验分离的种子，我们就要看看得的是甚么结果。今试一问中国办了若干年的中学，究竟毕业出来的学生能干什么事？喜干什么事？究竟干些什么事？

要想审查现今中学的成绩，必须先将我们希望于中学教育的分析出来，然后方有立论的标准。我觉得中学生毕业之后，若不升学，应有下列之要素：

一、应付社会环境所必需之人格。

二、制裁天然环境所必需之知识技能。

三、生利所必需之知识技能。

四、消闲所必需之知识技能。

请先看中学毕业生应付社会环境的人格。新近毕业的学生，我不敢说，因为他们与社会上恶势力还未十分亲近，故不容易看出来。至于前几年的毕业生，有好多我是不能袒护的。试把近年来参与选举的中学毕业生，就我们所知道的来数一数，究竟有几人未买票？未卖票？未拿金钱代人运动选举呢？单拿选举来做一个例，就证明我们的中学对于培养应付社会环境所必要的人格，还没有可靠的方法！

次看中学毕业生制裁天然环境的能力。我觉得制裁天然环境，首在体力充足。中学学生正当发育时期，上下前后左右一齐滋长，如同暴富的人，得的快，用的快。平日不知储蓄，患难一来，后悔无及。我们青年学生多数不知节省精力，储蓄元气，所以身体强壮的很少。日本大隈伯往往以此警告我们青年，确是实话。不说别的，中学毕业生完全没有眼病的，有几分之几？中学毕业生的目力，有多少是中学校里面弄坏的？我们再问一句，假使一群学生出外参观，中途轮船遇险，有几分之几能游水自救？还有几人能救他的同学呢？此次东南大学入学考试结果，觉得中等学生科学常识甚为缺乏。老实说一句话，我们中学校对于培养制裁天然环境的能力，实是很不充分。

次看他们在生利上所必需之知识技能。换一句话说，中学毕业生如不升学，就须谋一件自利利他的职业。现在中学毕业生，除升学外，还有两种人：一种是做教员的，这可算为职业。但是从未给他学过师范教育，就教他去做教员，也是我们疏略的地方。此外还有一种就是高等游民，在家里闲吃闲坐，此种毕业生通盘算起来，至少要占百分之三十以上。近来中学已经逐渐采纳职业教育之趋势，气象很好。但希望施行之前，加以慎重之考虑。因为办得不妥，什么教育，都是徒劳无功，而且怕还有害！

末了，请谈中学生毕业后的消闲方法。我们做事不能一天做到晚，一晚做到天亮，中间必定有空闲的时候。人当忙时不会走歧路，一遇空闲，危险就来了。所以古时教育，注重闲时的修养，现今的教育，也注重空闲时的消遣方法。在学校里培养学生种种正当娱乐的良好习惯，使他习与性成，将来离校之后，继续将他空闲时的精神，归纳在这种正当娱乐当中，这是很重要的教育。二年前我有一个朋友，专门调查一个都市中等学生的嗜好，他说别事不提，中等学生沾染赌风的人，百人中约有五十人。这话或者太过，但也不是毫无根据。试问学生何乐而为此？直言之，就是他们在学校里，没有充分学到正当的消闲方法，学生之沾染这种习惯，他们固须担负责任，但学校实亦不能辞其咎责！

不升学的既如此，那想升学的学生又怎样？人说起来，大都以为中国高等教育机关不够，不足以应济需要。但是，就我所观察，高等教育机关不是取不足额，就要勉强取足。投考的人数逐年增加很快。但是中学生学业上的准备，比中学生的人数增进得慢。这真是我们中学校应当赶快注意的一件大事！

把以上所说的总结起来，就是以前的中学实在不能满足人意，处处都有改良的余地。然则改良的方法，究竟何在？

随便要改良什么教育，都离不了实验。若想改良中学教育，亦非从实验着手不可。我们的问题，就是如何审查社会需要，依据学生心理，准备种种适当教学机会，使学生得以发展他应付社会环境的人格，制裁天然环境以及具有生利、消闲的种种知识技能。不遇困难则已，一遇困难必不轻松放过，就要求一个相当的解决，必将解决的方法得到，才算了事。如有几个方法解决，必得到那最有效力的解决方法，才算了事。一天不得到，就一天继续实验，必使他屡试屡验，至十分觉得真正得到相当解决，才能罢休！

实验是探未发明的新理，所以往往是反常的。因为他是反常，所以他往往招舆论的抨击，受法律的限制。这两样事，都能予实验以莫大的阻碍。若想在实验上得到充分的效果，舆论固应予以相当的谅解，法律亦应予以特别的自由。但是，教育的实验和别种实验，例如理化的实验，有一点根本的不同，因为供理化实验的是物、是材料，供教育实验的是人、是学生。学生进学校是要达求学的目的，所以实验教育时，以不妨害学生学业为最要。未行实验之前，第一要有研究的人才，第二要有条理的组织，第三要有缜密的计划。

实验的中学可分两种：一是规模最大，设备最周，人才最好，学生最多，教学最良，而费钱最巨。其一切设置、教学都依那最高的理想进行；一是费用小而成效大的。其校中一切设置、教学，都依那必不可少的计划进行。前一种固然要紧，后一种在中国更是要紧。我们很希望能早些发现，使内地学校可以参考。

凡中学如得其人，并得其法，都可酌量实验。但有几种中学校因所处地位的关系，行使实验最为便利，更不能辞其责。我意就是各处高等师范或大学教育科之附属中学，附属中学比平常的中学责任重些。他除准备学生升学和服务外，还可有下列几种职务。

甲　发现学理　由实验而发见新的学理。

乙　印证学理　由实验而印证他人所发见之学理之确否。

丙　实习学理　即通行之实地教学。

丁　推广学理　即模范之意。

素来中国各处附属中学或只做（丙）项或兼（丙）（丁）两项性质。（甲）和（乙）差不多是从未着手的。但是以地位言，都是教育的机关所附设的学校，对于实验一层，似宜特别注意。因为不但发现新理不宜落后，即他人所主张的学说，亦宜加以印证，是断不能盲从或囫囵吞枣的。如果各处附设的学校，或中学或小学，能注意实验，我国教育界断不致如现今及以前之毫无贡献。

对于师范教育的意见*

兹就近年调查所得，提出意见：

1. **师范学校**　现在师范多设在城市，因之乡村受益少。因乡下学生入师范后，都不愿在乡下做事而愿在城市做事。我以为有好多师范学校，应当设在小的镇上，一方面宜可与乡下的环境相接近，一方面要有实地教学的机会。中国的农民占85%，设立师范学校，宜顾全农家子弟。

2. **师范课程**　现在初级师范生多在高小服务，是否应该适应高小需要，于三四年级略为分类，此很可研究。

3. **教材教法欠研究**　师范学校担任专科的教员，应注意各该科教材教法。

4. **师范实地教学**　每人自三小时至百四十四小时，宜订标准。

5. **为推广教师意见，中学校中似宜设师范组**　因实际上中学毕业充当教员者甚多，不学而教，是否合宜？

---

* 本篇系陶行知在一次讨论会上的发言记录，时间在1921年12月19日。摘自《孟禄的中国教育讨论》。原载1922年4月《新教育》第4卷第4期。

孟禄博士与各省代表讨论教育之大要 *

说明

（一）此次讨论，系报告视察所得，并以各国教育的经验供参考。

（二）所批评各种意见，系建设的，非破坏的。

（三）所提出之问题，系属个人调查后的感想。至研究进行，乃赖诸位教育家之力。

小学校

（一）修业年限六年抑四年加三年

1. 中国与欧美不同，欧洲现在废小学与中学之平行制（即双轨制），故减短小学年限为六年；美国欲于六年后加高课程，使多数得受中学教育，故减八年为六年。

2. 中国小学欲取六年制的缘由有二，其理由均待研究。

甲、减少一年可早入中学。入中学的学生固然合算，那不能入中学的却吃了一年的亏。

乙、欲改定义务教育为六年。中国除山西省外，均无义务教育可言。改为六年，实非所急，且经费加多，势更难于推行；课

* 1921年底，孟禄考察中国教育状况之后，在北京与各省代表讨论中国教育问题。本篇系陶行知与陈宝泉、汪懋祖三人根据会议记录，摘其大要整理并略加述评而成。原载1922年2月《教育丛刊》第2卷第8集。

程复杂，益难养成教员。那义务教育，恐受阻碍。

又四二制（即六年制）与四三制（即现制：国小四年高小三年）可以并行，留有伸缩余地。将来义务教育实行后，再一律改为六年。讨论员主张不一致。孟禄先生提议留待组织委员会解决。众赞成。

（二）普及问题

（三）乡村学校

（四）学校对社会之关系与对旧式私塾之关系

1. 普及教育之第一步，应使儿童有同等入学的机会，即须多立学校，使学生富有就学的便利。

2. 欲教育完全普及——即贫穷儿童和精神及身体有障碍的儿童，一律要使他入学——需费甚多，办理尤为复杂。

3. 中国欲多立学校应先计及的：

甲、经费何法筹集。中国为共和国，教育经费使地方担负责任，应与美国同。中国尚有二种优点：

（1）中国人本甚信仰教育，有信仰心必能帮助学校发达。

（2）中国人不止有信仰心，且能实地办理教育，如私塾是。现在中国私塾甚多，收费不少；如合私塾所收之学费办理学校，可以促普及教育进行。至将来普及教育，必须巨款；如何设法征收教育税，须待诸君研究。

乙、学校如何对于社会实有所供献，使生信仰心。其要点在课程须与社会生活有密切关系，解决此问题甚为复杂，而乡村学校较易为力。但是中国旧式教育，却有二种优点：

（1）与儿童家庭有密切关系。

（2）家庭对于教员位置非常尊敬。过渡时代固应输入新法，尤宜发达旧有的好习惯。

4. 便利乡村儿童入学的方法。公车输送，美国最为通行；循环教授，奥大利[①]盛行此法。至寄宿法，欧美亦间有之，要视地方情形而定。

5. 劝学制度，斐律宾[2]行之颇著成效，中国如劝学所长、劝学员等设置有年，至今无甚效果，甚为可惜。故设法能得尽职之劝学员，促进地方学务，实为普及教育必要之图。

中学校

（一）中国中等教育之不良

中国学校制度内中学最关重要，而办理最坏。就余所观察，中学之佳者乃极少，据各地报告，中学毕业生千人中只有六十五人得取入大学；大学预科之设，即证明中学之劣。宜组织中等教育研究之机关，以谋设法改良。

（二）中等学校之组织须富有伸缩之余地

中学校之目的有二：1.选择的功用；2.培养各项职业之领袖。故须多留伸缩以适应各种需要。欧洲中学年限甚长，大都八九年；美国只四年。但现在皆有折中之趋势。就中国新学制说，中学年限介乎欧美之间，颇合世界改革学制之趋势。

中学宜分初高两级：初级为普通科，加入职业准备，试验儿童之能力心向；高级须设多科制，或各科设分校。关于选科一层，似行于较大的中学为便。分科中当然可有几种选科；在初级中学内亦可有极少数之选科，以为职业科之准备。关于各科设分校或合在一校，在美国教育界意见亦不一致。二者效率孰大，非臆想所能断定。在中国甲种工业[3]之效率似较普通中学为大。当中学教授未改良以前，不宜将甲种学校[4]制废除；并非说甲种多较普通为良，其不良者亦宜停闭。关于初高两级合设或分设之问题，似合设为妥。因合设则可有一致之训练；且良好之中学，亦易于发展也。

教授法

鄙人所讲的教授法，特别注意于中学，因上述中学之不良，其主要点即在教授法之不良。大概中国中学教授，多用讲演式：

教科学只教些名词及公式；教语言只教些文法例子，无用直接教授法者。所以不能引起学生自动，且与实用无关系。学生毫无参与作业及实习之机会，不能发生问题以求解决，永处被动的地位。

（一）注入教授法之由来

1. 教授旧文字之习惯。

2. 由日本输入之方法——日本从欧洲学得，但欧洲学校头一天讲演，次日即须考问。中国只有讲演而无考问。

3. 由美国大学学得之方法——美国大学有因班次太大，利用讲演式，但正教授讲演后，复有讲师来考问。

（二）注入教授法所以不能改良之原因

1. 缺乏良好训练之教师——此问题须由高等师范解决之。

2. 教师多兼任，不能专心研究讲授法——当由行政方面定出俸给标准，并限制兼任。

课程

课程宜特别注意科学方面。旧文明与新文明之区别，即在科学。中国欲谋经济、政治、国防各方面之发展，舍科学无由。中学课程对于科学，尤宜格外注重。

（一）中学科学教授失败之原因

1. 教授法之恶劣——前已说过科学教授，不单是灌输些名词、公式及分类，要应用“学由于做”的原理，使学生随做随习；而且要与社会发生关系。中国只有注入法，所以失败。

2. 科学教授全赖实验，中国无此设备，学生无实验机会。

3. 缺乏良好的科学教师——此项教师之来源，不应限于高等师范，兼应取材于大学及各种专门学校。

4. 科学观念之错误——对于科学应有功用的观念(Functional Conception)。即如何能运用到实际去控制天然，不是教些什么科学分类的方法。

（二）科学教授改良之方法

1. 主张训练指导员，巡视各校，帮助并指导科学教授。

2. 赞成科学器械，可以由教师自制，如美国儿童玩具均含有科学原理。

（三）对于学校与工厂联合以便实习之意见

工厂实习可以补学校之不及，但不能以此来代学校的科学教授。

教育行政

教育行政中之要点，在求效率之增大。而欲求效率之增大，必须定出各种标准。兹举三类如下：

（一）学程分量之标准　各种学校学生修业年期，究竟应学多少。

（二）测定学生进步之标准　学生于一学年内，究竟所得多少。

（三）关于行政本身效率之标准

1. 每生每年所费款项（即每生经常费）

中国小学每生经常费相差甚大：某处一小学每人费四十元之多，而办理极坏；某处一小学，只费三元，而办得极好。其余各处二三元者亦甚多，但皆不甚好。其间差异，竟自二元至四五十元，殊为可怪。中学相差，大约自四五十元至四五百元；有每生每年费五百元而办得极坏者。师范学校相差不甚大；大约每人每年一百元，食宿在内，足证师范学校之效率为大也。

以上差异须有标准，方能避免，方能考知其效率。

2. 教职员与学生数之比

有许多学校教员太多，亦有太少者。要设法整齐，亦须定有标准。

3. 教员之负担（即教师担任教授之分量）

在同一城内，有个学校教员每周负担六时；有个学校教员负担二十八时之多。相差如此之大，可怪。

4. 学生之负担

学生负担，在美国自十八小时至二十四小时；在中国则自二十八小时至三十八小时，其负担之重，与教授法大有关系。清华采用美国方法，而学生负担仍有三十小时，此乃一问题。

以上各种标准，应由教育专家调查制定，行政就容易办。

教师职业

（一）教师聘任之根据

1. 中国中等以上学校，教师以一人兼任数校功课的很多，以致教师与学校的关系不能密切；学生对于教师亦失相当的敬仰。故学校通例，教师不宜兼他校功课。

2. 中国中等以上学校聘任教师，多以钟点计算，故大家希望多分钟点，敷衍教授。欲矫此弊，宜定专任薪水标准；使每人所得，足供生活之要求。并定每周担任钟点限度，以免劳逸不均之现象。

3. 教师的服务精神，系教育的命脉。金钱主义，最足破坏教师职业的尊贵。

（二）教师之培养

1. 中国初级师范学校，办理尚好；附属小学最佳。课程是否适宜未暇审查，故未便评论。将来实行义务教育，自必从推广师范学校入手。山西国民师范学校办法，很可参考。

2. 高等师范教育

甲、高等师范教学法，与中学、大学犯同一毛病，就是教师重讲演而学生少参与的机会。

乙、新学制成立时，高等师范须变更，以应中学新学制之需要。

欲改良中学之科学教学法，高等师范须先注重科学教学的改良。

3. 在职教师的培养

甲、设暑期学校或讲习会，使教师得利用假期余暇，增进教学效率。暑期学校或由高等师范及初级师范办理；讲习会可由省教育会办理。

乙、设分级或分科指导员，巡回辅助各校教职员之改良。斐律宾指导制度甚好，可派员考查。

4. 教学法

专科教学法及试教之批评指导，均应由专科教员担任。

5. 实地练习教学标准

师范生每人实地练习教学钟点数，在三十小时以下的总嫌太少。

成人教育

（一）中国成人教育，特别重要。施行成人教育之方法，有直接、间接两种。

（二）间接的成人教育，是由学校教育儿童，再由儿童影响成人。如山西学童身挂布条，书“不娶缠足妻”，及中国各处之“学生运动”，对于一般成人，都发生很大的影响。

（三）设委员会编拟关于政治、社会、卫生、农业、改良儿童幸福之资料。各省省教育会，很可担负这种责任。

（四）教员辅助学生利用上述材料推广成人教育，似此通力合作，并可免去师生之隔阂。

特别教育

我对于特别教育，不能发表详细之意见，只就中国急需的，略为说明：

（一）工艺教育

中国现在职业教育，偏重机械工作的训练，甚不相宜。因机器工夫很简单，不如手艺之有价值。一种工艺教育之良否，可由下列三种标准观察之：

1. 学生受过这种教育之后，谋事是否较易。

2. 学生学造之物品，是否有充分之销路。

3. 学生学习之手续，是否有教育之价值。

在中国参观工艺教育，只有少数地方，如香山慈幼院[5]，照像、做鞋、做玩具、烧磁，可算达到上列标准。

（二）美术教育

中国各学校模仿外国美术的风气太甚，此风宜矫正。中国本国的美术，应当特别注重保存。

（三）体育

师范学校现在很提倡游戏运动及徒手体操，是个好现象。那个兵式的、机械的体操，应该免去。

学校建筑与卫生

中国各处情形不同。一种建筑标准，不能通行全国。斐律宾地方很小，而学校建筑有十六种式样，供地方选择。最好组织委员会审订学校建筑及卫生的标准。旧式房屋庙宇，用于学校的，固不能合式，但新建校舍必须合于拟订的标准。至学生卫生标准，则处处应当注意。

私人兴办教育与政府承认问题

（一）从进化原理及共和主义两方面看来，政府只宜立积极的标准和必不可少的要素与限度。除此以外，宜任私立学校自由试办，方有进步。

（二）就事实说，中国最好的是私立学校，最坏的恐怕也是私立学校。最坏的要按标准来制裁他，那好的既达到标准，就须让他自由试验才是。

处理调查的结果

（一）这次调查系初步的调查，希望中国教育调查的事业，可以继续进行。

（二）每次调查结果，宜继续施行，以收实效。

（三）每次调查结果，宜刊布出来，使从事教育的人，都得共同受益。

结论

以上为孟禄博士调查各地教育回京后报告讨论之大要。其中博士所反复叮咛剀切申说之点有四：一为科学之重要与中学教授法之不良，亟应改革。二为教师兼任数校，视同传舍，破坏教师职业之精神；学校训纪，因以堕落；社会道德，亦蒙影响。博士痛下针砭，吾人应亟奋起。三为视学制度之不良。视学须匡辅教师之不逮；并非徒作学校之侦探。美国学校辅助员，多系专家，分工极细。吾国视学，按部令每省四人至六人，每县一人至三人，其视察犹学政之观风，是亦亟宜改良。博士并介绍斐律宾制度，正可引为研究之资。四为行政上之各种标准，实为行政之要，是应由专家调查制定。五为人民对于私塾之信仰，如何能移之于新学校。本丛刊将于次集根据此五问题，为积极地建议，以与全国教育家共商榷焉。

注释

① 奥大利　通译澳大利亚。

② 斐律宾　通译菲律宾。

③ 甲种工业　指甲种实业学校所设的工业科。

④ 甲种学校　即甲种实业学校——民国初年的中等职业学校，设农业、工业、商业、商船四科，修业期预科一年，本科三年。

⑤ 香山慈幼院　熊秉三、朱其慧在北京香山创办的慈善性质的学校。

在实际教育调查社为孟禄举行的饯别会上的讲话*

余今晚在此讲话有两种感想：第一，蒙大家之推重，得以偕同孟禄博士调查各处学校，增加许多经验，这是应当感谢诸君的。第二，此次随博士同行，关于种种实际困难问题，得以随时质疑问难，得益不浅，这是应当感谢孟禄先生的。此次博士来华，以科学的目光调查教育，以谋教育之改进，实为我国教育开一新纪元。我们当这新纪元开始的时候，要参与教育革新的运动，须具两种精神：一是开辟的精神，二是试验的精神。有开辟的精神，然后愿到那人不肯到的地方去服务，然后我们足迹所到之处，就是教育所到之处。有试验的精神，然后对于教育问题才有彻底的解决；对于教育原理才有充量的发现。但开辟和试验两种精神，都非短少时间所能奏效的。我们若想教育日新日进，就须继续不已的去开辟，继续不已的去试验。深望大家奋起继续开辟继续试验的精神，来做这新纪元的帅领。敝校①同人不敏，也愿随诸君之后领一辎重队。

注释

① 敝校　讲话者对南京高等师范学校的谦称。

* 本篇系陶行知1921年12月23日晚6时在实际教育调查社饯别孟禄博士会上的讲话，原载1922年4月《新教育》第4卷第4期。

义务教育研究问题*

（一）省与县区在义务教育上应发生之关系

（二）市乡义务教育之组织与行政

（三）义务教育之分量

（四）师资之培养

（五）义务教育目标之分析与课程编制

（六）经费之筹措支配

（七）学区之分合

（八）就学之促进

郭秉文先生

* 本篇系1921年陶行知在东南大学给校长郭秉文的书面陈条。付印时按手稿序号排列。

活的教育*

教育可分为三部：

A. 死的教育；

B. 不死不活的教育；

C. 活的教育。

死的教育，我们就索性把它埋下去，没有指望了！不死不活的教育，我们希望他渐渐地趋于活。活的教育，我们希望他更活！

我今天且讲这活的教育。什么叫做活的教育？活的教育是什么？这个问题本来是很大的，我不容易下定义，我也不能定概观。不过我总觉得活的一字，比一切什么字都要好。活的教育，更是教育中最不可少的现象。比譬：鱼在岸上，你若把他陡然放下水去，他的尾和鳍，都能得其所哉，行动不已。鸟关在笼里，你若把他放到树林里去，他一定会尽其所能，前进不已。活的教育，正像鱼到水里鸟到树林里一样。再比譬：花草到了春天受了春光、太阳光的同化和雨露的滋养，于是生长日速。活的教育，好像在春光之下，受了滋养料似的，也就能一天进步似一天。换言之，就是一天新似一天。

* 本篇系陶行知1921年在金陵大学暑期学校的演讲。记录者：汪忠一、马延乾。原载1922年1月18~19日《时事新报·学灯》。

我现在把这活的教育，再分做三段讲：

我们教育儿童，第一步就要承认儿童是活的，要按照儿童的心理进行。比方：儿童性爱合群，有时他一个人住在那地方，觉得有点寂寞的样子，在那儿发闷！我们就要找个别的小孩子同他在一块儿玩玩。普通儿童之特性，大多都富于好奇心。当他还不知道说话和走路的时候，他时常手舞足蹈的，跃跃欲有所试的样儿，忙个不歇。这可就是他的好奇心了。假若我们要弄些什么东西给他玩，他一定玩那好看的，不玩坏的。他起初间或也还可以拉杂的玩一路，后来知道好，他就只专玩好的了。在这里拿一点，在那里拿一点，只要与他合意，他一定非要不可。有时我们要是给他一个表，他必定将他翻来覆去的仔细观看，他并且还要探知里面的秘密，就打破沙锅问到底。我们同小孩子玩的时候，假以木筷搭个架子，小孩子看着，必定以为很好玩。后来我们忽然把他推倒，那小孩子就更以为好玩了，欢喜了。假若我们再进一步，以这架子，不由我们推倒，让小孩子自己去推，那末，这时小孩子的欢喜，我敢断定更比从前要欢喜得多了。诸如此例，我不能细举。还有一件最紧要的，就是：我们如果承认教育是活的，我们教育儿童，就要根据儿童的需要的力量为转移。有的儿童天资很高，他的需要力就大些；有的儿童天资很钝，他的需要力就小些。我们教育儿童，就能按他们的需要的力量若何，不能拉得一样。比方：吃饭，有的人饭量大些，他要吃五碗或六碗；有的饭量小些，他只能吃一两碗。我们对于他，就只能听其所需，不能定下死规。要是我们若规定了，比如吃两碗的定要逼他吃五碗才及格，那末，这一定就要使人生病了！学校里教育儿童，也像这样，不能下死规强迫一律，不但学校是要如此，就是社会上的工作亦莫不要像这样。我们人的需要力，有大有小，我们只求其能够满足他的需要就是了。所以教育儿童和承认儿童是活的，首先就要能揣摩儿童的心理。

儿童不但有需要，并且还有能力。他对于种种事体的需要有大小，他的能力亦有各种不同。男女遗传下来的生理不能一样，他们的能力亦不能一样。我并不是说女子比男子差些，我是说男女各有各的优点。就是男子与男子两相比较，亦有许多相异的能力，有因年龄不同的，有因环境不同的，有因天性不同的。由这许多的不同，所以其结果的能力，就大有差别。我们教育儿童，就要顺导其能力去做去。比如：赛跑，这就是一件凭能力的事。我们认定几个人同时同地立在一块，听指挥者发号令，就一齐出发，让他们各凭充分的能力自由前进，不加限制，然后谁远谁近，自可显见。而他们的能力的大小，也就由此可以证明了。设使我们要是下个定规，规定三人赛跑，跑一百二十码或二百四十码，快慢都要一样，不许谁先谁后，那末，那个能力充足能跑二百四十码，他自然是很舒畅，不甚为难；而那只能跑得六十码或一百二十码的，他一定是很苦的了，甚至还要受伤呢！这是从运动方面着想的。至于教授方面，亦多类此。设有许多儿童，同在一堂，当教授的人，就要按照各个儿童的能力去教授。要是规定了今天讲一课，明天讲一课，每课虽是都一字一句的分析解释，在那天资聪颖的小孩子咧，他固然能够领受到他的脑袋里去，并且还有闲空；若在那秉性鲁笨的小孩子，那就等于对牛弹琴了，一些儿也不懂得。这种教育，正像规定三人赛跑一般，还能算得是活的教育吗？我们现在既是想讲活的教育，就要知道儿童的能力是不相同的，我们要设法去辅助他，使他能力发展，有如我们看见某处一个学校园，那里内的花卉长得非常整齐好看，我们心下羡慕他，我们也就可以仿照他，将我们自家的学校园也培植得像那一样。这是培植花园的方法，办教育也是如此。我们大家设若不相信，恐怕做不到，我们可再看。譬如有一块草地，那地上所生长的草，都是参差不齐的，我们若任他自然去生长，那就越长越不齐了，假若我们要用机器把他逐次地推铲，那末，这一定要不了多少功夫，就会使他平坦了。我们办教育也就像推草一样，也要用方法去使之平，这是对于草是这样——对于普通的儿童是这样；若对于树木，——对于天资特敏的小孩子，那就不行了。树木的生长力强些，他的性子也猛些，我们对于他，也要按其能力去支配他，使其生长适度。若任其自然生殖，则其枝干必日渐伸张，后来越长越高，甚至把屋棚都要捣破了！学校里起风潮，就像大树捣毁屋棚，是一样的，都是由于办教育的人，平日对于这教育的趋向没有注意，对于那天资高尚的儿童，没有按得其能力去教育。这就是我们没有承认儿童有活的能力。

活的小孩子与死的小孩子有不同的特点。小孩子他所吃下去的滋养料不同，他们所受的利益也就不能一致。活的小孩子，他秉性活泼些，他对于一切的事实上，也就进步得快些。死的小孩子，他的脑筋滞钝些，并不是说小孩子的确是死的。是言其能力不能有多大的发展，虽活也等于死的一般。我们办教育的人，总要把小孩子当作活的，莫要当作死的。地球看起来，好像是个不动的东西，其实他每天每时都在旋转不已。小孩子也像这样。表面上看起来，也好像是很平常的，没有什么进益，其实他的能力知识，没有一天不在进行中求活。我们就要顺着他这种天然的特性，加以极相当的辅助和引导，使他一天进步似一天，万不能从中有所阻碍或停滞，不使前进，把他束缚了起来。束了若干时，然后又陡然把他解放掉，这一定要受危险的。.这好像人家有个小孩子，他把他在今年做了一件衣服，等到五年后，他还拿给这小孩子穿，那小孩子体干长大了，衣服小了，以这小的衣服去给大的孩子穿，那衣是一定要破裂的。纵或可以勉强穿得上，而小孩子的身体，也就束缚得紧紧的了，血脉也就不能调和，就要生病了！由此可知小孩子的衣服，是年年要换的；小孩子的知识学问，也是年年天天要换的。现在设有一个人，忽然妙想天开，他说："我有个小孩子，我不要他年年换衣，当他还只有五岁的时候，我就把他做件十六岁时候的衣服，周身都把他绉起来，年年穿，年年放，一直放到十六岁的时候，都还可以穿。"这个法子，勉强一看，觉得也还不大坏，并且又很经济的。但是仔细看来，那就觉得不像了，就是精神上也有点不好看。古时的衣服，不能适合于现在；现在的衣服，未必又能适合于将来！时势的变迁，是有进无已的。办教育的，就要按着时势而进行，依合着儿童的本能去支配。有许多教科书，在从前要算是很新很适用的，在现在却变成了腐败不堪了。我们讲活的教育，就要本着这世界潮流的趋向，朝着最新最活的方面做去。中国教育最大的毛病，就是不能普及。从前俄国的西伯利亚也是这样，但比较中国要好些。中国社会上失学的人，也不知有多少，就以普通人民计算，总有三分之一不识字的。我们现在要想将这些人重新给以教育，那除非要从国民一年级教起。但是他们都是壮年的居多，要是都放在国民［小学］一年级教，那又好像十六岁的孩子穿五岁时候的衣服了。这种教育，可算得是死的教育。活的教育就不能这样了。活的小孩子，他生长快，他的进步也快。他一时有一时的需要，一时有一时的能力。当教育家的，就要设法子去满足他的需要，就要搜罗相当的材料去培植他。这就是我们所讲的活的教育第二件。

我现在再讲活的教育要些什么材料。这材料也可以分做三段说：

一、要用活的人去教活的人。我们要想草木长得茂盛，就要天天去培植他，灌溉他；我们要想交结个很活泼的朋友，就要我们自己也是活泼的。我的影响，要能感到他的身上；他的影响，也要在我身上，这才可以的。比如：我俩起先是不相识的，后来遇到了好几回，在一块儿谈了一次，于是两下的脑筋里都受了很深的影响，两下的交情，也就日渐浓厚了。当教员的对于学生也要这样，也要两下都是活的，总要两下都能发生的密切的关系。教员的一切，要影响到学生身上去；学生的一切，要影响到教员身上去。一个会场有的人好谈话，有的人好笑，我们看了心下一定也会生了一种影响。比如，我一人在台上讲演，大家都坐在下面听，我的脑筋中已经印象了许多听讲演的人；想大家的脑袋中，也会印象到了我讲演的人，这也就是一种活的表现。活的教员与活的学生，好像汽车一样，学生比譬是车，教员比譬是车上司机器的。机器不开，车自然不动。教员对学生，若不以活的教材去教他，他自然也就不能进步。现在的教员，不像从前了。他像把汽车上机子开了，车子在跑了。但是还有些教员，他的性子未免太急，他把车上的机器开猛了一点，车子行得太快，刚刚要想收机，忽然前面碰到了石头或其他的人，这时就要发生很大的危险了。活的教员，正同司汽车的一般，要把眼睛向前看准了。若闭着眼睛乱开机，那就要危险极了！学生向前进，教员也要向前进，都要一同并进。若徒以学生前进，而教员不动，或者学生要进而教员反加以阻碍，这可谓之死的人教活的人，不能谓之活的人教活的人。

二、拿活的东西去教活的学生。我们就比如拿一件花草来教授儿童，将这花草把他解剖开，研究其中的奥妙，看他是如何构造的。小孩子对于这事，觉得是很有趣味的。我们能以这种种东西去教他，不但能引起他活泼的精神，并且还可以引起他的快乐。我们还可以拿活的环境去教他，比方沙漠本是干燥的，我们可以设法使他出水；大海有时候变成陆地；太平洋里航船到美洲，本不大便利，于是就有人开了巴拿马运河；火车行山路不便，就会把山打个洞。这就是拿活的环境去作教育上材料的。文化进步，是没有止境的；世界环境和物质的变化，也是没有一定的。活的教育，就是要与时俱进。我们讲活的教育，就要随时随地的拿些活的东西去教那活的学生，养成活的人材。

三、要拿活的书籍去教小孩子。书籍也有死的有活的。怎样是活的书籍？我觉得书籍所记载的，无非是人的思想和经验，那个人的思想、经验要是很高尚的，与人生很有关系的，那就可算是活的书籍。若是那著书的人思想、经验都没有什么价值，与人生没有关系，那就是死的书籍。我们教授小孩子，对于书籍的死活，就不能不慎重；所教授的书籍，要有统系的，前后都能连贯得起来，不是杂乱无章的，这才是活的教育。若只知道闭着眼睛教死书，也不顾那书适用不适用，这样我敢说就是死的教育。我们教授儿童的书籍，好像人家传财产样，普通有两个常法子：(甲）是传财的法子。比譬一家，他的家主不愿管事（或临死时）了，要把家事完全推及小家主，将所有存蓄的银钱，都要对小家主说个明白，叫他慎重。（乙）是传产的法子。就是有本账簿子，说我所有的产业，都登在这账上面。那天那家主把他的后人带到各田庄上去看，说是某田是租给某人的，某庄子是某人承租的，那块山场是由某人保承的，某处房屋是谁租着做什么事的。这样一件一件地指示给他看了，又与他那账簿子再对照一下，那末，这个财产的根本，他那小家主已经明白了。这笔家私，就没有人能够会糊倒他占得去了。我们办教育的传文化的人，也是这样，也要把书籍像传财产一样，要把所教授的东西，都能使他领会得到，能连贯得起来，使小孩子的脑筋有个统系，不致混乱，这种教育才配说是活的。从前有许多讲教育的，没有统系。所以使一般学生听了，只是囫囵吞枣，一点不能受益。这也就是死的教育，不是活的。活的教育要拿活的书籍去教。现在还有许多教员先生们，他对书籍还不十分注意。当他初当教员的时候，也还肯买一两本书看看，到了后来，他不但不买，连从前所有的几本书，都借给人去了。这样教员，教育界中也不知道有多少。他既不能多买书看，对于一切新知识，他自然是不知道的。他既不能有新的知识，那一定没有新的教材能供给学生，只是年年爬起来卖旧货！这种教育中的败类，真不知害了多少青年。我们现要希望教育成活的，当教员的就要多看书——多看些活的书，好去供给学生的需要，养成新而且活的学生。这就是我讲的Education of life。

现在要讲到活的教育的方法，我可提出两个最时髦的法子就是：

（1）设计教授法。活的教育，最好而且最时髦、最紧要的，就是总要有个目的。这我在上面也曾说到了一点。我们教授儿童，先要设定一个计划，然后一步一步地向着所计划的路上去做。若是没有个计划，那就等于一只船放到了江中没有舵，进退左右，都没有把握！倘不幸遇了一阵大风，那一定逃不了危险的！办教育的人，要能会设计，预知学生将有风潮，就先要设一方法，使那风潮却从无形中消灭，不致使他发泄。知道学生程度不齐，就要设一种计策，使之能齐，总期各方面都无损，且能获益。这种设计，各学校的情形，各有各的不同，各地方亦有各地不同，这可听大家因时制宜，我不能断定。

(2) 依计划去找实现法。这个方法大致是根据上面来的。我们订了一个计划，不能就算了事的，必定还要依照这计划去实行去。我现在可拿个浅近的事作个比譬：就如农人种豆子，他先也要订个计划，以几亩田能要几多种子，要多少肥料，又要多少人工去做，要经多少时期才能完工；什么地方种绿豆适宜些，什么地方种黄豆适宜些；还有甚地不适于种豆子，适于种山芋。这样计划了一番，然后兴工动作，按这所计划的进行，这必定是有条有理，不致乱忙；而所收的结果，也一定是很丰厚了。由此类推，办教育亦莫不是这样。一个学校，也先要订个计划，然后去依计划实行。例如那级学生，今年应当注意什么功课，某级学生今年应当添什么功课和减什么功课，某教授教授法不好应当怎样。能这么一样一样的计划好了，然后又按照这个进行，那个学校没有办不好的道理。推之修桥修路和其他种种建设，都能依着这样进行，求到所希望的目的，那末，天下事绝没有不可能的。现在我看有许多地方，他一开个什么会，他预先没有计划。到了临时开会了，不是招待员左右乱跑，就是会场上布置得不周全，往往令来宾有兴而来，败兴而归，这都是由于预先没有一定的计划。俗语所谓："平时不烧香，急时抱佛脚。"这事决不会办得好的。我们谈教育的，就是在这上面注意注意。无论是办大学也好，中学也好，国民小学也好，总要预先有个计划，然后依着计划去找实现。有时计划定得不好，应随时变更。比如：我们讲化学，今天就要计划明天化学堂上要些什么东西试验，我们预先就要预备好着，省得临时仓皇失措。诸如此类我也不必多举，我总觉得设计教授法是活的教育上最不可少的，依计划去找实现法，那更是一件要紧的事了。这就是我所讲的Education by 1ife。

我现在又要讲我们为什么要讲活的教育。因为活的教育，能使我们有种种活的能力。我们人生有高尚的，有低微的；有暂时的，有永久的；有完全的，有片面的。我们要使暂时的生活，能够叫他永久；片面的生活，要使他能完全；低微的要使他高尚。怎样叫做完全？我们在国家是公民，在社会上有朋友亲戚，在家庭里有父母兄弟姊妹，在学校里有同学，有师长。我们一身，对于自己，对于各方面都要顾到。如果一方面不能顾到，这还是片面的。怎么叫做高尚的？我觉得人们的身体和精神是两样的，各有各的生活。身体上的生活固然要紧，精神上的生活也是要紧的。设使两者要去其一，那就是我们最不幸的一件。我们总要使得我们的身体、精神，都是很健全的、愉快的。这可就算是高尚的生活，反之就是低微的生活，都是有关系于教育上的。再，怎样谓之永久和暂时的生活？我们人的寿命有长短不一，有二三十岁就死的，有七八十岁才死的，有十几岁就死的，也有八九十多岁才死的。说者多谓生死有定，但这可不能为凭。我想人的生命的长短，大致是关系于人的操作和卫生上的。从来人的死，多是由病的。考病之由来，不外两种：（一）是由人的操动过度致伤身体而殒命；（二）是由人的卫生上没有讲求，以致生出了许多毛病，终至因而送命。决没有无病无灾而好好就会死的。纵有，也是很少很少的，但亦必定有其他原因。要说人的生死有定，何以人不好好的就死，而偏要生病才死咧？这种无稽之谈，我是不盲目崇拜的。我觉得人的生活，所以有暂时和永久的，都是根据于卫生和操作的关系。我们现在讲活的教育，就要明白这种关系，然后好去预防他，保护他，谋永久的生活。我在上海、南通参观各工厂，有许多六七岁的小孩子，都跟在他的母亲父亲身边做工，我看他们那些小孩子，都是很瘦的，精神也很衰败的。这都是那些贫民没有钱给儿童受教育，国家亦没有钱能办这种义务教育。有些资本家倒是很有钱的，但他只知道营业获利，不肯拿钱来办这可怜的教育，所以那些小孩子就没有机会受教育，只得附随其阿父阿母作工以度日。五六岁的小孩子，尚有许多生理器官还没有长完全，现在竟居然要他工作，这种不适宜的使用，一定会使那小孩子身体不得强健，甚至还要早死的。譬如树上的果子，还没有成熟，你就把他摘下去吃，那是一定吃不得的。小孩子还没有成人，就要使用他，他的前途一定是很有限的，将来一定要发生危险的。像这样只顾眼前不顾后来，就可谓之暂时生活，不是永久的生活。现在讲活的教育，就不能不注意这一层。

活的教育，有属于抽象的，叫做精神上活的教育。比方一个人死了，他的机能死了，他的躯干倒了，他的精神是没有死，还存在空中，能使我们还受到他的影响。这也似乎是种渺茫之谈，我本不敢怎么样的贡献于大家，因为各个人的观念不同。但是，有时我觉得大家也可以公认这话有点的确。例如：孔子是死了，他的精神还没有死，其影响存在我们大家身上。我们大家的脑袋中都还印象了有个孔子。历来许多大英雄、大豪杰，他的身子虽已腐化了，但他的勇气、毅气，还是贯传着，在我们大家的脑海中。这也就是精神上还没有死。他的精神可以一代一代的向下传，可以传许多人，不只传一人。一个活泼学生的精神，可以传应到许多学生。比如，我的精神传应着在大家身上，也可以传应到社会上去。这种传应，并是很快的。我们讲活的教育，对于这精神上的传应，也要注意，也要求活的精神。精神也有死有活的，活的精神，就是能使人感受了他，可以得到许多的教训。社会一日不死，各方面的精神传应，也是不死的。我觉得社会上受了这种精神的教育，也不知道有多少。这精神上的教育，最易感动人的，能联络一切。我从前有许多朋友住在一块，后来别了好多年，没有见过面，形式上要算疏忽了，但是精神上还是没有分离。这就是一种活的精神的表现。我希望讲活的教育，也要把这活的精神当作活的教育里一件材料。这就是我讲的Education for 1ife。

给《学灯》记者的信*

《学灯》记者先生：

今天我看见《学灯》上登了一篇《活的教育》，记得是在金陵大学暑期学校讲演的话。现在汪、马二君发表出来，我很感谢。他们记得很详细，有好几处确能传达我的精神。但因各地言语不同，所以记得也不十分正确。如“我们办教育也就像推草一样”因为前后遗了几句，就和我原来的意见正相反了；“传财”与“传产”当是“单传账簿”与“对着账簿点明产业交待后人”之误，Education of life应在教材之前，等等，都是要更正的。报章重在传达真相，知行提议以后对于投来的演讲稿，如能办到，最好先寄与演讲人看过再登，当可减少错误。出版虽要晚几天，但看报的人因此所得的益处确要大些。先生以为何如？请先生将这信登在报上，作为更正。

陶知行

十一，一，十九

* 本篇系陶行知给《时事新报》副刊《学灯》记者的一封信，载1922年1月23日《学灯》副刊。

评学制草案标准*

我们当改造一种制度之时，常受一种或数种原理信念的支配指导。这次学制草案①所采用之六种标准，也就是这种原理和信念的表现。论到所表现的是否合宜，我们必须先看学制的功用，才能加以判断。学制的功用何在？

学制是一种普遍的教育的组织。他的功用是要按着各种生活事业之需要，划分各种学问的途径，规定各种学问的分量，使社会与个人都能依据他们的能力，在各种学问上适应他们的需要。照这样看来，学制所应当包含的有三种要素：

（一）社会之需要与能力 各种社会对于学问上之需要，有同的，有不同的；他们设学的能力，有大有小。

（二）个人之需要与能力 各种学生对于学问上之需要，有同的，有不同的；他们求学的能力，有大有小。

（三）生活事业本体之需要 各种生活事业在学问上所需之基础有同的，有不同的；他们所需的准备的最低限度有大有小；这种基础与准备之伸缩可能，也有大小之不同。

---

* 本篇原载1922年1月《新教育》第4卷第2期。

我们且依据这三种要素来观察这次学制草案之标准。第一条标准——根据共和国体发挥平民教育精神和第二条标准——适应社会进化的需要，都属于社会共同的需要方面。第五条标准——多留地方伸缩余地，并且顾到各地不同的需要。第五条与第四条——注意国民经济能力，第六条——使教育易于普及，合起来看，我们可以说各地设学的能力的大小也顾到了。第三条——发展青年个性使得选择自由，对于个人的需要已有相当的重视。就这条与第四条合起来看，似乎学生求学能力大小之不同，亦已隐隐的含在里面。再看说明（四）与（五），可以晓得学制草案对于学生求学的能力，是很注意的。

故此次所拟的标准对于社会之需要能力和个人之需要能力两种要素已经顾得周到；但对于生活事业本体上之需要，却无显明之表示。虽有几处，如中等教育段，很能体贴这种意思，但因为未曾明白表示，所以顾此失彼，不能彻底的应用出去。

生活与事业本体之需要是规定学制很重要之标准，我们分段落定分量时，应当受他的制裁和指导。例如社会需要医生，也有力开办医学，某生需要学医也有力学医，但是社会应办几年之医科大学，某生应学几年之基本学问方可学医，应学几年之医道方可行医，这都是要由医道本体的要求定的。医学之分量基础宜如此定，准备别种生活事业之分量与基础亦宜如此定。故先依各种生活事业之需要，规定各种学问之分量，再就社会个人的能力所及，酌量变通，以应社会与个人的需要，或是建设学制可以参考之一法。

注释

① 学制草案　指全国教育会联合会1921年11月在广州议决通过的学制草案，亦称“新学制草案”。

中国建设新学制的历史*

一切制度都是时势之产物。学校制度亦不违反这原则。时势如此，学制不得不如此；时势如彼，学制不得不如彼。时势变迁，那应时势需求而来的学制亦不得不变迁。时势未到，招之不能来；时势已去，挽之不能留；时势继续的变，学制亦继续的变。

外国学校制度的影响 中国自道光、咸丰以来，与外人交接，总是失败。自己之弱点，逐渐揭破；外人之优点，逐渐发现。再进而推求己之所以弱和人之所以强。见人以外交强，故设同文馆[①]；见人以海军强，故设水师、船政学堂[②]；见人以制造强，故设机器学堂；见人以陆军强，故设武备学堂[③]；见人以科学强，故设实学馆。同治以后，甲午以前的学堂，几乎全是这一类的。这时各学堂，受泰西的影响最大，大都偏重西文西语，专务抄袭西国学堂的形式。甲午战败之后，大家以兴学为急务。此时热心兴学的人，对于从前之偏重西文，颇不满意，故“中学为体，西学为用”[④]成为当时最有势力的反动。那时虽为日本打败，但却不佩服日本。孙家鼐说：“中国五千年来，圣神相继，政教昌明，决不能如日本之舍己芸人。”故看二十四年的学堂章程[⑤]，

* 本篇原载1922年1月《新教育》第4卷第2期。

日本教育的势力还未侵入。但日本之所以强，究竟不能不加以注意，渐渐的就有人到日本去考察。日本离中国近，仿效日本，也是一种自然的趋势。后来加以庚子失败的刺激，更觉得兴学为救国要图，不容稍缓。但拟订学制，自然要参考各国的成法。日本学制，因那时国情及文字关系，最易仿行，故光绪二十八年的学制[⑥]，特受日本学制的影响。张百熙的奏章，虽说他曾参考各国的学制，但除日本的外，他对于那时各国的学制所说的话，简直是没有根据。二十九年的学制[⑦]，对于日本学制，更加抄得完备，虽修改七次，终少独立精神。民国颁布学制之前，曾开临时教育会议一次，对于日本的学制，也是仍旧随意抄袭。

德国教育在中国学制上曾有两次的影响：一是宣统元年的中学文实分科，二是民国四年的预备学校和中学文实分科。中学文实分科，确是中学分科的先导；但预备学校根本上与国体不合，故不久即消灭。

近年美国教育在中国很占势力。有好多教育的运动，都带了美国教育的色彩。这次新学制草案有好几处是表现美国教育的新趋势的。那最显见的是“六三三制”[⑧]和“纵横活动”[⑨]的办法。

平民主义的影响　中国办学之初，大家心目中只知有人才教育。“培植人才，以济时艰”是当时提倡学务的人的共同心理。李端棻、孙家鼐、盛宣怀、邓华熙一流的人所发的议论，及当时所采的制度，都可证明当时所注意的只是人才教育。光绪二十二年，李端棻首请推广学校。他主张“府、州、县学选民间俊秀子弟年十二至二十者入学……省学选诸生年二十五以下者入学……京师大学选举贡生、监生年三十以下者入学。”照此看来，李端棻所要推广的学堂，只是培养人才的学堂。

此时不独所要选的是民间俊秀子弟，而且中小学堂是为大学堂开的。二十四年因怕大学堂没有学生可招，管学大臣请旨严饬各省督抚学政速开中小学堂，即是这种精神之表示。

光绪二十八年《奏定学堂章程》开始顾到一般人民之教育，《小学堂章程》第一章第六节说："俟各处学堂一律办齐后，无论何色人等皆受此七年教育，然后听其任为各项事业。"第三章第十二节又说："寻常小学堂学生卒业后，任本人志愿，或升入高等小学，或地方已办有简易农工商实业学堂，听其径往学习。"二十九年《改订章程学务纲要》中有一段说："初等小学堂意在使全国之民，无论贫、富、贵、贱，皆能淑性知礼，化为良善。高等小学堂、普通中学堂，意在使入此学者，通晓四民[10]皆应必知之要端。仕进者有进学之阶梯，改业者有谋生之智能。"就这二种学制看来，凡人都可受一时期之教育。学了之后，升学、谋事，听人自决。故就条文看，似乎已经成了单轨的平等学制。但"壬寅·癸卯学制"[11]有两个原因够不上单轨制之资格：一、女子教育摈在系统之外；二、实际上皂隶一流的子弟，也被"身家清白"四字，摈在教育之外。光绪三十三年，虽有《女学堂章程》颁布，但年限不同，可算是两性的双轨制。至于"身家清白"的观念，直到宣统年间还没有淘汰干净（一九一〇年浙抚批李家桢禀皂隶子弟一律准入学堂）。到了民国成立，以平民主义为本，纯粹单轨的学制方才发生。

后来袁世凯预备做皇帝，先从教育入手，仿效德国办法，分小学为二种：一、国民学校，即现在之初等小学……为纯受义务教育者而设，办理可从简便；二、预备学校，与初小相似，为志在升学者而设，办理须求完备。

这是民国四年二月四日《教育纲要》中所说的话。到十一月七日居然下《预备学校令》，规定预备学校附设于中学校，修业年限七年。

至此，民国立国根本的单轨制的教育一变而为双轨制的教育，但为时很短，没有实行出来，已跟随袁皇帝去了。自《预备学校令》取消以后，单轨的平等学制，得以保全。今次所订的新学制草案，是仍旧依据这种平民主义做的。

两性的影响与平民主义有密切关系的，即是两性的区别。光绪二十八年以前的学堂章程，无女子教育的规定。好像在拟订章程的人的心目中，教育只是男子所独享的。二十九年修正章程以“家庭教育包括女学”。那时拟订章程的人，对于女子教育的观念，可从下文得一个大概：

> “惟中国男女之辨甚谨，少年女子断不宜令其结队入学，游行街市，且不宜多读西书，误学外国习俗，致开自行择配之渐，长蔑视父母夫婿之风。故女子只可于家庭教之，或受母教，或受保姆之教，令其能识应用之文字，通解家庭应用之书算物理，及妇职应尽之道、女工应为之事，足以持家教子而已。”

照上文看起来，二十九年的学制当中，还没有女子的位置，那时女子教育只是包括在家庭教育当中。迟至三十三年才有《女子学堂章程》发现，那年正月二十四日颁布《女子师范学堂章程》三十六条，《女子小学堂章程》二十六条。这是女子教育最可纪念的一天，因为女子教育在学制上占领位置实从此日起。这时之女子教育可注意之点如下：

（一）女子教育与男子教育是分开的。

（二）女子初等小学堂和师范学堂都比男子的少一年。

（三）女子中学尚未占领地位，女子教育到师范学堂为止。

民国成立之后，就学制方面看，小学里男女同学并未说明，修学年限男女却是一样的。五年颁布《国民学校令》施行细则第十九条说：“国民学校或其分校同学年之女生数足敷编制一学级时，应分别男女各编学级，但第一第二学年不在此限。”《高等小学校令》施行细则第十六条说：“高等小学校或其分校应分别男女各编学级。”换句话说，那时国民小学三年级以上可以同校，但最好不同级；高等小学可以同校，但不可同级。近几年来，国民小学男女完全同级的，已是常事；高等小学中男女同级的也已渐渐发现。至于中等教育，民国初年，女子初级师范学校之外，《女子中学校章程》之上，立《女子高等师范章程》。实际上，《女子中学校章程》颁后九年内，只有制裁私立女子中学之功用，公家设立的女子中学校很少。至于《女子高等师范学校章程》，简直是虚设了八年多。到了八年四月二十三日，北京女子师范学校改为北京女子高等师范学校的时候，才是第一次的实现。自民国九年北京大学、南京高等师范学校相约招收女生，政府默认之后，高等教育对于男女同学的困难，已经打破。十年，广东省立中等学校开始招收女生，北京高等师范学校附属中学校亦有试办男女同学之举。中等学校是否宜于男女同学，姑且不谈，但是中等学校的男女同学的难关，至此时确是已经打破了。

我们可以说：到了民国十年的时候，依理论方面看，女子与男子在教育上已享平等的地位；下至幼稚园，上至大学，女子皆可得教育的机会，女子皆可与男子同学。新学制草案对于两性问题不加区别，与二十八年的学制同一形式，但用意大不相同。二十八年的学制只承认男子能有教育，女子在教育上是没有位置的，所以凡教育只是男子教育的别名。但按新学制草案的用意，教育是男女共有的，并可以同得的。从男子独享的教育而变为男女共有的教育，时间只化了二十年，进步的敏捷，实可令人惊叹。以后我们的责任，只须在数目上去求扩充，性质上去求改良就是了。

教育行政与学制之分合　按光绪二十四年和二十八年的《学堂章程》所规定，学堂和教育行政机关是混合为一的。光绪二十四年五月《京师大学堂章程》论大学堂与各省学堂的关系说：“今京师既设大学堂，则各省学堂皆当归大学堂统辖。”又说：“各省府州县学堂训章，应由大学堂总教习总办拟定，请旨颁示。”当时协办大学士孙家鼐甚至行使他的权势，禁止康有为的著作。他的《严禁悖书折》说：“皇上既令臣节制各省学堂，臣以为康有为书中凡有关孔子改制称王等字样，宜明降谕旨，亟令删除。”二十八年管学大臣张百熙《奏定学堂章程》亦有“京师大学堂[12]主持教育，宜合通国之精神脉络而统筹之”的规则，但学堂对于教育行政之责任，比前更加详明。上级学堂对于下级学堂有复试学生、给予奖励之责，下级学堂对于上级学堂有报告之责。下级学堂教习如有不谙教法及讲授疏懈的，上级学堂有查察撤退之权。京师大学堂对于省立高等学堂及同等学堂，高等学堂对于官立中小学堂及同等学堂，官立小学堂对于蒙学堂，都发生这种关系。至官立小学堂对于蒙学堂，并且规定有“稽查课程之责”。照此看来，此时之学堂不但是培养学子的机关，而且是承上启下的行政机关。管学大臣，不独要管京城大学堂，又要管外省各学堂事务。后因学务加繁，势难兼顾。到了二十九年十一月会奏改订章程的时候，张之洞等请在京师专设总理学务大臣，以统辖全国学务，别设大学总监督，奉旨颁行。大学及全国学堂，从此纯粹从事教学，不再带教育行政之彩色。

学制系统之变迁　中国开办学堂之初，范围很小，如同治元年一直到甲午年间所开之学堂，大都是“一段制”的学堂。在底下没有基础，在顶上没有研究。除开一二例外，我们可以说，这三十余年中几乎尽是“一段制”的学堂。由“一段制”进为“二段制”，虽发轫于沪广两同文馆与北京同文馆之关系，但是明定之办法是从光绪二十一年起的。那时津海关道盛宣怀创设北洋西学堂，由直隶总督王文韶奏准开办，分头等二等学堂各一所，均四年毕业。二等学堂即“外国所谓小学堂”，头等学堂即“外国所谓大学堂”，二等学堂毕业升入头等学堂。二十二年七月，孙家鼐《议复开办京师大学堂折》亦主张“两段制”。他说：“小学之学生数年后中西各学俱通，升入大学堂。”这可证“两段制”

在当时是一种应时而出之制度和观念。

“三段制”的学堂由李端棻开始建议，他在二十二年的时候，奏请推广学校，主张府州县学、省学及京师大学各以三年为期。二十三年盛宣怀创办的南洋公学的计划，已是按着“三段制”做的。外院之上（附属小学）要陆续开办上中两院。二十四年奏定之《京师大学堂章程》亦分大学堂、中学堂、小学堂三段阶。

光绪二十八年的学制，连大学院共分七段阶，二十九年的学制亦分七段阶，民国元年的学制（蒙养院大学院未列入）共分五段阶，新学制草案分六段阶。兹将这些学制系统图列后，以资比较。

壬 寅 学 制 系 统 图

（光绪二十八年　1902）

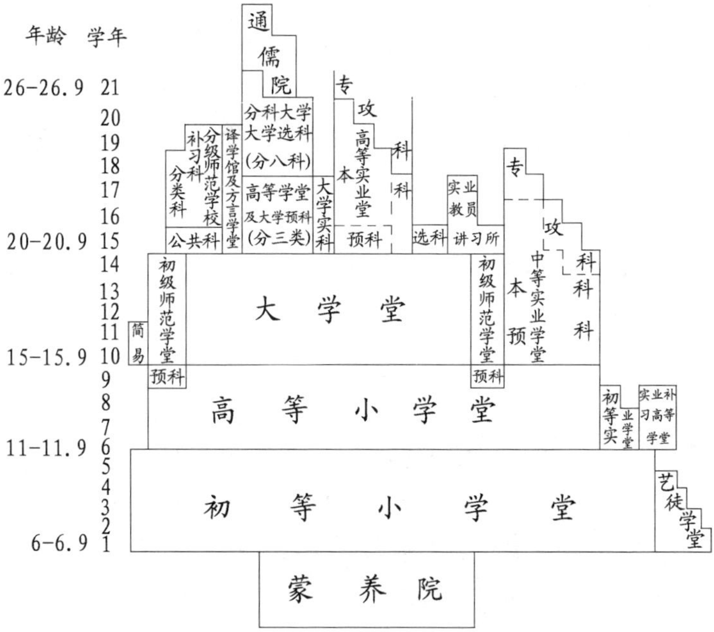

壬寅学制系统的要点

这系统图是依据光绪二十八年张百熙《奏定学堂章程》的条文做的，他的要点如下：

1. 学制系统同时是教育行政系统；
2. 女子没有位置；
3. 系统全体有二十学年；
4. 初等教育有十年；
5. 四年的中等教育；
6. 中学可分实业科；
7. 高等实业学堂和大学预备科都是平辈的；
8. 高等学堂和大学预备科都是分科的；
9. 大学是分科的，并是综合的；
10. 大学连预科共六年；
11. 补习教育没有规定；
12. 各段教育是年限一致的。

癸卯学制系统图

（光绪二十九年　1903）

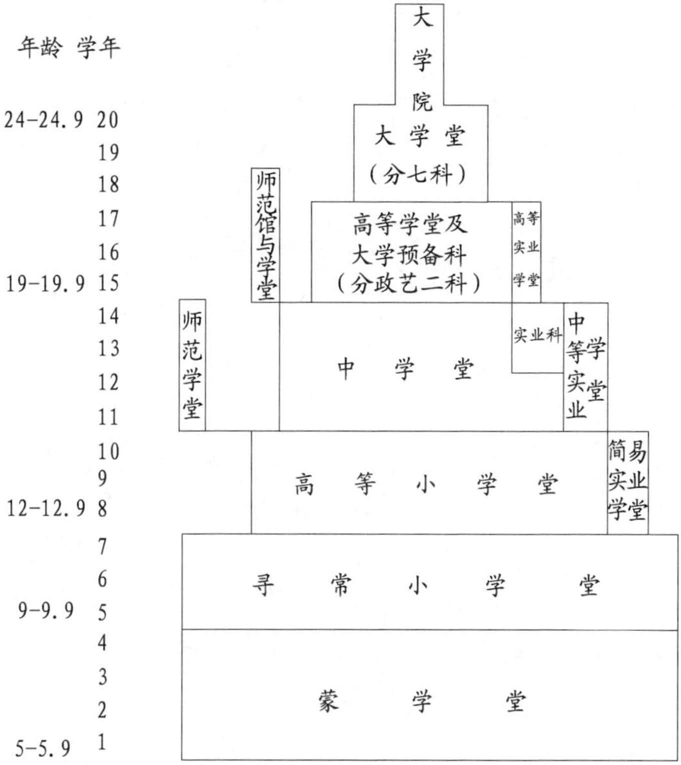

癸卯学制系统的要点

这系统图是依据光绪二十九年张百熙、荣庆、张之洞《奏定学堂章程》的条文改做的，他的要点如下：

1. 学制系统与行政系统从此分开了；
2. 女子教育只包括在家庭教育中；
3. 系统全体共计二十一学年；
4. 初等教育减一年，共九学年；
5. 初等小学堂有艺徒教育与他平行；
6. 中学与初级师范加一年为五年；
7. 中等实业学堂程度提高；
8. 高等实业学堂与优级师范程度提高，超过高等学堂；
9. 大学预科是分科的；
10. 大学是分科并是综合的；
11. 大学连预科年限为六年至七年；
12. 高等教育多有预科；
13. 师范教育加实业教员讲习所；
14. 补习教育与高等小学平行；
15. 各段教育比前多参差的机会。

壬 子 学 制 系 统 图

（民国元年 1912）

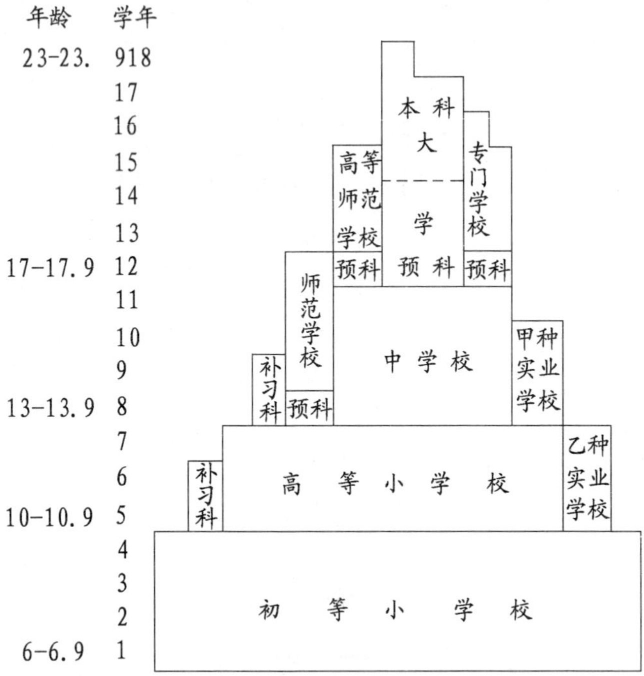

壬子学制系统的要点

这系统图是依据民国元年临时教育会议通过教育部公布之学校系统改编的，但这系统图公布在各规程之前。等到各种规程颁布之后，不无变更之处。所以实际上民国的学制不像这样简单，比较起来还是下表正确些。

壬子癸丑学制系统图

（民国元年至二年　1912—1913）

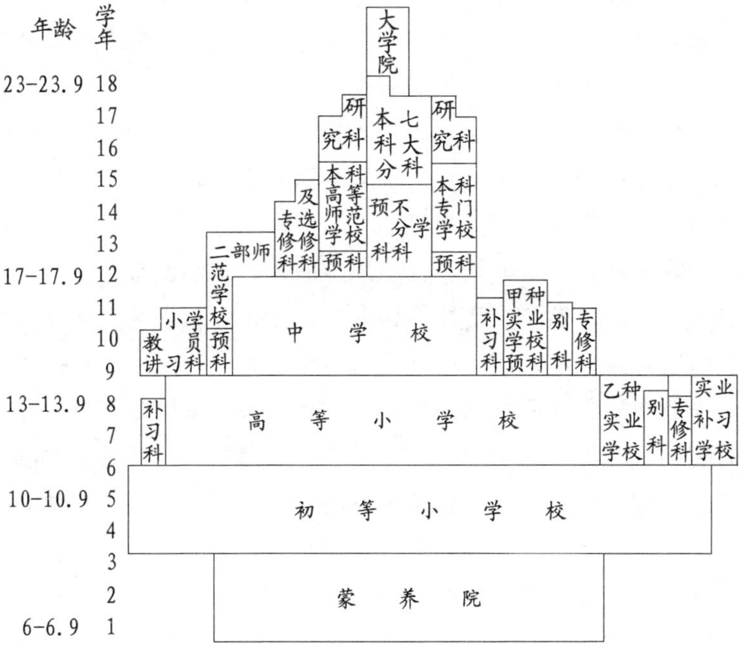

壬子癸丑学制系统要点

这系统图是依据民国元年、二年所颁布之各种规程做的，他的要点如下：

1. 女子教育与男子教育是平等的；
2. 系统全体减去三年共十八年；
3. 初等教育减二年为七年；
4. 中学校减一年为四年；
5. 中等实业教育降低；
6. 高等专门教育又得提高的机会并可与大学齐；
7. 大学预科不分科；
8. 大学是分科的综合的；
9. 大学连预科年限仍为六年至七年；
10. 高等教育通行预科制；
11. 补习教育与高等小学及中学前二年平行；
12. 各段教育比较起来，师范与实业教育的年限增加参差的机会。

各段学制之变迁 上面所说的，是关于学制系统全部的变迁，现拟分段叙述，找出各段教育变迁之线索。

（一）*初等教育在学制上之变迁* 光绪二十一年直督王文韶奏准开办之北洋西学堂，规定二等学堂四年毕业。二十四年《京师大学堂章程》未载明小学堂修业年限。“壬寅学制”分初等教育为三段，即四年蒙学堂，三年寻常小学堂，三年高等小学堂，共计修业年限十年。或以为蒙学堂即幼稚园之误，但蒙学堂入学年龄为满五岁至满九岁，显是初等小学，故必须并入计算。吾国初等教育制度以此为最长，确是太长了。次年“癸卯学制”颁布，分高等初等小学堂两种，将蒙学堂并入，减去一年，加到中学里面去。虽是进步，但初等小学五年，高等小学四年，共计九年的初等教育，仍是太长。各地办学的人，都感困难。不得已于宣统元年三月，颁布小学简易科办法，定毕业年限为四年三年两种。但颁布后一年，当局以其易起纷歧，即折中定制，一律以四年为毕业期限，并取消简易科名目。故初等教育到了宣统二年末了的时候，已由“五·四制”变成“四·四制”了。“壬子学制”更减去高等小学校一年，这是现行的“四·三制”。《辛酉学制草案》主张再减少一年，并为六年一段制的初等教育。草案说“各段大致以儿童身心发达时期为根据”，初等教育即是依据童年时期分的。我有几个问题提出来请大家考虑：

一、教育分段是否可以单依学生身心发达时期分的？

二、中国儿童之童年时期是不是六岁至十二岁？

三、“四·三制”经过十年试验之后，有何不良之处？

四、如有不良之处，是否必须采用六年一段制才能矫正的？

五、采用六年一段制时所得之益，是否可以胜过取消“四·三制”时所受的害？

六、采取六年一段制是否必须牺牲“四·三制”？

七、六年一段制的第二期两年是否可以单独办的？

（二）*中等教育制度之变迁* 光绪二十四年，南洋公学[13]开办中院，定四年毕业。“壬寅学制”亦规定四年为中等学堂修业期限。“癸卯学制”增加一年为五年（中等实业学校甚至有加至七年的）。此举颇为得力。到壬子改制时，除师范学校外又减到四年，可算退步。虽有继续办理五年中学的，然究属少数。《辛酉学制草案》⑭一面使职业教育的年限可以大加活动，一面将中学教育分为高初两级，总共加到六年，此举很可庆贺，因为职业教育最要留伸缩的余地，而专门事业的基础的中学教育四年，确是不够的。既有了六年来做专门事业的基础和较高职业的准备，又使难易不同的和程度较浅的职业教育可以伸缩他的年限，真是一举两得。不过有个问题发生，就是高初两级中学合起来办与分起来办的利弊与办法，不可不详加讨论。

论到组织方面，“壬寅学制”有一优点，就是中学第三年起可以设实业科，与中等实业学堂平行。换句话说，这就是同时采用分校制和分科制。“癸卯学制”取消实业科，完全采用分校制。但就社会需要与学生性情两方面着想，这种分科制都是应该扩充利用的。到了宣统元年，中学复实行文实分科，但过了两年多，民国开国的几位教育家又把他随便除掉了。民国四年文实分科的运动又发现。民国六年南京高等师范开办附属中学，更进一步设农工商科。吾国政府立的学校，由升学的文实分科，进而为职业的分科，或是从此时起的。以后虽遇阻力，但中学分科的趋势不可遏止。到了民国八年，教育部允许中学校得酌量地方情形增减科目及时间，中学校发展的自由因此增加。民国九、十两年，中学采取分科制或分组制的逐渐加多。民国初年一律的中学制度几乎无形打破了。《辛酉学制草案》主张分科制与分校制同时存在，是欢迎中学分科的趋势，是在学制上给分科中学一个位置。

（三）高等教育制度的变迁　甲午前的专门教育对于以后的高等教育制度的影响很少，暂且不谈。光绪二十二年，孙家鼐议复京师大学堂情形，拟分立天学、地学、道学、政学、文学、武学、农学、工学、商学、医学十科。他自己称赞说："虽草创规模未能开拓，而目张纲举已为万国所无。"这是第一次筹办大学的情形。但当局方面故意搁置，到二十四年才正式开办。功课分普通、专门两类，普通功课十种，与一种外国语文，必须于三年内读了，这明明是一种预科办法。专门功课亦分十种，每个学生于普通学科卒业后各选一种或二种学习，但是不像后来那样呆板。第一次有系统组织之高等教育，到二十八年方发现。壬寅年高等教育制度的特点如下：

一、第一段为高等学堂及大学预备科，设在大学堂里的，叫做预备科；设在各省的，叫做高等学堂。大学预备科和高等学堂的课程都是一样的，并都是三年毕业，都分政艺两科，都是预备学生升入大学堂的。所以高等学堂和预备科只是一个东西。与他们平行的有四年的师范馆、师范学堂，三年的仕学馆和三年的高等实业学堂。换句话说，专门学堂和大学预科是平辈的。

二、大学堂三年毕业分七科：政治、文学、商业三科，由预备科之政科卒业生升入；农业、格致、工艺、医术四科，由艺科卒业生升入，这是所谓之综合大学。

三、大学院为学问极则，主研究不立课程，不定年限。

癸卯改订学堂章程，大学预科与高等学堂的关系仍旧，但加分为三类，并设大学实科与之平行。此时这里最显明的变更有二：1.专门学堂程度提高，几乎有与分科大学相等的；2.专门学堂开始设预科。至于分科大学最重要的变更，就是加经学科，合为八科；并增加政法科及医科中之医学专门之修业年限为四年。大学院改为通儒院，以五年为限。

癸卯以后，民国以前，高等教育制度还经过一二变更。宣统元年，大学预科改为京师高等，减为二类；分科大学裁去医术科，改为七科。二年四月，高等农业、商业之预科一并裁撤。

这种情形直到民国元年。照元、二两年所颁布之高等教育看来，有下列的重要改革：

一、大学预科取消分科制，并须附设在大学里，各省之高等学堂一律取消。那时高等学堂固亦有办理不善的，但一概取消，使各省忽然失掉一个文化中心，未免可惜。

二、恢复专门学校之预科再加一度的提高，连研究科计算在内，简直可与大学不相上下。专门学校与大学的分别愈足引人怀疑了。

三、分科大学制，除去经学科，恢复医科，共七科，或文、理二科并设，或文、理兼法、商二科，或理科兼医、农、工三科，或二科一科，都可称为大学。京师大学堂即以文、理、法、工四本科及预科组织而成。民国六年九月，大学制度复加修改，设二科以上的得称为大学，那只设一科的称为某科大学。单科大学之名从此起。并改大学修业年限为四年，预科为二年。后来北京大学废科分系和十年东南大学之设教育科与一年的预科，都很与《大学令》[15]有出入。至专门学校方面，九年十二月北京工业专门学校废除预科，改本科为四年。这是与宣统末年废除专门预科的情形相仿的。

《辛酉学制草案》对于高等教育有可注意之点如下：

一、设单科的亦得称为大学，这与民国六年的《修正大学令》相仿。

二、大学与专门学校废除预科为一当行之事，是可以拿本国办预科的历史来证明的。

三、大学毕业期限定为四年至六年，伸缩的机会加多，也可以欢迎的。

四、研究院不定年限，亦与现制同。

但我对于新学制的高等教育段，有一个疑问。这疑问就是：四年的高等专门学校与四年的单科的大学，究竟有什么分别？

（四）师范教育制度之变迁　光绪二十三年，南洋公学先设师范院，以培养上中两院教员为目的，分格五层依次递进。二十四年京师大学堂成立，设师范斋，选大学前三级高才学生入斋学习。这都是单级制的师范教育。“壬寅学制”规定两级师范教育制度：一是与大学预科高等学堂平行的，称为师范馆，或师范学堂；一是与中学堂平行的，称为师范学堂，均四年毕业。

癸卯颁布优级、初级师范两种章程，初级师范增加年限为五年，优级师范规定公共科一年毕业，分类科三年毕业。此外优级师范得设加习科，初级师范得设一年简易科，并在实业学校里设实业教员讲习所，分完全、简易两种。师范教育的规模比“壬寅学制”详备多了。

三十三年颁布《女子师范章程》四年毕业，与五年的男子师范不同。又因应济特别需要，于宣统二年在优级师范中设选科及补习科。初级师范虽有酌量停办简易科之举，但各地需要教员急不可待，于是单级教授练习所及临时小学教员养成所章程于宣统三年相继颁布，临时小学教员养成所肄业年限为一年以上二年以下。这是前清末年的情形。

民国成立后，改优级师范为高等师范，公共科为预科，分类科为本科，加习科为研究科，并限制设校，各省优级师范相继取消。高等师范均由国立。同时，初级师范学校改为师范学校，临时小学教员养成所改为小学教员讲习所，实业教员养成所取消。此时重要的变更就是使女子师范与男子师范立在同等地位。

民国四年恢复实业教员养成所，改订毕业年限为四年，取消简易科，并改小学教员讲习所为师范讲习所。民国八年山西开办国民师范学校，以应义务教育之需要。这种办法是比师范讲习所要强得多。近年来师范学校因受中学选科的影响，亦纷纷采取分科或选科制。

以上是《辛酉学制草案》制定前之状况。

《辛酉学制草案》所定师范教育有六种：一是三年普通、三年师范的六年师范教育，二是初级中学毕业后之三年师范教育，三是四年的高等师范教育，四是大学的师范科（怕也是四年），五是相当年期的师范讲习所，六是高级中学职业科里附设的职业教员养成科。

《辛酉学制草案》关于师范教育的各种问题，当另作文讨论。在这里我只提出一点，希望大家注意，就是师范教育制度是应当符合全部学制的需求的。草案中之师范教育，是不是充分适应这个需求？

（五）补习教育制度之变迁　“壬寅学制”中尚无补习教育的位置。“癸卯学制”设实业补习普通学堂，“令已经从事各种实业及欲从事各种实业之儿童入焉，以简易教法授实业所必需之知识技能，并补习小学普通教育为宗旨……三年毕业。”这是为从事实业的人学习实业补习普通教育的学校。宣统元年所颁布的《简易识字学塾章程》，毕业年限定为三年以下；到宣统三年改修业年限为一年、二年两种。这是为年长失学贫寒无力就学的子弟设的学校。

民国成立后，初等、高等小学校均得设补习科，招收初等小学或高等小学毕业生和有同等以上的学历的学生进去学习，这是继续补习及增进学业的补习学校。光绪三十一年曾有半日学校的运动。到民国三年，为幼年失学便于半日或夜间补学起见，颁布《半日学校规程》。补习教育问题，现在还没有得到相当的重视。这次《辛酉学制草案》初等教育段内为年长失学的人设补习学校，又在初级中学段内为作工儿童设半日、半夜、日曜等补习学校。但补习教育之目的：一是使缺少普通学识的补足必不可少的普通学识，二是使缺少生利能力的补足必不可少的生利能力，三是使已有学问能力的都可得继续增进学识技能的机会。其中有受过学校教育的，有未受过学校教育的；所补习的教育及补习的方法，有与学制分年进程符合的，有全与学制系统不相符合的。例如，年长失学的人关于普通教育的补习，和未受过教育的工人关于职业教育的补习，几乎完全不能配入通常之学制。所以凡是这一类的补习教育，似乎有另立系统的必要。

注释

① 同文馆　即"京师同文馆"，清末培养翻译人才的学校，1862年成立。初设英文馆，招收学生仅10名，后逐渐扩大，又陆续增设法文、德文、俄文、日文等馆，美国传教士丁韪良任总教习达20余年。1902年并入京师大学堂。

② 水师、船政学堂　中国最早的海军学校。天津水师学堂1880年建立，福建船政学堂1866年建立。

③ 武备学堂　中国最早的陆军学校。天津武备学堂1885年建立。

④ 中学为体，西学为用　这是清末洋务派代表人物张之洞提出的文化教育主张。所谓"中学"，主要是指维护"三纲五常"的经史之学，又称"旧学"；所谓"西学"，主要是指"西政"与"西艺"，又称"新学"。"中学为体"就是以中国封建主义的"旧学"为政治、文化、教育的主体；"西学为用"就是在不触犯中国封建君主政体的前提下，运用西方的文化教育和科学技术以巩固封建统治。

⑤ 指光绪二十四年（1898年）拟定的《京师大学堂章程》。

⑥ 指光绪二十八年（1902年）由张百熙拟定呈奏清政府颁布的《钦定学堂章程》（"壬寅学制"）。

⑦ 指光绪二十九年（1903年）颁布的《奏定学堂章程》（"癸卯学制"）。

⑧ 六三三制　即小学六年（初小四年、高小两年）、初中和高中各三年的学制，1922年颁布。

⑨ 纵横活动　指各级各类学校间纵向和横向的联系。

⑩ 四民　指农、工、商、学。

⑪ 壬寅癸卯学制　即《钦定学堂章程》（"壬寅学制"）和《奏定学堂章程》（"癸卯学制"）的合称。这是中国近代教育史上最早推行的学制系统。

⑫ 京师大学堂　我国近代开办最早的大学。1898年创设，为戊戌变法的"新政"措施之一。1912年改称北京大学。

⑬ 南洋公学　1906年创办于上海。辛亥革命后，改为上海工业专门学校。1921年与唐山工业专门学校、北京邮电学校等合并，改称交通大学。

⑭ 辛酉学制草案　即辛酉年（1921年）全国教育联合会第七届会议通过的《学制系统草案》。

⑮ 大学令　指高等教育法令。

附：学校系统改革案

一、学校系统改革之经过

中华民国之学制系统系由清末递嬗而来，而清末之学制几完全抄自日本，颇不适合国情。民国四年全国教育联合会即曾提议修改，十年开第七届会议于广州，提出改革学制草案者计有广东、湖南、浙江、江西、安徽、直隶、山西、福建、黑龙江、云南、奉天十一省。即以广东草案为根据，征求全国意见，于十一年在济南开第八届会议再行决议，其时教育部亦召集学制会议，由各省区教育会、教育厅各派代表一人，及国立大学、国立专门学校校长，部聘部派人员组织之，对于教育联合会之议案稍有修改，并派员送交济南征求该会之同意。遂与十一年十一月一日由大总统教令将全文公布。

二、学校系统改革案

标准：

（一）适应社会进化之需要；

（二）发挥平民教育精神；

（三）谋个性之发展；

（四）注意国民经济力；

（五）注意生活教育；

（六）使教育易于普及；

（七）多留各地方伸缩余地。

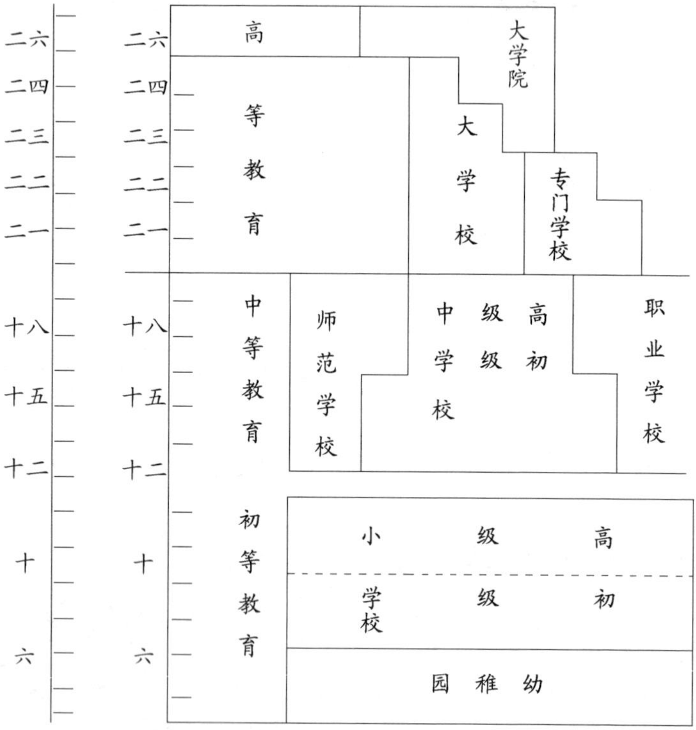

本图左行之年龄表示各级学生入学之标准，但实施时仍以其智力与成绩或其他关系分别定之。

说明

一、初等教育

（一）小学校修业年限六年。

（附注一：依地方情形得暂展长一年。）

（二）小学校得分初高两级，前四年为初级，得单设之。

（三）义务教育年限暂以四年为准，但各地方至适当时期得延长之。义务教育入学年龄，各省区得依地方情形自定之。

（四）小学课程，得于较高年级斟酌地方情形增置职业准备之教育。

（五）初级小学修了后，得予以相当年期之补习教育。

（六）幼稚园收受六岁以下之儿童。

（七）对于年长失学者宜设补习学校。

二、中等教育

（八）中学校修业年限六年，分为初高两级。初级三年，高级三年；但依设科性质，得定为初级四年，高级二年，或初级二年高级四年。

（附注二：十四年十一月七日临时执政令修改此案如下："中学校修业年限六年，分为高初两级：初级四年，高级二年，但依设科性质得定为初级三年，高级三年。"）

（九）初级中学得单设之。

（十）高级中学应与初级中学并设，但有特别情形时得单设之。

（十一）初级中学施行普通教育，但得视地方需要，兼设各种职业科。

（十二）高级中学分普通农、工、商、师范、家事等科，但得酌量地方情形，单设一科或兼设数科。

（附注三：依旧制设立之甲种实业学校，酌改为职业学校，或高级中学农、工、商等科。）

（十三）中等教育得用选科制。

（十四）各地方得设中等程度之补习学校或补习科，其补习之种类及年限，视地方情形定之。

（十五）职业学校之期限及程度，得酌量各地方实际需要情形定之。

（附注四：依旧制设立之乙种实业学校酌改为职业学校，收受高级小学毕业生，但依地方情形，亦得收受相当年龄之初级小学毕业生。）

（十六）为推广职业教育计，得于相当学校内酌设职业教员养成科。

（十七）师范学校修业年限六年。

（十八）师范学校得单设后二年或后三年，收受初级中学毕业生。

（十九）师范学校后三年得酌行分组选修制。

（二十）为补充初级小学教员之不足，得酌设相当年期之师范学校或师范讲习科。

三、高等教育

（二十一）大学校设数科或一科均可；其单设一科者称某大学校，如医科大学校，法科大学校之类。

（二十二）大学校修业年限四年至六年（各科得按其性质之繁简，于此限度内斟酌定之）。

医科大学校及法科大学校修业年限至少五年。

师范大学校修业年限四年。

（附注五：依旧制设立之高等师范学校，应于相当时期内提高程度，收受高级中学毕业生，修业年限四年称为师范大学校。

（二十三）大学校用选科制。

（二十四）因学科及地方特别情形得设专门学校，高级中学毕业生入之，修业年限三年以上；年限与大学校同者，待遇亦同。

（附注六：依旧制设立之专门学校，应于相当时期内提高程度，收受高级中学毕业生。）

（二十五）大学校及专门学校得附设专修科，修业年限不等（凡志愿修习某种学术或职业而有相当程度者入之）。

（二十六）为补充初级中学教员之不足，得设二年之师范专修科，附设于大学校教育科或师范大学校，亦得设于师范学校或高级中学，收受师范学校及高级中学毕业生。

（二十七）大学院为大学毕业及具有同等程度者研究之所，

年限无定。

四、附则

（二十八）注重天才教育，得变通年期及教程，使优异之智能尽量发展。

（二十九）对于精神上或身体上有缺陷者，应施以相当之特种教育。

（出自中华书局《中国新教育概况》。《中国建设新学制的历史》一文收入该书时，即将此作为附件。文中的附注都是原有的。）

新学制与师范教育*

新学制草案里所规定之师范教育有六种：一是三年普通科三年师范科的六年师范教育，二是招收初级中学毕业生学习之三年师范教育，三是四年的高等师范，四是大学的师范科，五是相当年期的师范讲习所，六是高级中学职业科里附设的职业教员养成科。高等师范和师范讲习所大概依照旧制。第一和第二两种是依据“三三制”的办法定的；中学校得兼办师范科是适应本年中学校设立师范组的趋势定的；大学师范科是适应近年大学设立教育科的趋势定的；职业教员养成科是适应近年职业教育的需要定的，这几点都可受我们的欢迎。但就全部看起来，新学制草案中之师范教育段很有几个缺点，可以商榷。我先提出几条普通原则和师范教育的现状来讨论，然后再看师范教育段的缺点究竟是哪几种，并应该如何去修正。

（一）教育界要什么人才，就该培养什么人才。教育界所需要的人才可分四种：一是教育行政人员，二是各种指导员，三是各种学校校长和职员，四是各种教员。吾国自办师范教育以来，无论高等师范、初等师范，只顾到第四项，只是以造就教员为目的，对于教育行政人员、指导员、校长和职员的训练都没有相当的注意。虽然师范学校里面有管理法、教育法令一类的功课，但

* 本篇系陶行知1922年1月的演讲稿。原载1922年3月《新教育》第4卷第3期。

是很不完备。那开通的省区有时也为办学人员开短期的讲习会，但无系统的研究，无相当的材料，无继续的机会，故不能使他们得充分的修养。大家都以为这种种职务可以不学而能，人人会干，无须特别的训练，更无须科学的研究。结果只好把他们交付给土绅士和小政客去办理。中国学务不发达的原因固多，但是教育行政办学指导人员之不得相当培养也是个很重要的原因。所以我主张，凡教育界需要的人才都应当受相当的培养。我们教育界需要什么人才，即须造就什么人才。我们应当有广义的师范教育——虽所培养的人以教员为大多数，但目的方法并不以培养教员为限。

再进一步，就培养师资而论，现在师范教育的功效也是迁就的，片面的。

试看国内的高等师范，他们对于培养中学校和师范学校的教员，毫无分别。难道师范学校里所要的各科教员，可以和中学校一样的吗？这是高等师范最迁就的一点。

初级师范大多数设在都市里面，毕业生所受的教育既不能应济乡村的特别需要，而他们饱尝都市幸福的滋味，熏染都市生活的习气，非到必不得已时，决不愿到乡下去服务，于是乡村学校的师资最感缺乏了。补救这种缺乏的方法，就是所谓之师范讲习所。但是这种师范讲习所，我们既不以正式学校看待他，所以因陋就简，办理不能适当。总之就中国现在所办的师范教育而论，城里的人叨便宜，乡下的人吃大亏。我们要乡村教员就应培养乡村教员，以应济乡村的特别需要。

再进一步，就培养都市教员而论，现在的初级师范教育也有应该斟酌的地方。初级师范毕业生的心理是很愿意做高等小学的教员，他们在国民小学里做教员，似乎是不得已的。初级师范对于初等小学和高等小学教员的养成，很少分别。目的不分明，所以办法也很笼统，高等小学和初等小学都不免有所迁就。近来师范学校内也有采分组制的，这是为高等小学应济需要的一种办法。山西于民国八年设立大规模的国民师范学校，专以培养国民小学教员为目的。由这两种趋势看来，高等小学教员与初等小学教员的养成，似乎应该有些分别。

总之，教育界要什么人才，就该培养什么人才。教员之外，教育界还要什么人才，就该培养什么人才。教员的种类有因学校等级分的，有因市乡情形分的，也有因学科性质分的。我们要什么教员，就须培养什么教员。

（二）教育界各种人才要什么，就该教他什么；要多少时候教得了，就该教他多少时候。如果因为种种情形一时教不了，就该把那必不可少的先教他，以后再找机会继续的教他；到了困难渐渐的解除之后，就该渐渐的看那必不可少的学识技能之外还缺什么就教他什么，还缺多少就教他多少；时期的长短，都依这种情形酌量伸缩。这条很明显，可无须举例。最难的是进一步的分析的工夫。究竟一位县教育局长、市教育局长、中学校长、初级师范国文指导员、高级中学理化指导员、小学校长、前四年的小学教员、幼稚园教员应当学的是什么？要多少时候学了？如果一时不能学了，究有什么可以缓学？可以缓学的，究需多少时间才能补足？我以为这种分析的手续没有办到之先，若想定各种人员养成的时期总是勉强的。我们最需要这种分析的手续，但不能立刻办到，我姑且提出来做为继续共同研究的起点。

（三）谁在那里教就教谁。若想把教育办有成效，必须依据实际情形。我们试把眼睛打开一看，实际上究竟有哪几种人在那里从事教育？大学堂的毕业生、专门学校的毕业生、高等师范的毕业生、中学校的毕业生、初级师范的毕业生、实业学校的毕业生，甚至从高等小学出来的科举出身的先生，都是实际上在那里操教育权。除开高等和初级师范的学生外，其余的几乎是完全没有受过特别训练的。他们既在那里实施教育，自有受训练的必要。论到教师所能受的训练，学校出身与科举出身的教师，当然不能一致。

科举出身的教师现在还是很多，恐怕十年之内他们的数目不能大减。南京现有私塾五百六十余所，广州私塾千余所，塾师多由科举出身，在他们势力下的学生各以万计。我以为既有这许多科举出身之人实际上在那里操纵儿童的教育，我们决不能不设法使他们得些相当的训练。因为谁在那里教，就该教谁；塾师在那里教，就该教塾师；一天有塾师，即一天要训练塾师如何改良。

论到未受训练的学校出身的教师，我姑且把那些从专门和实业学校里出来的除开，专论从大学、中学、高等小学出来的教师。

大学校出来的毕业生或学生（包括国立、教会立、私立）除入政界、商界、实业界服务或留学外，多到中等学校里去充当教员。这些人当在大学肄业的时候，有好多已经发现充当教员的动机了。如果学校里乘他们未毕业之前，给他们些关于教育上的训练，必定是很有效力的。

中学校的毕业生除升学的和闲在家里的外，大多数是在那里做教员。我信中学毕业生充当教员的当不下三分之一。这两年来，我曾提议在中学里设师范科。现在已有几处在那里试办。有人说：中学里没有相当的环境、设备和附属小学，若设师范科，恐怕将来出来的毕业生，一定没有师范学校里出来的好。这或者是不错的。但就事实论，我们不能拿师范学校的毕业生来和中学师范科的毕业生比；我们所应该比较的，是未受训练的中学毕业生和中学师范科的毕业生。总之，中学毕业生是不是在那里教人？是。受过训练没有？没有。要不要训练？要。好，设师范科。

高等小学出来的学生，有好多在那里做国民小学教员。开通的地方少些，越到内地去越多。我不但主张在中学里设师范科，我并曾主张高等小学末年亦得设师范课程。也有人反对说：现在师范毕业生程度已嫌太低，我们何能教十三岁左右的高等小学毕业生去做教员？我也请大家只须在事实上着想。第一，实际上高等小学的毕业生要去做教员的并不止十三岁。第二，我们要看实际上有没有高等小学毕业生在那里做教员，如果没有，或是太少，当然无须。如果有的，当然要训练。相当的训练是有益无损的，是断断乎有胜于无的。我再举一例，假使一个人家有两个孩子，大的在高等小学里做学生，小的在家里没有人教，左近也没有国民学校可进。在这种情形之下，我们应当怎样？还是任小孩子失学呢，还是叫大的孩子每天放学回家时教他？当然叫大的孩子教他。大的孩子能不能教？能。如果高等小学里曾经教他怎样教人的法子，这大的孩子是不是更会教些？当然更加会教。这大的孩子受过训练后，有没有初级师范毕业生教得好？当然没有。那末，怎样不请初级师范毕业生来教？请不起，这样经济得多。我并不是主张个个地方都是教高等小学程度的学生去做教员，也不是主张一个地方是永远应该如此的。大概教员的程度应当取渐进主义。本地各种情形进步到什么地位，师范教育的程度亦宜提高到什么地位。时候未到而不肯降低和时候到了而不知提高，是一样的错误。

总之，实际上在那里从事教育的人的种类，是师范教育一个很重要的指南针。这些人，一来要求办师范教育的人给他们补充学识的机会，二来暗示办师范教育的人说："像我们这一类的人后来陆续出来做教员的还不在少数，你们应该预先去培养他们。"

照上面所提的普通原则看起来，新学制草案之师范教育段，有下列应当注意之点：

一、师范教育段是不敷学制的需要的。师范教育段只有高等师范学校（与大学师范科同）和师范学校（毕业期限与高级中学等）两等；学制上所规定之学校，有小学、初级中学、高级中学等级，故师范教育段不敷学制上各学校对于人才之需要。

二、高等师范规定四年，师范学校规定六年毕业，觉得太呆板，并没有逐渐提高的机会。如果把教育界各种人才所需要的学识技能分析之后再来规定年限，我觉得那时规定的年限，决不像这样一致。

三、最低的师范教育令十二年毕业。依中国现在的情形看来，十省有九省够不上这个标准。就是最开通的省份，当也有好多区域是够不上这个标准的。若专靠师范讲习所来救济，那吗既不以正式学校看待他，结果必不能圆满。所以，我觉得现在的师范教育有低下一格的必要。

四、高等师范入学之资格、毕业之程度既与大学同，似宜以单科大学称呼他。因为这种机关不止培养师资，简直就可称他为教育科大学。那设在综合的大学里面的，就叫他为大学教育科。

五、师范讲习所的目的应该订得清楚。既是辅助义务教育的临时办法，他的宗旨就宜以训练未受学校教育人员充当教员为限。那受过学校教育的人要做教员，就叫他们依据程度去进相当之师范学校。

六、职业教师之培养专在高级中学职业科里面规定，也觉得呆板。

七、学问是进化不已的，从事教育的人应当有继续研究的机会，故师范补习教育亦应占一位置。

依据上面所说的，我对于学制草案中之师范教育段要提出意见如下：

一、初级师范以培养小学前四年之教员为目的，招收六年的小学毕业同等学力的来校学习，修业年限一年以上[①]。初级中学能设师范科者听。

二、中级师范以培养六年的小学的后二年与高等小学（如高等小学不完全取消）教师为目的，但同时得培养小学办学人员，招收六年的小学毕业同等学力的来校学习；修业年限四年以上，前期为普通科，后期为师范科。

三、中级师范学校得办完全科或专招初级中学毕业同等学力的学子，教以相当时期之师范教育，高级中学得设中级师范科。

四、兼办初级中级师范的学校，称为初、中两级师范学校。

五、高级师范以培养地方教育行政人员、初级中学同等程度之办学人员、指导员、教员为目的；招收高级中学毕业同等学力的来校学习，修业年限三年以下。

六、教育科大学以培养教育学者、教育行政人员、学校行政人员及高级中学同等程度之指导员、教师为目的。修业年限四年以上。（现在高等师范学校最宜改良的是内容和方法，增加年限而不改良内容和方法是无益的。如能改良内容和方法，就不增加年限也无妨。先去改良内容和方法，有余力时，再图增加年限，似是解决这问题的顺序。）

七、大学得设教育科及高级师范。

八、教育研究院修业年限一年以上，招收大学毕业生研究。

九、幼稚师范学校可独立设置，或附设在其他师范学校内。

十、师范讲习所以训练非学校毕业人员充当教师，并继续补充他们的学识技能为目的，期限不定。

十一、各种师范学校得设师范补习学校，以继续补充学校出身之教师之学识技能为目的，期限不定。

十二、为推行职业教育计，大学实科及高级中学之职业科内得附设职业教员养成科。但教育科大学、高级师范和中级师范内能培养职业师资者听。

总之，学制是要依据社会个人的需要能力和生活事业本体的需要定的。师范教育一面是为学制上各种教育准备人才，故要顾到学制上的需要；一面是一种事业，自然又要顾到他自己本体上的需要。上面对于各种师范教育所拟的年限虽是很可活动的，但还是假定的办法。我很希望研究师范教育的同志，早些把教育界各种职务所需之学识、技能，详细分析，再会合起来，看他们究竟要几多时候可以学得会，学得好。如果社会的财力，人力和个人的境遇一时不能使我们透达圆满的目的，我们也可依据所分析的结果，拣那可缓的留到后来陆续补充，以后再随社会个人能力的增进，逐渐的去谋提高和改良。

注释

① 此句在《江苏新学制系统草案讨论会委员会会议记录》中为“修业年限二年以上”。

筹划全国教育费委员会简章*

一、定名 本委员会定名为中华教育改进社[①]附设筹划全国教育费委员会。

二、宗旨 本委员会以督促并计划全国教育费之扩充及支配为宗旨。

三、委员 本会委员除由中华教育改进社董事会推定外，各省区教育会会长、副会长皆为本会委员。

四、职员 本委员会公推主任、副主任各一人，主持本委员会一切事宜；公推总书记一人，司执行之责。本委员会得视事务之需要酌聘办事员。

五、分部组织 本委员会为便利进行起见，设下列各部：

（一）关税部；

（二）赔款部；

（三）公债部；

（四）计划部。

其他视进行之需要，得增设之。

各部设主任一人，部员若干人，均由委员会公推定之，但得由各部主任随时添请相当人员加入之。各部施行细则由各部主任

* 本简章系陶行知与黄炎培于1922年2月15日共同起草。摘自《中华教育改进社社务报告》。载1922年5月《新教育》第4卷第5期。

定之。

六、分部职务

关税、赔款、公债三部之进行方法：

（一）调查；（二）鼓吹；（三）其他方法，依便宜施行之。

计划部之进行方法：

（一）调查各种教育原有成数；

（二）披露调查结果；

（三）征集支配意见；

（四）拟具支配方法，通信商榷；

（五）汇集商榷结果，编拟提案，以便大会讨论。

各部主任应随时将进行状况报告于本委员会。

七、经费 本委员会一切经费由中华教育改进社开支。

八、会期 中华教育改进社大会之前一日，开全体委员会，遇必要时由主任召集临时会。

分部会议由分部主任随时召集之。

九、附则 本简章如有未尽事宜，得由全体委员会公决修正之。

注释

① 中华教育改进社 1921年冬由实际教育调查社、新教育共进社、新教育杂志社合并组成。它以调查教育实况、研究教育学术，力谋教育改进为宗旨。蔡元培、范源濂、郭秉文、张伯苓、黄炎培、袁希涛、汪兆铭、李建勋、熊希龄等九人为董事；蔡元培、范源濂、熊希龄先后轮任董事长。梁启超、严修、张謇、张一麐、李煜瀛及美国教育家杜威、孟禄等为名誉董事。陶行知任主任干事。总社设在北京，下设32个专门委员会，全国半数以上省、区都有分会。该社曾举行过四次年会。北伐战争开始后，自动解散。

附一：筹划全国教育费委员会成立经过

本社于二月八日在沪开董事会时，曾由黄炎培提议组织“筹划全国教育费委员会”，当由董事会推定三十一人为委员会委员。昨日（十五日）下午五时，开第一次委员会，到会者有：张仲仁、史量才、范静生、汤尔和、郭秉文、穆藕初、余日章、谭仲逵、袁观澜、沈信卿、熊秉三、黄任之、陶知行，蔡孑民与汪精卫由谭仲逵代表，张季直由黄任之代表。公推熊秉三主席，并加推二十三人及各省区教育会正副会长为委员。黄任之、余日章、袁观澜、谭仲逵、穆藕初、沈信卿、郭秉文依次发言后，即推黄任之、陶知行起草委员会简章，当晚通过。

（出处同前）

（编者：该委员会由熊秉三、黄炎培任正、副主任，陶行知任总书记。）

附二：张謇复中华教育改进社函

敬复者：奉函并提案简章等敬悉。年来教育诚无统系，经费问题尤当注意。大会宗旨，良所钦佩。惟承推为关税部部员，走于关税素少研究，且年老力慵，维持乡里事尚虞不给，愧无余力及他事。幸乞原宥准辞。实所感幸。敬颂大安。

（原件注明：寄“南京东南大学内办事处”。载《张謇存稿》。）

对于参与国际教育运动的意见*

今年五月比京[1]要开第五次家庭教育大会[2]，吾国已被请出席报告“吾国农业情形”和“农家社会现状”。明年要在美国举行万国教育会议[3]；万国成人教育会也要在日诺瓦[4]聚集。这三种会议，是我们已经晓得要举行的。以后诸如此类陆续发的会议，必不在少数。

这种会议，如果办理得好，从小的方面看，可使到会各国交换知识；从大的方面看，或可解决些国际教育的问题，以谋世界文化的改造。我们若不想在世界文化上占一地位也就罢了，如果是想占地位的，那对于这种会议也免不了要参与的。

去年八月十一日檀香山开“联太平洋教育会议”，吾国也派代表与会，但因准备不足，虽有好的代表，不能得满意的效果。今年二月四日斐利滨[5]开远东教育会，政府直到一月二十日才开始找人代表，终因政府毫无准备，不能成行。我们以后若再懒惰，不早些从事准备，那世界真要以为中国没有教育了。世界以为中国没有教育犹事小，若中国真无教育可说，那就更可惭愧了。所以准备一层，决不可以单在对外或“广告”上做工夫。那最重要的准备，就是平日的成绩和随时的努力。发表固然要紧，

* 陶行知在本文中提出参与国际教育运动必须作好准备，载于1922年3月《新教育》第4卷第3期。第二年3月，万国教育会议发起者发来邀请通知，1923年3月《中华教育界》重发此文，在文章前面加了一段话，并登载了一则启事。

但必先有成绩，然后才说得到发表。所以教育外交的根本的根本，是要全国从事教育的人，分工合作，好好的办教育，把教育好好的办。

近几年来，中国教育确有些不可埋没的地方；那可以告诉人而无愧的，也不在少数。可惜如同孟禄先生所说，这种种优点，都散在各处，没有人将他们会通起来，所以不但外人不得而知，即国内的人也是不相闻问的。所以我觉得一方面要有人办教育，一方面还要有人分门别类的观察调查、研究各种教育之消长和真相，报告国人，使彼此有所参考。一旦有国际的联络发生，荷包里拿出来就是，岂不便当！

自己不办教育和办而没有成绩，当然对于国际教育运动无参与之必要，更无参与之资格。但办教育虽有成绩，而自己不明白，又不能使人明白，那就是参与，也等于不参与。前面说到国际教育的运动，有交换知识、解决问题两种重要目的。若想达到这两种目的，都非自己先有准备不可。

即以交换知识论，必先双方有东西可以换来换去，才可算为交换。自己必先有好的东西，才能和人换到好的东西。因为“给的能力”常和“取的能力”大略相等。能给多少，即能取多少。吾国近几十年来从东西洋得来的文化，多属肤浅，大半是因为我们所出产的，够不上第一流的交易。我敢断定要想在国际的教育上得到第一流位置，我们必须在教育上有第一流的贡献。这种贡献是继续不已的研究，苦心孤诣的实行产出来的。他们要靠着平日的努力，不是凭着一时的铺张。

至于解决国际教育的问题，谈何容易，是必先把所要解决的问题，彻底的明了，然后才能谈到解决。若想彻底的明了，第一要自己晓得自己，第二要自己晓得别人，第三要别人晓得自己。自明，明他，他明，是解决二人以上的问题的根本方法；也是解决二国以上的问题的根本方法。若想解决国际的教育问题，也怕跑不出这个范围。

总起来说，国际的教育运动，是一天多似一天的；我们是一定要参与的；我们以前参与这种运动是无准备的；以后的准备，一是要靠着自有的成绩，二是要靠彻底的自明。自己有成绩，才能和人交换，自己明白自己，更是和人共同解决问题的初步。

注释

① 比京　比利时首都布鲁塞尔。

② 家庭教育大会　即万国家庭教育大会（International Congress on Home Education），以提倡家庭教育，利于儿童成长为宗旨。1905年有24个国家代表参加的第一次大会曾在比利时举行。

③ 万国教育会议　指世界教育联合会（The World Educational Conference）的成立大会。美国教育联合会为其发起者，1923年6月底至7月初，大会在美国旧金山召开。中国代表郭秉文被选举为该会副会长。

④ 日诺瓦　通译日内瓦（Geneva），瑞士城市名。

⑤ 斐利滨　通译菲律宾。

女子教育在学制上占领地位之十五周年纪念*

中国自有新的女子教育，已将近八十年；英国教士在中国创设女学，实在一八四四年[①]；天主教士在中国开设女学，实在一八四八年；本国私人开设女学[②]，实在一八九七年：这都是女子教育很可纪念之事。经这六十余年的酝酿，到了光绪三十三年正月二十四日，合阳历民国前五年，西历一九〇七年三月八日，始颁布《女子师范学堂章程》三十六条，《女子小学堂章程》二十六条。这是第一次女子教育在学制上占领地位，更是中国女子教育可以纪念的一天。这次女子学制的特点如下：

（一）女子教育与男子教育是分开的。

（二）女子初等小学和师范学堂都比男子的少一年。

（三）女子中学尚未占领地位，女子教育到师范学堂为止。

这时各种女学校，已经有了三九一所；共有学生一一，九三六人，约占全体学生数百分之二。换句话说，当时一百个学生当中，有九十八个男学生，两个女学生；男学生数四十九倍于女学生数。

这是十五年前的情形。十五年以来的进步也可以约举如下：

（一）女子教育到现在已与男子教育立在平等的地位。小学、

* 本篇原载1922年3月《新教育》第4卷第3期。原稿为石印件，存安徽师大图书馆。

中学、大学里，女子都可以得到教育。

（二）女子与男子并且可以同学。小学、大学里的男女同学，几已视为常事。教育界对于中学男女同学问题，意见虽不一致，但有好几个地方，已经在那里实行；可见得社会至少已许他们试办了。

（三）现在中国女学生的确数，我们是不能晓得清楚。就民国第四次教育统计看起来，在民国五年的时候，全国有女学生一八〇，九四九人，占学生总数百分之四。分省的统计，比较近些。江苏最近调查有学生五一〇，五〇六人；女学生六七，二六六人，占总数百分之十三。山西近年推行义务教育最力，据民国九年八月调查表所列，全省国民学校学生总数为六四五，一四八人；女学生数为八〇，五八三人，已占学生总数百分之十二·五了。

照上面所说的看来，中国女子教育的进步，不能算不快。这是很可以纪念的。但是女子教育急待解决的问题正还不少。现在择其紧要的，提出几个来和大家商榷。

（一）最好的省份如江苏、山西二省，女学生只占总数百分之十二或十三；那最不发达的地方如甘肃（民国五年统计），每一百学生中得不到一个女学生；甚至如新疆省（民国五年统计）连一个女学生还没有看见报告。如何使各省都有女学生，使个个女子都能得到教育的机会，是不是我们今后的责任？

（二）别的地方我不清楚，民国十年南京的教育情形我曾经调查过。私塾学生一二，五五六人中有一，六五一女生，约占总数百分之十三；幼稚园七七人中有三九女生，约占总数百分之五一；初等小学生七，四一三人中有二，三九八女生，约占总数百分之三二；高等小学生三，七九六人中有七一〇女生，约占总数百分之一九；中学生四，二六八人中有六五二女生，约占总数百分之一五；高等专门大学学生一，一二一人中有九十七女生，约占总数百分之九。愈到高头，女生愈少。如何使各级教育女子所得教育之机会都能平均，是不是我们今后之责任？

（三）现今社会变迁很快。女子教育与社会生活，很有许多隔阂的地方。如何改良女子教育的内容方法，使能适应进化社会之需要，是不是我们今后之责任？

（四）北京实际教育调查社[③]讨论教员兼课问题，多主张力革兼职制度。有人就说，如果北大、北高[④]不许教员兼课，北京女子高等师范就难请到第一流的教员；因为女高薪额比男学校低，所以不易维持。这不但北京女子高师是如此，别的女学校也有同样的困难。如何使服务女校的人和服务男校的人得同等的待遇，以促进女子教育的改良，是不是我们今后之责任？

（五）受过高等教育的女子，现在已不在少数。至少似宜有几个人担负研究女子教育责任。这几年来在中国女子教育上有研究的人，我只遇到一位。这一位就是美国露懿士女士。她的《中国女子教育论》和《四川女子教育报告》都是很有价值的。

这也是我们本国女子此后应当勉力担负的一种责任。

（六）各国对于普及教育运动最力的，无过于女子的会社。中国受过教育和现受教育的女子，总不下五十万人。此刻又当各处提倡普及教育的时候，如果每一受过教育女子发愿每年劝一幼女入学，引一老妇改良，并群策群力，组织团体，做全部的提倡事业，那女子教育必有不可限量的进步。女子教育本是全国人民所应担负的责任，但受过教育的女子，更是当仁不能让的。

注释

① 1844年，英人霭尔特税女士（Miss Aldersey）受英国“东方女子教育协进会”派遣，在宁波开设一所教会办的女子学校，这是外国人在华创办女子学校之始。

② 1898年吴怀疚在上海创办务本女学，这是本国人开设女学之始。

③ 实际教育调查社　1921年成立于北京，发起人为范源濂、严修、袁希

涛、张伯苓等。1921年底，与新教育共进社、新教育杂志社组成中华教育改进社。

④ 北大、北高　指北京大学和北京高等师范学校。

中华杏秀游泳社之缘起与简章*

一、公　告

全国教育会联合会代表诸公公鉴：敬启者，前晚报告实际教育调查团过苏时毛杏秀女士遇险情形荷蒙赞同，发起中华杏秀游泳社以资纪念，并藉以唤醒国人对于水技之注意，至为感纫。兹遵嘱草拟社章一纸，并请团员王君卓然草拟缘起一通，均乞修正，并请署名为荷。肃此敬请
公安。

陶知行

二、简章草案

定名　本社为纪念水死之教育家毛杏秀女士起见，定名为中华杏秀游泳社。

宗旨　本社以促进国人游泳技能之培养为宗旨。

---

*　本篇原载1922年4月《新教育》第4卷第4期，同期刊载的《缘起》与发起人签名作为本文附录。

社务　本社社务如下：

甲、提倡游泳技能之操练并普及游泳应用之知识；

乙、承受私人、公共教育机关对于游泳组织计划之委托；

丙、分地创设模范游泳池。

组织　本社设评议员五人，由社员公推之，会商本社进行方针。理事、书记、会计各一人，由评议员公推之。任期均三年，但连举得连任。其余人员，由理事酌量敦请相当人员任之。

社员　凡赞成本社宗旨并照章缴纳社费者，均得为本社社员。

经费　本社经费分三种：

甲、入社费每人五元；

乙、常年社费每人每年二元；

丙、特别捐无定额，随时由评议员会商定之。

会期　本社每二年开大会一次，报告经过情形，取决将来计划。遇必要时得开临时大会，评议会无定期。遇事发生时，由理事召集之。

附则　本简章如有未尽之处，得在大会修改之。

附一：组织中华杏秀游泳社缘起

我们为什么发起组织这个游泳社？为什么又把这社的名称上冠以“杏秀”二字？此次实际教育调查社，请美国哥仑比亚大学师范院主任孟禄博士来帮忙调查教育，期诊得我们教育症结之所在，以定医法方案。调查团从北京出发，十月二十一到苏州，将由苏赴广东全国教育会联合会讲演，二十二参观苏州第二女子师范附属小学之后，往苏州陆军第二师看军人职业教育，第一师范、第二女子师范与两附小之男女教职员有数人同往，过亚细亚公司傍之石桥，车夫不慎，致车翻落桥下水中，其中之人挣扎露出水面。假小船之力得救护出来，独毛杏秀女士不起。同行十数人能泅水者一人，已先往上海购买赴粤船票，其余无能泅水者，束手无策。十分钟后，始用船将女士寻得，救护无效，竟把性命送掉了。毛女士为江苏第二女子师范附属小学一年级主任，人极敏慧热心，今竟惨死于水。我们痛女士之死，因追求女士致死之因。女士之死，由于车覆落水固然，但落水之后，假使十数同行中有一能泅水的人入水救助，则女士可以不死；假使船夫能泅水，也可入水救助，女士也可以不死；又女士自己如能泅水，则女士更可以不死。乃同行十数人，平时都能够作文章演说，至此除搓手顿足之外，竟一无所措。

这可以说不是意外之变足以死人，是我们所学不切实用，不能应变足以死人了！我们觉悟出这一点，所以于痛惜毛女士之余，发起这个游泳社，提倡游泳运动。死者长已矣！我们希望生者能“惩前车之覆”去学此紧要的技能，一方可以锻炼自己之身体，使之强健，一方于事变发生，可以救自己生命，又可以救他人生命。即他日再参与远东运动会，于游泳一项亦可多一夺得锦标之机会。冠以杏秀二字，即所以纪念毛杏秀之死，使大家知游泳一事关系人生至大，万不要轻视了，这就是发起中华杏秀游泳社的缘起。

附二：中华杏秀游泳社发起人签名

Paul Monroe（孟禄）		陶知行	方克刚	金昌汝
刘钟华	王卓然	齐真如	邵兰波	袁希涛
高望年	黄炎培	胡墨仙	沈恩孚	许倬云
王卓夫	郑贞文	徐汝梅	江　辛	林　炯

武　桓	龙钦海	张秀升	吴宾骃	冀贡泉
蔡漱芳	于效仁	吴树枏	赵瑞年	李　琛
奚国钧	雷沛鸿	郭葆珍	钟荣志	谷振东
汪兆铭	王继贤	凌　冰	刘维藩	杨桂山

中华教育改进社第一次年会社务报告*

本社社务，可分四项报告：（一）调查的事业；（二）研究的事业；（三）编译的事业；（四）推广的事业。

办教育如医病然，一方面应该知道病人的体力，一方面尤应该知道疾病的来源。知道了这两层，然后可以下药。我们办教育，对于教育之宜改进，是早经知道的了，但我们不知道他的弱点究在何处。我们应该用显微镜察看中国教育不振兴的微生虫在什么地方，也应该用千里镜察看中国教育不发达的远因在什么地方，所以第一种手续就是调查。调查的手续，第一是调查一个地方的教育状况。此种调查之略已举行者，有江苏的无锡，即此地（济南）亦已有行之者。但此种调查事业，必须由本地方自动，然后我们可以介绍专门人才。若本地尚未觉得调查之需要，甚且讳病，则调查该地教育之时机决未成熟。第二是调查一个问题的事实。凡关于一个问题之事实，必充分调查后可得相当解决。调查后，将结果报告出来，还要进一步为谋方有用。因病有万千，药亦万千，什么药治什么病，必须研究，然后可以有解决。研究是我们第二种事业。本会中对于教育深有研究者有十几位，不足则益之以外国之学者。前已有孟禄博士，今则有科学家推士先

* 本篇系1922年7月3日陶行知在中华教育改进社第一次年会上的报告，摘自该年会《开幕典礼纪事》。又载1922年10月《新教育》第5卷第3期。

生，行将于明天到济，可以与诸君见面。我们的教育害病最厉害的是中学，中学中尤以科学教育为最不良，所以中学教育造成的人才，都不能控制环境，号令环境，管理环境。将来推士先生，对于中国中学中之科学教育，必有许多贡献。这是我们研究事业之一例。第三是编译事业。调查与研究所得，决不能秘而不宣，必须布告于国人，于是乎编译事业尚已。譬如普通小病，不必经专门医生之手术者，只消将病原病状及药宣布出来，病人看了自己就可以医治。本社之编辑物，有《新教育》[1]杂志，一年出十册，暑假停刊，以研究调查，无论为本国的或外国的，报告于国人。有时亦宣布之于外国人。外国人只知中国穷、弱、无能为，而不知道中国人亦有文化；只以为中国人都是洗衣服的，开饭馆的，吃老鼠的，不知中国人之文化，其可以告人者，亦不在少数。即有坏处，亦宜告诉他人，使他人可以指导我们，供我们的参考。第四是推广事业。调查了，研究了，宣布了，还须实行，同心协力的，不问党派的，抛弃地方主义去实行。

本社的四部分事业报告完了。简括一句话，本社是想做积极的、联络的、互助的事业，虽然能力不足，但有这个志愿。将来还请各界指教。这一回年会，在此地开会，对于济南的同志是非常感谢。而对于赴会诸君，在此炎热天令，不远数千里而来，本社办事人亦当致相当感谢。现在到会者共有二百十二人，尚有后到未注册的，大约共有三百人之谱。此三百人代表十四省，二特别区，凡有交通事业之处，无不到者，即此又可以见交通事业与教育事业之关系。我们在此开会，尚有一事可以为我们法，在我们眼前所挂的是武训的遗像。这像是社员郑锦先生画的。世人以为无钱可以不办学，但武训不是这样想。他说就是穷到讨饭也要办教育。他是已经照这话实行的。武训死了，他的办学精神是永不死的。

注释

①《新教育》　教育月刊。1919年2月新教育共进社创办，1921年改由中华教育改进社主办，1925年10月停刊。共出11卷，计53期，首任主干（主编）为蒋梦麟。自第4卷第1期起，由陶行知担任主干后，该刊内容和形式有很大改进。

在中华教育改进社社务会议上的社务报告*

本社在去年十二月发起，本年二月八日成立董事会，四月十二日成立总事务所。社中事务，已印成《社务报告》，不必详说。但有二三点须说明的。第一，董事部的更动。范静生[①]先生因已赴美国考察农业教育与公民教育，董事长已推举蔡孑民[②]先生担任，董事已推举梁任公[③]先生担任。第二，孟禄博士代本社请了两位学者来讲演。一位是推士先生，昨日已到济南，下午将为诸君讲演《教育与科学》。一位是麦科尔[④]先生，大约九月八号可到中国，将来在南京与北京各讲半年。第三，本社已请张仲述[⑤]先生赴欧洲，考察中等教育，大约十月间可以回国。上面三点，都是关于人才方面。还有关于经济方面，请诸君看本社所印之《收支一览》。收入总数为一万九千四百四十二元二角二分二厘。支出总数为五千八百八十五元五角五分三厘。余存为一万三千五百五十元六角六分九厘，但其中孟禄博士所助一款，与张仲述先生一款，将来均须在清算后销账，故实存只六千余元。下期社费有二万元可以收入，而七月至十二月社中用费约在二万五千元之谱云。

---

* 本篇系1922年7月5日上午陶行知在中华教育改进社第一次年会期间社务会议上的报告。摘自该年会《社务会议记录》。又载1922年10月《新教育》第5卷第3期。

注释

① 范静生　即范源濂。

② 蔡孑民　即蔡元培。

③ 梁任公　即梁启超。

④ 麦科尔　通译麦柯尔。

⑤ 张仲述　即张彭春。

创办青岛大学案*

理由

山东为我国文化发源之地，在学术上占重要之位置。自“山东问题”①发生，青岛尤为全球视线所集。今值筹办鲁案善后之际，百端待理，需才孔亟。为发展我国固有文化计，为沟通东西文化计，尤不能不设立永久高等学术机关，以谋改进，而扬国光。应请本会设法造成筹办青岛大学之舆论，俾得早日成立，以为培植高等人材之地。是否有当，尚祈公决。

注释

① 山东问题　第一次世界大战结束后，美、英、法、日等国召开了分赃的“巴黎和会”。会议公然议决：将战败的德国在我国山东攫取的各种特权，全部转让给日本。而被邀请赴会的中国北洋军阀政府代表，竟拟在和约上签字。消息传来，举国愤怒。北京学生率先集会游行，反对巴黎和会决议，成为伟大的五四运动的导火线，史称山东问题。

* 本案系陶行知1922年7月在中华教育改进社第一次年会期间与王伯秋共同提出，陈容附议于后。交大会讨论时，将题目加上“提倡”二字（《提倡创办青岛大学案》），获得通过。原载1922年10月《新教育》第5卷第3期。

中华教育改进社第一次年会报告叙言二*

这册年会报告，是年会编辑组主任汪典存[①]先生和该组同人费了一个多月的工夫整理出来的。我们对于汪先生和编辑组诸位组员应该表示最恳切的谢意，因为他们辛辛苦苦的把年会中经过的种种情形，分门别类，编成一册，年会就能留下一个永久的记载。有了这本报告，本社就可以拿来作为进行和研究的底子。凡关心教育的人，从此也就可用最短的时间，明了本社第一次年会的真相，并可给本社一种相当的指导和赞助。我读了这本报告之后，回想到开会前、开会时、开会后种种情形，觉得有几种感触，很情愿提出来，和大家谈谈。

一、就政治方面看，全国分裂的现象，实在令人悲痛。但就这次到会的人着想，觉得全国教育界的精神还是一致的，并丝毫不受割据的障碍。查年会报统计，此次到会人员，除南洋外有十八省区，四十七都市之多。京兆、江苏、山东、直隶、湖北、河南、山西、湖南、安徽、四川、福建、奉天、吉林、江西、广东、察哈尔、绥远，都有人列席。凡现在参与政争的区域，都派有代表到会。全国人民对于教育，从前本是同心协力的，现在还是同心协力。这次会议之后，我们深信全国人民是愿意共同努力

* 本篇系1922年8月20日陶行知为《中华教育改进社年会报告》所写的序言二，原题无“第一次”三字。序言一为蔡元培所作，序言三为汪懋祖作。载1922年10月《新教育》第5卷第3期。

从事教育建国的事业的。

二、中国兴学二十多年，对于教育学术贡献太少，推究原因，就是因为教育界的人把教育问题，看得太普通、太浮泛了。大家都以为教育是一个囫囵的问题，是一件囫囵的事业。平日所办的是这种教育，所谈的也是这种教育。彼此的见解，不相上下，都犯了一个博而不精的毛病。这次济南大会最注意的一点，是分组会议。他把教育问题分析出许多小问题，按着一个一个的小问题，使愿意专心研究的人组合起来，分别讨论。最后一次的学术会议，还把这种分组会议设为永久机关，俾能继续研究。从此以后，一种人一个时候从事一个问题的研究，久之，这一个问题，必有相当的解决。如此，二三十年后，中国对于教育学术若无贡献，我是不能相信的。种子已经下了，如能继续的培植灌溉、预防灾害，是可望收成的了。我深信这种分门别类的研究，是教育进步之母。

三、这次年会可以看见的重要结晶体，就是所通过的议决案。这些议决案，有的是请各机关采择施行的，有的是由本社执行的，有的是继续研究的。论到议决案的手续，有人以为六天之内，竟能议决一百多件议案，可算是最有效率；也有人以为时间匆促，难免草率。就内容论，有人觉得满意，也有人觉得不甚满意。但无论如何，这些议决案，确可以代表现代中国教育界的思潮信仰。在这些议案里头，我们可以看得出民国十一年七月三日至八日，这六天之内，中国教育界本身所可表现的希望是什么，并如何透达这种种希望的方法。我们可以说这些议决案，是现代中国教育界思潮信仰的缩影。我应当补一句话，济南大会的结果，并不限于这些议决案。凡同志或同行会面之后，其结果有时是不可思议的。但我们看不见这些不可思议的影响，只好拿这套议决案来代表到会人员一星期的主要生活，和今后因此发生各种运动之原动力。

四、这次会议，凡旱道火车可通，水路轮船可通的省区，大都有代表到会。那铁路轮船未通的省区，都没有代表到会。由此可见交通与教育的关系何等密切。这次大会到会人数所以能如此普遍，得交通部免费辅助的力最大。政府既采用扶植教育之交通政策助成此会，我更希望政府继续这种政策，助成今后相类的全国会议。

以上所说的，是我个人对于此次年会几种较为重要的感想。但这次年会的范围很广，各人所遇见的不同，故所感觉的也不能尽同。到会诸公，必另有高见，还望指教。

中华民国十一年八月二十日

注释

① 汪典存　即汪懋祖。

可敬之袁观澜*

袁先生有可敬之两点焉：

（一）学问之无止境，犹之吾人终身之进步无限期。袁先生或参观，或考察，或读书，研究学问，继续不已，此可谓学校中人之表率。

（二）人尝云："十八岁老太婆，八十岁是青年。"袁先生年纪不小，然至合青年精神，有不觉其有胡须者。返观吾辈，或觉满口胡须也。此两点为教育科同人所宜仿效者。

* 本篇原载1922年9月南京高师教育研究会编辑、中华书局发行的《教育汇刊》第4集。此系作者于同年2月28日在南京高师教育研究会请袁观澜讲义务教育问题前的介绍词，记录者：葛承训、卫士生。

办公原则*

今日所讲者，谓之为原则可，谓之为目标亦可。以下八点，乃中华教育改进社之所欲实验，亦即今日之所欲言者。所谓八点，即：1. 唯事的，2. 科学的，3. 效率的，4. 教育的，5. 美术的，6. 卫生的，7. 兴趣的，8. 互助的，是已。请分别言之：

1. 唯事的

中国人办公，素为唯人主义。一机关所用之人，彼此各有关系，常因一人之迁更，而影响其他各人者。故推荐者与被推者，同其去就；而所推荐者，又皆因人之关系，胜任与否，所不计也。今则当以事为主。办公者，非一人为另一人做事，乃人人为一事或数种事尽力，系“非人治的”（Impersonal）。事宜分工者则分，宜合作者则合，一切以事为中心。常见旧时幕府中，每一文出，他人不能更一字，恐伤情也。夫文件乃代表一机关之精神内容者，觇乎一机关所发表之文件，该机关之优劣荣辱系焉。故每一文出，有关系之人皆有参加意见之必要。以人情所关，遂听一人之专断，牵强出之，损名败事，莫此为甚。且一机关之内，又每因人与人之意见而损及公事。主持之人待我厚则尽力，待我

* 本篇系陶行知1922年在中华教育改进社总事务所作的演讲。记录者：章松龄。原载1922年9月《教育汇刊》第4集。

薄则不尽力。尽力之多少，机关之利害关之，事果何辜而因一厚一薄以增减其效力耶！事治则不然，善治其事者留，不善治其事者去，善事为尚，人情次之，既无素餐尸位之职，亦无人存事举、人亡事息之弊。人之去就不足损事，事之兴废不复因人，而事举矣。

2. **科学的**

此盖重科学之方法与态度。昔之办公者，埋首不求改进，墨守陈规，自封故步，使学问与事业判若鸿沟，一若无相联之必要者。若以科学精神注于事业上，则事业成为学问，日求改良以利公务，利用科学方法，比较、实验以求结果之善。科学方法，无处不可应用，上自机关之组织，下至文具购置（本社用信纸信封甚多，近以万计，若每昂一二文，则所失不赀，乃调查各店中关于信纸信封各种不同之货价，及各机关所买信纸信封之价而比较之，则知改进社所置之信纸信封较贵，于是改良之），无不适用之。人不能无过，过贵能知，知而不改，斯为过矣。作事亦然，人不能无失，既失败矣，则必究其致败之因，而求有以改良之。能如是，而后能无第二次之失败。失败不足过，若听其长此终古，不思有以矫正之，则一日之失，即毕生之失。日计不足，月计有余。故有科学之态度，则于所作事能怀疑、反省、试验、分析、实证，而不有囿于陈法；有科学之方法，则于所作事有改良余地矣。

3. **效率的**

效率视所费时间、精力、财力与结果价值之比而定。所费多而成功少，则效率小，反之则大。欲效率之大，有二事须注意：一、事当其时，二、人当其才。不当时之事，不当才之人，皆有损于效率。种稻于冬日，用文人于耕耘，未有不败事者。以上二事，总合之，即：

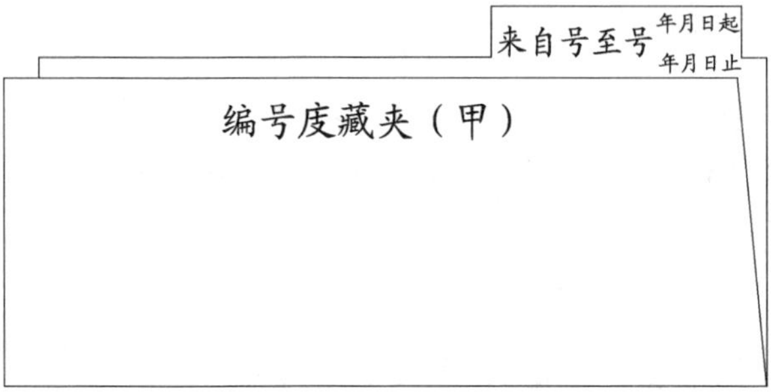
来自号至号
年月日起
年月日止
编号度藏夹（甲）

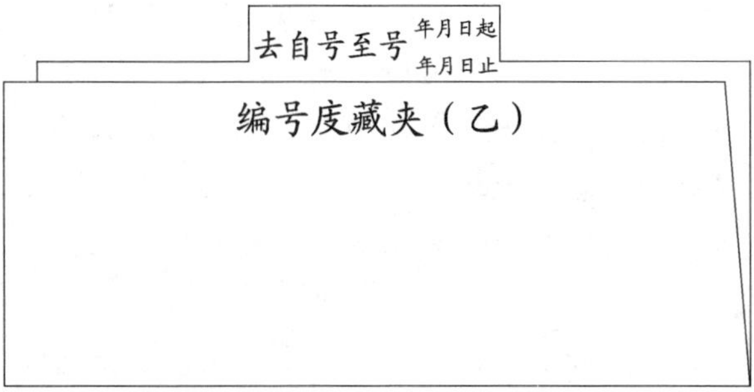
去自号至号
年月日起
年月日止
编号度藏夹（乙）

事由检查夹

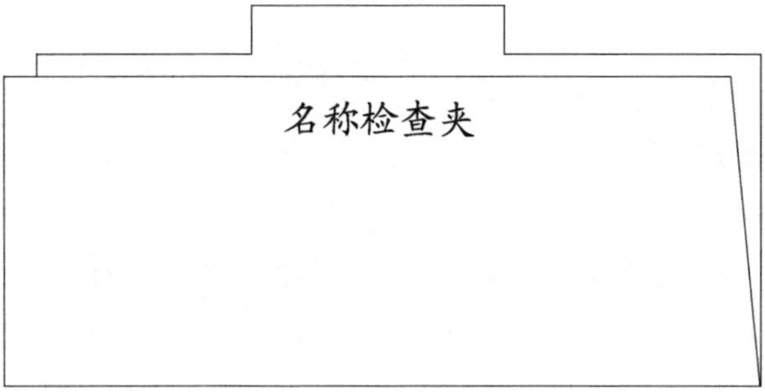
名称检查夹

（1）须先有计划　计划包时间、精力、经济等而言。临时用人，必难当才；临事买物，其价必贵。一日有一日之计划，一年有一年之计划。日以实现年，而有年之计划，日之计划始有所依。有年之计划而无日之计划，则所谓计划者，必等诸空名，不能实现。有日之计划而无年之计划，则所谓计划者，必如不系之舟，盲动而无所成功。是以必先有计划。

（2）工具须利　善事必利器，器不利而求效能之增者，未之有也。各机关最要者为文件，旧机关中，检查文件乃极难之事，盖编置无法，保存无方也。改进社制成皮藏文件夹数种，各文件无论其为何年何月者，一分钟内，皆可寻出。夹凡三种：（a）编号皮藏夹。又分二类：（甲）收入，（乙）发出。各夹皆编有号目及年月日，文件依来去之先后，编号依次入夹。（b）名称检查夹。（c）事由检查夹。（b）（c）二种，内皆有表，载人名事由摘要来去号数等，各夹以上图明之。

如郭秉文先生，来函言东南大学预算已由国务院通过，则此函有四种分法：（一）郭秉文，（二）国务院，（三）东南大学预算，（四）预算东南大学。（一）、（二）、（三）可入名称检查夹内，（四）可入事由检查夹内。（其实分法不必有若是之精细，视信之重要及情形而定。）故欲检查此信，有四处可寻，能忆事者于事由检查夹内寻之，能忆名称者于各种名称检查夹内寻之。此二种检查夹内，各有一表，内载事由、名称及号数，如下图：

检查夹不分来去，惟于表内载之。来去下记各信之号数。欲检一信，既已得之于事由或名称夹内矣，则记其号数，而向编号皮藏夹内寻之，无有或爽者。但各信之来往必须记入各表中，平时固觉烦琐，然检查利矣。再，信件来往不多者，可入事由夹，往来甚频者，入名称夹。盖名称夹每人一夹，事由夹则多至十数人，年不过一二封信者，占一名称夹，未免不经济。

报销之事，亦昔日所视最困难者，常专任一人任之。其实不复杂之机关，其账目不必先入“流水”，后再誊清分类，尽可采用分类账簿，一页中将门类分行账目属于何项，即在何项下记其数目及其收条号数、年月日、事由等。如是，则每页终了作一结束，即可完事，不必苦向“流水”中寻类别，致头绪繁多，而手慌脚乱也。

工具固宜改良，然亦不宜常改。变更过勤，于所作事之进行，颇有妨碍。改良之事最好于结束时行之，庶几进行无伤，而方法日善。

在事由检查夹内者

事由

名称	摘　　要	度藏号数	
		来	去

事由检查表

在名称检查夹内者

名称

事由	摘　　要	度藏号数	
		来	去

名称检查表

4. **教育的**

办公者，因所办之事，日日无所变更，遂渐成习惯，而流为机械。治一事，固望事之进步，然亦望人有进步。若成为机械，则何长进之有？故为一机关之领袖者，不可不留意于此。人有向上之理智，故其作一事，决不愿终其身于此而无进步之望。为领袖者，则当利其向上之心理，使作事有进步者，得依进步渐升较优之职，则人皆努力于所作之事，而求有以改进之，昔之所谓机械者，今则活动矣。同时于一机关各部职务所需乃所参考之书籍，宜为之代置（如会计处置会计学、经济理财学等书是）。则公务之暇，可得学问，因学问之进益，遂有升职之望，且间接于该机关之事，亦必多有所补益。尤有进者，即除各项专门知识之书籍外，人生普通必要之知识，亦当有以灌输之。盖公事房中之人，同时亦为世界之人，凡世界之大势，思想之潮流，皆宜知之。不然，日坐公事房中，兴趣索然，毫无人生乐趣，则又何优于监狱耶？

5. **美术的**

中国办公处，最不讲美观。猪槛马厩，望而生厌。是以办公处不能不稍事讲究，以求适于美的观念。吾人在办公室八小时，占全时约三分之一，若物质环境太劣，实至痛苦。所谓美者，固不应流于奢侈，金碧辉煌，玑珠满架，美则美矣，然失之奢。苟能布置适宜，错落有致，清雅幽静，几净窗明，亦能使人心怡目悦，恋恋而不肯去。次之，所办之事，亦宜有美术。表格最贵整洁；信件亦宜雅致。第三，办公室不仅为物质环境，同时仍有人的环境，若办公者囚首垢面，衣履乖张，虽玉堂椒房，亦使人不乐。第四，美术尚条理，重秩序，当作不作，不当作而作，皆不美。

6. **卫生的**

办事有美术的意味，则精神上得无限安慰；若再能合卫生原则，则心身并受其益矣。中国办公者，多在湫隘卑湿之小屋中，既无日光，亦无空气，又复椅桌之高低，不合人体，办公者更则随地吐痰，随时吸烟，于是办公室内之空气污浊而不堪问。故近视者有之，驼背者有之，病肺者有之，患脑者有之。疾病时生，人无宁日，而公事遂亦因之而减其效率。是以办公室必合卫生，椅桌之高低，光线之强弱，空气之通塞，墙壁之颜色，皆宜配合适宜，总以能使人舒畅而安为是。又，作事继续一二小时，休息数分钟以恢复疲劳，亦是好事。为办公人员稍置体育设备，亦促进体育之一端。

7. **兴趣的**

各人所作之事，皆能合其兴趣，此乃最难之事。大机关中，事多人众，兴趣不合者，尚可调换位置，若小机关中，则难尽如人愿。但极不合兴趣而因经济关系不得不勉强为之者，亦只得权作此事，俟有合兴趣之事，再言迁更，同事者有机会亦当为之介绍一合兴趣之事。兴趣能减少疲劳，增加努力，于工作至有影响。人于不合兴趣之事，不但不愿有以改良之，且每因循敷衍，不利于己，有损于事，不幸莫大焉。

8. **互助的**

此项与唯事项相辅助。办公固不当为人，然人与人之互助，不因此而减少。人不能常健康，亦不能无其他意外重大事，于是有离职之一问题。一机关中，苟无人能代其职务者，则当其离职也，此项职务必完全停顿。故一机关中，最好一人于其所办之事，必有第二人能十分明了其职务，则虽有缺席离职之时，而事无停顿阻碍之日。且公事中亦有须合作者，是更赖互助精神以成之。次则为经济之互助。西国机关办事人员，往往有互助保险之举。再，娱乐之互助亦为不可少者。盖感情之联络，甚有得于此也。

以上八端，乃治事之标准，然须有一共同不悖之基础，即开诚布公是也。无标准不过使人头绪不清，进行迟缓；至无公开之基础，则一事莫举。所谓标准者，必有所附丽，而后始能互相提携，互促改良。不然则当见各标准散漫零乱，格格不相通。科学能改进社会，亦能损人福利。火药可开峻岭，通火车，然亦可为战争侵略之工具。是以论理之方法，仍须有伦理之目的，此开诚布公基础不可少也。改进社庶务，每周有公开之报告，报告物价单位，此有数益：（一）无滥费。各办公人员，明乎物价之轻重，则不滥用（西式信笺，每张价约五分，如不知者每以之起草，迨知其价甚昂，乃惜之惟恐不及）。（二）庶务不能舞弊。盖单位之价格既为同事所共知，势不能妄加增减，以谋中饱。（三）可得更便宜之货物。各办事人员，既知物价单位，则随时可发现较此货物贵贱之物，一遇便宜者，可告庶务购置之。（四）可免感情之伤。不公开之机关中，同事每暗论长短，尤以论庶务者为多。因之感情日恶，嫌隙易生，小则损一时之事，大则败机关之名，不可不慎也。此为开诚布公之一常例，推而行之，其益无穷。

南京教育谈*

教育与市政有什么关系

教育是国家委托市政府办理的最重要的事业，也是改良市政之基本工具。新市政的基础是新教育。改造南京之教育，方能建设新南京。

改造南京之教育当从何处着手

改造教育和改造一切事情，有一条共同的道理。这条道理就是：凡改造一事必先对于这事情本身与这事情和别的事情的种种关系，都要了解，方能拟订计划进行。所以要改造南京之教育，必须明了南京教育之现状。南京教育的现状曾经调查了吗？南京最近的教育状况还没有精确的调查。十年春季，我们曾经调查一次，对于学校学生、教职员等等，稍微有些普通事实可以报告。但这种材料太普通了，拿来做改造计划的根据，是万万不敷用的。但这些普通事实，的确也是市民应当晓得的。

南京有几多学校呢

南京的学校，若按经费来源论，有国立的，数省合立的，省立的，县立的，市立的，警察厅立的，私立的，学生立的，天主

* 本篇原载1922年10月10日《新南京》。

教立的，回教立的，基督教立的；若按程度或性质论，南京有高等专门大学六所，中等学校二三所，国民小学和高等小学八五所，幼稚园四所，贫民学校二五所，义务学校五所，职业学校两所，为外国子弟设立的学校三所，私塾五四三所。

南京究竟有多少学生呢

据调查所得：南京有幼稚园学生七七人，国民学校学生六五六二人，高等小学学生三〇五五人，中等学校学生四二六六人，高等专门大学学生一一二一人，警察厅办贫民学校学生七四一人，义务学校学生一〇四人，私塾学生一二五五六人。合计二八四八二人。

南京教育普及到什么程度了

南京人口依民国九年十月的报告，有三八五一四五人。根据都市学龄儿童比例，依义务教育四年估计，当有学龄儿童二七三八八人。南京有公私立国民学校学生五三三〇人，教会立国民小学学生一二三二人。合计六五六二人，占学龄儿童数百分之二四。此外，还有警察厅立贫民学校学生七四一人，学生办之义务学校学生一〇四人，私塾学生一二五五六人，共一三四〇一人。若把这些学生也算在初等小学内，那就共有学生一九九六三人，占学龄儿童数百分之七三。但是这些学生，算为普及教育之一部分，有些人是要反对的。

南京人民的子女对于教育已享有平等机会吗

公私立国民学校有女生一七六一人，教会立国民学校有女生六三一人，共计二三九二人，等于国民学校学生总数百分之三六。但教会学校的国民学校女生比男生还要多三十人。他们注重男女教育平等，令人钦佩。此外，私塾女生一六五一人，占私塾生总数百分之十三。

南京有几多教职员呢

南京全城公私立国民小学有教职员一七〇人，公私立高等小学有一二七人，教会立国小、高小合并有八一人，公私立中学有二九八人，教会立中学有一二八人，高等专门大学二八〇人。共计有学校教职员一〇八四人，另外有塾师五四三人。

南京男女教职员之比例如何

一〇八四教职员中，有男教职员九三〇人，女教职员一五四人。一百个教职员当中，有一四人是女子。

南京教职员之学业如何

国民小学教职员从师范本科毕业的有百分之三三，从师范讲习科毕业的有百分之三二，受过高等教育的有百分之一六。高等小学教职员受过师范本科教育的有百分之五四，受过师范讲习科教育的有百分之九，受过高等教育的有百分之一七。中等学校教职员受过高等师范教育的有百分之二三，受过高等教育的有百分之七〇。教会学校高、初两等学校教职员受过师范学校本科和师范讲习科教育的只有百分之一四。教会立中学教员受过高等师范教育的只有百分之二。私塾教师以科举出身为最多，占总数百分之七五。学校出身的亦要占百分之二〇。受过师范教育之塾师要占百分之六。塾师受过高等教育的也有百分之五。百分之四是受过法政教育的。

南京教职员所受的报酬如何

南京公私立国民小学专任教职员每人年薪平均为二〇六元。高等小学专任教职员每人年薪平均为三〇四元。教会立高等小学、国民小学专任教员合起来每人年俸平均只有一八五元。

南京的教育究竟办得怎样

办得好吗？办得经济吗？好到什么地步？经济到什么地步？这个问题不易答复。若想答复这个问题，非有更加详细的调查不可。这种调查须有三个重要条件：一是市民确有改造教育之决心；二是现在办教育的人自愿改良，不讳己病；三是调查事宜应付托于大公无私之专门家。

我这个简单的初步报告，是没有多大价值的，并且已经陈了一年了。我写这篇谈话的目的是要引起南京教育界同志两种兴趣：

一、从事更加精密的教育调查。

二、解决南京教育问题须从了解真相入手。

教育部学制会议经过情形*

此次教育部学制会议[①]始于九月二十日，至三十日止。教育部所以有此种盛举者，有两大原因：第一，向之教育部冷淡寂寞，不喜作事，现其中有热心从公者数人，对于教育颇思有所供献；第二，举国人士皆研究学制问题矣，若教育部独漠然置之，不加考虑，将来提到部中，甚难应付，故必预为准备。开会之前，废止“高专”[②]的空气，弥漫京师。怀疑者以为，兹番开会，必议决此项问题，于是人心恐慌无似。报章宣传，以为主席宣告开会之时，即国立专门各校命运告终之时。又闻王宠惠辞教长[③]，汤尔和继任消息，大家又更恐慌，盖汤固亦曾赞成废止“高专”之一人也。其实学制会议乃适应潮流而生，并无其他意味。比及开会后，对于“高专”问题，并无特别注意，恐慌遂消灭于无形，而皆平心静气讨论焉。

此次会议，计讨论两大问题：一、《教育行政机关组织改革案》；二、《学校系统改革案》。出席人员，有下列诸种：各省区（省即行省，区即特别区域）教育行政机关代表，各省区教育会代表，高等专门大学校校长，内务部民治司司长，教育部参事及司长、部聘部派人员，统共九十八人。但始终出席者，不过七十

---

* 本篇系陶行知1922年的演讲记录稿。记录者：周邦道、程宗潮。载1923年6月《教育汇刊》第5集。

余人。就赴会者而论，各方面的人都有，但觉中等学校及小学校，无充分的代表。

开会讨论时分二组审查：一审查教育行政机关改革案件；一审查学校系统改革案件。前者十三人，后者十五人。开大会十次，审查会各组不等。讨论手续：初读后交审查会，审查毕事，即交大会讨论，三读均经免去。

教育行政上之要素凡四：人才、经费、计划、组织是。此次所讨论者，系关于组织方面，即为县市乡地方教育行政组织，包括县教育行政机关组织及特别市教育行政机关组织。其优异之点为：

（1）劝学所改为教育局

县教育行政机关本须负指导、改良、督促、联络、矫正之责，劝学二字不能涵盖，现改为教育局，似较妥当。广东已于去年实行，并有女子为局长者。有此改组，以后庶责任明确，易期功效。

（2）市乡分治

城市地狭人稠，乡村地广人稀，开办学校，情形不同，若非各有特别组织，则有益于此者，或者损于彼，反之亦然，殊欠妥当。现市乡分治，乡村教育由县教育局局长管理，城市教育由特别市教育局局长管理，分道扬镳，各自发展，绝无得此失彼之弊矣。中国现有特别市甚少，仅北京、广州、汕头等处。倘刻下即行市乡分治，恐碍于自治制，不易办到，因有推广特别市之认定之提议。其认定之标准，拟分特别市为两级：十万人以上聚居一处者为第一级特别市；五万人至十万人聚居一处者为第二级特别市。

（3）裁撤县视学，改为指导员

《县教育行政机关组织大纲》第一条，“县设教育局，以局长一人，指导员、科员若干人组织之（视事物之繁简酌定员额）”，是即以指导员代替县视学。视学仅仅视察而已，虽非教育界中人，亦甚易为之。若指导员，则视察而后，更须指导之，辅助之，非素有学问者，断难司其职守矣。

（4）县教育局设董事会

理想的董事须具监督的性质，先由人民推举若干人任之。董事有推荐局长之权。但有人反对，以为易受政客之操纵，故卒采第二种参议性质的董事，由教育局长照定额加倍提出，请县知事选聘，但此种办法不过改革之初步耳。教育部原案，主张县教育局设董事会，董事九人，县知事选若干人，教育局选若干人，县参事会参事若干人。去年广东通过议案：“县教育行政长官推选一人，县教育会推选二人，县立其他公立私立学校推选二人。”此皆为混合的董事，非化合的董事，流弊所至，则精神不能一致，非内部易于分裂，便与局长掣肘，阻碍教育之进步，殊非浅鲜。鄙人主张若不采第一种办法，则由教育局长延聘；若以全国不能一致，则两种办法任选一种亦可。但组织不过一个“框架”，内容如何，全恃乎人之布置，有比较更好的组织，更需有比较更好的人材。希望此后培养地方教育行政专家，济济跄跄，出而办事，则前途其大可乐观矣乎。

教育行政机关之改革，上已略述。兹再言学校系统之改革。欲改革学制，须先从下列三要素着手研究。一、社会的需要与能力。如社会上需“医”，究有办医学校之力量否？有力量，究能办几年？二、个人的需要与能力。如某生才智尽可学医，但其家境何如？能入医学校乎？能入医学校几年？三、事业本身上的需要。如医学一道，包涵几种功课？应肄习几年，始可毕业，始可致用？现在研究学制，迫于时需，遂本末倒置，故学制之根本的改革，尚有待于将来也。

此次所拟学制，较之广东所拟者[4]，有缺点二，优点一，兹分述之：

所谓优点，即小学校得保存旧制国民小学四年，高等小学三年。兼顾旧制，为履行新制必不可少之条件。如修整房屋，合用之砖木留之，不合用者去之，经济上、时间上、节省良多。俄国劳农政府[5]成立后，举凡前政府之制度文物，一概废弃。天下至可惜之事，宁有甚于此者？新制六年小学，在乡僻之处，虽不易办到，然四年国民小学，或优为之。又，不能设立初级中学之县份，尚有高等小学，可资国民小学生之升迁，若一律改小学为六年，则无初中之县份，小学学生求学之机会，遂明明失去一年矣。

所谓缺点，其一，即《学校系统改革案》第八条“中学校修业年限六年，初级中学四年，高级中学二年，但得依地方情形，定为初级三年，高级三年”。其所以如此主张之理由有二：（1）适应世界各国延长中学年限之潮流；（2）顾到现行四年中学制度。其实不对。延长中学年限，初中三年，高中三年，合为六年，比现制有加增，是即延长也。顾到现制中学四年，则利少弊多。如有一县，有一高小校，一国民校，儿童共有七年修学之机会。现改办六年小学，再办三年初级中学，则仅加二年，经费上已有困难；若行四三制，则顿加三年，经费上更不易办到。故初中三年，无论贫富县区，均较易提高其程度。若初中四年，则提高程度之利益，恐仅富裕县区能享受之矣。且高中二年，功课极不易支配。

其二，即第十六条：“专门学校修业年限四年或五年，初级中学四年毕业者入之（初级中学三年毕业者应补习一年）。”第十七条：“高等师范学校修业年限四年，初级中学四年毕业者入之（初级中学三年级毕业者应补习一年）。”广东制最好之一点，即废除大学高专预科制。此二条则云：“初级中学三年毕业者应补习一年。”夫何处补习，势非恢复预科制不止也。

时间短促，不能详举，今兹所言，其荦荦大端耳。学制如同建筑，图样虽具，若欲成轮然奂然之观，非费许多精力不为功。现在改革学制，所能做到者不过视前稍活动而已。根本的改革尚俟异日分析的研究。但学制随社会而转移，社会日益进化，学制亦须继续修改，世固无一成不变之法也。

注释

① 教育部学制会议　1921年10月，全国省教育会联合会在广州开会，通过《学制系统草案》。1922年，教育部在济南召开学制会议，讨论修改此草案。同年11月12日由大总统公布，名曰《学制系统草案》，亦称“壬戌学制”。

② 高专　即高等专科学校。

③ 教长　即教育总长。

④ 广东所拟者　指在广州召开的全国省教育会第七届年会所拟订的《学制系统草案》。

⑤ 俄国劳农政府　指俄国十月革命后成立的苏维埃政府。

市乡教育分治与南京教育*

今年九月二十日至三十日之间，教育部开了一个学制会议，除学校系统改革等案外，还通过两个很重要的议案，对于南京教育的发展都很有密切关系。这两个议案就是：

一、《县教育行政机关组织大纲》；

二、《特别市教育行政机关组织大纲》。

细看这两个议案最要紧的一点，在于市乡教育分治。就两者的职务而言，县教育局是主持全县的乡镇教育，特别市教育局是主持特别市内的教育。特别市教育局与县教育局为平行机关，彼此不相统属。一个是专门去发展都市教育，一个是专门去发展乡镇教育。因为县自治制及乡自治制里面对于市乡的定义，都没有明文规定。所以学制会议里面又通过了一条意见，请教育部和内务部会商，采择施行。《意见书》第三条条文如下：

> “三、推广特别市之认定。现制特别市由内务部认定，本有伸缩之余地，惟认定无确定标准，实无以巩固都市教育之进行。今折衷各国成例，拟定特别市为两级：十万人以上聚居一处者，为第一级特别市；五万人至十万人聚居一处者，为第二级特别市；五万人以下一万人以上聚居一处者，

* 本篇原载1922年11月5日《新南京》。

为普通市；聚居一处之人不及万人，为乡村。如此明白规定，既便于教育之筹划，尤便于自治之推行。”

照上文看来，凡五万人以上聚居一处的地方，都可组织特别市教育局，办理市内一切教育事业。不足五万人聚居一处的地方，都统属于县。他的教育纯由县教育局主持。这种分治的办法，比现在的合治制要好得多。因为都市地狭人多，乡间地广人稀，人口密度既相悬殊，加以经济能力不同，环境性质不同，凡此种种，影响于课程编制、教学方法、行政组织等等，都不能相同。合起来办，不是乡村教育受都市的阻碍，就是都市教育被乡村的牵制。如果分起来办，虽在开始的时候，不免有些困难，但分途发展之后，效果是可立而待的。

南京人口，据民国九年十月警厅报告，为三八五一四五人。依四年的义务教育，都市学龄儿童百分之七计算，当有学龄儿童二六九六〇人。按南京教职员学生比例，约计每教职员平均担任三十个学生，应有教职员九一三人。又按南京每校学生数约计，要有二百多个国民学校。我们试问：开办二百多个学校，指导九百多个教员，造就二万七千多个学生，这是何等大的事业！岂能不组织一个独立的专管机关来办理一切吗？这不过就义务教育一方面说，事业已如此之大。此外，还有都市所应举办之各种教育，若一一提出来，更令人觉得南京有组织特别市教育局之必要了。再谈江宁全县的情形。江宁县的人口统计，不大靠得住。据民国九年邮政局报告册上所载，江宁全县有九〇二九四一人，减去南京的三八五一四五人，余下的五一七七九六人，都住在乡村或小的镇市上。乡下儿童对于人口的百分比，较都市为大。依四年的义务教育计算，乡间每百人中应有九·三为学龄儿童。五一七七九六人中，就要有四八一五五学龄儿童。每个教职员平均担任三〇学生的教育，就须一千六百多个教职员。乡下每个学校内的学生，势不能有都市那样多。假使每学校平均收学生一百人，已经要四百八十多个学校了。开办四百八十多个学校，指导一千六百多教员，适应农村的需要，造就四八一五五个学生，这又是何等重大的责任！还不够一个县教育局去专心办理吗？将来教育发达之后，还有各种教育事业，要在各乡办理。一个机关的精力是有限的，断断乎不能兼顾南京教育的全体了。不能兼顾而勉强兼顾，其结果必至于使南京和四乡的教育都不能发展，都不能进步。我们从江宁四乡那方面说，不想把乡间的教育办好则已，若要办好，非组织教育局专管乡间的教育不可。我们如果要想把南京教育办好，非设立南京教育局积极进行不可。这个家是不能不分的。这不是自私的分家，乃是两全的分家。我们市民对于这件事的责任：

第一，是请求把南京改为特别市。教育自然要组织在这种基础之上，教育以外还有别的事件，也应该组织在这种基础之上。要想新南京的种种事业都能进步发达，不可不把南京改为特别市。

第二，是预先研究如何分治的手续——机关如何组织、经费如何划分、学区如何规定及其他有关系的问题，都应该预为之备，使此种制度得以早日见诸实行。

市乡教育分治，不过是改良教育行政之一种，并不能就说南京已经成了特别市。但是我们至少可以说，如果市乡教育分治的政策采取以后，教育是比从前更容易办得好的，是比从前更难办得坏的。不过我们理想上是如此，至于事实上究竟办得好办得坏，却难预言。

学制会议关于此事的议决案，我附在后面给大家参考。议决案的内容，很有可以讨论的地方。我以上所说的，只限于这一点，就是主张市乡教育分治。

附一：县教育行政机关组织大纲

一、县设教育局，以局长一人，指导员、科员若干人组织

之。（视事务之繁简酌定员额）

二、县教育局长商承县知事主持全县教育事务，督促指导市乡教育事宜。

三、教育局长之资格如下：

甲、毕业于大学教育科或高等师范学校者；

乙、毕业于师范学校本科并任教育职务二年以上者；

丙、毕业于专门以上学校并任教育职务二年以上者；

丁、曾任中等学校及小学校教育职务三年以上者；

戊、曾任教育行政职务三年以上者。

丁、戊两项必须于二年之内，在曾经备案之教育讲习会或暑期学校研究教育行政得有成绩证明书者；或对于教育有著作者。

四、县教育局长，由县知事就规定资格推荐三人，呈请省区教育行政长官选任。

五、省教育局设董事会，董事定额分为五人、七人、九人三种，其资格如下：

甲、研究学术有成绩者；

乙、办理社会事业有成绩者；

丙、有筹划经济之能力者。

六、董事选任方法，由教育局长照定额加倍提出，请县知事选聘，呈请省区教育行政长官备案。

其施行自治地方，此项董事由教育局长加倍推选，经县知事照原额选定后，征求县参事会同意。

七、董事以三年为任期。五人者，每年改选一人或二人；七人者，每年改选二人或三人；九人者，每年改选三人。第一次董事任期，于开会时签订之。

八、董事均为名誉职，但开会时得酌给赴会旅费。

九、董事会之职权如下：

甲、审议县教育之方针及计划；

乙、筹划及保管县教育经费；

丙、提议关于教育事项。

十、董事会开会时，教育局长及有关系之职员均得出席预议，但不加入表决之数。

十一、全县市乡应由教育局酌划学区，每区设教育委员一人，受教育局长之指挥，办理本学区教育事务。

十二、市乡学区教育委员，由教育局长就素有教育学识经验者选任之。

附条

一万人以下之县，得联络邻县合设教育局，但须经省区教育行政长官之核定。其联合手续，由省区教育行政长官定之。

附二：特别市教育行政机关组织大纲

一、特别市设教育局，以局长一人，指导员、科员若干人组织之。

二、教育局长商承市长主持市教育行政事宜。

三、教育局长由市长遴选三人，呈请省区教育行政长官选任。

京都市教育局长，由市长遴选三人，呈请教育部选任。

四、教育局长之资格，准用县教育局长之规定。

五、特别市教育局设董事，定额分为五人、七人、九人三种，其资格如下：

甲、研究学术有成绩者；

乙、办理社会事业有成绩者；

丙、有筹划经济之能力者。

六、董事选任方法，由教育局长加倍推选，经市长照原额选定，征求市参事会同意聘任之，呈请省区教育行政长官备案。

其京都市，呈请教育部备案。

七、董事会以三年为任期。五人者，每年改选一人或二人；

七人者，每年改选二人或三人；九人者，每年改选三人。第一次董事任期，于开会时签订之。

八、董事均为名誉职，但开会时得酌给赴会旅费。

九、董事会之职权如下：

甲、审议市教育之方针及计划；

乙、筹划及保管市教育经费；

丙、议决市教育局长所提交事件。

十、董事会开会时，教育局长及有关系之职员出席预议，但不加入表决之数。

十一、特别市应由教育局酌划学区，每学区设教育委员一人，受教育局长之指挥，办理本学区教育事务。

十二、特别市教育委员，由教育局长就素有教育学识经验者选任之。

在中华教育改进社周年纪念会上报告本年社务*

本社成立虽已一年，但实际办事，从四月到现在，只有七八月。本社办事有两种精神：（一）互助的精神；（二）分析的精神。互助的精神，定本社事业的范围。教育界有人做的事，本社即让旁人去做；教育界有人做而需本社帮助的事，本社即帮助他；教育界没有人做的事，本社即努力去做；等到有旁人做了，本社又去做旁的事。分析的精神，即将许多大的问题分析为小的问题。以前教育界对于教育问题总是笼统的宽泛的去研究。本社力矫此弊，对于教育问题，用分析的客观的方法研究。将大问题分析为数十数百个小问题，每一小问题至少有一人继续研究办理，如是，即大问题也不难解决了。

再谈到社务进行方面的事。每办一种事业，必有四种不可缺的要素：（1）组织；（2）计划；（3）人才；（4）经费。

关于组织方面，个人社员及机关社员定本社之进行方针，董事部主持社务。总事务所内的组织又分两部：（1）学术部，（2）事务部。学术部内又分研究、调查、编译、推广四科。事务部分会计、文牍、庶务三科。

本社进行计划。（一）研究方面：现有张仲述[①]博士任中学

* 本篇系陶行知1922年12月23日在中华教育改进社周年纪念会上的报告。原题为《报告本年社务》，载1923年1月《新教育》第6卷第1期。

课程改造之研究。初等教育委员会任小学课程改造之研究。推士博士任科学教学之研究。麦柯尔博士任心理测验之编造，现博士在南京正在编造的测验，有二十四种。此外尚有三十一个委员会，已组织成立的，有二十四个；正在组织而没有成立的委员会，有七个，分类的研究教育上各种问题。（二）调查方面：全国的教育调查，十一年度的明年春季结束，十二年度的明年秋季开始。地方的教育调查，如无锡、济南、南京、北京，现均已次第结束。《京师教育概况》现已出版。（三）编译方面：《新教育》月刊，从明年起，拟改十期为十二期。此外由中等教育委员会参加中等教育协会办《中等教育季刊》。由初等教育委员会担任编辑《初等教育季刊》。尚拟编《中华教育改进社丛书》及《中国教育革新纪实》，用英、日、法、德四国文字著述。（四）推广方面：本社研究员在各地考察时演讲教育上各种问题，以引起教育界之注意。明年暑假时，尚拟开科学讲习会。明年七月间，拟举行玩具展览会。此外济南年会[②]议决案，拟次第推行。本社还想承受学校的委托，通信讨论种种问题。教育图书馆与教育物品陈列所亦正在进行组织。教育物品陈列所分五种陈列：（1）历史的，如各教科书之进化等；（2）历程的，如设计教学法之步骤如何；（3）比较的，如小学教师薪水之比较；（4）特长的，如各省教育之特长，征集陈列；（5）模范的，如各省教育可为模范等。

本社既有机关社员一百一十九个，个人社员四百七十九人。以全国各省而论，尚有贵州、新疆、热河、川边、蒙古、西藏尚未有社员，这是我们应该注意，设法加入的。职员方面，现如推士、麦柯尔、张仲述三先生任研究方面的事。此外如各委员会的委员分类研究。本社的人才方面情形如此。

经费方面，本年社费，实收二万一千元，来年可收三万八千元。特别捐今年有黎总统[③]捐洋一千元，周子廙[④]先生捐洋一千元，许世英先生及安徽省署同人捐洋一千二百元，熊朱其慧[⑤]先生捐洋五千元（专为发展女子教育之用），孟禄博士捐金洋四千元，洛氏基金会[⑥]捐金洋五千元，国际教育会[⑦]捐金洋三千元，司梯雷底[⑧]捐金洋一千元，这是本社今年经费的状况。明年拟捐洋二十一万元，为教育图书馆及教育陈列所的基金。

本社这一年来之成绩，多由于政府社会扶助。我们感谢交通部发各路火车免票，使济南大会的时候通火车之社员都可到会。感谢招商局的轮船票折价，使通轮船区域的代表，都可到济南大会。感谢内务部借拨帝王庙，本社因社务扩充，非得宽大之处所不可。即由董事熊秉三先生商请内务部，借用帝王庙，蒙内务部慨允。感谢教育部允许每年津贴补助费一千元，使本社得以扩充社务。今天是本社的纪念日，我很欢喜的替改进社谢谢政府各机关及教育界大家的帮助。

注释

① 张仲述　即张彭春。

② 济南年会　中华教育改进社第一次年会1922年在济南举行，故称“济南年会”。

③ 黎总统　指黎元洪。

④ 周子廙　即周百齐。

⑤ 熊朱其慧　即熊希龄夫人朱其慧。

⑥ 洛氏基金会　即洛克菲勒基金会，美国大资本家约翰·洛克菲勒（1839—1937）于1913年5月成立。该会通过捐款、颁发奖金等方式对一些学科进行研究，提供资助。

⑦ 国际教育会　即世界教育联合会。

⑧ 司梯雷底　通译司徒雷登。

与北京《导报》记者的谈话*

评清华停送女生留美事

美国退还中国之赔款，用在女子高等教育上的为数甚少。今年预算一四九六五六八元中，只有三四〇〇〇元是为女生用的，每一百元只得二元三角三分。现在清华在校学生共有五三一人，在美学生共四五五人，总共九八六人，当中只有二十一人为女子。是一百人享美国退还赔款权利的当中，女子只有两人。所以我们觉得女子教育还没有得到清华当局相当之重视。当今国内高等学府逐渐推广女子教育，清华当局既不向前进步，反"向后跳远"，停送女生留美，真令人惊异。有好多人说，这次所采取的政策似欠公道，并给女子领袖教育一个很重的打击。如果我们想到女子教育有保障后代学问的效力，我们更觉得此举没有远见之明。在今日中国女子教育上之投资，是应当最后减少最先增加的。

究竟派送何种学生出国

如果中国能派高等专门毕业生出洋，国家受益更多。因为高

* 本篇系陶行知1922年12月就清华学校当局停送女生留美一事，与北京《导报》记者克乃文的谈话记录。当时陶行知是中华教育改进社主任干事。此文在《导报》发表时系英文，译文在1923年1月《新教育》第6卷第1期上发表，题为《译本社主任干事与北京〈导报〉记者谈话》，译者不详。原文无小标题。

等专门大学毕业生能带一个问题出去，能带解决的方法回来。出去迟些就可以熟悉本国情形的需要，在外国停留时间较短，回国时就可免去变成外国人的弊病。但既是要派女子大学毕业生出去，那吗对于女子大学与中学教育的准备设施，清华当局亦不能不负责任。现在高等专门大学的女子毕业生确数，没有现成的统计，但据本社女子教育委员会委员刘吴卓生[1]女士（刘廷芳夫人）调查报告，中国女子高等专门大学毕业生，民国十一年至少有五十人，民国十年至少有三十五人。因近年各大学相继开放，此后每年当有增加。我们要承认女子高等专门大学毕业生比男子要少好几倍，但这种情形正可证明清华对于女子在国内之高等教育更应努力设施。

女子教育委员会如何成立

这个委员会是中华教育改进社三十一个常设委员会之一，委员五十余人散处各省，熊秉三夫人（朱其慧女士）为正主任，江苏省立第一女子师范校长张默君女士为副主任。中国女子自行组织团体来改造女子教育，这是第一次，这事最可令人注意。自济南年会开会后，曾为推广女子教育事两次上书清华当局及外交部，均未得复。这次迫于教育机会平等之正义，为停送女生留美事出而公然抗议，实非得已，我们认为应当做的。我们很希望清华当局顾念女子人才教育为国家根本要图之一，毅然将方针变更，不但女子之幸，亦不致辜负美国退还赔款之厚意了。

附：关于清华派送学生之统计资料数则

学生数

现在美国肄业学生数	455
现在清华学校肄业学生数	531
在校学生与留美肄业学生总数	986

派遣留美女生数	38
现在美国肄业女生数	21
留美女生占留学生总数	5.8%
留美肄业女生占留美肄业学生数	4.6%
留美肄业女生占在校及留美肄业学生总数	2.1%

经费数

留美经费总数	1150000
清华校内经费数	346568
留美经费与校内经费总数	1496568
女生留美经费	34860
女生留美经费占留美经费总数	3.03%
女生留美经费占留美与校内经费总数	2.33%

注释

① 刘吴卓生　即吴卓生。

（出处同上）

教育与科学方法*

今天所要讲的不是教育研究法，是“教育与科学方法”，就是科学方法在教育上的应用。人生到处都遇见困难，到处都充满了问题。有的是天然界给我们出题目，有的是社会上给我们出题目，有的是空气、光线、花草给我们出题目。既然题目有这么多，我们应付这些问题的方法也分好几种。有的人见古人怎样解决，我们也怎样解决。这种解决是不对的，是没进步的。因为古时现象不是与今日现象一样，所以以古就今的办法往往是错的。有的人依外国的方法来解决问题：日本怎样办教育，我们也怎样办教育；德国怎样办，我们也怎样办；美国怎样办，我们也怎样办。这种解决也是不对。因为人家发明之后，未必公开，或不愿公开。从不愿公开到公开，已经若干时间，再从公开到中国，我们刚以为新，不知人家早已为旧了。还有的人是闭门空想，自以为得意的了不得，其实仅自空想也是没用的。因四面八方的问题，不给他磨练也是不行。此外还有一种人，也不依古，也不依外，是以不了了之。像以上种种方法，都不能解决我们的问题。能解决我们的问题的，惟有科学的方法。

什么是科学方法呢？科学方法是有步骤的，是有线索的。第

* 本篇系陶行知在北京大学教育研究会上的演讲。记录者：黄继文。原载1923年1月15日《民国日报·觉悟》。

一步要觉得有困难。如牛顿看见苹果落地，别人不知看了几千百次，都没觉得有困难，惟有牛顿觉着有困难，所以他发现地球的吸力。教育方面也是如此。有的人上课看不出有什么问题，学风之坏也不注意，所以就不会有问题。第二步得要晓得困难的所在，就是要找出困难之点来。如一个人坐在那里发脾汗①是觉着有困难了。用什么方法来解决这个困难，这就跳到第三步，从此想出种种方法来解决。有的画符放在辫子里，有的请巫婆，有的到庙里烧香祷告，有的请医生，有的吃金鸡纳霜②。有了这些法子然后再去选择，这就到了第四步。如：以为老太婆的法子好，就去试一试；不能解决之后，再用其他法子；最后惟有吃金鸡纳霜渐渐的好了。但此刻还不能骤下“金鸡纳霜能治脾汗”的断语，因为焉知不是吃饭时吃了别的东西吃好的呢？所以必须实验一番，这就到第五步了。如在同一情形之下，无论中外、男女、老幼吃了都是灵的，那末，金鸡纳霜能治脾汗就不会错的。

经过这五步工夫，然后才可解决一个问题。这五步方法是科学的方法。无论是化学，是物理，是生物学，都用这个方法以解决困难。但科学方法也有几个要素：

（一）客观的 凡事应用客观的考查，有诸内必形诸外。在教育上的观察，就是看你的学说于学生的反应怎样？教员与学生的关系怎样？要考查一校的行政，应看他的建筑、设备怎样，如以秤称桌子，我虽不知此桌的重量，但我晓得所放的秤码是多少。

（二）数目的观念 凡有性质的东西都有些数量。如光（light）有性质，一般人都如此说，物理学家也说可以量的。又如灵魂是有质量的，将来也须用数量去量。如果不能，则灵魂是没有的。数量中又有两个观念：（a）量的观念。有数量就可去量，如布、米、油等。（b）要量的正确。量不正确，也是无用。就是反对量的，他也在那里量，但他们用的法子很粗浅，专用一己的主观。如中国教员看卷子，有时喜怒哀乐都影响到他们定的分数。高下在心，毫不正确，这是中国人的毛病。我想，不但学理化的人对于数目要正确，就是学教育的人也要正确。“差不多”三字是我国人的大毛病。与人约定时间总是迟到（但上火车总是早到）。所以孟禄调查教育时说：“中国人对于数目不正确。如要改良中国的教育，非从数目入手不可。”

以上说的是科学步骤与观念，要用这步骤、观念，应用到教育上去。

现在教育问题很多。从前人对于教育问题都是囫囵吞枣，犯了一种浮泛的毛病。各个人都会办教育，各个人都可作教育总长，都是教育专家。究竟教育问题是不是如此简单？还是无人不会呢？我们要知道教育在先进国里是一种专门科学，非专门人才不能去办。中国就不是如此。不过这几年还算进的快就是了。五年前南〔京〕高师教育和心理都是一人担任。自我到了之后，才将教育与心理分开。一年之后，授教育学者是一人，教育行政者又是一人。这是近五六年来教育的趋势。如各人担任一个活的问题，或一人一个，或数人一个，延长研究下去，这问题总有解决的时候。若真多少年下去还不能解决，那恐非人力所能解决的了。

现时要研究的问题，有教育行政、儿童、工具、课程种种。又如，把科学应用到教育行政上去，课堂上教授是不是好的办法？教员、学生都太劳苦是不是有益的事情？

现在教育有两种：（一）如一个新学生坐在洋车上，叫车夫拉着拼命的跑几十里，结果自然是学生逸，车夫苦。但让学生自己再回来恐怕还是不能。（二）如一去不坐车，不识路就问警察，自然是辛苦一点，但走到回来时，包管还能回来的。兹将教育重要部分略说一说。

（一）组织　此时课堂组织最好的有达尔顿实验室[3]的方法

(Dalton Laboratory Plan)。室中有种种杂志、图画，还有导师，任学生自由翻阅，与导师共同讨论，还要每礼拜聚会一次。这种法子到底好不好，可去试验试验。把各个学生试验了，测量了，假设其情形相同，是不是可得同一的结果，然后就知究为班级制好呢，还是达尔顿的方法好？又如，研究习惯究为遗传的力量大呢，还是社会环境的力量大？把一对双生的儿童授以同样教育，看他们的差别究竟是哪个大。同时以同胞生的儿童授以不同的教育，再看他们的差异怎样。

（二）教材　以上法子也可应用教材上去。如我们所教的字是不是学生需要的，究竟何者为最需要？何者为次要？何者为不需要？我们应来解决。现在有些需要的未有放到教科书里，有些不需要的反倒放入了。我们可以拿几百万字的书来测验，看哪一个字发现次数最多？其最多者为需要，其次多数发现者乃是次要。将发现多的给学生，而次多的暂不授予。还有一点要注意的，就是学生有一年、二年离校的，我们就得将最需要的教他。可是其中有个困难，或者最需要的字比较着难读难写些，但我们可以想法给他避免。有人说中国字难认，所以不识字的人很多，外国人也说将来怕不能与各国的文化竞争。其实不然，试看长沙青年会④所编的《千字课》教授男女学生就知道了。他那里边有男生一千二百人，女生六百人，四个月将一千字授毕，每日仅费一点半钟。学生多半是商家学徒，而学生年龄以十二、三、四、五、六岁的居多。我觉着这一种办法，给我们一个好大的希望，今天拿来不过举个例罢了。

（三）工具　无斧不能砍木，无剪不能裁衣，无刀不能作厨子，无工具不能作教育的事业。教育工具可以从外国运的，可以从中国找的。从外国运来的第一是统计法。有了统计法我们可以比较，可以把偶然的找出个根本原理来，如同望远镜可帮助我们眼睛看的清楚，在材料中可找出一定的线索。所以统计是不可看轻的。第二就是测验。近来教育改进社要作二十四种测验，因为此种工具是不能从外国运的（就是运来也不适用）。测验是看学生先天的聪明智慧怎样，使学校有个好的标准，由此可晓得某级学生有什么成绩，如治病的听肺器一样，可以看出病来。欲知病之所在，非测量不可。测验也是如此，得要细细的看结果怎样。如办学的成绩都可测验的。但没有统计，也测不出来；没有测验，也统计不出来；二者是互相为用。如甲校一个学生花四十九元，乙校学生仅花四元半，我们就可测量他谁是谁不是。如测验得花四元半的能达到平常的标准，那花四十九元就太费了。反转过来，如花四十九元的刚好，那花四元半的未免太省了。这就是统计与测量互相为用的地方。总之，每人都存用科学方法去办教育的决心，每人都去研究或解决一个小的问题，我敢说，不出三十年中国教育准有好的成效。

注释

① 脾汗　俗语，即疟疾。

② 金鸡纳霜　奎宁的俗称，治疟疾的药。

③ 达尔顿实验室　通译道尔顿实验室。美国教育家柏克赫司特所创。

④ 青年会　基督教青年会的简称，基督教新教社会活动机构之一。1885年由美国传入中国。中国基督教青年会20世纪20年代前后曾在国内推行平民教育。

为反对中学男女同学的进言*

近年因教育机会均等潮流来势甚猛，男女同学问题就应时发生。小学男女同学早已得到社会的许可。现在理论家、实行家和一般人民都是一致赞成的。就是反对男女同学最烈的江苏省议员，对于高初小学男女同学也表示退让（参看《江苏省议会汇刊》第四十九号第二张），所以小学男女同学在中国已到不成问题的地步了。大学初办男女同学的时候，很有许多人反对。国立的北京大学、南京高师相约试行男女同学的时候，一般保守的人直指为洪水猛兽，预言一两年之内必定要闹出大乱子来。但是我们留心观察，三年以来，并未发生什么危险。其实大学男女同学，在中国早已试行。岭南大学[1]、大同学院[2]当国立大学未行男女同学之先，早已办过了，结果都很圆满。继北京大学、南京高师而起的试验，也很顺利。最可喜的是看见当初反对大学男女同学的父母，现在也渐渐的送他们的女孩儿到这些学校里去上学了。不过绝对反对大学男女同学的人还是有的。教育学者的意见虽是一致的主张大学男女同学，舆论上还没有十分一致。但是反对的势力，是已经很薄弱了。初级学校和高级学校的男女同学虽已经到了这个程度，中学男女同学的阻碍还是不易胜过的。中学男女同学还是我们社会吞不下去的一根鱼刺。教育学者的意见也

* 本篇原载1923年1月《新教育》第6卷第1期。

很不一致，一般的人更不必说了。我们看江苏第一中学试行高三（高级中学三年级）男女同学所受的攻击就晓得了。第一中学对省议会的说明和教育部的批文，都是穿着大学预科同等程度的衣服来与反对派相见。对于中学男女同学并没有直截了当的承认。我并不是主张中学男女同学的人。我对于中学男女同学的疑问上所得到的答复，还不能叫我十分满意。但是在这个时候要反对中学男女同学，我有些不忍。

人饿了要吃饭，没有饭吃的时候，树皮草根都是好的，什么糟糠当然是欢迎的了。看见人家逼于饥荒而我只管储蓄米粮，不加救济，心肠似乎太硬了。精神上对于学问的饥荒是一样的难忍。现在小学女毕业生一天多一天，一部分是一定要升学的。若不许男女同桌吃饭，就须另外为女子开一桌饭。既不为女子另外开饭，又不许男女同桌吃饭，是不是要看他们饿死呢？我以为与其反对中学男女同学，不如积极的去提倡多设女子中学，方为真正负责之人。

就我所观察，做父母的对于这件事有三种态度：一是赞成男女同学；二是不赞成男女同学；三是不赞成男女同校，但因为没有相当的女子中学，不得已送女儿到男女同学的学校去求学。我们如果设立女子中学，可以应济第二第三两种需要，我觉得这的确是一个推广女子教育机会的办法。我相信中学男女同学是教育界不得已的办法，决不能单靠他来解决女子中等教育问题。但是女子中学没有充分成立之先，我对于这种不得已的办法是表同情的。

一般人对于男女同学不免有过分的害怕。他们不晓得学校是个团体的生活。一个团体有一个团体的道德观念和权威。个人行动时时刻刻不知不觉的要受他的制裁，一出范围，同群的精神刑罚立至。在学校里不但有教职员，并且有同学相互间的制裁，除非是低能儿，谁愿尝试呢？从前南京高等师范学校试行男女同学的时候，有一位实业家的子弟大加反对。我告诉他说："试一看府上所办的纱厂，男女工人的道德程度比我们的学生如何？工头的道德程度比我们的教职员又如何？男女同学纵有危险，总比男女同工要轻得多。如果男女同学有阻止之必要，请先停止你们纱厂里的男女同工。”我这段话语，没有发表过。现在提出来，为的是要请大家对于中学男女同学不要过于害怕。我深信学校里教职员和同学相互的制裁，可以把诸君所顾虑的一万个危险无形中消灭去九千九百九十九个了；况且学校不是别的地方，男女在求学和合作上能发生之高尚关系何止几十几百，诸君所怕的，未必发现；万一发现，纵使不男女同学也是会发现的。诸君如果对于我所说的还有怀疑，就请赶快的提倡多设女子中学；空空的反对，是难达到目的的。

注释

① 岭南大学　美国基督教新教教会解放前在广州办的大学。前身是1888年成立的格致书院，1904年改名为岭南大学，1952年并入他校。

② 大同学院　1912年创办于上海，初名大同学院，后易名为大同大学。该校1915年首倡男女同学。

为万国教育会议事敬告全国教育界同人*

万国教育会议由美国全国教育会发起，订于本年六月二十八日至七月六日在旧金山俄克兰地方举行。各国都被邀请派遣代表赴会。中国政府和具有全国性质的各种教育团体都在被请之列。这是世界上教育界第一次的大结合，以后这种会议，怕是免不了要陆续发现的。

（下略）

附：参加万国教育会议有关事项的启事

敬启者：万国教育会议，定于本年六月二十八日至七月六日在美国旧金山举行。本社业经沪津二次董事会议，议决推定代表蔡元培、范源廉、黄炎培、郭秉文、张伯苓、胡适、汪兆铭、陶知行八人出席，定于六月四日由沪起程赴会，并预定于八月二十日以前回京，在第二届年会报告。（第二届年会本定于七月三日至八日，现改为八月二十日至二十六日）现准备有印刷品一览，兹另纸印呈，关于各门教育，贵处如有革新事实，请即直接函知担任该门教育著述之人，以资参考。至万国教育会议之组织目标提案等，京沪各报，大致已经译载。间有误译之处，现由本社职

* 本篇在首段文字后，即为1922年的《对于参与国际教育运动的意见》一文，故略；另将有关这次会议的一则启事附后。载1923年3月《中华教育界》第12卷第8期。

员，另行译出，附录于后，以备检阅。先生对于此次会议，如有希望本国代表特别注意之意见，本社甚为欢迎。务请于五月十日以前，将尊处意见书寄至本社总事务所，俾得预行整理，汇交代表带往参考。其关于本社年会之议案，亦望早日依照所寄提议案式，填交本社，是为至盼。专此布达，并请公安。

中华教育改进社启

十二年三月十三日

本社为中国代表带赴万国教育会议准备之印刷品一览表

一、中国最近教育统计	本社调查科	北京
二、中国近年教育之进步	郭秉文	南京东南大学
三、和平主义之中国教育	梁启超著 张彭春译	天津意租界
四、中国近年教育思潮之变迁	刘伯明	南京东南大学
五、中国学制改革史略	陆志韦	南京东南大学
六、中国之新文化运动	胡　适	北京钟鼓寺十四号
七、中国之教育行政	陶知行	北京本社
八、中国之高等教育	郭秉文	南京东南大学
九、中国之中学教育	廖茂如	南京东南大学
十、中国中学课程之改造	朱经农	上海商务印书馆
十一、中国之初等教育	郑晓沧	南京东南大学
十二、中国之职业教育	黄炎培	上海省教育会
十三、中国之农业教育	邹秉文	南京东南大学
十四、中国之商业教育	沈籁清 李道南	上海商科大学
十五、中国之工业教育		
十六、中国之师范教育	朱炳奎	南京东南大学
十七、中国之国语运动	胡　适	北京钟鼓寺十四号

十八、中国之体育	麦克乐	南京东南大学
十九、中国之女子教育	俞庆棠	上海俞凤宾转
二十、中国之图书馆	戴志骞	北京清华学校
二十一、中国之社会教育	庄泽宣	北京清华学校
二十二、中国之教育心理测验	麦柯尔	北京高等师范
二十三、中国之教会教育	卢义思	天津中西女学
二十四、中国之童子军		
二十五、教科书中之国际问题		
（一）中国教科书与国际问题	徐则陵	南京东南大学
（二）美国教科书中之中国	程其保	美国
（三）日本教科书中之中国	邓萃英	北京教育部
（四）德国教科书中之中国	张嘉森	北京西城石虎胡同七号
（五）英国教科书中之中国	傅斯年	美国
（六）法国教科书中之中国	高　鲁	北京中央观象台
（七）俄国教科书中之中国		

《中国教育统计概览》序言*

这编统计的报告，是预备答复关于中国教育的数量方面几个简单的问题。因为现在中国的各教育行政机关及各学校所保存的记录未能充分的详细，所以本社发出的调查表也是很简单的。此项调查，由1922年5月作起，至1923年4月告一结束。专门学校及大学校的材料是直接由各校征集来的。各学校的名单，系由教育部《中华教育年鉴》，及新闻纸中的广告收集来的。调查的学校共有125校，其中有93校已将调查表寄还，其余32校的材料是用教育部1919年的报告补充的。还有几处教会立的学校已将其报告寄还，但是太迟，不及列入了。

公私立师范学校，甲种实业学校，中学校等之中等教育的材料，也是直接由各学校调查来的。各学校的名单，系根据本社向各省区征集来的最近学校一览。寄还的调查表约有三分之二，其余的三分之一是用教育部1919年的报告补充的。教会学校之中等学校学生数目是从《中华归主》中摘录的。

乙种实业学校，仅有部里1919年报告中的材料可用。中华职业教育社曾调查一个很完全的乙种实业学校名单。但因寄还的表中学生数及他项数目不完全，所以未能列入此编。

公私立高等小学及国民学校的材料，是由各县直接征集来

* 本篇原载1924年7月《中国教育统计概览》。

的。国民学校之材料有五分之四，高等小学校之材料约有四分之三是根据寄还之调查表的；其余的材料系用教育部普通司1919年报告稿本补充的。教会小学的材料也是由《中华归主》摘录来的。

还有几句应说的话，即是关于旧日的私塾。此项私塾国内仍然很多，但因为缺乏可用的正确材料，此报告中未能编入。就南京一城而论，人口数几有400000，而在城内的私塾不止500，学生的总数约有12000，比各学校所有学生数目之和还多。广州城也是如此，其城之面积大于南京不止二倍，此项私塾之数目超过1000，学生数目约20000有余。愈到内地的地方，学校的数目愈见减少，而私塾的数目愈见增多。所以此项私塾的学生数至少也与学校的学生数相等。这样看来，现在中国实在受教育的人数至少也有此编报告所列学生数的二倍。

这编统计是本社统计员薛鸿志先生主持编造的，统计助理员杨可大、尹彤墀两先生协助薛君进行。叶兆林、马赓虞、杨述孝三先生计算数目，很花了许多工夫。朱济明先生把材料编成现在的格式。吴夷则先生等把这编统计的数目，完全用计算机改正，花了许多精力和时间。我在这里替改进社特别谢上列诸位先生。

中华教育改进社第二届年会欢迎词*

今天是本社第二届年会开幕的第一天。赴会诸君，有到济南赴过第一届年会的，有初次入社的。记得去年开会的时候，初次朝夕相见，亲聆诸位有价值的议论，何等愉快！离别之后，时常系念。今天能有这个机会，再和大家聚首一堂，真是一件幸事！那新入社的诸位社员，我们自然是特别欢迎的。要想一个机关进步，必定要时常有新分子新血脉加入，然后才有新精神；等到这种新精神实现出来，才有新的气象，新的事业。我们深信诸位一来，本社进步更要神速了！

据年会职员报告，此次赴会会员，大概交通便利的省区，都有代表。可见中国政治上虽有分裂的现象，但是国民对于教育上的努力，却是共同的、一致的。这种统一的精神是一件最可喜的事，我们都要为国家教育前途庆贺！

教育方法往往要随着地方情形为转移。中国地方很大，各地教育万不能强同。现在聚全国教育界人士于一堂，很可以就各人观察所得，交换意见，使我们从前机械之教育，一变而为适合地方需要之教育，这是我们应有之希望！

去年到今年这一年当中，教育界虽然遇着许多困难，但是成

* 本篇系陶行知为中华教育改进社第二届年会开幕式而作，曾刊于《年会日刊》，原题为《欢迎词》，署名熊希龄、陶知行。这届年会于1923年8月下旬在清华学校举行。本篇又载1923年10月《新教育》第7卷第2期、第3期合刊。

绩也不能算没有。如学制之改革、新学制课程之研究、中等教育之研究、科学教学之调查、心理教育测验之编造、平民教育运动之进行、指导制度之试行种种，虽不能说有利无弊，但总算是国人对于建设事业之努力。不过，教育自教育，国运自国运，其间关系觉得太薄弱。我们办教育，竟无补于国家之大局，岂不是最要令人反省的一件事！如何办理教育，使他与国家命运息息相关，是我们教育界的根本问题。我们很欢迎大家把这个问题放在心头，并乘这个会期当中，把这个问题充分的去交换意见。

大凡思想与环境有密切关系。清华学校最为幽雅。我们在这个优美环境当中，应当可以产出最优美的舆论。我们很希望这回年会大家所发的议论，可以代表本年中国教育之思潮和今后共同努力之方向。

最后我们欢迎指教。同人觉得责任重大，能力薄弱，办理社务，一定有许多不周到的地方，很希望诸位加以指教，使种种设施都可以朝着正当的方向进行。

附：张謇复陶知行函

1923.7.13

敬复者：顷奉手教，具悉。本社本年年会，定于八月二十日至二十六日在京举行。走以事冗，不克诣会，特派易生作霖前来与会。易为敝县县视学，亦愿乘此便赴社设之“施行教育心理测验讲习会”听讲。八月三日即将北上。所有尊函询发之乘车免票凭证，即乞转商车站，先期填寄转给，俾该生得早日来京。如荷通融，则不仅该生之厚幸已也。再该生宿舍，如能代为准备，尤所纫感。敬希示复。并颂大安。

（原载《张謇存稿》）

在中华教育改进社第二届年会上的社务报告*

今日为本社第二届年会之期，名虽为二届年会，而本社成立以迄今日，实只一年又半。因第一届年会，距成立时才半年耳。其前半年之社务，于第一届年会时已有报告。今兹所陈述者，为去年七月至本年本日本社之社务焉。

报告社务有二难点：（一）因无多事足堪报告；（二）若完全报告，又觉过于琐碎。今日所举者，系择其重要之点而言之也。

在报告社务之前，须先述本社之方针。第一，教育为互助的合作的事业。故本社方针，务求在教育进行上得有合作之机会。如原理上有彼此不相融洽者，须交换意见；方法上有彼此发生冲突者，须设法消灭。具此精神，始能共同努力而收良好效果。第二，以前教育问题，多系单纯的、整个的，有浮泛笼统之弊。人各研究同一之问题，数十年而效果不见。故研究教育，首贵分析。须一个人在同一时代中，做一件事，继续一年二年以至一生一代而研究之。故本社之方针，重在分析的研究。

本社社务进行分为四事：（一）调查；（二）研究；（三）编辑；（四）推广。今分述之。

* 本篇系陶行知在中华教育改进社第二届年会上的报告。摘自《中华教育改进社第二届年会开幕纪事》。又载于1923年10月《新教育》第7卷第2期、第3期合刊。

教育事业如医病然，必先知病状，诊断始确。调查亦即系观察其现状，观察其优点，以发挥光大之；而其劣点，则须设法补救。

然病症千千万万，医病之方术亦千千万万。必先选择个别之药以治疗个别之病，故须经一番研究而后下药。否则误事不浅。在教育上究用何种方法教育何种儿童，亦非研究不可。

编译云者，即将调查研究之结果，公诸社会，以供参考。重要病症，虽必待名医诊治，若普通疾病，苟有相当方剂，自可药到病除。故编译作用，一方可备专家之参考，一方可医治普通之病症。

有调查，有研究，又必亲去行医。故调查研究所得，不仅编译为已足，必待专家之传播与提倡，庶力宏而效广。

关于以上四端，其已实施之者，均详载〔上届〕社务报告，兹不赘述，诸君参阅之可耳。

兹将社中近日所发生且较有关系之事，简略报告于下：

（一）万国教育会议

去年二月，本社得此消息后，即开始筹备。如着手教育调查，编制全国教育统计等是。盖参与国际教育会议，有必不可少之三方面：第一，在详悉本国情形；第二，在将本国情形报告于世界；第三，在洞悉列国状况。教育统计，本属教育部之专责。惟部中之统计，仅至民国五年至六年而止。关于各国之教育统计，似尚不多觏。本社于去年四月，致函公私立各高中以及教会学校，调查其现在状况。幸承全国教育界之扶助，今年四月，乃告结束。此外，又编辑关于中国教育之报告十七种。至于世界教育会议中我国之提案，系由本社国际教育委员会，与北京国际教育研究会共同研究，复经各代表在舟中所考虑而成。据代表报告，我国提出意见，采纳颇多。本社代表郭秉文先生，并被举为副会长。查正会长为美人，副会长一为英人，一为郭先生。到会者实有五十余国之多，而我国代表，竟得此荣誉，实为空前未有之举。然吾人对于此事，不应仅就名誉方面设想，当从责任方面设想。中国代表既获此荣誉，实系一种责任。所谓责任云者，即负有用教育方法以促进世界和平之使命。如何方能尽此责任，是在全国教育界之自谋。而其根本问题，则当求本国之自立；否则徒得虚名，有何实利。必人人能有独立不倚之精神，然后其人民能为国家与人类服务。各国进步，一日千里；因其富有进取精神，作人定胜天之想，如改造环境，打破迷信，虚心研究，随时谋进皆是。苟欲培养此精神，则非用教育方法不为功。十年教训，古有名训。所望我国教育界人士，以百折不回之精神，而为惊天动地之举动焉。

（二）心理教育测验

本社所编成者共四十余种。其间自有不妥之处，然不妥即为他日研究进步之机会。测验之编造，第一步即为改视察为指导。普通视察为主观的，以一人而视察多校，既少专门才识，又无辅助工具，是为万能的视学。万能者即无能之谓也。今兹所编制之四十余种测验书，乃为指导之工具，可用以了解教育之真相，为教育界之显微镜、听肺机、X光线。有此工具，则视察制度为之一变。一省可用以观察县教育状况，校长可用以观察教师效率，教师可用以考察学生成绩，实开教育上之新纪元焉。不过所谓新纪元，此乃其起点耳。

（三）平民教育

欲国家之强大，必全国国民能同心努力方有济。今百人中不识字者约七八十人，是何以言精神之团结？本社现正组织中华平民教育促进会[①]，欲于四个月内每日一小时，使不识字者能了解一千字；而同时可输入国民必不可少之精神，夫国家欲解决之问题甚多，此则为其问题之一。今兹所努力者，虽为平民之读书运动，亦实为平民教育运动之第一步。然绝非少数人所能做到，必须通力合作，效果方大。现本社董事部，已为之特别注意之也。

本社此种事业之发轫，初无若何之把握，唯知一方面进行，一方面研究，遂得今日之良好成绩。尚有二事最可感谢者，一为本社社员对于本社社务异常热心，苟有委托，无不尽量援助。例如清华学校，对于此次年会，尽力尤多，至可感激。而社员诸君值兹酷暑之日，远道降临，钦佩无量。一为社会上之赞助。以经济赞助本社者，如指定某处为教育陈列所之用，苏督齐抚万先生曾捐出一万元。其捐助万国教育会议代表之经费者，则有热河都统公署之一千元，云南教育司之七百元，湖北萧督军之五百元，江西蔡督理之五百元，黑龙江省长公署之二百元，察哈尔都统公署之一百元，河南教育厅之一百元，山西教育厅之一百元，绥远马都统[②]之一百元。对于研究经费，则有洛氏基金驻华医药部捐之美金五千元，国际教育社之美金三千元，司梯雷底夫人之美金一千元，无名氏之美金四千元。关于女子教育委员会，则有熊秉三夫人捐助五千元。而中华职业教育社捐助二百元，为本社修理事务所之用。其未指定用途者，有周自齐先生之一千元，安徽省长公署之一千元，商务印书馆之五百元，许世英先生之二百元，余如张叔良、盛同孙、赵华亭、谷重轮、曾兆芹、杨文昭、王少茜、张与文、吕云五、张文轩、张君翰诸先生，均有经济上之赞助。其最可感谢之一人则为王儒堂先生。当先生主阁时，通过由国库每年补助本社经费三万六千元，由上海、安徽、江苏三处支拨。而江苏财政厅长严孟繁先生，对于本社，特具同情，每月之一千元，皆能按时拨给。又招商局[③]对于本社社员之赴会者，允许极大之折扣；交通部所辖铁路之完全免费，使今日来会者异常便利，其功甚大。此外如商务、中华、亚东、群益、上海医学各书局，北京晨报社、中美图书公司、牛津图书公司，对于本社，均有大批图书见赠。本总事务所之建筑，虽由熊秉三先生担任接洽，而孙丹林先生暨内务张、高两总长，亦群起援助。

要之，教育为互助事业。今均能本此精神，向前进行，遂得有今日之结果。倘更能协同一致，发奋扬励，则他日之成效，又何可限量！谨祝本社诸位社员幸福，谨祝中华民国幸福！

注释

① 中华平民教育促进会　全国性教育团体。朱其慧、陶行知、晏阳初等倡设。1923年成立，总会设北京，分会遍全国。旨在推行平民教育。

② 马都统　即马福祥。

③ 招商局　我国最早设立的轮船航运企业。

附：中华教育改进社第二届年会全体学术会议第三次会议记录

1923年8月25日上午10时至12时仍在大会堂开会，由张伯苓先生主席。主席先报告伊文思书局捐送本社关于教育的书籍二百本，本社十分感谢。继讨论“组织整理议决案委员会”一案，主席谓凡案件之未完结者，可交此会整理，故此案应先讨论。旋即大多数通过成立整理议决案委员会，但大会主要意思，该委员会不可更改。次议“新学制课程标准纲要”一案，主席拟请新学制课程标准起草委员会报告。陶知行先生发言：此案很复杂，今日时间短促，请先讨论本社对于吾国现时教育状况宜有宣言案，及否认日本将庚子赔款充对华文化事业之用途案。黄任之先生发言：赞成先议“日本庚子赔款案”，并谓“请声明条约上特许翻译外版图书权利以裨教育案”，亦应在先讨论。邓萃英先生发言：各人对于新学制课程标准纲要尚未研究，此时未便讨论，理应照议事规程，顺次报告各组议案。施付表决，通过照原定次序，请各组报告各该组议案。

在中华教育改进社第二届年会社务会议上的报告*

鄙人于此一年中，发生两种感想。一曰快乐，因本社诸事进行，均得各方面及各社员之赞助与夫董事部之指导，致获有今日之结果，诚为忻欢无量。一曰恐惧，鄙人曾任东南大学教育科主任，后因北来本社服务，彼方遂无人代理。当时因系两方兼顾，故一人精力，三分之一在东南，三分之二在本社，奔走驰驱，不遑宁处。屡向东南大学辞职，迄未见许。夫当太平无事之时，或可双方兼顾，然已觉精竭力疲。后来本社事务，日益繁剧，而东南大学，进行亦速。以一人之身，安可当两方重任，至再至三，函向郭校长①辞职，幸得其谅解，允给长假，遂得专心社务，以迄今日。然深虑才力不胜，蹶蹶立见，所望诸君子加以指导是幸。

关于社务报告，已详本日《日刊》中，谅诸君均经搜阅。今日所欲陈述者，尚有二事：（一）中等教育研究；（二）科学调查。

中等教育研究，本社曾委托张仲述先生负完全责任。张先生所进行者，第一为调查，第二为改造与试验。明日到大会讲演时，必有一番新贡献，尚望诸位努力出席。科学调查，系由推士

* 本篇摘自中华教育改进社第二届年会《社务会议记录》，原题为《陶知行先生报告》。记录者：吴家镇。又载1923年10月《新教育》第7卷第2期、第3期合刊。

先生担任。据门罗博士[②]云，中国教育之坏在于中学；中学教育之坏，在于科学。故本社今年特约请推士先生来华，为全国之科学调查。推士先生今年除湖北、江西、四川、广东四省不计外，均为足迹所到之处。结果极为佳良。推士先生明日可到北京，后日即可来会讲演。务祈诸君全体出席，共聆名论，一新耳目焉。

以上为本社已进行之事，惟尚有因他种关系未克即时办成者：（一）教育图书馆；（二）教育陈列所。

前者本定本年八月开馆，后因平民教育运动之发生，遂暂缓进行。因董事会议为平民教育运动，实属要图，遂不惜以全力出之，而图书馆事因而延搁，本社抱歉良深。然决不因此事之进行，致妨碍图书馆。故本社除以金钱选购必要图书及恳求各藏书家斟酌捐助外，尚望本年到会诸君，努力为捐书的大运动，庶几集腋成裘，不崇朝而琳琅满架。

后者因各省送来陈列者为数不多，遂改为教育成绩展览会。规模虽小，然亦可为陈列所之雏形。

鄙人尚有恳求诸位协同进行者，为社员推广一事。中国幅员虽广，然本社社员无地无之，惟热河、贵州、蒙古、西藏等处，尚无其人，是为缺点。以后总望诸位多多介绍，庶众志可以成城，而效果布满全国矣。

此外与社务有关者，则为本社应否加入世界教育联合会一问题。兹有殷芝龄博士，新由美国归来，可请其在本会场报告一切。至于经费问题，素为社员诸君所关心，盖无经费，则事业无由进行。本社所持方针，一为“量入为出”，二为“尽力募款”。其经费详细账目，可参阅本社《第二次社务报告》第八页表内，计收入方面为四万五千零六十二元，支出方面为三万八千一百九十九元，但支出一项，因支给万国教育会代表川资，未取收据，不能入账，故尚不止前数。

以上种种，倘有不明了及必须质问之处，务请诸君多多指教，幸甚幸甚。

注释

① 郭校长　指郭秉文。

② 门罗博士　即孟禄博士。

中华教育改进社第二届年会筹备情形及各组事务报告*

一 年会筹备情形

本届年会筹备情形约可分为十项，兹述之如下：

（一）决定会期 本届年会原定在七月内举行，嗣以待本社派赴世界教育会议代表回国报告，故将会期改在八月二十日至二十六日。

（二）商借会址 本届年会经去年年会议决在北京举行。顾北京教育机关，其房舍宽敞，设备完善，风景清幽，足以借为本社年会会址者，实无过于清华学校。本社既有此观念，即与清华校长曹庆五先生接洽，当蒙慨允。开会时不惟将清华校舍器具，借与本社应用；且承清华教职员同学竭诚赞助，使本社于会期中诸事感受便利。本社同人深为感谢。

（三）征集议案 本届年会议案原拟于收到后分寄各组委员

---

* 本篇系陶行知在中华教育改进社第二届年会上的报告，原题为《年会筹备情形及各组事务报告》，署名陶知行、陈容。原载1923年10月《新教育》第7卷第2期、第3期合刊。

会，先事审查。故二月间即已函知各社员，请于三月内将议案寄至本社。嗣以应征者为数不多，特展期至六月十五日，又展期至七月三十日，又展期至八月十五日。然八月十五日以后寄来及会期内临时提出者亦复不少。先事审查一节，遂难办到。

（四）办理免票 办理免票事宜，交通部初以各路免票早经呈请总统明令一律停止，未允通融。嗣经本社董事长熊秉三先生与交通部再四磋商，方得允许。然经过时期已历三月余矣。发给免费车票执照，交通部为慎重路政起见，限制颇严，因之手续亦觉稍繁。招商轮船船票减价事宜，系与该公司陈作琴先生接洽，仍照去年办理。本社本届年会较去年年会气象益形蓬勃，虽由于各处同志之热心教育，踊跃赴会；顾受交通部、招商局优待本社之影响也颇不小。本社同人深为感谢。

（五）编辑印刷品 各项印刷品除社务报告，世界教育会议代表团报告外，本社为赴会同人便利起见，特编印《会务一览》、《旁听一览》、《提议案》、《同社录》及《北京游览指南》，先后付印，分送会员。

（六）编制预算 预算经费以一千元为准，照去年决算酌量支配，与会务主任戴子骞先生共同商定。

（七）延请职员 年会会务至为繁复，除一部分由本社职员分任外，余请清华学校教职员、同学及其他与本社关系深切之同志担任，均由本社先期备函敦请。开会时，天气炎热，各职员挥汗服务。本社同人深为感谢。

（八）延请名人讲演 会期内除各项会议外，并请名人演讲。本年所请者为推士、麦柯、德尔满、黄任之、张仲述、朱经农、晏阳初诸先生，均由本社先期备函敦请，到会讲演。

（九）接洽游览事宜　北京为吾国首都，胜迹之多甲于全国。本社以赴会会员于开会之暇，必咸以得一睹为快。故于筹备之时，分向管理三殿、三海、玉泉山、颐和园、中央公园、农事实验场、天坛、先农坛等各机关接洽，请于各会员佩戴年会徽章前往游览时，概免购票或允半价。结果除三殿允免半价外，余均允免购票。

（十）会商开会办法　近开会时，曾请各组职员开联席会议三次，将各项问题商量解决。各组组内事务即由各组自行商议解决办理。

二　各组事务报告

本社本年年会于八月二十日至二十五日假北京清华学校举行。会务主任戴君志骞为清华学校图书馆主任，会务副主任李君仲华为清华学校事务处主任。戴君提纲挈领，大气包举；李君精明强干，暇豫从容，于年会事务无不措施得体，肆应咸宜。本社本年年会一应事宜，大致均甚美满，实赖二君之力为最多。会毕刊行年会报告，例须将各组事务报告印入，不敢再以琐事重烦二君。谨将年会各组事务经过情形为知行等所知者代述如下，倘有疏误之处，尚望各组职员诸君原谅：

（一）总务组　本组事务除主任李君仲华、副主任邵君枫垣、张君企文主持一切外，分文牍、会计、庶务三股。张君企文、曹君岫青、苍君孝先、耿君子良、舒君吉福任文牍股事务，叶君兆林、朱君家治、章君洪熙任会计股事务，其余干事均分任庶务股事务。开会期内，本组事务异常繁复，各职员分别应付均极忙碌。李君仲华时时周历各处，接洽一切。邵君枫垣常驻事务所内处理诸事，尤极辛劳。而宿舍方面由杨君寿卿担任，食堂方面由胡君寿华担任，事务亦极繁重，处置均甚得宜，深可感佩。其各股事务略述如下：

甲、文牍股　本股事务除各项布告外，在办理各项函牍。其类别共十有四项：一、请年会职员函。二、请年会职员集会讨论会务函。三、请董事长致开会词函。四、请筹划全国教育经费基金委员会开会函。五、请名人演讲函。六、请专门学者加入分组会议函。七、请董事及年会委员会委员于会期内每午会餐函。八、请各职员在办公处午餐函。九、复各处询入会手续函。十、复各处询旁听办法函。十一、致各分组会议主席送旁听办法函。十二、致京师各机关商榷游览事宜函。十三、致交通部商榷免票事宜函。十四、致各处谢函。

乙、会计股　本股事务为办理各项收入支出及发售餐证。收支报告另表列后。

丙、庶务股　本股事务分五项：一、布置办公处。各组办公处借清华学校旧礼堂，除编辑组另设静地外，余均设在一处，俾易浃洽，结果亦颇美满。二、布置会场。社务会议、学术会议借清华学校大会堂，分组会议借清华学校高等科教室及科学馆。三、布置宿舍。男会员职员宿舍借清华学校高等科宿舍，女会员宿舍借清华学校高等科大楼。每室卧榻，因室之大小定其多寡。四、布置餐事。会员食堂借清华学校高等科食堂，职员食堂一部分借清华中等科食堂，董事在工字厅。餐费：董事及职员由社供给，社员及邀请员于到会交费后，由会计股发给餐证一册，于食时撕取一页交厨房；旁听员餐证临时购买。五、派定夫役。办公处会场宿舍食堂等处所需夫役，按照事务繁简，分别派定，以专责成。

第二届年会收支决算表

收入数(单位:元)	科目	支出数(单位:元)
	收入之部	
1,000,000	预算经费	
921,800	会员膳费	
481,000	会员杂费	
	支出之部	
	印刷费	750,120
	薪津	715,500
	宴客费	81,430
	文具费	169,768
	徽章费	146,762
	交际费	68,550
	军乐费	34,020
	邮电费	80,084
	照像	130,510
	车费	91,484
	膳费	1,305,810
	消耗	224,308
	杂费	55,581
2,402,800	总数	3,853,927

（二）注册组　本组事务可分三项报告：

甲、职务分配　本组职员原定四人，后以汪君樾民兼任询问组副主任，关君佑卿兼任询问组干事，不及兼顾本组事务，故仅由主任萧君伟一任审查赴会人资格并发给徽章，李君静川任登录到会会员，均极忙碌。

乙、徽章区别　本届年会会员分社员、邀请员、旁听员三种。随会员之类别分发徽章，社员铜质圆形徽章，邀请员绿色绫条，旁听员白色绫条。

丙、注册统计　本届到会社员四百十八人，邀请员三十二人，旁听员一百二十人。总计五百七十人。

（三）议案组　本组事务可分五项报告：

甲、职务分配　开会以前，征集议案，抄录主文，编列目录，付印校对等事，由张君企文与薛君远举熟商办理。开会期内，张君企文因兼任总务组职务。不能用全力在本组办事；薛君远举、杨君可大因北京本社总事务所尚有要事，且同时兼任中华职业教育社展览会贩卖部正副主任，不能每日到会，故特请朱君家治为该组副主任。嗣朱君因总务组会计股事务特忙，前往襄助，不能主持本组事务，特于开会前一日约全组职员，将本组会期内应办诸事商量大概办法，推尹君彤墀代为主持一切，遇有困难，再与正副主任商量解决。此外，各项职务之分配：张君企文、董君彦生任草拟及缮写布告；尹君彤墀任发缮、校对、付印、整理、保管；杨君可大、陈君明璠任接收议案及分发议案，并于分组会议时分发记录簿、报告表、笔墨等，学术会议时分发议决案主文；杨君曙晓、马君翰臣协助分发，兼任缮写；丁君仰颐、王君汉臣、宋君培显、鲁君伯华均任缮写。

乙、分配议案　收到议案后，依照性质及本社现有各分组，编列分组目录，由张君企文与薛君远举商定。中间困难之点约有数端：一为一案性涉两类，可入甲组亦可入乙组，究应归入何组，难得适当标准；二为议案性质间有于本社现有各分组均难配入者，即为列入性质较近之组终嫌牵强，但亦有并此办法而不适用者。明年年会当请原提议人于议案上注明何组，以免困难。

丙、印刷议案　在八月十五日以前征集者铅印八百份；在八月十六至二十四日收到者改用油印，因仅发本组组员，故应印若干，视各组需要而定。此项临时议案接收时，由接收者问明原提议人何时需要，然后就缮写能力与已收议案字数统合比例计算。

如为力之所及即行应允，否则，与原提议人商量将时间酌为延缓。其审查修正案，因本社分组会议计有三十二组，而缮写员人数不多，未能代印。

丁、分发议案　印就议案在年会事务所分发。凡社员及邀请员、旁听员皆得领议案。领议案时，以缴费收据为凭。给发议案后，即于收据上注明。分组会议时所用之笔墨簿籍由本组预备；学术会议时所需要之各组议案主文，亦由本组代印分发。

戊、统计结果　提议案二百五十四件，通过案一百二十三件，保留案四十五件，移交案十七件，否决案三十三件，未讨论案七件，撤销案四件。

（四）编辑组　本组事务可分二项报告：

甲、职务分配　本组主任汪君典存曾于去年年会担任编辑组主任，今岁主持本组事务，殊能驾轻就熟。并请吴君重岳为副主任，襄理一切。其余职务，报馆通信为孙君伏园、许君钦文、谷君源瑞、章君伯寅，会场书记为夏君承枫、顾君克彬、黄君公觉、姚君以齐、杨君贤江、杜君元载、梁君朝威、施君滉、吴君重岳、章君廷谦、许君钦文、孙君伏园、甘君南引，整理编辑为汪君典存、庄君泽宣、吴君重岳、黄君公觉、杨君贤江、夏君承枫、朱君敏章，收集材料及庶务为章君洪熙、杜君元载、梁君朝威，抄写油印兼发行为耿君文元、舒君崇勋。年会报告于会毕后由汪君典存主任，姚君以齐、杨君可大分任编辑，极为辛劳。

乙、职务大概　本组事务分年会日刊、各报通信、年会报告三项。年会日刊分通告、专载、论丛、各种会议记录、讲演会记录、会闻、通信、杂载、启事等项，计自八月二十日起至八月二十六日止共发行七日，每日刊两张，上午九时出版，分送到会人员、教育机关及各报馆。编辑年会报告为早日结束起见，所有各组记录均限于八月三十日整理清楚，寄交本社，逾期不收，即将年会日刊所登记录裁取编入。本届编辑报告，因议案组于会议前制就分组会议报告表，于会议时分交各组，将会议日期、地点、出席人及主席书记姓名、提议案总数、提议案主文及议决案大要统行记入，交本组登载日刊，故编辑方面较之去年便利良多。

（五）招待组　本组事务可分三项报告：

甲、分配职务　主任虞君谨庸、副主任杨君寿卿、干事清华学校同学，均极尽力。虞君谨庸奔走各处，杨君寿卿终日在事务所浃洽招待事宜，均极热心负责。

乙、照料行李　各会员行李到会后，由招待员于行李上加扣号牌，缮扯行李票交会员收执，俟会员交费注册毕，至宿舍时将行李票交招待员，饬夫役持票向门首招待处代取，取到后由会员于行李票上注销，均无差误，会员咸以为便。

丙、照料食宿　食堂宿舍除派有夫役照料外，并分段由招待员妥为招待。各招待员均系清华学校教职员、同学，于食堂、宿舍情形及各夫役等均甚熟悉，故照料极为周到，各会员颇有宾至如归之乐。

（六）交通组　本组事务可分四项报告：

甲、分配职务　本组主任为杨君子佚、副主任为梅君贻琦，其余职员或为清华学校、中国大学、东南大学同学，或为武昌模范小学教员及其他各处同志，其姓名具见本会职员表，兹不备载。

乙、照料换票　会员到车站用免票执照换取车票时，由本组派员在汉口、浦口等处照料。在清华园车站并为预雇大车转运行李；遇黑夜及天雨时，各职员不辞劳瘁，亦复到车站照料。会员咸称便利。各站职员：汉口大智门车站为黄君止端等及湖北教育厅。浦口车站为胡君家健等。北京东西车站为杨君子佚、杨君声初等。清华园车站为梅君贻琦、邬君寿山等。黄君止端及湖北教育厅于本组事务极为热心，曾于开会前数日在汉口设立本组办事处。约集同志多人照料赴会会员，一应开支均由湖北教育厅捐助。本会深为感谢。

丙、印发各表　北京环城火车站时刻表及往返清华学校附近各处车驴价目单，均由本组印刷分送会员。

丁、收转函电　各处寄与会员函电，本组收到后，关于快信、挂号信、电报均详为登记，快信、电报有法可送者，均为派人送去；平信、挂号信逐日布告，由本人自至事务所领取，未领去者于会毕后查照各会员通信处寄去，无法转寄者退回原寄信人。

（七）交际组　本组事务可分三项报告：

甲、职员办事状况　本组主任蔡君竞平、副主任杨君梦赉，均为清华学校教员，干事朱君湘、梁君朝威等均为清华学校教职员及同学。各职员于本组事务均异常热心。第一次交际会蔡君致开会辞，曾有数语谓本组干事朱君湘等用绝对乐观之态度，百折不回之精神，运筹决胜。实更可谓蔡君本人及其他各职员写影。此外特别襄助本组事务者，演剧时布景及前台总管为杨君寿卿，男角化装为谌君志远，女角化装为王维周夫人，购借化装衣物为梁君朝威，购备茶点为杨君光弼。皆热心任事，为本组增加光彩良多。

乙、本会交际大会　本组于会期中曾开交际会两次。第一次八月二十二日举行，第二次八月二十四日举行。第一次交际会秩序：一为蔡君竞平致开会辞，二为蔡君应坚之戏法，三为邓春霖、严开元（笛）、黄恭寿、文宗澧（月琴）、邹峄隽（笙）、王国彦（四胡）、涂家庆（二胡）、黄仕俊（打琴）诸君之中乐合奏，四为柯太太之钢琴独奏，五为黄君仕俊（唱）、邓君春霖、余君岱东（笛）之昆曲（《楼会》），六为陆礼华女士之火棍，七为王士倬、朱湘、丁佶、杨承祚、叶应坚、康振钰、骆启荣诸君之独幕短剧（《欢迎会》），八为茶点。第二次交际会秩序：一为蔡君竞平致开会辞，二为邓春霖、严开元（笛）、黄恭寿、文宗澧（月琴）、邹峄隽（笛）、王国彦（四胡）、涂家庆（二胡）、黄士俊（打琴）诸君之中乐合奏，三为余君岱东（生）、王君国彦（青衣）、方君庆芝（二胡）之清唱（《武家坡》），四为邓春霖、吕连第、骆启荣、蔡竞平诸君之双双簧，五为柯太太之钢琴独奏，六为陆礼华女士（化装跳舞）、杨雪玖女士（跳舞时助奏钢琴）、朱君重明（滑稽跳舞）、萧君硕公（拳术）、孙君和宾（火棍）、杨君可大（笑话）等之社员奏技，七为朱湘、李忍涛、叶应坚、杨承祚、蔡竞平诸君之独幕短剧（《父之回家》），八为清华学校之茶点，九为商务印书馆赠送之教育影片（《盲童教育》、《蒙养院》、《慈善院》、《猛回头》等）等。表演者大都为清华教职员及同学，间有数种为本社社员及职员，颇足极视听之娱，慰各会员客中寂寞。

丙、各处欢迎情形　欢迎本社赴会会员者，计有总商会、银行公会、北京教育会、京兆教育会、各大学校之欢迎会、北京工业专门学校之茶话会、北京大学音乐传习所之音乐会、美术专门学校之美术展览会。戏剧专门学校《英雄与美人》之新剧，并有商务印书馆、中华书局之赠送图书文具，中央观象台之赠送《气象月刊》，《晨报》社之赠送优待券等。各处对于本社之热诚可见一斑。

（八）卫生组　本组事务可分三项报告：

甲、职务分配　本组主任赖福斯君、副主任李子云君均为清华学校校医。干事刘震华君、全治志君均为清华学校医院职员。于卫生上均有专门之学识经验，办事异常热心。

乙、卫生环境　本会会场借清华学校，校舍宏敞，空气清新。会期中虽天气酷热，而会员日常生活均感爽适，故疾病甚少。本组办事处又设在清华学校医院，设备完全，需要之品应手即得，故医治异常便利。

丙、诊治状况　会期内赴会会员患重病者四人，轻病者日约二三人，均由本组治愈。

（九）询问组　本组事务分三项报告：

甲、职务分配　本组主任陈君绍唐为清华学校职员，于清华情形极为熟悉。副主任汪君樾民于年会事务深知始末。干事一部分为清华同学，一部分为本社职员。

乙、答复会员咨询　各会员赴会，于会内情形有未悉时，至本组询问。本组举其所知逐一答复，其有未悉者亦代为询明转告。

丙、分发各印刷品　本组为利用会员询问时机会起见，特于会员经由注册组注册至本组时，兼任分发各项印刷品。又为办事迅速起见，先将各印刷品整理成帙，故会员至本组领取时，一经出示纳费收据，不一分钟即可领去，并于收据上注明已领印刷品字样。又，本组代售本社出版之《京师教育概况》、《全国中等以上学校概况》两种，销售颇广；惜书到稍迟，否则所售当更多。本组代发之赠品为江苏省立第三女子师范学校之《二周年刊》，中央观象台之《气象周刊》，北大之音乐会入场券，《晨报》社之优待券。本社《年会日刊》亦由本组分发。

地方教育行政机关应编教育概况统计案*

理由

地方教育概况和统计有三种用处：（一）使本地人士对于教育有充分之了解，俾可得他们对于教育上充分之赞助。（二）使办学进行计划有所依据。（三）使教育问题之研究有正确之资料。所以省县教育行政机关，应编辑相当之概况和统计。

办法

（一）由本社拟定《地方教育概况统计要目》一通，以资地方教育行政机关之参考。（二）将要目分送各地方教育行政当局，以备采择。（三）由本社委托专员，协同地方教育行政人员，先由各省择一二县或一二城乡试办。

地方教育概况与统计要目

甲、通论　教育之背景

（一）本地方之物质环境（如矿产、森林、土地肥瘠、气候、水利等）

（二）本地方之人民（依据己项人口之统计，加以说明）

* 本案系陶行知1923年8月在中华教育改进社第二届年会上提出，摘自《中华教育改进社第二届年会分组会议记录（教育统计组）》。载1923年10月《新教育》第7卷第2期、第3期合刊。

（三）本地方之政治（如本地方之政治组织、权限分配，及最近变化等）

（四）本地方之宗教（如儒、道、释及其他）

（五）本地方之经济状况：

1. 农业（如种类、物产、价值，从事人民改良之趋势与教育相互之影响）

2. 工业（如种类、出品、价值，从事人民改良之趋势与教育相互之影响）

3. 商业（如种类、货品、价值，从事人民改良之趋势与教育相互之影响）

以上各项其性质分量，以与教育有关系者为限。并须将其关系说明。

乙、本地方教育发达史（如制度、学说、实施人物等）

丙、本年教育之特点

丁、各种教育状况（以下各项须注意革新之事实）

（一）教育行政	（二）高等教育
（三）师范教育	（四）中等教育
（五）初等教育	（六）幼稚教育
（七）都市教育	（八）乡村教育
（九）社会教育及成人教育	（十）女子教育
（十一）义务教育	（十二）图书馆教育
（十三）职业教育	（十四）农业教育
（十五）工业教育	（十六）商业教育
（十七）童子军教育	（十八）特殊教育
（十九）外人在本地方经营的教育	（二十）教育经费
（二十一）教育调查与研究	（二十二）省外、国外留学状况
（二十三）学校设备与卫生	（二十四）私人兴学
（二十五）教育团体	（二十六）各科教学

1. 国文国语教学　　2. 公民教育
3. 数学　　4. 物理
5. 化学　　6. 生物学
7. 体育　　8. 音乐
9. 图画　　10. 家政
11. 地理　　12. 历史
13. 职业科目　　14. 其他

戊、进行计划（须根据甲、乙、丙、丁、己各项事实作致密之计划）

（一）来年之进行计划

（二）五年内之进行计划

己、统计

（一）人口

历年人口之比较

本地方在各地方中人口密度之位置

本地方各种年龄之人民

本地方各种职业之人民

本地方人民之男女别

本地方本籍人民、客籍人民、外国人民之比较

本地方各种宗教人民之比较

一万人以上之都市一览及其人口数

（二）经费

历年本地方教育经费之比较

本地方在各地方中每人教育经费之位置

教育经费在各项经费中之位置

省县区私人教育经费之比较

本地方男女教育经费总数之比较

本地方男女教育每生费用之比较

本地方各项学校每生费用与各地方之比较

各种学校至毕业时每生平均费用

各种学校校内各种费用之百分比

（三）学生

历年学生数之比较

本地方在各省中学生数与人口数百分比之位置

本地方在各省中学生数与学龄儿童之比较

本地方男女学生数与男女学龄儿童数之比较

各种家庭职业之学生数与百分比

各种宗教之学生数与百分比

学生学级年龄表

各项学校之学生数与百分比

每年每生平均出席日数

各种出席日数之学生数

离校学生学级年龄表

留级学生学级年龄表

留校学生各种年数之留级学生数

越级学生学级年龄表

中学高小各种越级年数学生比

离校原因

留校原因

历年各种疾病之学生与死亡率

年龄体重表

年龄身长表

（四）毕业生

历年毕业生数之比较

各种学校毕业生数与学生数之比较

各种学校毕业生之出路（应分析，宜具体）

（五）教员

各种学校教员之学业

各种学校教员之教学及办学经验
各种学校教员之年龄别
各种学校教员之男女别
各种学校教员之年薪别（以上职员与教育行政人员同）
各种学校教员每周担任时数
各种学校教员担任科目种数
各种学校每教员平均担任学生数
专任教员数与兼任教员数之比较
历年退职男女教员数与等于总数之百分比
历年新任男女教员数与等于总数之百分比
教员退职之原因
教员在职自修状况
（六）课程
各种学校、各年级、各学期，各科目教学总时数
上课时数或实验实习时数
各年级各种科目及格之男女学生数
每科目上课学生数
每科目教学费
科目之增减
各种学校分科状况
（七）校舍设备
校舍价值
历年各种学校增加建筑费及设备费
各种校舍数与共容学生数比较表（新式、旧式、庙宇等）
各种学校每生所占运动场面积之比较
各种学校之各种图书册数
各种学校每教员所占平均图书册数
公用每付物理仪器之学生数
公用每付化学仪器之学生数

请组织整理议决案委员会的提案*

本届各组议决案与上届议决案有无关系，彼此有无冲突之处，实际上能否推行无阻，关系甚大，恐非匆促之间，可以圆满解决。拟请组织“整理议决案委员会”，将各组议决各案，详加整理或缓至下届年会复议。再，此次学术会议不及报告之议决案，统由本委员会处理。但须于闭会一星期前，整理完竣。整理委员会委员资格如下：

（甲）各组主任在北京者，即由该组主任任之。

（乙）主任不在北京，而副主任在北京者，即由副主任任之。

（丙）主任、副主任不在北京，而书记在北京者，即由书记任之。

（丁）主任、副主任、书记皆不在北京，即由上列人员推一北京委员或社员任之。

（附注）本案提交大会讨论时，经大多数通过成立。但谓“大会主要意思，该委员会不可更改”云云。

* 本案系陶行知1923年8月在中华教育改进社第二届年会上提出，摘自《中华教育改进社第二届年会全体学术会议记录》。又载1923年10月《新教育》第7卷第2期、第3期合刊。

长江流域平民教育运动之性质组织及方法*

平民教育这件事，在中国已提倡了二十年，最初是教会里热心的人们去办的。他们作了一种由浅入深的课本，去施行教授。前清的简字运动①，目的也是要使多数人得到文字的工具。现在中国各处人士，对于平民教育尤为注重。因为中国现在是共和国了，共和国的人民，就要和衷共济，毫无隔阂。但如何沟通人民的意见，使之和衷共济呢？这就要靠文字的作用。“五四”运动以后，新文化勃兴，一般学生颇注重平民教育，故平民学校随处皆是。后来青年会聘请晏阳初先生提倡平民教育。晏先生于欧战时，在法国办过华工的平民教育，很有经验。回国以后，又在长沙、烟台、嘉兴三处继续试验，很有成绩。这都可以说是局部试验的时代。至于全国的平民教育运动，是从十二年六月才开始的。那时朱其慧、晏阳初和知行等在上海组织中华平民教育促进会筹备会，随即在南京做第一次的试验。八月，又乘中华教育改进社年会之期，在清华学校开中华平民教育促进会总会成立会，各省均有两个代表列席。这两个代表，一个是由省教育会派的，一个是由省教育厅派的。总会成立后，应长江一带同志之要求，

* 1923年秋，陶行知考察了江苏、安徽、江西、湖北等省的平民教育运动，年底回京，不久即应北京师范大学平民教育社之请，作此讲演。本篇发表时有记者按语云：“此系陶先生在本社讲演，稿成后曾经其详阅。”记录者：姚以齐。原载1923年12月《平民教育》第71期。

先在这些地方提倡。所以现在只说长江流域平民教育运动进行的状况和所有新的贡献。

一 性质

现在的平民教育运动，是平民读书的运动。目的在使平民一面读一点书，一面得一点做人做国民的精神。从前的平民学校，课程颇多。现在的平民教育，学科倒很简单。因为若想达到的目的太多，恐怕结果无一件事可以办好。与其那样，不如先只把读书的目的达到，然后再说别的。但现在只教平民读书，也未必能纯粹得益。因为书只是一种工具，如一把刀，可以切菜，可以杀人，也可以自杀。现在乡下人不能读书，一旦到轮船火车上，或不致受一切诲淫诲盗的小说书报的害；倘能读书，虽在别的方面也能受益，然而就难免受害。我们要想平民读书，非但得其益处，且当注重于固有的精神如何发挥，固有的缺点如何补救。所以我们编辑教科书，就用故事的方法，使平民读一课之后，看看某人很好，自己就自然而然的愿意做那种人；看看某人很坏，自己就不愿意做那种人。这是把公民和读书的精神化合在一处，以培植其作国民的能力。现在这种平民教育运动，就是要使平民能够读书，而且要有做人做国民的精神。说到国民精神之培养，恐怕有些人要联想到国民常识之灌输。但国民之精神确要在此时养成，若枝枝节节的常识，则平日随地可得。我们在这个短少时间内，贵能给一把得常识的钥匙，教他们以后自己去用。故现在只教他们做人做国民的精神，而不教他们琐碎的常识。

二 区域

今天演讲所包括的区域，就是南京、安庆、武昌、汉口、汉阳、芜湖诸地。他如无锡、苏州、上海，此刻也在进行，不过还未正式发表出来，不知其详细状况如何。

三　精神

我要首先报告各地所表现之精神。平民教育范围很广，故推行之时，非全社会的人都来赞助参与不可。现在中国全国的人口数，有人说是三万万几千万，有人说是四万万，又有人说不止四万万，其实均无切实的调查统计，不过大家说四万万的人多罢了。今假定中国人口是四万万，以最小限度估计，其中八千万人能读书，还有三万万二千万人不能读书。我们要使这三万万二千万人都能读书，必须这八千万人都愿教书才行。在这些地方，有组织的军队、警察、商人、教员、学生和无组织的市民，都一同出来运动。至于各处游行的人数，安庆有一万七千余，武汉三镇有三万余，芜湖有一万余。在这些人中，有军队、警察、教员、学生、商团等等，分子异常复杂，对于其他各事，都很隔膜，然而对于平民教育运动，则能万众一心，协力合作，恰是人同此心，心同此理。这种全社会一致合作的精神，又非勉强得来，实是自然而然发现的。且大家对平民教育运动一来，非常欢迎，非常乐观。即如安庆一埠，在平民教育运动的前三天，警察和学生打了一架，弄得有些人头破血出，于是学潮大起，好容易才由几个人调解下去。过了三天，无论是打学生的警察，或是打警察的学生，为了平民教育，都来聚首一堂，笑嘻嘻的开会，一团和气的互助。我们很希望把这种精神传到全国去，使国人把一切意见不同的问题都放在脑后，而对于这件事大家起来合作。

四　组织上的特点

凡事要有组织，才办得好，所以小事要小组织，大事要大组织。有人说，我们中国人，凡三人以上之团体，人愈多则力量愈小。这句话对与不对，我们姑且不管。但是现在中国的一般团体，总不能说组织能力不缺乏。我们要使不识字者识字，不读书者读书，这是何等重大的事体，所以更非有能力不可。这次平民教育运动，各地组织虽不尽同，然有几点是到处一致的，兹特述之如下：

第一点，各地均有董事部，且董事部均有继续的性质。董事人数从十一至二十三不等，每年改选几分之一，故不致每年完全换一种新的人来。我们觉得凡是新旧交替，往往很多阻碍，故现在董事之组织，采用此法。如每年改选三分之一的人数，则还有三分之二的人在这里，不致新来的毫不知道头绪，把从前未做完的计划，全行丢掉。

第二点，董事部要大家合作，不是一部分人可以包办的，所以希望各方面的领袖与富有能力的人物都出来加入。这种董事部，可以说是一个小社会。此次这些当董事的人，虽旁的事不能合作，对这件事却很一致。

第三点，有名誉董事的组织。凡是有热心又有时间作此事者，就延入董事部；若有热心而无时间作此事者，则请加入名誉董事部，以增加董事部的力量。在中国办事，有好多的困难。如一件事你不去办，则大家都不来办；而不包含他们进去，他们纵不积极的破坏，亦消极的防阻。我们为免除此种弊端起见，所以这次的组织就包含了这些人进去。

第四点，有干事专门来办事。因此事虽有社会帮忙，然也要有专司其事者，效率始能广大。故现在专门的机关，聘请专门的人来进行一切。

五　现有学校在附近地方划定范围为该校推行平民教育之责任

在长江流域，我们希望赞成平民教育的学校和机关，在附近地方划一范围，或由本地促进会[②]划分区域，特别叫这个学校或机关负责任。如经过一时期之后，这个范围以内，没有一个不识字的，就是这个学校或机关的成绩。反之，若查出尚有不识字的，则这个学校或机关亦必负其责任。即如以师大[③]为中心，把东西南北四围定一界限，师大同人则共同负责做去。但是这种办法还未彻底，何以说呢？因这个范围，是师大的人所共有的，但师大之中，有教职员，有学生，有夫役，我们所要找其负责者，是哪项人呢？若说是学生，则学生之中，有姓张的，姓李的，究竟谁去负责呢？假定师大有一千同学，其中有五十位身体不大好，除了在学校读书之外，再不能增加别的负担，即或他们很热心，要来帮我们的忙，我们也要劝他们且慢一慢，须知来日方长，不必以身体为牺牲，匆匆来社会服务，而以大好之身手，留待来日重用，于是就除去五十人。假如还有五十人，上次考试成绩只得五十九分，仅少一分就不得及格，像这五十人，我们为顾全他们的学业，也劝他们不必出来，这又除去五十人。其他还有别的原因，假定又除去一百人，则先后除去二百人。一千人除去二百人，还有八百人。假如师大四周，有二千四百户人家，则每人仅担负三个人家；如四周有一千六百户人家，则每人仅担负两个人家；如四周有八百户人家，则每人只担负一个人家。这些分配好了，经过一时期之后，若哪个门牌内，尚有不识字的人，就是那个担负这家的人的责任未尽到。

我们研究学问，非只为增加一点个人的幸福，目的总是要改造社会。改造社会的范围甚广，大之全世界，小之一国家，再小一省、一县，再小即学校之四周，都是要改造的。虽改造社会要从远处着眼，但亦要从近处着手。大学校内的人，虽目的要改造大社会，然对学校以内与夫学校附近的社会，最宜先加以改造。说到改造的方面，固然很多，如吃鸦片要改良，赌博要改良，打人骂人要改良，偷人东西要改良，不清洁要改良。不识字也要改良，即是把不识字的环境，化为识字的环境，很是具体的办法；且这件事办好了，又可以改良别的。这样，确定一学校机关对于附近平民教育之范围及责任，且对于学校或机关内之人更要负责，也是这次新发现的贡献。

六　发现平民读书处

平民读书处的组织大纲和方法，前几天《晨报》[④]上登载过，想诸君多已看过的。给人受教育，如同给人吃饭一样。给人吃饭的方法有二：第一就是开饭馆，谁要来吃饭的就来吃，如平民学校就是叫人来吃平民教育的地方。第二就是要在每个人家每个铺店内都有吃饭的处所，可以吃家常便饭；平民读书处设于每个人家铺店里，可以说是平民吃家常便饭的平民教育的地方。平民读书处之所以成立，是从两个根本观点上着眼的：1. 从社会需要上看；2. 从社会能力上看。

1. 从社会需要上看。如平民学校周围那些人，你问他们何以不都去平民学校读书呢？他们就要说：若看门的人去读书，则无人看门，主人家的东西或被强盗偷了；如抱小孩的人去读书，则小孩或跌倒床下或被拐；若做小生意者，为看守门面卖货起见，无论晚上八、九、十、十一或十二点钟关门，都一样的不能来。如国家要强迫他们来，则是有扰社会的常态生活。故平民夜学校只能达平民教育目的之一小部分，恐怕大多数的人，都不能去夜校读书的。故从社会的需要上看，平民读书处有设立之必要。

2. 从社会能力上看。究竟社会有无此能力呢？如教科书系用白话编者，则凡识字的人都可以教。识字的人可分为三等，即：a. 通；b. 半通半不通；c. 不通。在平民读书处，则不通者亦可教书。我曾经试验几百人，其中除普通人外，还有兵丁、洋车夫、号房、犯人、太太、小姐们，他们纵是不通，然而亦能教书。这也有个道理，如他们对于“国立北京师范大学”数字，一个字一个字是识得的，但几个字做成一句话，他们便看不懂，然读出声来，用耳一听，则又能够懂了。

如此，他们读一句通一句，就可教一句；读一课通一课，就可教一课；读一本通一本，就可教一本；读四本[⑤]通四本，就可教完。但不通者教人，也要个法子才行。假若把不通者放在讲台上，则学生虽只百余人或数十人，甚至于十余人，他都不能教。

这种班级教学非要学校出来的学生不可。不通者教人的法子，即教一个人时，同时又教他左边一个人和右边一个人。因为拿一本书自己单独看，则效力只及于一人，如把一本书摆在柜台上看，则五六人都看得见，如此一个人可教六个人（但再多也只能教六个人）。如一家有七个人，其中有一个识字的人来教书，教了半点钟，又读了半点钟，他可通了；于是一教两，两教四，则家中无不识字的了。

平民读书处，试验已经两月，可取名字才一月，因到了南昌，才取这个名字的。这个名字定后，办起事异常顺利。《四书》有云："名不正则言不顺，言不顺则事不成。"吾今有以知其言矣。从前虽有同样的组织，可称谓则大不相同，叫做"连环教学法"和"辅导自学考试法"，觉得均不大妥当。

到了南昌，于同人会议时，始提出订正此名，亦犹小孩下地，必取一名字呼之。首先提出名字者，为江西省视学桂汝丹[6]先生，他说此项组织，可取名"读书处"，我又说最好再加上"平民"两个字，于是大家即订为"平民读书处"。

桂君的历史很有趣，他做过县知事，现又任省视学，但名片上并无省视学、县知事或几等嘉禾章的头衔，只有"东桂村借贷社经理"数字。诸君想想：他何以要用这个头衔呢？就是因为他见他那一村的人，一天穷似一天，于是集合款项，贷给穷人，使他们不致负重利。他这种组织，纯是为平民着想的。现在他的名片上又加了一个头衔，就是："平民读书处处长"。

到了武昌。中华大学教授蓝少弥先生对此事很有兴味，某天教了四点钟书，人很倦了，于是出去，一点钟办了十三个平民读书处。

芜湖现定一年之内，要办一万个平民读书处。

平民读书处设处长一人，以受过教育的充任，且一处处长，可兼任十处处长。平民每四个月可读《千字课》四册，读毕即可自由阅读白话书报杂志。凡四个月读满时，考试一次，考上者即给予“识字国民文凭”；如考不上者，则归家补习，过了四个月又来考；再考不上，再过四个月又来考；若一直考不上，则一直考到老。从前有考到七八十岁的状元，现在我们也有一直考到老的识字国民。

此次平民教育运动中，有五个大老读书：三个是六十五岁，一个是六十七岁，还有一个是六十九岁。

识字者教不识字者，结果也有好处，即教完时给予一张“平民教师文凭”，以奖励之。

五个人的平民读书处，一元钱就可以办得了，因为每个人买一部《千字课》，每部一角二分，五部只需洋六角（助教一部在内）；石板四个人每人一块，只花三四角，两者最多也不过花上一元钱。如此一元钱办一处，十元钱就可以办十处。平民读书处的名字，可由捐资人自定，自己要纪念自己的父母、亲戚可，要以自己的名字定之亦可。这样一元钱办一个平民读书处，一方既可为不识字的人造福，一方又可以作个纪念，这是何乐而不为的事呢？

北京现在已有了十九个平民读书处，恐怕再两天之内，就要有一百多个出现。

七　私塾里施行平民教育

现在中国有一种学生最多，但此非官立、国立、省立、教会立、公立、私立各种学校的学生，也非大中小各级学校的学生，而乃私塾的学生。你试把全国学校的学生数合计，都远不及私塾学生之多。即如南京一处，现在有五百个私塾，一万多名学生。北京因为是国都的关系，学校教育很普及，私塾几乎没有，只有很少数的家塾而已。若广州则有一千多个私塾。此外，越到内地则私塾学生越多。我们如何才能省私塾学生的精力，就是要私塾也用《平民千字课》，而废止读《三字经》、《百家姓》、《千字文》等。但《论语》、《孟子》，我们就不能说一概要废止，只能说先读《千字课》，而后读《论语》、《孟子》罢了。如此始可免一般人之反对，而能多收学生。现在南京、安庆、南昌、武昌等处，都在作此项运动，而且已有正在试办的。

八 寒暑假乡村教育之办法

平民教育运动是到民间去的运动。据估计，中国每一百人中有八十五个都在乡下，所以平民教育要到乡下去运动。在寒暑假的期间，各校学生回到本乡，都可以去办的。孔子说："十室之邑，必有忠信。"我们相信一百人中，总有些聪明的人。我们就把这些人集合拢来，每天教以《平民千字课》四课；每教完一次，就叫他们回去再教别人一课；假如教过的一人，可以另教四人，则教完五十人，就可以再教二百人；如此推行，恐怕不到一两年，就可以使全乡的人都识字了。所以利用寒暑假去推行乡村教育，是平民教育运动中的最好方法。

九 公署办平民教育

这件事情，省行政官厅、省视学、道尹都很提倡。安徽省公署是第一个公署提倡平民教育的。公役统归教育科教育，卫队统归训练官教育。以后安徽的教育厅，南昌的教育厅、实业厅，武汉三镇那里的湖北督军公署，芜湖那里的皖南道尹公署、海关公署以及县公署，都是很热心这件事情的。现在的趋势，由省及于县，由县及于地方，各官厅都是很热心去计划处理的。

十 省视学到各县提倡，县视学到各乡提倡的情形

在安庆有五个省视学，为了这件事，特别开会商议，已决定得有如何到各县推行的办法。在南昌有两个省视学，当时已经预备到各县去推广了。这是省视学承认到各县各城宣传和推广平民教育的情形。

十一　此外，我还觉得中国现在有两件事急应进行

1. 中国人几千年历史传下来的观念，都是看重读书，看重读书人，但还未以不读书、不读书的人为可耻。须知看重读书与以不读书为可耻是两件事。现在急需造成一种舆论，以不读书为可耻。长江各省，大家也在尽力去宣传这件事。如像从前，不以小脚为可耻，现在经大家一提倡，渐以小脚为可耻了。于是脚小的人，都穿一双大点的鞋子，以图遮饰。本来脚小穿大鞋是很难于走路的，可是因为不穿就要被人耻笑，所以大家也就忍痛去穿了。所以我们非以不识字为可耻，则平民教育是决不易普及的。必至家中有一个人不能读书，学校夫役有一个人不能读书，或是学校附近区域内有一个人不能读书，则大家皆以为可耻了，则平民教育庶乎有普及之望。

2. 读书要与饭碗发生密不可解的问题，这是最好的方法。现在读书的人可找饭吃，不读书的人也可找饭吃，所以大家就以读书不读书为无关紧要的事。要解决平民教育这个问题，非使饭碗与读书发生关系不可。如安徽教育厅有二十一个夫役不识字，江彤侯[7]厅长请我设法去教他们，我很欢喜，以为这是生平最好的差事。这二十一个夫役当中，有六个能够教人，有九个愿意读书。这九个之中，有六十五岁的两人，我才教了他们一课，就觉得很有兴味，比往常在大学教书还好多了。但是除了这十五个人之外，还有六个未来。到了第二天，我就照实的报告他。厅长听了，他说："没来的有什么办法使他们来？"我说："你不如叫庶务员发个命令说：'从今天起，不读书的人，不得在本厅干事。'"他听了很以为然，就吩咐庶务员照样说了，于是不到五分钟之久，这六个人都来了，说是我们都愿意读书。这种办法，有人未免觉得有点过分，可是过了四个月，他们都能识字的时候，恐怕要感激这种办法了。

其次就是南昌商务印书馆的经理张雄飞先生，对于平民教育也非常提倡，曾办了一个平民读书处。他还说："过了六个月以

后，若无‘识字国民文凭’，无论哪一项人，均不得在本馆干事。”这种办法，对于推行平民教育，有很重大的价值。

现在我们欲请北京开通的人家、商家和机关，门首均各贴一启事，其大意就说：在民国十四年一月一日以后，若无“识字国民文凭”的人，不能在本处服务。这都是要以读书和饭碗发生关系的意思。

再其次就是芜湖地方，旅居的徽州同乡，请驻节芜湖的道尹，通令皖南二十三县，推行平民教育。其所条陈的办法中，有一点很有趣：即请道尹通令所属二十三县，通告各处人民，使知道一年以后，乡下人进城之时，城门口要派人拿四本书叫他们抽读几句；若他们读得了，就让他们进去；否则，就罚一个铜板；一年半后读不来的人，就罚五个铜板；两年后读不来的人，就罚十个铜板；必如此才得进去。可一方从现在起，各区各乡都要准备推行平民教育。这又是要使读书和经济发生关系的意思。

现在所提倡的平民教育，全国都有推行的趋势。自知有些方法，多有未当的地方，可总要一面研究，一面办理；一面办理，一面研究才好。所以我希望大家以研究教育的精神，起来办些试试看。我们现在很欢迎大家的批评，更欢迎作试验后的批评，尤其希望作我们实行和研究的同志。

这回我们到杭州灵隐寺，看见五百阿罗汉，都对着我们笑嘻嘻的。当时我就想到，若果他们能和我们一起办平民教育，则不难使全国不识字的人都识字了。今天在座的诸位，都是笑嘻嘻的，可是大家不是杭州那样的罗汉，乃是活罗汉，罗汉的职分，是要大发慈悲，救苦救难，超度众生。诸位的使命，是要为平民教育尽一点力，渐渐使学校周围的人，北京全城的人，以至于中国全国的人都能识字，都变成笑嘻嘻的，那就是我莫大的希望了。

注释

① 前清的简字运动　清末，劳乃宣主张推行简字拼音，曾奏请设立简字学堂于南京。1909年陆费逵又在《教育杂志》创刊号发表提倡简字的论文。

② 促进会　指平民教育促进会。

③ 师大　指北京师范大学。

④ 晨报　初名《晨钟报》，1916年8月创刊于北京，1918年12月改名《晨报》，1928年6月停刊。

⑤ 四本　指《平民千字课》，该书共有四册。

⑥ 桂汝丹　即桂玉兰。

⑦ 江彤侯　即江暐。

平民读书处之试验*

平民读书处，为平民教育组织之一种。试验以来，已有两个月了。我现在要把这两个月来经过的情形写出来，献给热心平民教育的同志做参考，并请大家随地试办后不吝指教。

自从中华平民教育促进会筹备会成立之后，我们先后在南京、北京办了十几个平民学校实地试验。有空的时候，我就在平民学校四周的社会探听消息。学校虽近在咫尺，店家住户有大多数的人不能到学校来上课。例如平民学校定晚上七点钟上课，看门的不能来，抱小孩的，小孩没有睡不能来；晚饭后要洗锅洗碗的不能来：这是平常住户的情形。再看那店家做买卖要做到九点钟、十点钟、十一点钟的都不能来。不能来而勉强来，必定要妨害家庭的事务，扰乱生活的常态。读书是要紧的，管家谋生也是要紧的。有没有两全的方法，使那一班人民于管家谋生之外还能读书？这是我对于学校式平民教育效力上的怀疑，也是我对于平民读书处开始试验的第一个原因。

---

* 本篇发表于1923年12月3日《申报·教育与人生》第8期，随后又载于1923年12月22日的《中华教育改进社第二周年纪念会会刊》。文章在会刊登载时删去了“中华教育改进社的职员在羊市大街”以及“这个星期之内各处开办平民读书处至少当以百计”等句，增加了“推行到武昌的时候，中华大学教授蓝少弥先生，在一小时内设立平民读书处十三所。芜湖平民教育促进会设干事二十余人，专司推广平民读书处之责，进行尤其敏捷。现在平民读书处已有具体的组织大纲附在后面（见下文），以便大家参考”等句。

我和朱经农先生把第一册《平民千字课》做成之后，桃红[①]讨了一本去读，小桃[②]也要读。于是弟弟就跟着哥哥去学。我起初并不十分注意，后来看见哥哥读一课，弟弟也读一课；哥哥把第一册读了，弟弟也把第一册读了。我渐渐的得到一个很重要的暗示，这暗示就是如果八岁的小孩子能教五岁的小孩子，那末十几岁以上识字的人，更能够教十几岁以下不识字的人了。这个假设，引导我打破非师范生不能办平民教育的偶像，引导我去试验种种识字的人去教种种不识字的人。这是我开始试验平民读书处的第二个原因。

这时候虽有设立平民读书处的动机，但是平民读书处的名词还没有成立。这时候所用的名词是：（一）辅导自学考试法；（二）连环教学法。第一个法子就是请店家住户里识字的人，辅助引导不识字的人自己学习，学了四个月，举行一次考试，考及格的，给一张好国民的文凭。这个叫做辅导自学考试法。郑晓沧先生提议，"好国民文凭"不如改做"识字国民文凭"，我们都赞成。以后就采用识字国民文凭的办法。连环教学法有两部分。第一，识字的人有几种：一是文理精通的；二是半通半不通的；三是不通的。只要认识字，虽然不通，都可以教《平民千字课》。因为不通的人眼睛认识这些字，虽然初看不懂这些字所做成的语句，只要用嘴读出声音来，耳朵就听懂了；耳朵听懂，眼睛也就看懂了。所以这种人读一句就通一句，通一句就可教一句；读一课就通一课，通一课就可教一课；读一本就通一本，通一本就可教一本；读四本就通四本，通四本就可教四本。他一面读就一面通，一面通就一面教。这是一种眼睛教嘴，嘴教耳朵，耳朵再教眼睛的办法。第二，没有受过学校教育的人，要他去教四五十人一班的学生，他是不会干的。叫他教一两个人是做得到的。假使有两个人要读书，就可以在他的左右各坐一人跟他学。一人教两人，两人教四人，四人又可教八人。你教我，我教他，他又可以教他。一店之中，管账的教同事，同事教徒弟。一家之中，先生教师母，师母教小姐，小姐教老妈子，老妈子教丫头。大家不必同时学，各人可以乘空闲的时间向人讨教。照这个法子，每一个人家、店家，只要有一个人识字，大家就可以读书了。

自从拟订这两种方法，我就直接或间接去试办。中华教育改进社的职员在羊市大街，东南大学教育科在北门桥，郑晓沧、陈鹤琴、廖茂如③、徐则陵④、王伯秋、胡适之、姚文采诸先生在他们家里，洪范五先生在成贤学舍，王仕泰君在小乐意饭馆，慧空和尚在栖霞寺，薛仲起先生在江裕轮船，江彤侯先生在教育厅，江爱吾先生在安徽省公署，袁烈青先生在安徽第一监狱，都在那儿试办。

虽然有了这种办法，但是名不正则言不顺，还是不易推行。有一天晚上，在南昌和几位同志讨论定名，江西省视学桂汝丹先生提议称为“读书处”，我就加了“平民”两个字在上头，大家都赞成，命名为“平民读书处”。桂汝丹先生就做了第一个平民读书处的处长。有了这个名字，一两天之内开办了二三十处平民读书处。现在推行到武昌，这个星期之内各处开办平民读书处至少当以百计。

就经过的情形看来，识字的同事可以教不识字的同事；识字的家人可以教不识字的家人；识字的夫役可以教不识字的夫役；识字的车夫可以教不识字的车夫；识字的和尚可以教不识字的和尚；识字的犯人可以教不识字的犯人。凡是识字的人都可以教不识字的，都可以做平民读书处的助教或教师。

办教育比如给人饭吃，给人饭吃有两个方法：一是开饭馆，贴招贴，使那愿意和能够上饭馆的可以来吃饭，这是开平民学校的办法；二是叫每个人家家里设厨房弄家常便饭吃，平民读书处就是一种家常便饭的平民教育。社会上顶多十人中有一人可上饭馆吃饭，顶少有几人是要在家里吃家常便饭的。所以要想平民教育普及，就要兼办平民学校和平民读书处。照中国现在社会的情形看来，我们要特别的多设平民读书处。

注释

①桃红　即陶宏。

②小桃　即陶晓光。

③廖茂如　即廖世承。

④徐则陵　即徐养秋。

平民读书处组织大纲*

（一）平民读书处称为某某平民读书处，以捐资人之别号或捐资人指定之人之别号称之。

（二）平民读书处以每机关、每店铺、每住户为设立之单位。

（三）凡机关、店铺或住户内有能读《平民千字课》者，即可请其充当该机关、店铺或住户附设平民读书处之助教；如有中学以上肄业或同等程度者，即可请其为教师。

（四）平民读书处设处长一人，以文理清通或受过学校教育，年龄在十七岁以上者为合格。捐资创办人如合资格，得兼任读书处处长。

（五）捐资创办人或平民教育委员会或劝导员得依据第四条之规定，向平民教育促进会推荐读书处处长。

（六）平民读书处处长之任务如下：

1. 检定助教或教师；

2. 检定学生程度；

3. 考核学生成绩；

4. 指导助教之教法；

5. 转发课本、教具、证书；

* 本篇曾作为重刊《平民读书处之试验》一文的附件（载1923年《中华教育改进社第二周年纪念会会刊》），1923年12月10日在北京《晨报》上重新发表。

6. 向平民教育促进会注册并随时报告情形。

（七）检定助教及审查学生程度可用《千字课》本令其抽读。

（八）指导助教次数，可视助教能力而定。普通助教，第一星期连去指导三天，再定以后每月指导次数。

（九）平民读书处人数不拘，少则每处一两人，多则每处千万人（例如军队）。

（十）平民读书处经费，每处普通以五个人计算，大约每处须用洋七角钱之谱。《千字课》每人一部，五部共洋六角（助教一部在内）；石板四个人合用一块够了，只花六七分钱；用笔墨砚纸的，酌加费用。人多的地方可以类推。

（十一）凡平民读书处均须由处长或捐资创办人向平民教育促进会注册，方能得相当奖励。

（十二）注册时，向平民教育促进会领平民读书处名称一纸《一览表》，填一张存会，填一张与平民读书处名称同贴在门首。

（十三）平民读书处适用连环教学法，由每助教先教两个人，再由此两人各教一两人。

（十四）自设立之日起，四个月后须经处长依照平民教育促进会考试办法举行考试。凡考及格的，一律发给识字国民文凭一张。如所教之学生有三人以上及格者，亦可得平民教师证书一张。若所教之及格学生数在三十人以上，即可得平民良师证书一张。学生得识字国民文凭后，如继续读《平民丛书》，亦可得相当奖励。办法另订。

（十五）本机关、店铺或住户内，除六岁以下儿童及已入小学儿童及残废者外，全体皆得过识字国民文凭时，得由处长报告平民教育促进会，发给读书明理褒奖状，张贴门首。

（十六）同事同居中如有新加入不识字之人，即须报告处长，并设法教导。

（十七）凡平民读书处对于所在机关、店铺或住户所有应识字、读书之人，均以四个月完全教毕为原则。遇有特别情形，得展长期限。

（十八）凡机关、店铺、住户之主持人员，宜劝服务人员注意读书。

社会改造之出发点*

从事社会改造的人，要远处着眼，近处着手。现在中国注重社会改造的人渐渐的增加，是一件很可庆幸的事。但是总觉得肯在近处着手的人还是太少。我们要想做近处着手的工夫，最要紧的是划分范围，确定责任。社会的范围可大可小。大而言之，社会就是全世界；小一点就是一国；再小就是一省，一县，一城；再小就是我们最近的环境，在我们前后左右的邻居。我以为要在我们自己机关以外服务社会，最好是从我们的最近环境着手，逐渐的推广出去。我们最近的环境要待改造的事体也很多。卫生问题、生计问题、道德问题、娱乐问题，以及种种别的问题都待解决，都是从事社会改造者不忍放弃的问题。但是人民不能识字读书也是个待解决的问题，恐怕是一个基本的问题。我们倘能把种种问题用大刀阔斧来同时解决，岂不痛快！世上做这种梦的人确实不少。无如天下事没有这样容易，我们的精力也很有限，要想把一切问题同时解决，结果必定是一个问题也不能解决。倒不如按着自己的能力，看准一件具体的事，会精聚神的来干他一下。如果我们对于一件事肯得专心继续的努力去干，一定有解决的希望。一个人，一个时候在一个地方干一件事，是社会改造的不二

* 本篇原载1923年12月23日《中华教育改进社二周年纪念会会刊》。这是作者在中华教育改进社二周年纪念会及羊市大街平民教育期成会上报告中华教育改进社社务时的讲话。

法门。本社依据这个原则，就拿羊市大街[1]一百二十一号门牌里的读书问题，来做我们改造社会的出发点。

注释

① 羊市大街　北京市的一条街，是中华教育改进社推行城市平民教育的一个试点。

平民教育运动与国运*

平民教育的运动，自“五四”以后已成为公同心理。同时，青年会方面遂有发起开办平民学校。当欧战期中有许多华工在法国，多半都是目不识丁者，生活上当然感受种种困苦。幸当时留美学生曾注意及此，特推晏阳初先生等赴法，专为华工办平民夜校，以补救之。惟当时事属创举，诸感困难。所用教材，系由晏阳初自编的一千字汇，再三考虑，力求切要；教法亦诸费苦衷。所以为时虽短，成效尚佳。至他们回国以后，又继续试验，将他所编的一千字汇和陈鹤琴先生在国中所编的两相比较，中有八百字相同。后又经修改一次，就用此一千字编为九十六课，分成四本，预算四个期间，恰好可以教授完毕。准备既竟，即着手试验。

一、平民教育之试验时期

第一次在长沙试验，预备五年内，要把长沙全城不识字的人，使他们个个识字。所用的方法，第一是先把本地方各界领袖人物请来，开一大会，请以本地人才、本地经济来办理，然后分股办事。由每机关选出几位代表，筹备三个月，组织三种委员

* 本篇系演讲记录稿。记录者：陈良机、方明荣。原载1923年12月《教育汇刊》第6集。

会：一为聘请教员的；二为招收学生的；三为寻觅校舍的。全城分为七十五区，每区都有一队委员来从事。费了三天功夫，得到男女学生二千三百人。由四月至七月，常来上课的有一千二百人。每天上课时间有一二小时，经此三个月后，结果有九百人，都能考得及格。

第二次是在烟台试验，规模较大，组织与在长沙差不多。

第三次是在嘉兴试验，组织上与上两次无异，功课亦相似，惟方法则加以改良，用幻灯来做教授的工具。灯中影片分三种：（一）图画；（二）功课本身；（三）生字。幻灯把字画放大，映于室壁，同时室中熄灯，使全体学生注意集中在影上；然后使大家对壁，看画述故事，见字读字音，目认形，耳听音，耳入而口出，使他口、耳、眼三部都有练习，所以就能写、能认、能读，并且很能引起他们的兴趣。看他们学生的反应，很有精神。当二个月以前，一字认不得的，到此都能写能认，比在长沙、烟台时，纯用教科书，已快得多。倘若教员方法好，口音大，同时能教一百五十人。当我去参观的那夜，适遇大风雨，到者一总也有六十七人，其中有木匠，有商店徒弟等等。他们都肯冒此大风雨而来，实为难得。此点也可以证明其成绩。每一教员担任二个月，两位轮流。此外，还有以学生当助教。他的任务，在登记学生的缺席及催促迟到或缺席者到校。并于学生中，选较聪明的，来助低能的学习，也很可以帮助教员的忙。照他们的办法看来，组织方面很可以取法。我相信在城市中，无论何处都可以照办得到。但是若在乡村，则较为困难，因为在乡村中要一二个教员来教数百学生，恐怕就发生问题了。

二、平民教育之创始时期

全国平民教育筹备会之沿起　自参观嘉兴第三次试验后，旋到上海，适熊秉三夫人来沪，遂与谈及平民教育几次试验的成绩与结果。熊夫人对于全国平民教育运动，夙具热诚，近年对于平民教育已有莫大之功绩。所以一谈之后，熊夫人遂愿以全副精神来提倡全国平民教育。此时遂介绍提倡并亲身试验平民教育之晏阳初先生与熊夫人相见，均认此事应有一种组织之必要。遂邀集黄任之、胡适之①、袁观澜②、沈信卿③等开了几次会议，结果遂组织一平民教育筹备会，并推选干事，分组办事，如发表宣言、起草计划等。

三、全国平民教育之计划

（一）目标

在厘定目标之前，首先须研究我国不识字者究竟有好多？吾人想达到的范围怎样？外国谓我国人百分之九十不识字，此固不确。现在中国学生共有六百九十几万，从有教育统计以至现在，大概共有学生十五兆至二十兆。而且中国人之识字，大都由于私塾。比如南京一城，即有五百多个私塾，学生有一万二千余人。广州一城有一千余私塾，学生有二万余人。愈进内地，则私塾愈多。据此敢言，我国私塾学生数不少于学校学生。假定私塾三年一换学生，则每过三十年应有七十兆私塾学生。即以二十兆学校学生数相加，共得九十兆学生。在中国四万万人中有三万万一千万人不识字，虽不致百分之九十不识字，但不可谓少呵！再据上面几次的试验，知道来受平民教育者大概在十二岁以上，二十岁以下。此等岁数之学生，比较容易入学；并且教育的势力也容易达到；他们求学的热诚也要大一些。十二岁以上的儿童，正过国民教育时期，离做国民时候很近。所以此时期之教育非常重要，我们应当赶上去补一点教育，使他们发生积极的影响于国有益。这些人现在有一万万在社会上没有效力。若教育以后，可以增加一万万人的效力，可谓大矣！中国人最需要的有两种：（1）个人当有担负共和国民责任之能力。（2）用文字来做个人生活的介绍。所以应当要培养他们公民生活的能力，并给与增进个人生活的工具。

所以我们具体的目标，是要希望十年或五年以内，能使那十二岁以上、二十五岁以下一万万不识字的人，受一千字所代表之共和国民的基础教育，还希望学生年年增加。

（1）十年计划

一年一百万学生，二年三百万，三年五百万，四年七百万，五年九百万，六年一千一百万，七年一千三百万，八年一千五百万，九年一千七百万，十年一千九百万。

（2）五年计划

一年一百万，二年五百万，三年二千一百万，四年三千二百万，五年四千二百万。

（二）进行之历程

（1）城市与乡间的分配问题　推行比例不同。第一年定90%在城市，10%在乡间。二年定18%在乡下，82%在城市。三年定50%在城市，50%在乡间。四年定30%在城市，70%在乡间。五年定100%在乡间。

（2）教员问题

A. 教师来源　根据几次试验，大概教师的来源是：① 小学以上的教职员；② 中学以上的学生；③ 十六岁以上的高等小学生；④ 四十岁以上受过小学教育者；⑤ 私塾教员有教学能力者；⑥ 平民教育第一期毕业生之成绩优良者；⑦ 其他愿尽义务者。

B. 教师数目　照一人教一百个学生算，第一年要教员一万，第二年要五万，第三年要二十一万，以此逐年增加。然由平民教育卒业生二十至三十之中，选出一人为教师，则教师尚可勉强敷用。

C. 教师的训练　短期训练，农村采用巡回法；市区采用集中训练法。

（3）经费　照一百万学生计算。第一次算来，须有五千八百万元。第二次算，要一万万元。但照各地试验情形看来，教员仅需支付车马费，则有八千万元，我想已足敷用，即每生应费八角钱。而且经费之来源，照长沙、烟台等地的试验，皆由地方筹出。故以本地的钱办本地的事，教育本地的人，应有一可用之原则。但偏僻之乡村与夫蒙古、西藏等处，应另筹专款补助。

(4) 教具　共需要三种：教科书、影片、挂图。对于教具，我们此刻最望：① 有不愿赚钱而承印者；② 印得快；③ 并且印得好。现以此三条件与商务〔印〕书馆磋商，已承彼满意之答复。且谓不惟不赚钱，而且愿折本云。

(5) 研究　教学法与教具组织应如何改良，校舍应如何利用等。

(6) 试验学校　城市的、乡村的、妇女的、西藏蒙古的、华侨的试验学校。

(7) 编辑

A. 应注意之点：

① 基础单字一千（以陈鹤琴先生的为善）；

② 复字配合；

③ 中国国语文法之重要变化都要包含在内；

④ 要注意平民文学，不可过于简陋；

⑤ 能帮助学生后来学习的字先教；

⑥ 注意省写字而酌量采用之；

⑦ 要定具体的目标；

⑧ 注意复习的原则；

⑨ 图画要与课本相符。

B. 应及早编辑之书：

① 平民教科书；

② 平民杂志报章；

③ 教师指南；

④ 第二期的平民教育课本。

(8) 推广方法

① 组织平民教育促进会，对于各省担任设立城市、乡村的平

民试验学校，以作模范。将来希望各省、各县设立分会分担责任，专谋一省、一县平民教育之推广。

② 当国内法团或教育团体开会时，派人去演讲鼓吹平民教育的重要。

③ 报纸上的通讯。

④ 与艺人中心人物谈话。

⑤ 联络社会团体一致努力。

⑥ 发行种种印刷品。

(9) 毕业后之准备

① 第二期平民教育——职业教育。

② 平民教科书与杂志周报。

③ 平民日报与各种日报之平民副刊。

④ 设法补助优秀子弟升学。

注释

① 胡适之　即胡适。

② 袁观澜　即袁希涛。

③ 沈信卿　即沈恩孚。

平民读书处之经验*

中国现在读书的人，实在太少。依人曾经调查，全国能识字的，只有八千万人。中国人民有四万万之多，除却这八千万人能够认字的外，其余还有三万二千万人不能识字；这三万二千万人之中，除却小孩子不算，也还有二万万多成人不能识字。

一个不识字的人，好像失了耳目一样，什么事都不能办。世界的大势，也不知道；时代的变迁，也不知道；就是别人写封信给他，他也不知道。你看这不识字的人们，有何等的苦恼啊！

又如国家是一间大房子，人民是房子的柱子。要想房子不倒，须要柱子健全。中国有四万万人民，那末，这间大房子，要四万万个柱子，才能支持得起。读书能力也是健全国民的一种要素，现在有这种能力的柱子，不过八千万，其余还有二万八千万是没有这种能力，在这事上说就是不健全的，那末，这间房子不会倒吗？所以要这房子不倒，要使那二万万多根不健全的柱子，也要变为健全才行。

中国不统一，要想统一，武力行吗？不行的。但是什么样才行呢？要想统一，有二个根本方法：第一是交通，第二是教育。

教育普及，第一是多开学校，使不识字的人们都要识字。人

* 本篇原载1924年3月13日《晨报附刊》，系陶行知同年3月2日在北京青年会的讲演，由萧健记录整理。

既识了字，才能明理，才能爱国。但是平民学校的学生，多数是学龄儿童，至十五岁以上的非常少了。这些年长的人多数不识字。他们想识字读书不？他们是想的。他们既想识字读书，为何不入平民学校呢？因为是没有机会。平民学校的上课时间是一定的。若定在下午七时至八时，看门的，照应小孩的，吃饭的，洗碗的，做夜工的，做生意的，都不能上学。故平民学校之效力，还是不能普及。

我因为平民学校效力不能普遍，就想了一个“平民读书处”的办法。平民读书处，就办在自家内，或店内，或机关内。故随时可以学，不必像平民学校，费来往的时候了。若在平民学校，遇风霜雨雪的时候，就不能到学校去；若在平民读书处，不怕这些事了。

平民读书处的教员，可分三等：一等是通的，一等是半通不通的，一等是全不通的。通的是字也认得，意思也知道。这三种人，都可以作读书处的助教。表面上看来，通的及半通的，似乎还可以当教员；然而不通的，又怎样教人呢？其实不通的也能够教人，自然有个能够教人的道理。

平民读书处的教法，不像学校一样，一班可以教许多人。它的教法，只是教一个人，或两个人。这两个学会了，又去教别两人。于是一人教两个，两人教四人，四人教八人，起初一个通的教二个半通的，一个半通的教二个不通的；不通的学了一课，便将这一课再去教别个，于是他一面学，一面教，这岂不是不通的也能教人吗？

平民读书处开办不过四个月，有些失败的，也有些成功的。至于失败者，有几个原因，写在后面。若照后面这样做去，我相信决再不会失败了，办一个就会成功一个，办十个就会成功十个，办百个就会成功百个了。

1. 家长或店主或各机关主任负责。平民读书处是办在家内、店内或机关内，故若家长、店主或机关主任人员，一负了责，则平民读书易于成功了。但是负责怎样负呢？他负责并不要负旁的责，只要他说几句话就得了。只要他是这样说：“人要读书识字，不读书识字是非常不好的。这个平民读书处是要我们认字的、读书的，是非常重要，你们非学不可。”只要说这几句话，这个平民读书处的成功，有了十分之六了。但是这几句话还不够，隔一周后又要说几句话：“你们学会几课了？内面的字，你们尽知道不？”隔一月后又要这样说：“第一本学完了没有？”“第二本学到哪里来了？”家长或者店主或者机关的主任员，若是这样说，一定是成功的。若是没有说这几句话，现在且不要办，等到后来再办，等到强迫的时候再办。现在即使办，也不会成功的。

2. 助教员要肯教。每处至少要有一肯教之人。

3. 助教要负责。某人教某人，须要指定，俾有专责。

4. 指导员定期指导。如教员是通的，指导一回以后，可以少去几回。如是不通的或半通的，指导就要勤耐，一星期要指导一回。指导员做些什么事呢？就是教他下星期他所要教的。比如这一次来指导，就教他七课书，便可教他们一星期。第二次，第三次，均以此类推。

5. 以实用方法引起他们兴味。如学了一个月后，就照他这一月内所学的字，写成一封信给他。他读，能懂了，于是他对于读书兴趣更浓厚了。我在张家口时，写一封浅简的信给我母亲。我母亲只学了十六天，便能唸这信了。又写了一封信给一个外国女士瑞士太太，内容略长一点，她已经学一月了，因为她是外国人，所以比较中国人难学一点，但据她说，十分中已懂了八分了。他们读了这些信更要读书了。

6. 把读书和饭碗问题发生些关系。现在读书是一件事，饭碗问题又是一件事，无有多大关系。如使不识字的人觉得饭碗不稳，因此读书的人就要多了。今有一个启事如下：

“民国十四年一月一日以后，无识字国民文凭的人，无论男女，不得在本店服务。”

协和医院规定，六个月后，如有不识字的人，不能加薪。

7. 造成以不读书为耻之舆论。中国人是非常尊重读书人，但是不以不读书为可耻，只羡慕读书人吧了。今后要造成此种空气，以不读书为可耻，则以后人人自会读书了。

以上七条，要是实行，才能成功的；但是还有三件，若一实行，就会失败：——

1. 不要在生地方施行平民读书处，最好在自己家庭内、店内或机关内，或者亲戚朋友家内、店内、机关也可。如若在生地方，难免碰钉子，并且不便常去视察。

2. 不要时常引人去参观，读书处不像学校可以时常引朋友进去参观。不要以为这个读书处是我办的，引几位朋友去参观也无妨的，殊不知他家长很不喜欢这个。如果如此，恐怕他即已办了一个读书处，都会取销的。

3. 不要带色彩。读书本是一件好事，如若带一点色彩就不好了。现在有些人，想藉这里宣传主义或宗教，都不妥当。

以上三种，是一实行就会失败的，我们办平民读书处的不可不注意。但是能够实行前者之七条，避却后者之三条，我相信一办就会成功的。

既有了平民读书处，平民学校也要，不可因此而废，因为平民学校和平民读书处有相成的关系，而且平民学校的学生，回家去时就可以教他一家人，很可以帮助平民读书处。

五族共和与教育者之责任*

我国号称为五族共和国，但五族共和是不是真正有了这一回事？我们悬了这五族共和的理想，曾否想过法子实现他？五族共和的招牌挂起来了，我们曾否去干五族共和的事？五色的国旗明明是代表五族共和的精神，但五族的人是否已经觉得这是他们公共的代表？五族的人，人人都晓得有个中华民国吗？人人都爱护中华民国吗？人人都以中华民国为他们共有、共治、共享的国家吗？人人都承认他是中华民国的国民吗？我们想到这些问题，可以醒了。

我现在要描写五色国旗下的各种民族的活动只有四个字，这四个字就是“各干各的”。五族共和是名，各干各的是实。我们应当觉悟这两件事是有冲突的。我们要有五族共和，就不能各干各的，要各干各的，就不能五族共和。如何从各干各的做到一个和衷共济的地位，是我们国民最应当关心的一个问题。

我们关心五族共和，不是空谈所能收效的。民国初年的时候，国内的人对于这个问题曾经有过一度的讨论，但不进求具体办法，所以结果毫无。五族共和也不是武力所能建设的。徐树铮出兵外蒙的失败，稍习边事的人都能明白。那次汉兵和蒙民所伤的感情，真不晓得要多少时候才能恢复呢！我们要觉得武力不但

* 本篇原载1924年3月17日申报馆《教育与人生》第22期。

不能团结五族的精神，并能发生民族间最大的障碍。拿武力来统一南北或统一五族都是不可能的。倘使可能，他的时期必定是很短的。还有殖边一派也是所谓关心边事的。我们试为边民一想，他们喜欢不喜欢殖边这件事？我敢替他们说，殖边这种名词也是他们所痛恨的。别人正在那里要做他们的解放者，而我们做同胞的人，还说你们那里草绿牛羊肥，让我们来做主人吧。

武力派和殖民派有一个根本的错误，这错误就是他们忘记了中华民国是一个五族共同的国家。他们不把五族通盘打算，只是在那里为一个民族打算。他们都是站在一个民族的地位上着想。凡是只为自己而不为别人打算的，一定走不通；推到极点，不到五族共争不止。

我们要想建设一个真正的五族共和，最要紧的方法有两种：一是建筑四通八达的道路，二是实行四通八达的教育。道路可以沟通物质上的需求和供给；教育可以沟通精神上的贡献和缺乏。这两件事互相为因，互相为果，实在是要同时并进，才能充分达到五族共和的目的。我们一方面希望交通界的同志对于此事加以特殊注意；一方面急于要问问自己对于五族共和的建设，应负何等责任，并宜用何种方法来担负这种责任。

我们五族同在一个国旗之下做国民，必定要有必不可缺少的精神，才能图存。我觉得这种精神，有共同不可少的，有相互不可少的。

说到共同不可少的精神，大家对于中华民国都要有彻底的了解，坚决的爱护；大家都要明白自己是中华民国的国民，有应享的权利，应尽的责任；大家都要觉得五族有共同利害，有存则共存、亡则共亡的关系。这种精神，现在十分薄弱，固无可讳言。我只要举一个例来证明。中华民国四个字译成蒙古文为：

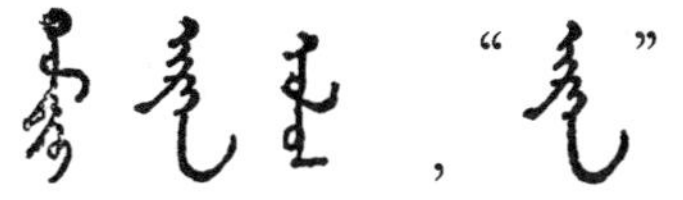

这个字汉音为以勒根，就是“民”字的意思。但几百年来蒙人以民看待汉人，所以“汉人”与“民”在蒙文里是分不开的。汉人即民，民即汉人。中华民国这个名词，译了蒙文，就有“中华汉人国”的误会。这种国名，本应译音，不应译意。现因翻译的人不小心，弄出这种不祥的误会，真是可叹。即此一件事，可以晓得五族对于中华民国不能了解之程度。有好多地方实出我们意料之外。我们应当研究如何可以叫五族的人对于中华民国发生一个共同观念。换句话说，就是如何使五族的人同受中华民国化，同受五族共和化。我的意思不是叫一民族去同化别的民族，乃是要满汉蒙回藏同受一个理想精神的支配。满蒙回藏人之应受中华民国化，也是如同江苏人、浙江人、广东人……应受中华民国化。拿教育的精神方法来创造一个五族一心的中华民国，是我们五族教育界同志的责任。

我们五族不但对于中华民国要有共同的精神，并且彼此相待要有一种正当的精神。我们五族好比是一家五个兄弟，彼此应当相知、相爱、相敬。现在的情形是彼此隔膜，彼此仇视，彼此轻慢。这种景况断不能长久，有心人断不忍长久让他如此。拿教育的精神和方法来把五族的同胞都培养到一个相知、相爱、相敬的地位，都培养到一个亲兄弟的地位，也是我们五族教育界同志的责任。

总而言之，五族共和不是一跳就到的，中华民国也不是一呼就来的。如同一个婴儿出世一样，仅仅取了一个名字是不够的。要想婴儿成家立业，必定要用尽心血去教他、养他才行。我们教育界的同志对于五族共和的建设，是不能不参与的。这件事听来很迂阔，看来很难做，但国体如此，利害如此，我们是断断乎不能推诿的。

注释

① 五族共和国　我国是一个多民族国家，五族共和是指主权归汉、蒙、满、回、藏五族及其他少数民族所共有，实行民族合作与民主平等的政治制度。

② 五色的国旗　指民国成立后至1927年这一时期使用的国旗。旗面为红、黄、蓝、白、黑五色横列，象征五族共和。

全国平民教育之现状*

平民教育自“五四”以来，各地学生都很热心办理。青年会在长沙、烟台、嘉兴三处的试验，更能引起社会对于此事之注意。十二年六月，朱其慧、晏阳初、朱经农先生等在上海发起中华平民教育促进会筹备会，就是平民教育从局部试验变为全国运动的起点。八月，中华教育改进社在清华学校开第二届年会，中华平民教育促进会总会就在此时成立。参与此会的代表共有十九省区。从此可见全国人士对于平民教育的赞同。九月开始推行，到现在只有七个月，各地已经组织平民教育促进分会有十五省区；同时受《平民千字课》教育者，已有三十余万人。我现在要把这个运动的几个重要方面，大略报告如下。

一　精神

我要首先报告各地所表现之精神。平民教育范围很广，故推行之时，非全社会的人都来赞助参与不可。我们要有组织的军队、警察、商人、教员、学生和无组织的市民，都一同出来运动。南京、安庆、武汉、南昌、芜湖、徐州都有过大规模的游行，参与的人数少则数千，多至三万余人。在这些人中，有军

* 本篇原载1924年3月、4月《教育月刊》第1卷第5期、第6期合刊（安徽歙县公署出版）。

队、警察、教员、学生、商团等等。他们平日对于其他各事，都很隔膜，然而对于平民教育运动，则能万众一心，协力合作，恰是人同此心，心同此理。这种全社会一致合作的精神，又非勉强得来，实是自然而然发现的。大家见平民教育运动一来，非常欢迎，非常乐观。他们为了平民教育，都来聚首一堂，笑嘻嘻的开会，一团和气的互助。我们很希望把这种精神传到全国去，使国人把一切意见不同的问题，都放在脑后，而对于这件事大家起来合作。

二　组织上的特点

凡事要有组织，才办得好。所以小事要小组织，大事要大组织。有人说，我们中国人凡三人以上之团体，人愈多则力量愈小。这句话对与不对，我们姑且不管，但是现在中国一般团体，总不能说组织能力不缺乏。我们要使不识字者识字，不读书者读书，这是何等重大的事体，所以更非有能力不可。这次平民教育运动，各地组织虽不尽同，然有几点是到处一致的，兹特述之如下：

第一点，各地都有董事部，且董事部均有继续的性质。董事人数从十一至二十三不等，每年改选几分之一，故不致每年完全换一种新的人来。我们觉得凡是新旧交替，往往很多阻碍，故现在董事之组织，采用此法。如每年改选三分之一的人数，则还有三分之二的人在这里，不致新来的毫不知道头绪，把从前未做完的计划，全行丢掉。

第二点，董事部要大家合作，不是一部分人可以包办的。所以希望各方面领袖与夫有能力的人物，都出来加入。这种董事部，可以说是一个小社会。此次这些当董事的人，虽旁的事不能合作，对这件事却很一致。

第三点，有干事专门来办事。因此事虽然有社会帮忙，然也要有专司其事者，效率始能大广。故各处都有专门的机关，聘请专门的人，进行一切。

三　现有学校在附近地方划定范围为该校推行平民教育之责任

现在有好多赞成平民教育的学校和机关，在附近地方划一范围，或由本地促进会划分区域，特别叫这些学校或机关负责任。如经过一时期之后，这个范围以内，没有一个不识字的，就是某学校或机关的成绩。反之，若查出尚有不识字的，则这个学校或机关亦必负其责任。即如以某学校为中心，把东西南北四围定一界线，某校同人即共同负责做去。但是这种办法还未彻底。何以说呢？因这个范围，是某校的人所共有的，但一校之中，有教职员，有学生，有夫役，我们要找其负责者是那项人呢？若说是学生，则学生之中，有姓张的、姓李的，究竟谁去负责呢？假定某校有一千同学，千人除去二百人不能服务的，还有八百人。又假如某校四周有二千四百户人家，则每人仅担任三个人家；如四周有一千六百户人家，则每人仅担任两个人家；如四周有八百户人家，则每人仅担任一个人家。这样分配好了，经过一时期之后，若那个门牌内，尚有不识字的人，就是那个担负这家人的责任未尽到，这是国内很通行的一种办法。

四　发现平民读书处

给人受教育，如同给人吃饭一样。给人吃饭的方法有二：第一就是开饭馆，谁要求来吃饭的，就来吃，如平民学校就是叫人来“吃”平民教育的地方；第二就是要在每个人家，每个店铺内都有厨房，可以给人吃家常便饭。平民读书处设于每个人家店铺里，可以说是平民吃家常便饭的平民教育的地方。平民读书处只以内里识字的人教不识字的人。教的人是里面的，学的人也是里面的；教员不从外面去请，学生不到外面去招。只要家长、店主和主持的人员负责督促。平民读书处很能补平民学校之不足，现在各省设立之平民读书处已有好几千。

五　私塾里施行平民教育

现在全国学校的学生数合计，远不及私塾学生之多。即如南京一处，现在有五百个私塾，一万多名学生；若广州则有一千多个私塾；此外越到内地，则私塾学生越多。我们如何才能省私塾学生的精力，就是要私塾也用《平民千字课》为课本之一种。现在南京、武昌、察哈尔、河南等处，都在试办。

六　公署办平民教育

这件事情，省行政官厅、省视学、道尹[①]都很提倡。安徽省公署是第一个公署提倡平民教育的。公役统归教育科教育，卫队统归训练官教育。以后安徽的教育厅，南昌的教育厅、实业厅，武汉三镇的各种公署，芜湖那里的皖南道尹公署、海关公署、芜湖县公署、京兆宛平县公署，都是很热心这件事情的。

七　教育厅实行强迫平民教育

把读书和饭碗发生密不可解的问题，这是最好的方法。现在读书的人可找饭吃，不读书的人也可找饭吃，所以大家就以读书不读书为无关紧要的事。要解决平民教育这个问题，非使饭碗与读书发生关系不可。如安徽教育厅有二十一个夫役不识字，江彤侯厅长请我设法去教他们，我很欢喜，以为这是平生最好的差事。这二十一个夫役当中，有六个人能教人，有九个愿意读书。这九个之中，有六十五岁的两人，我才教了他们一课，就觉得很有兴趣，比往常在大学教书还好多了。但是除了这九个人之外，还有六个未来。到了第二天，我就照实的报告他。厅长听了，他说："没来的有什么办法使他们来？"我说："你不如叫庶务员发个命令，说从今天起，不读书的人，不得在本厅干事。"他听了很以为然，就吩咐庶务员照样说了。于是不到五分钟之久，这六个人都来了。这是强迫的效力。

其次，就是南昌商务印书馆的经理张雄飞先生，对于平民教育，也非常提倡，曾办了一个平民读书处。他还说："过了六个月以后，若无识字国民文凭，无论那一项人，均不得在本馆干事。"这种办法，对于推行平民教育，有很重大的价值。

现在我们欲请北京开通的人家、商家和机关，门首均各贴一启事，其大意就说，在民国十四年一月一日以后，若无识字国民文凭的人，不能在本处服务。这都是要以读书和饭碗发生关系的意思。

八　说书人宣传平民教育

社会上对于平民教育能出力的人很多很多，只怕我们不会把他们找出来。南京全城说书的共有五十余人，经总务董事王伯秋先生之劝导，他们就答应尽力帮忙。现在他们于每月三、六、九、十三、十六、十九、二十三、二十六、二十九日分区宣传。其余的时候，就一面说书，一面乘机宣传，听说结果很好。我想各地方若能运用各种人出来推行平民教育，结果一定比现在大得多。

九　寒暑假乡村教育之办法

平民教育运动是到民间去的运动。据估计，中国每一百人中，有八十五个都在乡下。所以平民教育，是要到乡下去运动。在寒暑假的期间，各校学生回到本乡，都可以去办的。孔子说："十室之邑，必有忠信。"我们相信一百人中，总有些聪明的人。我们就把这些人集合拢来，每天教以《平民千字课》四课。每教完一次，就叫他们回去再教别人一课。假如教过的一人，可以另教二人，则教完五十人，就可以再教一百人。如此推行，恐怕不到两三年，就可以使全乡的人都识字了。所以利用寒暑假去进行乡村教育，是平民教育运动中的最好方法。去年寒假已经有好几个地方的同学回家办理此事，颇有成效。

十　平民教育入监狱

新监里的犯人最宜于施行平民教育。平常犯人可以开班教学；情节较重的犯人不便开班的，可以采用读书处的办法。只须每个房间里分配一二识字的人，叫他们轮流教学。半年之内，可保全狱犯人识字。现在安庆、南京、武昌、汉口的新监里，都已先后输入平民教育。

十一　改造教具

平民教育之最要工具有二：一为《千字课》；二为辅助教具。《千字课》，中华平民教育促进会总会为急于推行起见，已于去年八月编成一种。这几个月来，局部的修改已有两次。现在决定于六个月内，征集各方意见，从事根本修改，以求完善。至于辅助教具，有二种：一为幻灯；二为挂图、挂课。现在青年会正在研究反光幻灯教学，使费用可以减省。

十二　第二步的平民教育

现在中华平民教育促进会总会方面，已着手第二步的平民教育。敦请专家分任编辑《平民丛书》数十种，并计划编辑周刊一种，以便平民学校毕业生阅览。中华职业教育社正在准备的平民职业小丛书，也是第二步的平民教育。

平民教育的目的，是要叫十二岁以上的人，个个读书做好国民。假定中国有四万万人，十二岁以下的儿童约有一万万二千万；七岁至十二岁的儿童约六千万，算为义务教育的问题。平民教育的责任，就是叫其余的二万万八千万人，能够领受相当的教育。这些当中，据我们估计，有八千万人是识字的，余下来的二万万是不识字的。我们平民教育第一步的问题是：如何叫不识字的会读书，会读书的常读书；同时叫他们得些做人做国民的精神。现在推行之初，一切进行多有不妥当的地方。最重要的是一面研究，一面办理；一面办理，一面研究。我们很欢迎大家的批评，更欢迎作试验后的批评，尤其希望我们实行和研究的同志。

注释

①道尹　北洋军阀时代分一省为数道，设道尹为行政长官，管理所辖各县的行政事务。

平民教育实施法*

我原来说，实施平民教育有两个法子：一个是开饭馆的法子；一个是家常便饭的法子。开饭馆，就是开办平民学校；家常便饭，就是使得各个家庭、店铺、工厂、机关，自己都有一部分人去教其他一部分人。可是无论哪个法子，总离不了一种教人的工具。古人说得有："工欲善其事，必先利其器。"也就是这个意思。现在施行平民教育所离不了的工具，当然是课本，课本的编制，却要按照平民的需要才行。若是只教几个呆子，不但无益，甚至有害；因为平民是民主国的主体，平民智能不发达，民主国的精神也是不能发扬的。所以编制这种课本，一方既要照顾做人的精神，一方又要照顾做国民的精神。这课本的编制人，不外四种：一、政治家，二、科学家，三、教育家，四、实业家。无论哪种编制人，编制课本有共通的方法，可列三大纲：（一）自立精神　一个国家，好比一间房屋，想求它的坚固，必先把所有柱子都要弄得稳固；一国国民，人人都能自立，那末，一个国家也就强固了。我们编制平民教育的课本，必要注重平民自立的精神。想养成这种精神，又必使得各人有自励心，时时刻刻自己激励自己。小孩子初不知自励，做母亲的也要用种种方法，引起

* 本篇原载1924年3月、4月《教育月刊》第1卷第5期、第6期合刊（安徽歙县公署出版）。

他的自励心，然后自然会养成自立精神。（二）互助精神　国家由社会组织而成；社会由个人组织而成。所谓“组织”，就是人与人互助，社会与社会能互助；推而至于国与国互助，而组织成一个大结合的世界。又如一间屋子里的柱子，虽然竖立，不能衔接，也是无用，人能互助就系柱子能彼此衔接。国家既有了这种互助性、组织力，国家也就自然趋于强固。所以编制平民教育的课本，又要注重养成平民都有互助精神。（三）进步精神　人类的过程，是一天进步一天的，站在现今时代，尤其不得不谋进步。从前有人说过：“不进则退。”这句话到现在觉得欠当；因为现在的国家，稍一不自进取，将来必要灭亡了；像脚踏车一样，坐上去若停脚不动，不想前进，那必定就要倒了。所以我说：“不进则倒。”因此平民教育课本，又要注重进步精神，编制平民教育的课本，把这三大纲要做标准，就可养成平民应有的各种精神；那末，国家也就没有不强的了。至于平民课本，是根据一千二百个生字编制的。开首的几个生字，就是“读书教学……”等几个笔画很难写的字。因为中国字，有四种：一、难写难认的字，二、易写易认的字，三、难写易认的字，四、易写难认的字。我们教授平民，应先教难写易认的字；譬如“读书”二字，写来笔画虽多，而认来却很容易；既认来容易，写的机会就较多，那末，要写熟它也就不难了。又，教授生字，不用注音字母，好些提倡国语的学者，对此不免怀疑，或者不甚满意。这不用注音字母，却也有个理由，因为我们教授平民，不是要以简便从事吗？若是加授注音字母，一字便要教出二个来，这不但学的人难记，而教的人似乎难找。譬如一万万人识字，这一万万人，就是平民教育的教员，若是加课注音字母，那恐怕只有十万人能当教员罢。且不教注音字母，可就各地情形、风俗、习惯、故事等编成课本，教时易生趣味，易著效果。实施平民教育，又有大小规模的分别：像北京中华平民教育促进会，是大规模；上海、南京等处都有平民教育促进会，是大规模；南昌组织平民教育促进会，要把这南昌城的好些平民授与教育，这也是大规模。至于小规模：（一）分设平民学校，每校招集一百或五六十人来学。教法：先用挂图指示清楚，到有趣味的时会，便拿出字或课本，再与挂图对照授之，慢慢引人入胜。这样，学者能于不知不觉间，熟识许多文字。（二）凡家庭、店铺、工厂、机关，原来有许多不识字的，内中若有一人在校学习了的，这一人回去，就是许多不识字的人的教员。比如一个家庭，只老爷识字，这老爷就可教太太；太太教小姐；小姐教老妈子；老妈子教丫头。这种教法，又叫做连环教学法。不但家庭可以这样教，就是店铺自经理到徒弟；工厂自工头到艺徒；衙门自科员到夫役……都可用这以先觉觉后觉的连环教学法。上面所举的两种小规模的平民教育法，前者又即是开饭馆的办法；后者又即是家常便饭的办法。推广这两种办法的平民教育，也有奖励的法子：就是规定时期，或每隔四月举行考试一次，能认识许多字的，给他一张识字国民的文凭；又有能教十个人或几个人的，也可给他一张十人或几人的教员的文凭；能指导教人的，又可给他一张平民教育的指导员的文凭。这种办法，随地都可行，固不必限于时间，囿于地方呢。

徽州推行平民教育办法*

一、请各县知事于公署内开办平民学校及平民读书处。令在署公役、卫队，限期一律学习《平民千字课》，不愿学者除名。

二、请各县知事通令全县私塾采用《平民千字课》为课本之一种。经视学员视察，确有成绩时，对于私塾教员应给平民教师证书；不采用者一律限期取缔。

三、请各县知事劝令识字者教不识字者。

四、请各县知事责成各区区董推行平民教育，依据成绩施行奖罚。

五、请各县知事令县视学、劝学员，分赴各乡劝国民学校附设平民学校，并推广平民读书处。

六、请各县知事确定各该县推广平民教育经常费及开办费。

七、请各县知事令全县人民知悉：一年以后，凡入县城，不能读《千字课》者，须纳铜元一枚；一年半以后，不能读者，须纳铜元五枚；两年以后，不能读者，须纳铜元十枚。此项收入，悉充推广平民教育之用。

八、请省立学校及各县各区学校，依据《机关学校平民教育

---

* 本文系陶行知在1923年底去芜湖推广平民教育时，与徽州旅芜同乡共拟。后由安徽义务教育期成会歙县支会呈报歙县公署， 批答为：“呈悉。已照另呈，核取第二条办法，通饬施行矣。”原载1924年3月、4月《教育月刊》第1卷第5期、第6期合刊（安徽歙县公署出版）。

委员会简章通则》及《学校推行平民教育办法通则》，在当地举办平民教育，并请年长学生于寒假回里时，选择村中俊秀平民加以训练，使其每天学四课即在家中教一课，以资推广，同时并在各乡宣传平民教育。

陶知行　吴兴周　孙哲吾　江植棠　许也宜
柳戟门　汪国植　程礼循　汪成铸　邵布文
陈思敬　巴竹庄　潘　蕤

论平民读书处之得失*

平民读书处自试办以来，我们好几位同志一方面亲自试行，一方面静观效果；一方面用思想去引导实行，一方面用实行来纠正思想。现在平民读书处成立了好几千：衙门里、会社里、学校里、商店里、工厂里、家庭里、轮船里、寺庙里、监狱里、善堂里、济良所里都有了他们的脚迹。平民读书处在各种环境和情形之下，都经过了相当的试验：有的成功，有的失败；有的由失败变为成功，有的由成功转为失败。我们平心静气的观察他们的现象，推究他们的因果，觉得成功有成功的要素，失败也有失败的缘由。或得或失，都不是偶然的。我现在要把我们所见到的，一条一条的列举起来，作为推行平民读书处的同志的参考，还望大家把试办的心得来指教我们。

一 平民读书处之成功要素

平民读书处有六种成功要素。统观所有的平民读书处，完全有了下列六种要素的，就完全成功；那缺少一部分要素的，就不免有一部分失败。

* 本篇原载1924年4月21日申报馆《教育与人生》第27期。

（一）主人要肯负督促之责

这是最重要最重要的成功要素。凡平民读书处设立的地方，必定要那个地方主人肯负督促的责任。家庭里要家长负责督促，店铺里要店主负责督促，推而至于一切机关里都要他们的主持人员负责督促，才可开办。如果做主人的敷衍了事，或明里承认负责，暗中阻止；或一时热心，终归懈怠，都是不能成功的。主人的督促并非难事，不必费什么时间。他只须于开办的时候，告诉大家说："从今天起，大家都要抽空读书，会读的人教人，不会读的人跟人学。"过一个星期可以问一句："你读了几课了？"到了一个月可以问一句："你读完一本了吗？"到了两个月、三个月、四个月，都可以仿照这样问问大家，他们就自然而然的用功了。这种督促的法子并不费事。我想凡做主人的都应当为全国读书运动负这点责任。现在修正的《平民读书处组织大纲》的里面，要家长、店主和机关主持人员担任处长，就是要重视这种督促的专责。

（二）至少必须有一个会认字的人做助教

平民读书处是以内里的人教内里的人。无论家里、店里、机关里，总得要有一位识字的人才能一个教两个，两个教四个的干起来。只要一个这样的人就行了。那肚里清通的固然顶好，就是半通甚至于不通的人，也是可以的。有了这一个人，加上了相当的指导，就有办法；倘若像这样一个人也没有，那就要从造就他入手了。

（三）助教要有专责感

若一个读书处里面，有几个识字的人，几个不识字的人，那末某人教某人都要指定，或让他们自己认定。因为责任不专，不易督促。如此指定，教的人和学的人都明白责任之所在。

（四）指导要有定期

平民读书处的指导员，一人管一个读书处至十个读书处不等，看本人的精神、能力、热心、时间而定。指导员的功用就是指导助教，鼓励学生。他一方面引他们朝着正路走，一方面叫他们不致懈怠。最好指导员每星期到读书处去一次，每次指导助教六课，并使学生挑读一段以验成绩。对于程度高些的助教，可以酌减指导次数。倘使指导员能用实用方法，如写信之类引起学生兴味更好。如学生中发见懒惰，或助教中发见懈怠情事，就须加劝勉。劝勉不听，再与处长协商办法。

（五）全体要一律读书

除特别情形外，无论家庭里，店铺里或机关里的人，均须一律读书。若是这个人读那个人不读，或是要别人读而亲人反不读，精神一定提不起来，并且彼此推诿的事情不久就要发现。所以不办平民读书处就算了，要想办平民读书处，就得要男女、老少、大小、主仆，一律读书。

（六）读书要与饭碗发生关系

无论什么社会里的人，大概约有三分之一光景，除非有别人督促强迫，很不愿意读书。但是空言督促还是没有多大效力的。要想有效力就要使不读书的人觉得饭碗不稳。安徽教育厅有二十一位公役，内中有六个人起初不愿意读书。厅长只说了“不愿读书的人不得在厅里做事”一句话，大家都读了。协和医院里定了一个办法，凡是考不及格的都不得加薪，也是把读书和饭碗发生了一个密切的关系。如果个个家长、店主以及机关的主持人员肯把这层办到，那真是可以事半功倍了。

二 平民读书处的四忌

我们开办平民读书处，不但要注意成功的要素，并且要回避忌讳。有好多平民读书处的失败，都是因为犯了这些忌讳的缘故。所以我特为的要提出来作为一种警告，以免大家重蹈覆辙。

（一）忌生

平民读书处要在熟人的地方尽先推行。因为熟的地方对于我们本人既无怀疑，那末对于我们介绍的平民教育也就可以放心，若没有特别困难，必定是欢迎的；并且开办之后可以按着定期过去指导，很少不便的地方。至于生的地方，他们对于我们本人既不相知，自然不晓得我们葫芦里要卖什么药。客气的敷衍我们几句话，不客气的就要给我们钉子碰了。纵然开得起来，只怕时常去指导，他们又要觉得我们讨厌了。所以平民读书处要在熟的地方推行，不可在生的地方推行。我们自己的家庭、商店和自己主管的机关，都是我们用武之地。渐渐的我们可以把读书处的办法，介绍给朋友亲戚。我们可以拿我们自己的地方做一个中心，渐渐的对凡与我们有往来，有关系的人去介绍或推行。凡与我们有关系的裁缝司务、剃头司务、送煤炭的、卖柴的、挑水的、布店、米店、纸店、杂货店，等等，凡是认得我们的地方，都是我们推行平民读书处的地方。不过生的地方，假使有自动的要求，我们当然是可以替他开办的。

（二）忌招外面学生

平民读书处和平民学校根本不同的地方，就是以内里的人教内里的人。因为他们一个根本原则就是为着那些不能进学校的人设立的。那外面的人既能到别人家的平民读书处去读书，就应当到平民学校去读书了。招外面的人到自己家里或店里来读书有种种不方便的地方。有好多人起初的时候热心过度，要收纳外面的学生，到了后来，很觉得不讨好，或者就变成平民学校了。殊不知外面来学的人既多，我们开始的时候，就要照平民学校办理，不可照读书处的办法办理。

（三）忌引生人参观

平民读书处不宜引生人参观。参观平民学校是可以行的，参观平民读书处是要讨人厌的。我们有几处成绩优良的平民读书处，就是因为参观、照像，破坏掉了。

（四）忌带政治、宗教色彩

我们办平民教育就要纯粹的去办平民教育，断不可带一丝一毫政治、宗教的作用。我们办平民读书处对于这点更要格外留意，一不谨慎就要失败。

我们对于平民读书处如果注意上面所举的成功要素，并且免除上面所举的忌讳，我敢说办一个就有一个成功，办十个就有十个成功。不过所谓成功要素和忌讳，都是从现在的社会情形里面发生出来的。如果社会情形变更，那末上面所列举的种种当中，也有不能不变更的地方。比如社会对于平民教育倘已到了充分了解的时候，或政府对于平民教育倘已下了强迫令，那末我们也无须用如许力气使他成功，并不必避除如许忌讳才免失败。不过一定要等到那个时候到了，我们方能放手做去。现在还是要多方留神，才有把握。

大水是谁的罪过*

近来国内发大水的地方共有九省区之多，受害最大的有湖南、江西、直隶、福建、京师各处。这些地方几乎变成水国了①，生命财产损失无数。我们细细地想一想，这是谁的错处呢？世界上的文明国，从来没有这样大的水灾。他们有两个好法子：一是导河，使水有出路；二是森林，使树木把水吸收进去，并有树根把水阻住，叫水慢慢地流。有了这两种法子，所以虽有大雨，不发大水。但是导河和振兴森林，都非银钱不行。中国没有钱吗？钱都用在军事上去了，用到人杀人的事上去了。钱既尽用在军事上，就没有钱去治水，这叫做放水杀人。这次大水给我们一个很大的警告。临时赈款是必须的，但这不过是头痛医头，脚痛医脚罢了。根本的办法是：化兵为工，化杀人的人为救人的人，化杀人的钱为救人的钱。天下最大的好汉，不是杀人，乃是救人。敬告诸位大英雄，你们要想流芳百世，何不跟着大禹王去治水呢？你们不敢和水打仗，偏要和我们小百姓为难，可谓欺善怕恶，可谓无勇！

* 本篇是陶行知为《申报·平民周刊》大事记栏写的时事短评。原载1924年7月19日《申报·平民周刊》。该刊每期约3500字，辟有短论、小说、诗歌、传记、笔记、书信、大事记等栏。大事记栏由陶行知负责编辑并经常撰稿。该栏刊载的文章很短小，最短的只有83个字，读过《平民千字课》的人能看懂。

注释

① 这些地方几乎变成水国了　1924年6月24日闽江久雨，从延平至福州各地河水暴涨一丈（1丈=3.3333米）左右。福州全城3/4淹没水中。闽江流域28县受灾，灾民百万以上，仅尤溪一处就淹死8000余人。7月15日直隶永定河决口300余丈，京西及张家口成灾。7月20日大清河在新城决口，水围县城两三月之久，靠行船出入，人畜淹死无数。7月24日子牙河又决口8里（1里=1/2公里），附近村庄尽行淹没。

空前之全国教育大会*

古人说："人不学，不如物。"又说："子孙虽愚，经书不可不读。"这可见我们中国素来看重教育的意思。近好多年来，我们要办新教育，但是专学外国人，学的三不像，所以有好几位教育家发起了一个中华教育改进社，就要想改良改良。上星期在南京开会①，共总来了一千多人。内中有男的，有女的，连蒙古人都来赴会，真是一个空前的大会。他们的宗旨无非是要人人受教育，教育就是教人做人，教人做好人，做好国民的意思。

注释

① 指中华教育改进社第三届年会。

* 本篇原载1924年7月19日《申报·平民周刊》。

四十万的平民学生*

中华平民教育促进会是去年八月成立的。这个会的目的，是要人人读好书，做好事。自成立到现在，不过十个月工夫，已经把《平民千字课》推行到二十省区。现在受这种教育的人，已经有四十万之多。他们要想在十年之内，叫全国处处读书，人人明理。

* 本篇原载1924年7月19日《申报·平民周刊》。

代理国务总理违背宪法吗*

俗话说："家有家法，国有国法。"宪法是一个至高无上的国法，没有人可以违背的。中华民国的宪法，共总有十三章一百四十一条，是去年十月十日宣布的。按照宪法：总统府之下就是国务院。国务院是国务员办理国家大事的地方；国务员就是帮助大总统对于众议院负责，为国家办理大事的人员，就是国务总理和各部总长。国务总理就是国务员当中的头目。现在国务总理孙宝琦辞职，新国务总理颜惠庆正待经过众议院同意。当这青黄不接之时，又有外交总长顾维钧为代理国务总理。宪法没有代理国务总理之规定，并因国会方在开会期内，所以议员们讲他们是违背宪法。现在要把这条宪法抄下来给大家判断判断：

宪法第九十四条

国务员之任命须经众议院之同意，国务总理于国会闭会期内出缺时，大总统得为署理之任命；但继任之国务总理，须于次期国会开会后七日内，提出众议院同意。

---

*　本篇原载1924年7月19日《申报·平民周刊》。

何不提倡裁兵筑路*

近来有好些人提倡用退还的赔款①来建筑道路。这个意思是很好的。我们很相信新的中国是要四通八达的道路和四通八达的教育来创造的。我们赞成交通事业和教育事业要有充分的互助合作。但是美国和俄国的赔款，既经指定为教育之用，硬要移作筑路之用，很有困难的地方。一、人民对于这个提议有很大的怀疑，他们怕提议的人要借筑路之名，移作政治和军事活动之用。二、美国的赔款余额只有一千多万，分年缴付，不能有大规模的建筑。俄国赔款余额为数很大，但因抵押关系，还要等待好几年才能使用。有这两个困难，所以我要向吴佩孚和他的同志建议，与其主张赔款筑路，不如主张裁兵筑路。一来兵权拿在自己手里，要裁就裁，自己可以作主；二来即刻可以把节省下来的款项和兵力来实现筑路的计划；三来可以以身作则，拿这件事来向国民证明他是大公无私的。只要国民相信，万事可以做得通；不得国民信用，没有一件事做得通，岂但赔款筑路？

* 本篇原载1924年7月26日《申报·平民周刊》。

注释

①赔款　1900年八国联军攻占北京，次年强迫清政府签订丧权辱国的《辛丑条约》。其中规定：中国将于39年内还清付给各国“偿款”共计982308150两白银，以海关税和盐税抵押。这笔赔款通称“庚子赔款”。

万众一心的拒毒 *

毒是什么？就是鸦片烟、吗啡一类的毒药。这种毒药害人最深。今年十一月，各国要在日内瓦地方开万国拒毒大会，想法子去抵制这些毒药。我们中国受毒最深，因此伤身破产的人，无计其数。全国二十二行省，不种鸦片的，只有山西一省。顶坏的省分，甚至于强迫人民种烟。此外，还有从外国运来的吗啡和吗啡做成的药。我们要不赶快抵制，真要亡国亡种。所以中华教育改进社、青年会、基督教会等团体，要联合全国同胞合力抵制。抵制的方法：一是禁止种烟；二是限制毒药进口；三是禁止人民吸食毒药。我们必定要万众一心的和这些毒药打一仗。

* 本篇原载1924年7月26日《申报·平民周刊》。

在中华教育改进社第三届年会上的社务报告*

今年为改进社第三届年会[①]，依中国年龄言之为三岁。若依实在年龄言之，只二岁余。在此二年余中，知行承董事会之指导，社员及社会、政府之辅助，而无甚大成绩，非常惭愧。在此二年光阴中，全社职员以全副精神，力谋本社之发展。兹将事业有可报告者，略述如下：本社对于教育，原抱有二种目的：第一种，即为合于中国国情之教育；第二种，即创设根本之教育。有此二种目的，改进社之设，其起缘在此。本社进行之方针，在集合全国教育界，群策群力，以谋教育同志之结合。如前两次无蒙古代表；中国为五族共和，本届有三兄弟[②]到会。下一次，更希望有四弟五弟到会。又乘此机会可以发生重要之会议，如第一届有全国农业讨论会，第二届有全国平民教育促进会。本年又有两种重要会议：（一）全国体育，（二）童子军教育。二者皆极重要。吾人欲为社会服务，任劳任怨，非有强健之体力不可。去岁在北京开会，路不拾遗，即童子军之功。各地现虽有童子军，而无统一之组织，故须有全国统一之组织。教育问题甚多，非分析不可。由一二人担任一种问题，继续研究，因此有各种研究组织。（一）中等教育。（二）科学教育。由推士博士调查研究两

* 本篇系1924年7月在中华教育改进社第三届年会上的报告。原载《中华教育界》第14卷第1期。

年，现在有三四本报告，即可出版。（三）测验[3]教育。成绩优良与否，有时非耳目或主观眼光所能判断。测验有如医生之听肺器、X光线然。（四）调查。去岁出版《全国教育统计》，观此可知全国之学生数、学校情形等。（五）小学教育调查。此项调查有测验调查，二十二都市，数十万学生。（六）中国教育参考书。本届有八十余种系统之研究，可为教育上之参考。（七）教育陈列所。此所设在北京，各地人士若至北京参观此陈列所，即可知世界及中国教育之索引。（八）教育图书馆。现在有高仁山先生计划。此为已有之组织。今年又增加以下各项事业：（一）教育行政；（二）华侨教育；（三）教育经费；（四）边疆教育。本社承私人捐助经费甚多，此在第一、第二、第三三次社务报告中可以看出。本社又与世界教育联络，去岁中国代表至世界教育会议，备受欢迎，郭秉文先生被举为副会长，一方带来名誉，即一方又负有重大责任。其责任在用何种教育方法，使世界免于战争，而增进人类之幸福。

注释

① 第三届年会　1924年7月3日至9日，在南京东南大学召开。

② 三兄弟　指出席年会的汉、满、蒙三族。

③ 测验　指教育测验和心理测验。

关于《致谢俄美退还赔款为发展我国教育案》的说明*

俄美退款，所以表现大国民气概。俄款一万万余[①]退还为中国教育之用。已指定三委员，中有华员二，此中可为中俄友谊最大纪念。美国会议决退六百万美金，为中国教育及文化之用。五月十二日经美国总统批准。本社已电美公使代达谢意。此事应归功于文华大学图书馆长伍德女士，湘雅医学〔院〕胡梅先生[②]，协和大学波特先生，以伍德之功最大。是否应由本社致谢俄美政府及三先生？议决交董事会办理，其他有功各人，调查后一并致谢。

注释

① 俄款一万万余　此处已将俄国退款折成中国银元。

② 胡梅　通译胡美。

* 本篇系陶行知在1924年7月8日中华教育改进社第三届年会第二次学术会议上的发言记录。记录者：夏承枫。原载1924年10月《新教育》第6卷第3期。

对力谋收回教育权案的意见*

教育当各国自办。为吾人公认。今日在华办学之美人好领袖，亦如此主张。去年美人 Russell[①]来华，亦主张此意。今日所不能做到者，一因国力薄弱；二因善意帮助与侵略者皆有，不能一概抹煞。至留学生护卫所留学国家，此言不确。如日本留学生皆反对日本，美国留学生则有赞成美国者。至赞成或反对，转以各国对中国政策为准。今请言其例。此次美国会讨论赔款，有某议员发言：赔款退还，美国可获种种利益。当时即有人立起辩论，谓此款为不应取而退还，非为得利而退还；君发此言，必予查办。又湘雅医学〔院〕休〔谟〕先生宣言："教会不欲取赔款中分文。其大国之精神何如？"又大学校与中学校以下学校，情形亦不同，大学校不足以迷惑学生。知行亦出身教会学校，然自问对国家无愧。至于初等教育，知行曾向教会教育调查团发表意见，不希望教会办国民教育，至多可办试验学校。宣传宗教不予注册，尚有一困难，如回教学校是否亦一律看待？今修改条文如左：

* 1924年7月9日，郭秉文主持召开中华教育改进社第三届年会第三次学术会议，在讨论"本社应力谋收回教育权案"中，陶行知的发言即本篇第一部分，最后由陶行知宣布修正办法，即第二部分。修正办法的前四条在会上通过，第五条表决为"交董事会详细研究"。原载1924年7月《中华教育界》第14卷第1期，又载1924年10月《新教育》第9卷第3期。本篇按《新教育》排印。文末附《原提案办法》。

（一）凡外人借学校实行政治侵略，查有实证者停办。

（二）凡学校皆须经乙种注册（为报告性质）。

甲种注册，须符合中国最少低度课程。符合者得立案；但符合而与宪法违反者，不予立案。

（三）凡符合甲种注册者，得受注册学校所享之一切权利。

（四）本社当预备于相当时期，接收外人所设学校。

（五）中国教育界，当力谋自办学校。

修正办法：

第一条，请求政府制定严密之学校注册条例，使全国学校有所遵守。

第二条，注册分甲乙两种，凡学校与学校相类之机关，须一律经过乙种注册。凡学校按照政府订定课程最低限度办理，并无妨碍中国国体情事，经视察无讹者，得行甲种注册。

第三条，凡未经甲种注册学校学生，不得享受已经甲种注册学校学生所享之一切权利。

第四条，凡外人借学校实行侵略，经调查确实，应由政府勒令停办。

第五条，凡幼稚园小学及中学有宣传宗教课程，或举行宗教仪式者，不予甲种注册。

注 释

① Russell　通译罗素。

附：原提案办法

办法一：请求国会及教育部制定严密之学校注册条例，凡外人藉学校实行侵略或宣传宗教者，一律不予注册。

办法二：凡未注册之学校学生，不得享受已注册学校所享之一切权利，如购地与津贴等。

办法三：凡未注册之学校学生，不得享受已注册学校学生所享之一切权利，如文官考试、公费求学、转学及充教师、官吏等。

办法四：中小学教科书应将教育权之丧失列为国耻之一，直至教育权完全收回之后为止。

办法五：凡不依学校注册条例注册之学校，应限期封闭，禁止招收新生。

（原载《中华教育界》第14卷第1期）

在全国教育展览会开幕式上的讲话*

此次全国教育展览会，徐养秋先生及各组主任干事先生经营而成。布置井然，成绩可观。知行于昨日以会员资格往观。今与诸君略述之，步入大门，即有一种欣幸之观念。觉得五花八门，摩肩而行，几如山阴道上。而出品罗列，美不胜收。设使走马看花，则次弟观览，如是观如是去已耳。设欲求一心得，则非长时间之审察不可。出品有四万余件，譬如用一分钟研究一件，则须四万分钟，是决难办到。无已只能以我之所最喜研究者，且以为最有兴味者，详细审察研究，庶不虚此次一行。故知行以为有分组详细参观之必要。并望展览会得继续举行，或五年一次，或三年一次，以激起教育界之兴趣。各校于闭会时，留存一部于此，以备组织教育陈列之用，尤为有益。

（1924年7月9日）

附：全国教育展览会之回顾

徐则陵

教育事业，非所以炫示于人者也。保持民族精神，涵养公共理想，维系人群制度，继承知识造诣，此教育事业之属于保守者。实现大群之企图，便利一己之自达，发扬学术，改善习尚，

* 本篇原载1924年12月《新教育》第9卷第5期。在中华教育改进社第三届年会期间举办全国教育展览会，陶行知为筹备委员会副主任兼大会总务干事及蒙古教育组的鉴别委员，徐则陵为主任兼总务干事及华侨教育组的鉴别委员。

此教育事业之属于进展者。盖一国之教育，即其国民有意识有组织维持及改进大群生活之事业。主其事者沈潜切实，惟是之求，尚恐弗济。铺张扬厉，炫耀流俗，其去国家兴学之本旨不綦远乎？准是以谈，则教育何取乎展览。虽然，世界各国，举行大规模之博览会时，未尝偏废教育。去岁大英帝国博览会之设教育展览部，即其最近之一例。欧战以远，大陆各国盛行教育展览，如英格兰规定每年一星期展览学校成绩；斯达克呵姆不时开展览会，以表示学校课程之进步；维也纳设永久展览会所搜集教育品，陈示该城学校事业之各方面及其日新之现象。然则办教育者但求事业进步，实际是以表示于人，固不必讳言展览也。况一国之教育事业，与国民有直接关系。其在国家教育昌盛之国，政府用人民所纳赋税，举办教育，成绩若何，优劣何在，政府有使民间明瞭之责任。其在人民自动发展教育之国，教育为民间事业，承办教育之当局，尤有使人民深知教育状况之义务。良以教育之盛衰，视社会人士教育趣味之厚薄。教育展览会之设，主旨在促进人民对于教育事业之兴趣。此次全国教育展览会之宗旨，亦犹是耳。本会筹备期间，不足四月。而应征踊跃，出品丰富。吾国教育界近年来自动精神于此可见一斑。所以唤起一般社会人士对于教育之兴趣者，亦足以觇从事教育者自身对于教育事业之兴趣焉。本会自筹备至于开幕，会务之处理，一以分工为原则，合力为精神。展览物品之征集整理布置等事，分三十组担任。组各有主干及干事。普通会务分三股，义务服务人员多至二百余人。其应征机关，筹备出品之人工，当数十倍于此。是亦教育界一大通力合作之举动也。会场布置，因实际上之障碍，未能照预定计划进行。展览期间，过于短促，未能从容研究会务之得失，此则至则陵今引为憾事者也。惟本会筹备经过情形，各组各股组织及部署之概况，俱详干事报告，统计报告，及鉴别报告。则斯编之刊，亦足以披露会务之大体，而供后之办教育展览会者之参考焉。

（原载《新教育》第9卷第5期）

对于《申报》读者的请求*

我们这个《平民周刊》[①]是对平民谈话的一个报纸。这张报的宗旨是要为粗识字义的人民服务。我们希望这些同胞，可以在空闲的时候得些看报的快乐和做人的道理。现在粗识字义的人民有四种：（一）是平民学校里读过三四个月的学生，约有四五十万；（二）是私塾里读过几年书的，约有七千万；（三）是国民小学里读过一两年书的人，约有一千多万；（四）是自己随问随学的人，数目难以估计。这些人大多数在机关里、店铺里、工厂里或家庭里做事。他们不会读《申报》[②]，但是会读《申报》的《平民周刊》。我们很希望读《申报》的同志把这张《平民周刊》送给自己机关里、店铺里、工厂里或家庭里的粗识字义的人看。倘若人数很多，一张不够，我们更希望大家另外单订几份或几十份《平民周刊》给他们看。我们还希望看《申报》的同志也顺带看看《平民周刊》。一来看看我们的材料对不对，可以指导我们改良；二来看过之后，可以指导粗识字义的同志或家人看报。这确是一举两得的办法。我们的希望是：一国之中，家家看报；一家之中，人人看报。这个希望，必须大家提倡，才能达到。

---

* 本篇原载1924年8月2日《申报·平民周刊》。

注释

①《平民周刊》　陶行知等筹办的《申报》副刊。1924年6月29日创刊，朱经农任总编辑。该刊文章短小通俗，随报附送，也单行发卖，极便初识字的人阅读。

②《申报》　1872年由英商在上海创办的中文报纸。1912年由史量才接办，逐步办成有影响的大报。1931年春，陶行知被聘为《申报》总管理处顾问，曾推动《申报》的革新。1934年底，史量才被国民党特务暗杀。《申报》于1949年5月停刊。

国会议员又做买卖*

按照《宪法》上的规定，国务总理要得国会的同意才能上任。同意就是赞成的意思。这次政府要请颜惠庆为总理，把他的名字提交国会，征求同意，已经二十多天了，还不见有结果，真是奇怪。国会对于这件事只有两条办法：一是同意，二是不同意。同意就说同意，不同意就说不同意，岂不爽快，要费这二十多天工夫做甚？那晓得议员们所以迟迟不决的缘故，就想趁这个机会，再做一点买卖。他们的同意是要钱买的。现在他们正在那里讨价还价。价钱没有说成，所以没有表示。一个庄严的国会，变成了一个官吏和议员的交易所。这种国会，有了比没有还坏。国民是主人，议员官吏是仆人。我们对于这些不肖的仆人，要想个法儿处置处置才好。

* 本篇原载1924年8月2日《申报·平民周刊》。

赈灾附加捐 *

这次各省水灾是很大的，有一万方英里的地方都受了水灾：湖南省灾民无家可归的约有一百万人；直隶省被淹的村乡有七百二十七处；张家口一带淹死了三十多人；别省还没有正确的报告。现在交通部要在邮政、电报、铁路、轮船上征收附加捐为赈济之用。民国九年这种附加捐曾办过一次，收了好几百万。这是一个大宗的收入。我们希望除了急赈之外，要以工代赈，拿这笔钱来帮助灾民自立。我们还希望办理赈灾的人和收款的人要涓滴归公，不要趁“水”打劫。国民的眼睛都要一齐打开，尽他们的监察的责任。

* 本篇原载1924年8月2日《申报·平民周刊》。

加拉罕做第一个大使*

各国为就地办理国际交涉起见，都互相派遣大使、公使。大使比公使高一级。从前中国派到各国和各国派到中国的只是公使，从没有派过大使。这次中国与俄国和好，决定互派大使。俄国已经派了加拉罕为驻中国的大使，这是中国外交史上破天荒的一件事。大使既比公使高一级，自然事事要在公使前面做领袖。因此各国驻在北京的公使都有些不安，怕第一把交椅要给俄国大使坐去，所以纷纷的要想升为大使。中国已经向各国提议互派大使，究竟结果如何，还不能一定。

* 本篇原载1924年8月2日《申报·平民周刊》。

《小学课程概论》序*

今日教育界责任之最重要且最紧迫者，莫若利用教育学理解决学校课程问题。盖课程为学校教育之中心，假使课程得有圆满解决，则其他问题即可迎刃而解。此本社之所以亟亟请托专家编著“课程丛书”。

此书为本社“课程丛书”之第一种。目的在使小学教师、地方教育行政人员、师范学生及一般留心义务教育者，一方了解小学教育之目的，一方明了达此目的之课程。质言之，本书之目的在解决小学校所欲养成的是何许人，养成此种人须用何种课程，此种课程须有若何之内容，其编制之原则与方法为何。

编著者为程湘帆教授，程君以十余年之中小学校教学经验，到美国从专家巴必班赛尔等研究小学课程。归国之后，在东南大学、金陵大学教授五次。现在受本社之请托，将其十余年来之经验与学理著为《小学课程概论》。

窃以小学为教育之根本。今日教育之效果所以不能满足吾人之希望者，实以根本错误之故。根本错误之尤甚者，为小学校之课程。查俄国小学课程，大半系因循的、抄袭的，从未有科学的编制法。近来虽有课程标准研究之会发起，但以无相当的参考书籍为苦。程君之《小学课程概论》，适诞生于需要最紧迫之际，

* 本篇写于1924年。原载程湘帆著《小学课程概论》。

吾知其裨益将来小学教育之革新也甚大，岂仅本社之幸已乎？故谨祝之而为之序。

陶知行序于北京中华教育改进社

同到乡下去*

两星期前，我同一位朋友去参观燕子矶小学，很受感动。这个学校的灵魂就是丁校长和他的夫人。乡村学校里的先生们，大多数任期很短，教了一两年、两三年，正有点经验的时候，就跑到别处去了。在这种情形之下，说不到改良教育，更说不到改造乡村。但是丁先生夫妇二人共同在尧化门学校服务，已经有了八年之久。今年转到燕子矶服务，只有半年工夫，就把这个学校变成了一个活的学校。因此我觉得夫妻同到乡村去办学，是一件很重要的事。所以我做这首诗，为乡村人民和他们的小孩儿请命：

男学生，女学生，结了婚，做先生。
那儿做先生？东村或西村。
同去改旧村，同去造新村。
旧村魂，新村魂，
一对夫妻一个魂。

* 本篇原载1924年8月9日《申报·平民周刊》。

外交团将有变化*

北京有个团体，叫做外交团，就是驻在北京的各国公使所组织起来的。这回俄国派加拉罕为大使，他们起初不愿意他进来，不肯交还俄国使馆。使馆就是公使办公的地方。因为这理由不甚充足，所以终究还是要把使馆交还给俄国的。照现在情形看来，加拉罕不久就可以加入外交团了。从此外交团或者要发生下列的变化：

一、加拉罕现在既是独一无二的大使，在外交团里面当然要做领袖。

二、英国和意大利已经承认俄国，其余各国还没有承认。俄国大使加入外交团之后，该团内部似乎难像从前的一致。

三、如果各国也跟着俄国派大使到中国来，外交团或者有一部分改良的希望。因为位置高了，各国或者能派第一流的人才来和中国办外交。外交关系、国际公道和世界和平是要第一流人才的。

* 本篇发表时署名韵秋，原载1924年8月9日《申报·平民周刊》。

农民联合会*

中国以农立国，农民要居全国百分之八十五。他们所尽的义务最多，所享的权利最少。稍有心肝的人，虽是一时一刻也不能忘记农民的痛苦。现在有人注意农民生活，要帮助他们开联合会，真是一件可喜的事。我们觉得现在农民所最需要的是自立，自卫，自存。我们应当拿我们思想来凑他们的实际，不要拿他们的前途来供我们的牺牲。农民是目的不是工具。我们是替农民指导正路的，不是要农民一味闭着眼，跟着我们走的。真正的农民合作或联合，要立在教育的农业和农业的教育上。

* 本篇发表时署名韵秋，原载1924年8月9日《申报·平民周刊》。

北京大学要求人权 *

中央或者省政府，近来往往不依法律，随便发布通缉令拘拿人民。这是共和国所不能容的。现在北京大学向政府要求，非依法律确实证明为现行犯，绝对不能任意通缉。人权不保，何以为国？我们希望政府反省。

* 本篇发表时署名韵秋，原载1924年8月9日《申报·平民周刊》。

英国果真退还赔款吗*

英国处置庚子赔款案决定之后，我国一部分人士以为是退还赔款，所以你要争去筑路，我要拿来办教育。其实英国何曾退还给我们呢，他们要拿这笔钱交给一个委员会来办中英有关系的教育和其他事业。这个委员会要有九个人：八个英国人，一个中国人，都由他们的外交部委任。这是英国的外交部派委员到中国来办中英的事业和教育。这种办法比日本对支①文化事业的办法还要狠些。我们人民决不赞成。我们的教育精神是统一的，决不赞成教育瓜分。我们很诚恳的对英国的朋友说："我们决不预备在教育上开辟租界。我们相信中国和英国是可以做好朋友的。如果你们愿意退还庚子赔款，我们也是很欢迎的。但只有俄国式或美国式或相同精神的退还，才能接收。"

注释

① 支　即"支那"，当时日本对中国的蔑称。

* 本篇发表时署名韵秋，原载1924年8月9日《申报·平民周刊》。

同水打仗的军队*

永定河两岸都是松沙，河道最容易改变，所以古时候叫做无定河。这次发水，两岸淹坏了好多的地方。最近黄土坡起了横河，冲破长堤三十几丈，京城左近六县几百万人民的生命财产和京、津的交通都在极危险的情形当中。冯玉祥一得到破堤的消息，就派鹿旅长①、郭团长带了两千个兵士去救水。他们用整棵的柳树和几万个麻布沙袋夹起来筑堤，一连三天四夜没有睡觉，才把水挡住。鹿旅长并想出种种方法把水溜引上轨道。除了军官士兵外，还有二千多人民帮同筑堤，可惜这些人民不明白自己的危险，所以不免偷懒。到那个千钧一发的时候，鹿旅长不得已，只好把乡民和士兵夹起来分配，每一个士兵，必定带着一个乡民共同努力。差不多绝望了，他对大家说，我们和水奋斗，也应当勇往直前；我们死在这里，和死在战场是一样的勇敢。这些士兵，不但自己和水打仗，并且训练人民和水打仗。他们不但要保护百姓，并且训练百姓去保护自己，这是军队应有的精神。如果各处军队都以保护人民自任，都去训练人民和天然势力宣战，我敢说这次水灾可以减少大半。就事论事，这次冯军在黄土坡的水战，实可做全国军队的模范。

* 本篇发表时署名韵秋，原载1924年8月23日《申报·平民周刊》。

注释

① 鹿旅长　即鹿钟麟。

请看日本的裁兵*

兵不在多而在精。日本陆军今年为精益求精起见，要裁去十师兵，一年可以节省二千多万洋钱。我们全国有一百多万兵，不算不多，但除了少数军队外，实在不能打仗，更不能保护国家。我们希望带兵的要把无用的兵化为有用的工，更希望当兵的放下刀枪，拿起锄头去谋独立的生活。我们既吃国家的饭，又捣国家的乱，是断断乎不可的。

* 本篇发表时署名韵秋，原载1924年8月23日《申报·平民周刊》。

外蒙古独立之回想*

三年前这个时候，外蒙古得了俄国红党的帮助正在那里宣布独立。外蒙古的地方很大，差不多有从前十八省那样大。但是人口很少，只有一百多万人，把所有外蒙古的人放在上海一个地方，可以放得下去。中国是由满、汉、蒙、回、藏五种人组织成功的，所以叫做五族共和。一家好比是五个兄弟，外蒙古就是我们的老三。怎样叫做独立？独立就是分家的意思。老三为什么要和我们分家呢？一、老三对于中华民国有误会。蒙古文当中，民字就是汉人；中华民国就是中华汉人国。二、我们待小弟弟不公平。众议院里蒙古议员名额为十三名，但是蒙古人做众议员的只有两人，其余都是汉人把他们占去了。三是我们从前的军队没有人道。我们从前的军队到了蒙古，很是无法无天，简直比土匪不如，蒙古人恨入骨髓。四是政治腐败。今年外蒙古国民党首领巴丹尊到北京来和大家谈了些关于外蒙古的话。他说外蒙古可以做中华民国的一部分，但是中华民国政府这样腐败，如何可以帮助我们呢？我们做中华民国的一部分，能得什么益处呢？有这许多缘故，所以外蒙古反愿意和俄国亲近，不愿意和中国亲近。我们要想一家团圆，就要免除误会，公平相待，设身处地，最要紧的就是要政治清明，使我们的老三有回家的益处，而不受回家的害处。

---

* 本篇发表时署名韵秋，原载1924年8月23日《申报·平民周刊》。

《美国退还庚子赔款余额经过情形》序*

庚子“拳匪变乱”，本是当时少数贵族和官僚所酿成，与我们多数人民原无关系，而结果各国勒索四万五千万两的巨额赔款，却由我们全国人民平均担负。明知极不公允，然而在这个强权尚未消灭的时代，也只得含忍承认了。后来美国朝野人士，终觉于心不安，一九〇八年，遂由总统卢斯福[①]咨请国会议决，将那过量的要索退还中国。然后乃由我们自动协商，设立清华学校，按年资遣学生到美国留学。

但是按照当时的核算，只从原定总额二千四百四十余万美金内，减去美国自认为分所应得的陆海军费九百六十余万金元和私人实际损害赔偿四百万金元，所以第一次决定退还的款额，计有一千一百万金元。然而直到本年春间为止，美国实际收得的赔款已有一千二百四十余万金元，他们所认为正当的赔款差不多完全清偿了。那末按照条约，我们将来还应该按年摊付的六百余万金元，仍然是超出那“正当的赔款”，只可算为那按年四分行息的总数哩。

因为近几年来法、日、英、俄等国相继提议实行退还赔款，而美国方面主持正义的人，也觉得中国既然已经付清美国实际所蒙的损害赔偿，可是现在还要继续要索那余额六百余万金元，未

* 此序写于1924年9月1日。

免近于“为善不卒”。所以参议员洛志曾于一九二一年提议将此项余额完全退还，不过当时因为种种原因竟未实行决定。今年春季众议院又有人提出同项议案；旋交外交委员会审查报告后，即于五月二十一日由两院联席会议通过成立了。

这本小册子就是众议院外交委员会的审查纪录。我们读过一遍，觉得美国方面对于此案主持最力的那班人所发表的意见——就是那班坚持退款只应该用在教育事业的朋友们和委员会中同人——实在处处不失那大国民的精神。这句话并不是专指他们慷慨还金而言，却是因为他们那主持正义的精神和光明磊落的态度，的确可以使人闻风兴起！

现在将这小册子译出刊布，不但要使国内关心退款的人洞悉经过的真相，并且希望能够藉此将人类公正无私的精神“传染”一切世界！退款对于中国教育的贡献，无论如何总是有限的，可是这种精神对于人类的贡献却是无穷。我们这公平宽厚的国民自然也要当仁不让！

本刊乃由章鲁泉，徐仲迪，孙仲威，康子证先生等费神翻译，并经赵叔愚先生负责校阅，这是我们非常感谢的。

注释

① 卢斯福　通译罗斯福，即西奥多·罗斯福。

民团的前途*

国民为自卫计，应当组织民团。政府为保护人民计，应当允许国民组织民团。国家军队应当一心对外，民团可以使他们无内顾之忧。所以国军不但不应当仇视民团，并且应当尽力训练国民自卫。国军的责任在抵挡外患，民团的责任在抵挡土匪，实有相成的成效。我们希望明白事理的当局要鼓励城里乡下的人民，组织民团自卫。我们更希望提倡民生主义的中山先生爱护广州的商团①。土匪可用枪炮杀良民，良民不能用枪炮自卫，岂不是看重土匪、看轻人民吗！

注释

①广州商团　1912年成立，原为商人自卫团体，后被英帝国主义操纵并得到地方军阀的支持。1924年10月10日，商团军开枪射击游行群众，胁迫商人罢市，妄图推翻广东革命政府。孙中山在共产党的支持下，10月15日平定商团叛乱，巩固了广东革命政权。陶行知这篇文章是在商团的反动面目未暴露前写的。

* 本篇发表时署名韵秋，原载1924年9月6日《申报·平民周刊》。

俄美两国绝对反对庚子赔款筑路*

俄国大使加拉罕曾对北京教育界说，俄国庚子赔款，只许照协定用充教育基金，并说这个协定绝对不再修改。美国孟禄[①]博士说，美国庚子赔款作为教育文化之用，是美国国会决议的，决不能作别的用途。万一中国政府要拿来修路，美国只能保留，断不能违背国会议定之案。我们觉得交通和教育，都是国家根本之计，都是应当提倡的。我们主张裁兵筑路，主张庚款兴学，这也不过是一种临时的办法。至于根本之谋，把一人一派的权利地盘放在脑后，把国计民生放在心前。这样国家自然可以统一，政治自然可以清明，交通、教育都自然可以有钱办了。靠庚子赔款办教育，是可耻的；争庚子赔款来筑路，也是可耻的。

注释

① 孟禄　美国教育家，当时任中华教育文化基金董事会美方董事。

* 本篇发表时署名韵秋，原载1924年9月6日《申报·平民周刊》。

平民教育概论*

一　平民教育之效能

中国现在所推行的平民教育，是一个平民读书运动。我们要用最短的时间，最少的银钱，去教一般人民读好书，做好人。我们深信读书的能力是各种教育的基础。会读书的人对于人类和国家应尽之责任，应享之权利，可以多明白些。他们读了书，对于自己生计最有关系的职业，也可以从书籍报纸上多得些改进的知识和最新的方法。一般无知识的人对于子女的教育漠不关心，若是自己会读书，就明白读书的重要，再也不肯让自己的儿女失学。所以今日之平民教育，就是将来普及教育的先声。至于顺带学些写信、记账的法子，于个人很有莫大的便利，自然是不消说了。

二　平民教育问题的范围

中国没有正确统计，暂且以传说之四万万人估计，觉得平民

* 本篇原载1924年10月《中华教育界》第14卷第4期。发表时曾有《原编者按》，现附于篇末。

教育这个问题之大，实可令人惊讶。照中华教育改进社估计，十二岁以上之粗识字义的人数只有八千万人，再除开十二岁以下的小孩子约计一万万二千万人属于义务教育范围，其余之二万万人都是我们的平民教育应当为他们负责的。这二万万人有一人不会读书看报，就是我们有一份责任未尽。

三　中国平民教育之经过

这个问题二十多年前已经有人注意了。前清的简字运动就想解决这个问题，没有多大成效。注音字母也有一部分人拿来做速成教育的工具，他的命运尚在试验中。五四以后，学生由爱国运动进而从事社会服务，教导人民，自动开设的平民学校遍地都是。虽办法不无流弊，却能引起我们对于平民教育改善的兴味。最后，晏阳初先生用一千字编成课本，在长沙、烟台、嘉兴等处从事试验平民教育，更为省钱省时。在这事之前，有毕来思先生编的《由浅入深》和唐景安先生用六百字编的课本，都能引起一部分人的注意。这都是局部的试验。去年六月，熊秉三夫人参观嘉兴平民学校之后，就偕同晏阳初先生和我们筹备中华平民教育促进会的组织，同时推举朱经农先生和我依据国情及平民需要编辑课本，并推请王伯秋先生在南京主持平民教育之试验。八月，乘中华教育改进社年会在清华学校开会之期，邀集各省区教育厅、教育会代表到会讨论进行方针及计划。中华平民教育促进会总会即于此时成立。十月开始推行，离现在为时不过九个月，已推行到二十省区，读会《平民千字课》的人民已有五十万人。由此可见，全国对于平民教育有极热烈的欢迎和极浓厚的兴趣。

四 平民教育现行系统

中华平民教育促进会总会是个全国的总机关，有董事部总其成。董事有两种：一为省区董事，每省区二人；二为执行董事，一共九人，推举在京之会员担任。董事部聘请总干事担任进行事宜。

总会之下，有省、县、市、乡平民教育促进会分会，管理一省、一县、一市、一乡的平民教育事宜。一市中之各街和一乡中之各村，都要设平民教育委员会，以担负此街、此村之平民教育。现在省区设分会的已有二十省区。省区之下未有确数。一条街的平民教育正在北京之羊市大街和南京之府东大街试办；一个村乡的平民教育正在休宁之隆阜和西村等处试办。

五 教育组织

教育组织最要符合社会情形和人民生活的习惯。因此我们对于平民教育，主张采用三种形式，以适应各种人民的需要：

（一）平民学校

这个采用班次制度。大班一二百人以上用幻灯教；小班三四十人以上用挂图、挂课教。这和通常的班级教学差不多，无须解释。

（二）平民读书处

但是社会里有许多人因职务或别种关系不能按照钟点来校上课，我们就不得不为他们想个变通的办法。这办法就是平民读书处，以一家、一店、一机关为单位。请家里、店里、机关里识字的人教不识字的人。教的人是内里的，学的人也是里头的。这是内里识字的人同化内里不识字的人的办法。如果主人负责督促，助教每星期受一次训练，并加以定期的指导，平民读书处可以解决一部分的问题。山东第一师范现在以一个学校的同志办一千多人的平民教育，就是采用这个办法。

（三）平民问字处

这是南京平民教育促进会总务董事王伯秋先生发明的。社会上有些人不但不能按时上学，并且家里无人教导，因此平民学校和平民读书处都不能解决。这些人大半属于流动性质，如做小本生意的人或车夫之流。平民问字处就设在有人教字的店铺里、家庭里或机关里。凡承认担任教字的店铺、家庭、机关，随便什么人要问《千字课》里的字，都可以向他们问。比如摆摊的人摆在那个平民问字处门口，就可乘空向他们请教；车夫停在那个平民问字处门口，也可乘无人坐车的时候学几个字。这个法子现在南京试验。

六　教材教具

平民教育重要的工具是课本——《千字课》。这部书的一千多字，是根据陈鹤琴先生调查的《字汇》[①]选择的。编书的大目标有四：（一）是自主的精神；（二）是互助的精神；（三）是涵养的精神；（四）是改进的精神。全书九十六课，用九十六天，每天一个钟点就可以教完。我们的方针是要求其易懂而有趣味，使他们读了第一课就想读第二课，用他们自然的兴味来维持他们的恒心和努力。现在仍旧照这个方针在这里修改，总希望愈改愈适用。

辅助教具之最重要的有二：一是幻灯，现由青年会在那里力求改良，总要他格外价廉合用；二是挂图，比幻灯便宜些，宜于小班用。

七 考 成

平民学校和平民读书处的学生普通四个月毕业。毕业之时，用测验方法考一下。及格的发给识字国民文凭（Certificate for Literate Citizenship）；考不及格可以下次再考，考到及格为止。教师的奖励看及格学生数目而定。凡教了三十人，经考试及格的可得平民良师的证书（Certificate of People's Teacher）。其他对于平民教育出力及捐资的人员，都有相当的奖励，或由本会发给，或请政府发给。各地同志并不为奖励始肯出力，本会之发给奖励只是对于他们有价值的工作，加以相当之承认。

八 经费问题

平民教育的经费现在已经节省到最低限度。我们的《千字课》承商务〔印〕书馆之帮忙，几乎是照本钱出卖。一角洋钱可以买一部，共四本。如果采用读书处的办法，只须两角钱就可教一个人。平民学校贵些，每人也不过四五角钱，加用幻灯，每人至多一元钱也就够了。

我们希望省、县的平民教育，都列入正式预算。国家也应将筹定的款辅助各地勇猛进行。这虽是我们应有的计划，但我们并不等候政府筹定的款才去进行。我们要教育普及，尤其要担负普及。我们现在要试行一种"一元捐"的办法，使社会大多数人民，都为平民教育挑一个小小的担子，并使他们个个人都和平民教育发生一点密切的关系。我们深信为公益捐钱，也是一种很有价值的教育。我们要社会学给与，不要他们学受取或看别人给与。我们相信这种“一元捐”推行之后，再加点附加税，就可以够用了。

九 强迫是一种必要手续

社会上有三种人：（一）是自动要读书的；（二）是经劝导后才愿读书的；（三）非强迫不愿读的。我们就经验上观察，十人中怕有三人或四人非强迫不行；此外还有二人或三人，有了强迫的办法就可赶快去读。所以强迫是必要的。强迫有两种：一是社会自动的强迫。例如改进社等机关对听差的宣言：“从今天起，不愿读书的不能在本社服务。”“自民国十四年一月一日起，无识字国民文凭的人不能在本社服务。”协和医院对工役的宣言：“在一定时期内，没有读了《千字课》不得加薪。”〔这〕一类的办法，都是自动的强迫。至于政府的强迫令，也是重要的。芜湖房道尹②、察哈尔张都统、河南王教育厅长都曾考虑过强迫平民教育的办法，陆续总有地方可以实现。他们所考虑的办法中有四条很值得实行的：（一）是县知事以下以推行平民教育为考成之一；（二）是预行布告人民某年某月某日以后，十二岁以上之人民出入城门应经警察持《千字课》抽验，会读者放行，不会读者罚铜元一枚；（三）“愚民捐”（Ignorance Tax）。在某年某月某日以后，凡机关里、店铺里、家庭里或任何组织里，如有不会读《千字课》之十二岁以上之人，每月纳“愚民捐”洋一角，到会读为止。“愚民捐”由主人及本人各任半数；（四）凡主人有阻碍属下读书行为，一经发觉，得酌量罚款。

十　下乡运动

中国以农立国，十有八九住在乡下。平民教育是到民间去的运动，就是到乡下去的运动。现在有一个方法很有效力。学校里到夏天和冬天都要放假，大多数的学生都要回到自己的村、乡里去。我们劝他们带《千字课》回家宣传平民教育。入手办法有三种：（一）是把村、乡里识字的人找来，给他们一种短期的训练，教他们如何教自己家里的人。（二）把村里不识字中之聪明的招来，每天教他们四课，同时叫他们每人回家教一课。只须一个月，他们就可读会四本书，并教毕一本。他们一面学，一面教，一个月之后都可以做乡村里的教师了。（三）大一点的乡村里总有私塾，可以劝导私塾先生采用《千字课》，并用空闲时间为乡人开班教《千字课》本。

乡村平民教育当推香山慈幼院对于西山附近乡村的规划为最有系统。他以各小学为一中心点，令附近每家来一人上学，学好后回家教别人。读书之外，还教些实用的职业。我们很希望这个计划能成事实。

十一　女子不识字问题

不识字的最大多数就是女子。平民学校因年龄较大又未经学校训练，不便男女同学，更使这个问题难于解决。我们现在采用的办法是：（一）为女子专办女子平民学校；（二）家庭中多办平民读书处，使自己的人教自己的人；（三）劝女学生寒暑假回乡教乡村里的妇女，（四）极力提倡女子学校教育造就女子领袖，使女子平民教育可以尽量推广。

十二 继续的平民教育

四个月的《千字课》教育，虽然有些实用，但和完备的教育比较起来，真是微乎其微。况且受过这种教育之后，如何去维持，使他们不致忘却并能运用，真是一个最重要的问题。所以我们一面推行，一面就计划继续的办法。（一）我们要和国内最大的日报合作，编辑一个《平民周刊》，一面随报附送，一面单行发卖，使平民毕业学生，可以得到看报的乐趣，又可以得些世事的消息和做人的道理。现请定朱经农先生为总编辑，由《申报》印行，定于六月二十八号出版，每周行销六万份。（二）我们请了专家四十几位分任编辑《平民丛书》数十种，供给平民阅览。对于上列二事，改进社很出力帮忙。为了充分推广起见，我们要在火车上、轮船上甚至于三家村、五家店，都要设法分销，使平民便于购买。又请图书馆专家，规划设立平民阅览室，以便平民可以到适中地点看书看报。中华职业教育社也在编辑《平民职业小丛书》，也是很有益的。（三）有些学生对于四个月[③]之后，很想继续受职业的训练，求生计上之改善。这是更加要紧的。我们为分工起见，希望中华职业教育社特别加以注意。（四）平民学生当中已经发现有特别聪明的学生，这些学生应当再受国家或社会充分的培植。我们对于他们特别加以注意，并要扶助他们升学。

十三 训练相当人才

这是一个大规模的运动，义务繁，责任重，必须训练多数相当的人才分工合作才能按期收效。第一要训练的就是推行干事。

各地对于平民教育既有如许热心，总会最大的责任是派遣有干才的人员，帮助各地组织，指导他们进行，并给各地办理平民教育的人一种相当的训练。总会对于省区，省区对于各县各市，各县对于各乡，各市对于各街，都应负训练指导之责，才能收一致之效。第二要训练的就是教师。平民学校教师采用讨论会办法，寓训练于讨论之中。平民读书处助教就须用师范班办法加以有规律之训练。第三，省视学、县视学是地方提倡平民教育最可收效之人，宜有短期之讲习会，详细讨论推行平民教育之办法，以利进行，这种讲习会不久就要召集。

十四　官民一致合作之效力

自平民教育开办以来，固然免不了一部分人的怀疑和少数人的阻碍。但因平民教育运动宗旨纯正，国人相信从事者始终以人民幸福为前提，绝无政治、宗教或任何主义之色彩，所以到处备受欢迎。各地推行平民教育的时候，军、政、警、绅、工、商、学、宗教各界无不通力合作，这种一团和气的现象真是少见的。学界对于此事之热心是一件预料得到的事。多数的教员、学生本着他们诲人不倦的精神，担任教学、研究、推广等事，实在可以佩服。商界对于此事也有热心提倡者。都市里提倡平民教育一大半要靠商界。汉口各商团联合会周会长尤其热心，他手创的几个平民学校都很有成绩。听说他还有二十五个学校正在筹备中。汉口商界是可以为全国模范的。工厂主人提倡此事最力的有武昌李紫云先生。我们很希望全国的工厂继起提倡工人的平民教育。南京有五十几位说书人，在说书的时候，把读书的好处，夹在说书当中劝导听者。他们还逢三、六、九的日子，到四城演讲读书的重要。他们还编道情（Folk Lore or Popular Songs）唱给人民听，劝他们读书。这些说书人最明白平民心理，真是最好的平民教师。我们很希望全国的说书人都起来为平民服务。各地政府对于平民教育表同情的很有好多。江苏首先捐助巨款开办南京平民教育的试验，湖北也极力提倡。江西、察哈尔等处都很出力，近来奉天令军队数万人受平民教育，尤为平民教育前途最可庆贺的一件事。民政长官中最先提倡平民教育的为江苏韩紫石省长。安徽前省长吕调元令省公署卫队、公役受《千字课》教育，可惜中途为马联甲长皖时所停止。湖北省长公署也办了一班，已经毕业，现正在筹备继续。安徽教育厅长江彤侯令全厅公役一律读书，为强迫平民教育之第一幕，中间虽经谢学霖厅长任上之停顿，但新任教育厅长卢绍刘已经恢复，进行顺利。赣、鄂二教育厅也相继举办，为全省树之风气，甚为可喜。芜湖房道尹、察哈尔张都统都很提倡。县公署里办平民教育的也有许多处。警察为推行平民教育最要人员之一。在都市中，警察与商界有同等的力量。南京警官亲自教平民学生，警士帮助劝学非常热心。武昌警察总署及分区共办平民读书处二十九处，不识字之警察、公役一律读书，不愿读书的开除。这是何等的有效力！九江的警察也很提倡。监狱里的犯人除做工外没有别事做，我们正可借此机会教他们读好书，做好人。现在新监里教《千字课》有安庆、南昌、南京、武昌、汉口各处。还有利用识字犯人教不识字的犯人的，真是可喜。

十五　南北对于平民教育一致提倡之好现象

对于平民教育不但各界合作，而且南北也是合作的。广东、云南、湖南、东三省、四川以及其他各省区都协力进行。这真是所谓人同此心，心同此理。中国政治虽不统一，但教育是统一的。我们深信统一的教育可以促成统一的国家。

十六　结　语

我们的希望是：处处读书，人人明理。如照现在国人对于此事的合作和热度观察，十年之内当有相当的成效。但我们不能以普及四个月一千字的教育为满足，我们应当随国民经济能力之改进；将他们所应受之教育继长增高到能养成健全的人格时，才能安心。这是我们共同的希望，也是我们今后共同努力的方向。

原编者按：

平民教育是我国教育上最有希望的一种运动和事业，详情已见于陶先生文中，可不赘说。但我们要认清平民教育的宗旨，不但是要使平民能认一千字，可以看报、记账、写信，而且要使平民略具民主国家必须的知识而可做个中华民国的国民，爱护中华民国。我们现在还未办完备的国民教育，无妨将四个月的平民教育当做一个速成的国民教育。但是这种教育，应绝对不许任何教会拿去做传教的工具，也应绝对不许任何武人拿去做欺人的勾当，更应绝对不许任何政客拿去做盗名的幌子。万一为教徒、武人和流氓政客所利用，不但失了平民教育的主旨，而且妨碍平民教育的进行，无由收得平民教育的实效。某省平民教育运动在当初轰动一时，而近来除几处挂着平民学校或平民读书处几块空招牌外，绝无他物。这就是教徒、武人和政客一时利用平民教育出风头，风头出了就不肯切实进行的缘故。因此，我很希望提倡平民教育的先生们不要急切推行，弄真成假，而要切实推行，始终不懈。

注释

①《字汇》　陈鹤琴著《语体文应用字汇》的初稿，后由商务印书馆于1928年出版。

② 房道尹　即房秩五。

③ 四个月　指读完《平民千字课》所需时间。

附　录

《金陵光》之组织*

本报系金陵大学校全体学生所组织。以鼓舞学校精神，表扬学生成绩，灌输欧美学术，彰明中华国粹署为宗旨。公举编辑、经理二部以干其事。编辑部复分中英两科，以总编辑总其成，顾问员中西各一位，亦由全体公请，均一年一任。著述除编辑员担任外，本报备有征文筒，由同学将各人著述投入，再由主笔评定。被选者按文奖赏，以资鼓励。全报分导论、论说、译著、传记、文苑、记事等类，虽可因时损益，要不出乎直接或间接关于学生之范围。全年分八期，逢单月出版。欲购半年或全年报，必须于阳历二月或九月定之，他时须照零售计算，所以免结账之纷纭。定报价目及广告价目，列表于下：

定　报　价　目

项目＼期数	一期	半年四期	全年八期
本国	大洋一角半	大洋五角半	大洋一元
外国		大洋八角	大洋一元半

* 原载1913年2月《金陵光》四卷一期，原题为《本报之组织》。《金陵光》系金陵大学英文报《The University of Nanking Magazine》的中文增刊。本期为创刊号，但卷期是按英文报的总序号排列的。自四卷四期起，该报不设总编辑，改设中英文主笔。陶行知任中文主笔，陈义门任英文主笔。

广告价目

期数 面积	一期	三期	六期	八期
一面	四元	十一元	廿一元	三十元
半面	三元	六元	十一元	十六元
一面之 三分之一	一元	四元	七元	十一元

临时职员

总编辑　　刘静邦

中文编辑　　徐则林（肖穆）　刘钟璐（佩宜）

　　　　　　张枝一（少云）　陶文濬（知行）

英文编辑　　胡天津　陈义门　都振华

总 经 理　　卢先德

经 理 员　　吴守道　陈裕光　胡学源

　　　　　　卢颂恩　凌旭东

书 记 员　　黄宗伦

中文顾问员　王东培先生

英文顾问员　恒谟先生

中国学生与外国学生竞争往往优胜 *

黄炎培

1915 年 5 月 22 日……金来君集中国留学生开茶话会，留学生复至于俱乐部开欢迎会。陶君文浚示余一九一四年意里诺大学各国学生学程均分表如下：

国别	人数	学程均分
澳洲英人	1	89.41
南非洲英人	5	89.29
德	3	88.83
加拿大	7	87.86
挪威	2	87.79
菲律宾	2	85.63
英	4	85.35
土耳其	4	85.35
俄	8	84.49
印度	12	83.43
日本	18	82.85
波斯	2	82.43

* 原载黄炎培《新大陆之教育》上编，商务印书馆1917年出版。金来君系意里诺大学（通译伊利诺斯州立大学）副校长。

国别	人数	学程均分
中国	60	80.45
奥斯马加	2	80.23
瑞典	2	79.38
南美西班牙人	7	76.20
布加利亚	4	75.99
巴西	6	74.95
外国学生总平均	81.75	
本校男生总平均（美国及外国）	81.43	

观上表，知中国学生数多至六十，为美国以外之各国冠。而其成绩平均得八十分以上，可云不易，中国学生与美国学生竞争，往往优胜，此其一也。

我与陶行知同时留学美国*

缪云台

在美国学习期间，我认识了陶行知先生。我那时已转入明尼苏达大学，他在伊利诺州。我们是在中国学生署期集会（夏令会）时认识的，一见如故，以后经常通信。他是自费留学的，经济比较困难，所以我每月从我的80元生活费中寄给他10元，大约有一二年之久。

* 题为编者拟。摘自《缪云台回忆录·留学生活》，写于1984年，1991年中国文史出版社出版。

教育与职业之联络为惟一重要问题*

——黄炎培致陶文濬函

安徽陶君文濬，留学美国哥伦比亚大学教育科，思力精邃，又纯朴无习气。近应考博士，命题涉及中国教育，属搜集资料。复书如下（五日）

（上略）承问弟所认为江苏教育上最急要之问题，此则枨触于心，极愿掬以奉告者，盖江苏最急要之问题，无过于教育与职业之联络。兄亦知近两年吾国满地青年，学成弗用，任何等级之学校，毕业生除升学外，别无生路。（惟师范学校较好）以前不过吾辈鉴于教育之不切实用，奔走呼号，希图醒悟。今则不幸言中，情见势绌，无可为讳。江苏省教育会因此实地调查各中等学校出路，编为统计，警告世人。（去年所调查，刊在《教育研究》中，今岁所调查，见临时刊布第十二号，均附寄上。）皆系最近实况。此次北京教育会联合会，以问各省，则中学毕业生，有仅十之一升学者（直隶），有不及十之一者。除升学外，皆无所事事也。即有事，大都为小学教员。夫中学毕业生而适于为小学教员也，则师范学校岂不可废。况自最近教育部颁行检定小学教员令后，此路亦已断绝。盖各种学校皆有学成无用之恐慌，而最恐慌者莫中学若。此问题之解决方法，一方面在提倡职业教育

* 摘自黄炎培著《抱一日记》，系记1916年12月5日之事。题为编者拟。

（修正学制亦一重要问题），一方面在使普通教育所有教授材料、训练方针，一一务合于实际，求切于社会之需要。此事改革，诚非易易，要当尽力做去。若今之教员与校长，往往但求教学生至毕业为止，而学者亦但求博得毕业虚名为止。至所教所学之是否适于所用，两俱不问，无惑乎有此结果也。依此现象，所谓教育者，不惟不能解决世界最重要之生计问题，且将重予生计问题之困难。幸而教育未发达、未普及耳，苟一旦普及，满地皆高等游民，成何世界。吾为此惧。窃愿集合同志，竭吾今后数十年精力，谋所以补救。兄课余倘能注意及此，留心搜集关于解决此问题之参考资料，于学成后归以饷我，感甚！感甚！弟所认为唯一重要问题者此也。（下略）

中华教育改进社成立纪录*

吾国教育团体，近两年来创立颇多，惟仍缺乏较大之组织。国内教育家有鉴于此，联合新教育共进社、新教育杂志社、实际教育调查社，改组为中华教育改进社。十二月中旬实际教育调查社邀孟禄博士开讨论会，国内各处代表聚于京师，三社合并改组遂得实现。十六日三社公推陈宝泉、李建勋、马叙伦、朱经农、陶知行为中华教育改进社简章起草员。二十一日三社代表联合开会讨论，当即通过简章草案。二十三日续开大会，推举蔡元培、范源濂、郭秉文、黄任之、汪精卫、熊秉三、张伯苓、李湘辰、袁希涛九人为董事；孟禄、梁任公、严范荪、张謇、杜威、张仲仁、李石曾七人为名誉董事；公决请各团体来年担任经费，至少维持前任三社经费总数。中华教育改进社董事会及主任干事组织聘定后，三社事业即行归并。

---

* 摘自陈宝泉、陶知行、胡适编《孟禄的中国教育讨论》附录第22页、第23页。中华书局发行和印刷，1922年6月初版。

小孩替哲学博士改文章*

胡　适

早起洗面时，教祖儿唱：

“风来咯，雨来咯，老和尚背了鼓来咯。”（Vitale：《北京儿歌》之一，p.103）

祖儿一唱便会，但他唱第二遍时，便把末句改为“老和尚背子一个鼓来咯”。他今年只三岁半，这个改法都有道理。他跟着王妈学北京话，王妈是京西海甸人，读语尾“着”皆如“子”。例如，《槐树槐》一首中的

“说着说着就来了，

骑着驴，打着伞。”（Vitale,p.31）。

祖儿跟着王妈学此歌，“着”字都改为“子”字。“老和尚”一句里“着”字确胜于“了”，因为这是Carrying，不是Carried。“鼓”字上加“一个”，想是因为音节上的关系。平民文学的修正，原来是这样来的！知行住在我家，我把这事告诉他，他笑着说：“三岁半的小孩子要替哲学博士改文章了！”

* 摘自胡适1922年9月24日的日记，原载《胡适的日记》第466页、第467页，中华书局香港分局1985年9月初版。题为编者拟。

知行合一为吾人做事格言*

黄炎培

各种事业，须吾人尽责任者甚多，而实际上不能完全尽作。教育界分内应尽之责任不少，然而所尽之责任果何如乎？能满足吾人之希望乎？近年有中华教育改进社年年开会，陶先生所谓以“合作”、“分工”，推行会务。教育界所能尽分内责任之事，要亦不外“合作”、“分工”二者。

陶先生谓一人研究一问题。吾以为须一面研究，一面做事，二者并行不悖。改进社公请陶先生为主任干事，非但因其学识丰富，品格高尚，能力过人，且因陶先生大名知行。知行合一，实为吾人做事格言。陶先生固未料“知行”二字，为吾人共奉之良箴也。

鄙人以“知行”二字，为终身良友，努力实行，愿与诸君共勉之。

---

* 摘自黄炎培1923年8月20日《在中华教育改进社董事会的演说词》，记录者夏承枫。原载1923年《新教育》第7卷第2期、第3期合刊。题为编者拟。

改造安徽省教育会宣言*

我们安徽省教育会，建筑的宏敞，经费的充裕，在中国都要算第一。而且是全省的，不是省垣一隅的，更是开全国未有的风气了。然而近来因为竞争会长，已经闹到搁浅的地步了。我们哪得不可惜他呢！古人说的好："穷则变，变则通。"我们既走到这样山穷水复的绝境来，就不能不想个变通方法来救济救济。我们几个人一再思考，一再商量，以为救济目前困难，只有把会长制改成委员制的一个方法，最为适当。因为会长制是武断的，是官僚式的，是不合现代潮流的，所以容易激起纷争。委员制是合议的，是分权的，是可以罗致各方人才于一堂的，所以容易成功，容易进步。我们既认定这个题目来做了，我们现在就不能不联络几位同志，如在北京的、南京的、上海的、广州的、武昌的以及本省各埠各县教育界同人，来筹备这个委员制的教育会。这是我们对于我们安徽二千万父老兄弟，诸姑姊妹的一个宣言。

胡适之、陶知行、梅光迪、程振钧、孙养耀
光明甫、刘式庵、王肖山、汤葆明、蔡晓舟　同宣言

* 本篇系1921年夏为解决教育会"争长"风潮而发，原载1922年2月1日《中华教育界》第11卷第7期。

我们的政治主张*

我们为供给大家一个讨论的底子起见，先提出我们对于中国政治的主张，要求大家的批评、讨论或赞助。

（一）政治改革的目标

我们以为现在不谈政治则已，若谈政治，应该有一个切实的、明了的、人人都能了解的目标。我们以为国内的优秀分子，无论他们理想中的政治组织是什么，（全民政治主义也罢，基尔特社会主义也罢，无政府主义也罢）现在都应该平心降格的公认“好政府”一个目标，作为现在改革中国政治的最低限度的要求。我们应该同心协力的拿这共同目标来向国中的恶势力作战。

（二）好政府的至少涵义

我们所谓“好政府”，在消极的方面，是要有正当的机关可以监督防止一切营私舞弊的不法官吏。在积极的方面是两点：

（1）充分运用政治的机关为社会全体谋充分的福利。

（2）充分容纳个人的自由，爱护个性的发展。

---

* 本篇原载1922年6月《中华教育界》第11卷第11期，又载《东方杂志》第19卷第8号。

（三）政治改革的三个基本原则

我们对于今后政治的改革，有三个基本的要求：

第一，我们要求一个“宪政的政府”，因为这是使政治上轨道的第一步。

第二，我们要求一个“公开的政府”，包括财政的公开与公开考试式的用人等等；因为我们深信“公开”（Publicity）是打破一切黑幕的唯一武器。

第三，我们要求一种“有计划的政治”，因为我们深信中国的大病在于无计划的漂泊，因为我们深信计划是效率的源头，因为我们深信一个平庸的计划胜于无计划的瞎摸索。

（四）政治改革的唯一下手工夫

我们深信中国所以败坏到这步田地，虽然有种种原因，但“好人自命清高”，确是一个重要的原因。“好人笼着手，恶人背着走”。因此，我们深信，今日政治改革的第一步在于好人须要有奋斗的精神。凡是社会上的优秀分子，应该为自卫计，为社会国家计，出来和恶势力奋斗。我们应该回想，民国初元的新气象，岂不是因为中国优秀分子加入政治运动的效果吗？当时的旧官僚很多跑到青岛、天津、上海去拿出钱来做生意，不想出来做官了。听说那时的曹汝霖，每天在家关起门来研究宪法！后来好人渐渐的厌倦政治了，跑的跑了，退隐的退隐了；于是曹汝霖丢下他的宪法书本，开门出来了；于是青岛、天津、上海的旧官僚也就一个一个的跑回来做参政咨议总长次长了。民国五六年以来，好人袖手看着中国分裂，看着讨伐西南，看着安福部的成立与猖獗，看着蒙古的失掉，看着山东的卖掉，看着军阀的横行，看着国家破产丢脸到这步田地！——够了！罪魁祸首的好人现在可以起来了！做好人是不够的，须要做奋斗的好人；消极的舆论是不够的，须要有决战的舆论，这是政治改革的第一步下手工夫。

（五）我们对于现在的政治问题的意见

我们既已表示我们的几项普通的主张了，现在我们提出我们的具体主张，供大家的讨论。

第一，我们深信南北问题若不解决，一切裁兵、国会、宪法、财政等等问题，都无从下手。但我们不承认南北的统一是可以用武力做到的。我们主张，由南北两方早日开始正式议和，一切暗地的勾结，都不是我们国民应该承认的。我们要求一种公开的，可以代表民意的南北和会。暗中的勾结与排挤是可耻的，对于同胞讲和并不是可耻的。

第二，我们深信南北没有不可和解的问题。但像前三年的分赃和会是我们不能承认的。我们应该预备一种决战的舆论做这个和会的监督。我们对于议和的条件，也有几个要求：

（1）南北协商召集民国六年解散的国会。因为这是解决国会问题的最简易的方法。

（2）和会应责成国会克期完成宪法。

（3）和会应协商一个裁兵的办法，议定后，双方限期实行。

（4）和会一切会议都应该公开。

第三，我们对于裁兵问题，提出下列的主张：

（1）限定分期裁去的兵队克期实行。

（2）裁投虚额缺额不准补。

（3）绝对的不准招募新兵。

（4）筹划裁撤之兵的安置办法。

第四，我们主张裁兵之外，还应该有一个“裁官”的办法。我们深信现在官吏实在太多了，国民担负不起。我们主张：

（1）严定中央与各省的官制。严定各机关的员数，如中央各部，大部若干人（如交通部），中部若干人（如农商部），小部若干人（如教育部）。

（2）废止一切咨议顾问等等“干薪”的官吏，各机关、各省的外国顾问，除极少数必需的专家之外，一律裁撤。

（3）参酌外国的“文官考试法”，规定“考试任官”与“非考试任官”的范围与升级办法。凡属于“考试任官”的，非经考试，不得委任。

第五，我们主张现在的选举制度有急行改良的必要。我们主张：

（1）废止现行的复选制。采用直接选举制。

（2）严定选举舞弊的法律。应参考西洋各国选举舞弊法（Corrupt Practice Laws），详定细目，规定科罚，切实执行。

（3）大大的减少国会与省议会的议员额数。

第六，我们对于财政的问题，先提出两个简单的主张：

（1）彻底的会计公开。

（2）根据国家的收入统筹国家的支出。

以上是我们对于中国政治的几个主张。我们很诚恳的提出，很诚恳的请求全国的人的考虑，批评，或赞助与宣传。

十一，五，十三

提议人	职业
蔡元培	国立北京大学校长
王宠惠	国立北京大学教员
罗文干	国立北京大学教员
汤尔和	医学博士
陶知行	国立东南大学教育科主任
王伯秋	国立东南大学政法经济科主任
梁漱溟	国立北京大学教员
李大钊	国立北京大学图书馆主任
陶孟和	国立北京大学哲学系主任
朱经农	国立北京大学教授
张恩慈	国立北京大学教员
高一涵	国立北京大学教员

徐宝璜	国立北京大学教授
王　徵	美国新银行团秘书
丁文江	前地质调查所所长
胡　适	国立北京大学教务长

附白　一切赞成与反对的言论，我们都很欢迎，请寄到《努力》周报社，或寄给提议的人。

提倡平民教育*

本社女子教育委员会主任朱其慧女士和陶知行先生，晏阳初先生所提倡之平民教育，很著成效，由陶知行先生及朱经农先生所编之平民千字课，现已出版至第三册。南京方面，平民教育促进会已成立，并已开办平民学校十余所；北京方面，平民教育促进会亦已成立，平民学校现已开办数处；并于本社年会开会时，组织全国平民教育促进会，设总会于本社事务所内。近日本社职员，复提议筹设羊市大街平民学校，附设于本社。首由该社职员中推出陶知行、陈主素、薛远举、张企文、章洪熙诸君为筹设平民学校委员，并举定薛远举为主任，该地附近右四区警察署长耿济龢先生对于此事亦极为赞成。平民学校第一班可以开学，敦请该社职员汪樾民、杨大可、尹彤墀诸先生为教员，并拟在就近店铺中推出劝学员若干人。羊市大街人口约二千人，住户多数皆为商人，故不得不从商徒方面着手。兹录总会宣言如下：

中华平民教育促进会宣言

建立普及教育的基础

花六十块钱可以使一百人受基本的平民教育

* 原载1923年8月《新教育》第7卷第1期。

花六百块钱可以使一千人受基本的平民教育
解决生计消弭乱机奠定国本
爱国者所应注意即爱己者所应注意

古人说："民为邦本。"一个共和国的基础稳固不稳固，全看国民有知识没有。国民如果受过相当的教育，能够和衷共济，努力为国家负责，国基一定稳固。如果国民全未受过教育，空空挂了一块民国的招牌，是不中用的。请大家仔细想想：现在中华民国的国民到底有多少人是受过相当的教育的？倘使大多数的人还一字不识，民国的基础能够稳固吗？现在国内乱机四伏，工商业不能发达，推其原因，皆缘多数国民未受相当的教育，无职业、知识以维持生活。不幸者，即流为盗匪。同属人类，苟非全无知识，谁肯轻易牺牲？倘使人人识字读书，有了做国民的常识，自然不至做那危及生命的事业。大家勤勤恳恳谋生做事，各种乱源也就消弭于无形了。所以，我们如想挽救全国不安的景象，除了设法把平民教育推行全国之外，决无第二个好方法。照中华教育改进社估计，中国人有百分之八十不能识字，就是全国四万万人中间有三万万二千万个不识字的人。这些不识字的人里面，至少有一万万是十二岁至二十五岁的人。我们现在想设法使这一万万人，在极短的时期内，受一点相当的教育。这些青年大半都靠作工吃饭的，每天很忙，没有许多时间可以读书。我们只能希望他们在百忙中每天能抽一点钟工夫来受四个月的平民教育。现在民穷财困，我们兴办这种平民教育，一切经费必须省之又省，用最少的钱，使他们受最多的教育。照我们现在因陋就简的计划，每个学生身上只须花费六角钱，可以使他们受四个月的教育了。所以，有六块钱可以使十人受教育，花六十块钱可以使一百人受教育。只要有人愿担负教育二百人的经费（即一百二十元），本会即可负责为之开办学堂一所，实施四个月基本教育。这四个月的教育，我们把他当作平民教育的第一期。所教的功课，是一千个基础字。依着国语的文法，教育心理的原则，共和国民所需用的知识，编成九十六课。使学生每天学一课，于四个月中间，得着共和国民所必不可少的基本教育。中国青年会协会曾在长沙、烟台、嘉兴三处做过小规模的实地试验。我们实地考查所得结果，很觉满意。所以现组织中华平民教育促进会，预备把这种教育切实推行全国。这种教育所用工具有两种：（一）课本；（二）影片。影片是依据课本制造，共分三套。第一套是彩色画片，是用图画表现课文中所述的事体，叫学生把画中情节自述出来。然后再用第二套影片，就是把课文的本身写在玻璃片上，照出来。引导学生认识方才自己口述的文字。他们看了彩色画片，口里所说的话，现在用眼睛去认识他们。第三套课片，是一个个的文字。每个字从幻灯里照出来，射在墙上，比原底子放大了好几百倍，教学生同时看，同时听，同时念，同时写，精神专注，学习是很容易的。我们现在请了许多专门研究哲学、美术、国语、教育的人，合组编辑部，积极进行。等课本编成，影片制好之后，还要编辑《教师指南》，并用所教一千字作基础来编各种平民丛书、杂志、报章。使平民能利用既得之工具继续增进学识与技能。我们现在力量有限，想先在南京、北京试办，然后再逐渐推行各省。很希望国内同志大家出来帮助，使我们的试验能够收效，并且希望大家能够在各地方分头作同样的试验。

中华平民教育促进会筹备之经过*

朱君允

中华平民教育促进会之组织，为消除中华民国不识字之运动，以使全国人民男女老少人人识字为目的。中华土地之大，民众之多，冠立全球，首屈一指。然一视我中华民国四万万人民中，乃有三万万二千万为不识字者，即中华民国四万万人中，有三万万二千万不健全之份子。不识字，不知我中华民国数千年文化为何物。不识字，不知世界大势潮流，不知中华民国为何物。不识字，民意不相联络，不能发展中华民国精神。一人不识字，减少个人活动；多数不识字，则多数麻木不仁。况我中华民国乃有如此巨数之不识字者。若言“民为邦本”，则中华民国何以生存。历年来我国人深感国基不固之痛苦，诸热心教育家辛苦奔驰，欲谋我国教育之普及。然以人数之众，经费之巨，欲于短近时间，期中国普及教育之实现，是何希望。今年夏，熊夫人、晏阳初、陶知行先生等会于上海，研究得全国平民教育进行之方法，以最少经费于数月间，使每人得受基础之普通教育。乃于五月二十七日，与袁希涛、黄炎培先生等，发起中华平民教育促进会，以期切实筹办全国平民教育之进行。计划一年内于中国二十二行省特别区以及海外侨胞足迹所到之处，务使平民教育推行遍地。熊夫人被推为主任，陶知行、晏阳初先生为干事，陶知行、

* 原载1923年10月《新教育》第7卷第2期、第3期合刊。

朱经农先生为编辑。两月来诸君努力进行，颇具成绩。

南京为南北中心。本年六月，熊夫人、陶知行、王伯秋先生等在南京发起平民教育运动，南京平民教育促进会即于六月二十日组织成立。群力协作，进行之速，殊有不达到南京四十万居民男女老幼人人识字不止之景象。新编之平民千字课现已出版。数周中，南京试验学校开课者已有十二班。如东南大学第一中学、女子师范等处，凡有席地能招生开课者无不尽力。教员等亦极热心，饶有兴味。以南京试验所得，作将来全国参考之资料。

现中华教育改进社鉴于提倡全国平民教育之重要，已请我国各省及特别区每处派代表二人，于今年八月教育改进社年会时，到会共商中国平民教育进行方法。

中华平民教育促进会筹备处北京办事所，暂设中华教育改进社内。现已组织平民试验学校四处。用挂图教授者共两处：设在虎坊桥模范讲演所及西单牌楼京师公立第五讲演所。幻灯教授两处：一设清华学校，一设北京女子高等师范。一律于八月十五日开学。

第一次平民教育会议纪事*

孙伏园
甘南引 记

八月二十二日上午十时，平民教育促进会在清华大礼堂开筹备会。到会者有熊秉三夫人、陶玄女士、陶知行先生、晏阳初先生等，及各省区代表，本社全体社员。跻跻跄跄，诚一时之盛。未开会前，由晏阳初先生率全体齐唱《会场风景》、《代表运气》等歌。继按开会秩序，向国旗行三鞠躬礼，唱《尽力中华》歌。陶知行先登台，略谓今日为平民教育促进会开会的第一次，以后怕还有第二次的开会，惟今日须由到会诸君举出主席一人，副主席一人，书记一人。当即推定熊夫人为正主席，晏阳初先生为副主席，陶知行先生为书记。于是熊夫人登台主席，并报告中华平民教育促进会之经过。大意谓今日平民教育促进会是在北京第一次的开会。关于此会的经过情形，因时间很是促迫，不过只能略略述其大意。敝人本来学识浅薄，对于教育也没有专门研究，要在这样大的会务中进行事业，实在艰难。但敝人幼时亦尝受过教育，又与熊先生聚处多年，故于教育之欲求普及，已早具此意。因此敝人鉴于以前中国的教育，是不普及的教育，近几年来，乃极力从事想推广小学教育。惟此事非空空洞洞只说说而不做所能成功的，必实地由小学办去，庶乎可望教育普及。起初也曾在许多教育家面前请教，然终不能得出解决方法。去岁才在上海，请

* 原载1923年10月《新教育》第7卷第2期、第3期合刊。

各教育专家从长计划。陶知行先生遂谓晏阳初先生刻正在长沙举办小学，成绩昭著。此时晏先生正来上海，敝人于第二日当即请他筹划以后一切进行事宜。蒙晏先生不弃，也愿极力协力共作。但未开办之初，第一件困难问题，就是经费问题。吾人举办事体，首要经费充足，然后百端易举。惟敝人总是抱着不屈挠的精神，故终将此种难关打破。后经陶先生将组织大纲拟好，先拟在北京举办。继因南京绅商政教育各界，都请先在该处试办，竟于本年六月二十日宣布开幕。此后很得社会上各界实力的援助，举办的人亦极热心，此未始非我国教育上之一好现象。南京平民教育促进会未举办以前，敝人亦曾赴烟台举办。现在来京不过数日，每日也极忙迫，故外界人士多不知道。但敝人亦不愿人知道，只求脚踏实地一步一步的做去。自来京后，又曾通电各省，速派代表来京讨论此事，各省教育机关尚不知者甚多，好在今适逢中华教育改进社开第二届常年大会，想来赴会各省代表，热心平民教育者一定不少，望以后都能回省推行，更不吝赐教，尤为盼望。本月二十六号即开成立大会，尚望各省代表及全体社员，届时莅席赐教。次由晏阳初先生报告在长沙嘉兴举办平民教育经过情形，略谓举办平民教育经过情形，敝人昨晚曾经说其大概，今天只说办平民教育的几种要素。这几种要素说是原则亦未尝不可。兹列举如下：

一、须知群众心理。吾人须知举办平民教育，乃是大多数人的教育，欲此大多数的人都来从事学习，非先懂得他们的心理不可，懂得了群众心理，然后才设法怎样的激动他们来学。

二、关于组织上的……

要用甚么方法招生，然后不致发生困难？

（一）鼓动曾受教育者。欲招普通的平民来受教育，若仅恃文字上的广告，是不发生效力的。故最好的方法，是给那些曾受教育的一些画片，并看幻灯上有教育价值的影片，使他们感受教育之需要，始肯让未曾受教育的人来学。

（二）开全城大会。择日聚集全城公民，将此项计划当众报告，并执旗游街，使智愚老少都知受教育之重要。

（三）开老板掌柜大会。中国小店中的学徒，当老板或掌柜的，是不肯让他们外出学习的，应聚集他们，晓以教育之重要，并使看电影听演说与戏曲，使知学徒之责任，让其暇时出外学习。

（四）组织学生讲演团。即敦请现在在校学生，于暇时出外分团讲演，劝普通平民速来就学。

三、设备上的适当。既用种种方法，可得许多的平民来学，但须使他们能长久的学习，要不中途废辍，故设备上有几点要注意：

（一）教习要好。教授这些平民，须择经验宏富的人来充当教习，当教习的须懂平民心理，并且友爱温和，又宜视平民如自己的子侄弟妹一样。

（二）课本适当。所编课本，宜适于平民生活，又易念读，且极富有兴趣的为最宜。

（三）月考后开游艺大会。关于此点又有几种要件：

1. 请名人发给奖品于优等学生，以资鼓励，而昭郑重。

2. 发奖品及凭照时，宜邀请学生家族参观。

3. 让学生自己游艺，表演艺术。

像此种游艺大会，每月举行一次，极能提起学生之精神，与学生家族之兴趣。但有不至一月，即行辍废者，亦有办法可设，即学生于第一次考试后，若有认识二百字的成绩，即给以有二百字成绩的徽章，第二次五百字的徽章，第三次七百五十字的徽章，第四次一千字的徽章。各徽章颜色以五色国旗颜色志之，即毕业时能认识一千字者，遂有五色国旗颜色的徽章，此亦即表示其有当中华民国国民资格的意思。至敝人在嘉兴的办法，亦可略略叙述。即在该地中学校敦请六十名学生作视察工夫，在此六十名中，又分成甲乙丙丁四组，分时指导或当教习。每名学生于每礼拜中出来一次，多在晚间七时半至九时担任教授或指导，共计每月亦不过四次。且除此外又加以幻灯的辅助，这系有校址的地方的情形如此。至于无校址的，则分成二十人为一组，或三十人为一组，此二十人一组或三十人一组中，定有聪明俊秀的学生。又择此聪明俊秀的，来担任指导，或教愚笨点的，故结果收效极大。此敝人以前举办平民教育之经过一切情形。至于以后外国之实行平民教育，我们须知此项事业，不仅是中华民国的教育事业，且系全人类四分之一的平民教育事业，我们此后须抱着如孟子所说富贵不能淫，贫贱不能移，威武不能屈的精神做去。我更希望明年中华教育改进社开年会时，能将各省实施平民教育的成绩报告出来，实为中国教育前途之幸。

继由吉斌俊报告南京平民教育促进会之经过：南京平民教育促进会自六月二十日成立，至今不过两月，可报告之经过非常简单。本会宗旨，在与中华教育改进社合作，用最短时间，最少经济，使南京不识字人民，皆得受共和国民不可少之基本教育。后由陶玄女士报告北京试验学校经过。再由李忍涛报告清华平民学校情形，姚金绅报告北京平民教育情形。最后陶知行报告编辑经过：

中国是赖债国，又是个土匪国，大多数人都饥荒极了，不但肉体上，而且精神上。我和朱经农先生就是担任的厨子。第一主旨是要使他们吃的刚好，不多不少；第二是要合乎卫生；第三是要有味。书中有诗歌故事，就为的是要有味；而请哲学史学政治科学教育各专家定出目标，就为的是要合乎卫生；至于多少，更是酌量审慎，不肯草率的了。

陶君又提议举出三人，起草组织大纲。旋即由大家举定陶知行君，晏阳初君，及姚金绅君三人云。明晚八时至十时在工字厅还要开会，并于会毕在本社西城事务所开成立大会云。

中华教育改进社简章*

第一章

第一条 定名：本社定名为中华教育改进社。

第二条 宗旨：本社以调查教育实况，研究教育学术，力谋教育进行为宗旨。

第二章 社务

第三条 本社社务如下：

（一）通信或实地调查各种教育状况；

（二）依据实际问题研究解决方法；

（三）辅助个人或机关对于教育之实施或改进事项；

（四）编译关于教育之书报；

（五）提倡教育事业之发展及学术之研究；

（六）其他关于教育改进事项。

* 1923年8月中华教育改进社第二届年会通过，载1923年10月《新教育》第7卷第2期、第3期合刊。

第三章　组织

第四条　社员资格分二项：

（一）机关社员：机关担任本社每年合组费二百元以上者，但中等以下学校得出合组费百元以上。

（二）个人社员：个人研究学术或办理教育有成绩者、岁纳社费五元以上者。

合以上二项资格之一者，由本社社员三人以上之介绍，经董事会通过，得为本社社员。

第五条　董事会：本社设董事九人，由机关社员公选，任期三年，每年改选三分之一。惟第一次选出之董事任期一年、二年、三年者各三人，由董事会第一次开会时签定之。董事部长及其职员由董事互选之。

董事会每年于选举之先，由董事会照定额加两倍推选候选董事，通信于各机关社员。各机关社员就所开候选董事，按定额通信选举，但机关社员欲于候选董事以外选举者，亦得听其自由。

第六条　本社设主任干事一人，由董事会聘任之，商承董事会主持本社一切事务。

第七条　本社设学术部，分下列各科：

（一）研究科；

（二）调查科；

（三）编译科；

（四）推广科。

本社设事务部，分下列各科：

（一）会计科；

（二）文牍科；

（三）庶务科。

第八条 各科人员分聘员、雇员二种。聘员须由主任干事推荐，经董事会认可聘任之。

第九条 各科依事物之繁简定员额之多寡。事务过简之科，不设专员，其事务得由他科职员兼任，各科办事细则另订之。

第十条 特别赞助本社或特别捐者，经董事会通过，得推为名誉社员或名誉董事。

第四章 职权

第十一条 董事部之职权如下：

（一）规定进行方针；

（二）筹募经费；

（三）核定计划及预决算；

（四）审核各科办事细则；

（五）聘请主任干事；

（六）提出候选董事；

（七）核定聘员之任免；

（八）审定社员资格；

（九）审定名誉社员、名誉董事之资格；

（十）组织委员会。

第十二条 主任干事之职权：

（一）编拟计划；

（二）编拟预算、决算；

（三）推荐聘员、任免雇员；

（四）执行董事会议决事项；

（五）总理本社一切进行事务。

第五章 经费

第十三条 本社经费以下列各项充之：

（一）机关社员合组费；

（二）个人社员社费；

（三）特别捐；

（四）官厅补助费。

第六章 会议

第十四条 本社每年开全体大会一次，于暑假期举行，其地点由前一年大会决定。

全体大会分社务会议、学术会议两种。

第十五条 董事会每年至少开会两次，其期间、地点由董事会自定之。

第七章 社址

第十六条 本社总事务所设在北京。

第十七条 本社遇必要时，经董事会议决，得分设事务所。

第八章 附则

第十八条 本简章有不适之处，经董事过半数以上或社员二十人以上之提议，大会到会社员四分之三以上通过得修改之。

中华教育改进社年会规程*

第一章　宗旨

第一条　本社依简章所规定，每年举行年会一次，报告教育实况，讨论教育问题，并决定下年进行方针及计划。

第二章　事务分部

第二条　本社年会之事务，分下列两部办理：

（一）议事部　由本社主任干事推请委员五人至七人组织之，凡关于年会重要事务归本部议决。

（二）执行部　由本社主任干事推请会务主任一人、副主任一人或二人暨下列各组组织之，凡关于年会各项事务由会务主任主持，副主任襄助暨各分组分别办理。

1. 总务组　凡关于文牍、会计、庶务及膳宿，归本组办理。

2. 注册组　凡关于赴会人资格之审查，徽章之发给，会员会场坐号之编定及到会、离会之登录，归本组办理。

* 载1923年10月《新教育》第7卷第2期、第3期合刊。

3. 议案组　凡关于议案之征集、整理、付印、校对、分送、保管及会议时簿籍文具之准备与保管，归本组办理。

4. 编辑组　凡关于日刊、报告之编辑，新闻之记载及传布，归本组办理。

5. 招待组　凡关于赴会人之引导、照料及会场物品之布置与收束，归本组办理。

6. 交通组　凡关于赴会人之函电及游览，归本组办理。

7. 交际组　凡关于酬应娱乐之会集，归本组办理。

8. 卫生组　凡关于赴会人之卫生及疾病，归本组办理。

9. 询问组　凡关于答复赴会人之询问，归本组办理。

第三条　以上各组，除总务组设正主任一人、副主任一人或二人外，其他每组设正副主任各一人、干事若干人，由本社主任干事会同会务主任推任之。

第三章　会议种类

第四条　本社年会之会议分全体会议、分组会议两种：

（一）全体会议

1. 社务会议；　2. 学术会议。

（二）分组会议

1. 教育行政组；　2. 高等教育组；

3. 中等教育组；　4. 初等教育组，

5. 幼稚教育组；　6. 义务教育组；

7. 师范教育组；　8. 职业教育组；

9. 农业教育组；　10. 工业教育组；

11. 商业教育组；　12. 医学教育组；

13. 女子教育组；　14. 成人教育组；

15. 童子军教育组；　16. 公民教育组；

17. 数学教学组；
18. 科学教育组；
19. 生物学教学组；
20. 国语教学组；
21. 国语字母组；
22. 外国语教学组；
23. 历史教学组；
24. 地理教学组；
25. 美育组；
26. 国民音乐组；
27. 体育与国民游戏组；
28. 学校卫生组；
29. 心理、教育测验组；
30. 图书馆教育组；
31. 教育统计组；
32. 国际教育组。

第四章　主席及书记

第五条　全体会议，董事部长为当然主席，另公推副主席二人。如副主席尚未推出而主席有事故不能出席时，由主席另推一人为临时主席代理之。分组会议，各组委员会主任或副主任为当然主席；如各组中有尚未组织委员会者，其主席、副主席由该组组员公推之。

第六条　主席有维持会场秩序之责。主席有事故时，副主席代行其职务；如正副主席均有事故时，应推临时主席代理之。

第七条　全体会议设书记二人，由主席推任之。分组会议每组设书记一人，由该组委员会书记充之。如书记有事故时，由主席临时另推之。

第五章　年会会员

第八条　全体社务会议会员，以本社社员为限。全体学术会议会员，以本社社员及本社邀请之学者充之。

第九条　分组会议会员以下列人员充之：

（一）各组委员会之委员；

（二）自认加入某组会议之社员。

第六章　提议案

第十条　提议案须于七月三十一日以前，依照本社年会提议案格式，填交本社北京总事务所。开会期内，如有动议，全体会议须有十人以上之附议，分组会议须有二人以上之附议，于一日前请该会议主席编入次日议事日程，方为有效。其议案须送交议案组存查。倘须由议案组将议案付印者，以承印人能赶印为限。

会场中关于紧要问题，得行临时动议，但须得出席会员三分之一以上之同意方能开议。

第七章　法定人数

第十一条　本社年会法定人数如下：

（一）全体社务会议以到会社员过半数出席，为开议之法定人数；

（二）全体学术会议以到会社员及邀请到会之学者过半数出席，为开议之法定人数；

（三）分组会议以各组委员会委员与认定各该组社员到会总数过半之出席，为开议之法定人数；

（四）审查会以审查员过半数之出席，为开议之法定人数。

第八章　讨　论

第十二条　凡讨论应依议事日程之顺序，但主席或会员认为有变更议事日程之必要，经多数赞成时，得将议事日程酌量更变。

第十三条 凡欲发言者，须先起立报告号数，得主席承认后，始得发言。

第十四条 同时不得有二人以上发言，其同时报告号数者，由主席指定先后，依次发言，每人每次发言，不得过五分钟。

第十五条 会员须对议题发言，不得涉及议题以外之事。

第十六条 同一议题发言不得逾二次，但质疑答问不在此限。

第十七条 讨论分初读、二读、三读。初读时，讨论大体，决定本案成立与否；二读时，逐条讨论表决；三读时，只修正文字，议案完全成立。但主席或会员认为可省略讨论时，得公决省略之。

第十八条 初读、二读时，会员得提出修正案，但必须有一人以上之附议。

第十九条 三读时，会员除修正文字外，非发现议案前后矛盾时，不得提议修改。

第二十条 主席欲自行参加讨论时，须就议席发言，其主席职务由副主席代行之。

第二十一条 会议时，主席得宣告讨论终止。

第二十二条 人数较少之分组会议，有不便照上列手续讨论者，得由该组酌量变通之。

第二十三条 各组提议案与他组有关系者，得与他组开联席会议讨论之。

第九章　审　查

第二十四条 凡议案须付审查者，于初读会决定之。

第二十五条 各分组议案须行审查者，由各分组组织分组审查会审查之；其审查议案关系他组者，得与他组组织联合审查会审查之；关系全体者，由大会主席组织全体审查会审查之。

第二十六条 各分组审查会主任，由各分组主席推任之，联合审查会主任，由联合各组主席公推之；全体审查会主任，由大会主席推任之。

第二十七条 审查会开会时间、地点，须由审查主任与总务组接洽，以免冲突。

第二十八条 审查结果应具报告书，于会议时报告。

第十章 表 决

第二十九条 表决前，主席须将应付表决之议案明白宣布，即行表决。表决后，会员不得再就本议案发言。

第三十条 表决方法分举手、起立两组，由主席临时定之。

第三十一条 表决议案取决于多数可否，同数时取决于主席。

第三十二条 分组会议之议决案提出大会报告后，即认为大会议决案。其已经该组多数通过之议决案，而该组少数会员要求将少数之主张一并提出大会者，则该案应经大会表决手续。

第十一章 秩 序

第三十三条 会员位次以注册之先后为序，按号列坐。

第三十四条 凡会员入场时，须填注出席簿。非宣告散会休息及声请主席允可者，不得无故退席。

第三十五条 会议时间，大会及分组会每日约以二小时为限，但遇必要时，得以多数表决延长之。

第十二章 记 录

第三十六条 会议书记应将开会时间、地点，出席人姓名，主席、书记姓名，提议案总数，议决案总数及议决事项，记入议事录及报告表，并保管关于会议之文件。

第三十七条 报告表于每次会议后，由书记填就，于当日交编辑组登载日刊。如发现记录有错误者，得于开会时要求更正。其议事录每次会议后，由书记整理，至末次会议毕，交编辑组编辑报告。

每组议决案之文字，如有认为应行修正者，得由主席另推一人至三人为议案文字修正员，随时加以修正。倘临时不及完全修正者，亦须于大会毕后一星期内迅行修正，交编辑组编辑报告。

前条所开议事录、报告表及议决案，编辑组编辑完竣，应交议案组保管。

第十三章 附 则

第三十八条 本规程未尽事宜，由董事会提议修改。

中华平民教育促进会总会之进行方针与计划*

一、进行方针

1. 分工的研究　关于平民教育各种问题，应随时聘请专家分工研究。

2. 专心的试验　关于平民教育之各种试验，当以全副精神办理之。

3. 合作的推行　本会应与各地方、各界充分合作，以期平民教育之推行。

二、研究

本会研究分下列数种：

1. 推行方法之研究。

2. 平民学校之组织、教学、训育、管理及指导法之研究。

3. 教材教具之研究。

4. 乡村平民教育之研究。

5. 蒙、藏、青海平民教育之研究。

6. 边疆平民教育之研究。

7. 华侨平民教育之研究。

* 原载1923年12月《新教育》第7卷第5期。

三、试验

本会应在各省区、蒙、藏、青海及华侨所在地设立平民教育试验学校各一所，但创办时因人材不敷分配，得先在北京、南京、广州等处试办，同时培养推行人员，以备分赴各处，襄助试验。

四、编辑

本会编辑事宜，分下列数项：

1. 平民教育课本。
2. 习字帖。
3. 教师指南。
4. 平民应用字典。
5. 平民周报。
6. 平民丛书。
7. 平民教育画。
8. 平民学校组织法、管理法、教学法、训育法及指导法等。

五、推行

本会对于平民教育之推行，采用下列各法：

1. 举行平民教育运动。
2. 提倡、创设平民教育促进会。
3. 开演平民教育活动电影。
4. 发行平民教育画及劝导平民入学之各种传单。
5. 巡回讲演。
6. 开办讲演会。
7. 特约通信。
8. 其他各种宣传方法。

六、经济

本会拟募集基金一百万元。

七、继续教育事业

1. 编辑平民丛书、报章、诗歌等。
2. 创设平民图书馆。
3. 筹划第二期平民教育事业。
4. 补助优秀平民子弟之升学。

中华平民教育促进会总会执行董事及各省区董事一览表*

执行董事

熊朱其慧　陶知行　陈筱庄　孙学仕　周作民　蒋梦麟　张训钦　张伯苓　刘　芳

各省区董事

京兆	段茂森	王凤翰	**江苏**	袁观澜	王伯秋
陕西	于右任	李宜之	**吉林**	孙炜鄂	孙翰声
直隶	张伯苓	张敬虞	**山东**	熊梦宾	鞠承颖
湖南	方克刚	曾葆荪	**江西**	吴树枬	熊　恢
湖北	王大祺	鄢从龙	**四川**	晏阳初	张廷福
河南	袁世传	陶怀琳	**奉天**	张恩明	方永蒸
绥远	赵允义	吴棣华	**广东**	许崇清	金湘帆
云南	董　泽	龚自知	**安徽**	王星拱	陶知行
广西	谢起文	雷荣甲	**察哈尔**	郑　钦	张　杰
福建	邓翠英	李圣述	**黑龙江**	姚翰卿	邓振元

* 原载1923年12月《新教育》第7卷第5期。

科学教员暑期研究会说明书*

会址在清华学校。暑期研究会为中华教育改进社洛氏驻华医社和清华学校共同组织，于民国十三年七月十日至八月八日间，在清华学校开会。

董事部。本会之董事部，由清华学校校长曹云祥先生（会长），中华教育改进社主任干事陶知行先生（副会长），洛氏驻华医社医学预科教育顾问祁天锡先生，北京师范大学理化系主任陈裕光博士，清华学校物理学教授梅贻琦先生，中华教育改进社科学教育研究员推士博士，清华学校教务长张仲述博士等组织而成。

何以需要此种研究会?

科学知识为吾国进步所必需。欲使吾人民在现代民族中，占重要位置，以无负其人口之众，智力之强，与夫天然财产之丰富，必须有更进一步之科学知识，此凡稔知吾国现时情形者，莫不公认也。

科学教育必须实施于中等及专门大学，但欲增进科学知识，与使其善用科学方法，以解决实际问题，暨发现新原理，新定律等，则最有效而惟一之方法，即为中等或专门大学之科学教育。

教师为第一要素。就科学教育论，其第一要素为教师。设有

* 原载1924年1月《新教育》第8卷第1期。

相当之教师：即不但具有确实之科学知识，而且长于教学之方法，则其他事项，如教科书，实验指南，仪器及他种设备等，均不难随时设法，适应相当之需要。

教师须再受教育。最近考查吾国各地中学校师范学校及专门学校等之科学教学，知其中多数，必大加改良，而后有实效可期，现时此等学校中，有许多教师，缺少经验，自觉对于科学之内容，及教学之方法，均有再受教育之必要。更有较多数富有经验之教师，其前此受教育时，因时代之关系，未得与于实地试验，或野外观察，以及标本之采集、整理、分类、鉴定等种种精密的练习；而现时欲享受关于教学最新最善方法之指导，亦迄无相当机会，引为深憾。

暑期研究会能帮助此等教师。如上所述，故富有经验与缺少经验之多数教师，必愿参与暑期研究会，以行各个的实验室工作；研究及讨论实验室教学与讲授之最新方法；讨论教材某部教授时之困难及其免除法；及听受某科之高深讲演。

更有许多教师，其成绩特别优异，但深愿与其他良教师聚会，以资互相参考；交换教学及管理上之意见，或关于某种特别研究之意见。

东原图书馆募捐办法*

一、本图书馆为戴东原先生二百周年纪念之建筑物，故定名为东原图书馆。

二、本图书馆设在安徽省立第四女子师范学校内，以与该校互助合作为原则，但图书馆为独立机关。

三、本图书馆应有图书如下：

（一）东原先生本人之著作；

（二）东原先生参与之著作；

（三）其他与东原先生有关系之著作；

（四）师范学校应用之图书、杂志、报章；

（五）公众阅览之图书、杂志、报章，得视经济状况逐渐增备。

四、本图书馆募集金额为六万元，约以二万元为建筑费；二万元为第一次购备图书杂志报章费；二万元为逐年生息维持扩充之基金。

五、致谢办法：

（一）凡捐款、捐书均于结束时登报鸣谢。

（二）凡捐款、捐书上百元的均镌名永留纪念。

（三）凡捐款上千元的，除（一）（二）两纪念外，并悬挂

* 原载1924年1月25日《晨报副刊》。

本人摄影纪念。

（四）本图书馆内设藏书楼、阅书厅、办公厅等等，捐款上万元的，除（一）（二）（三）项纪念外，即以捐款人的别号或他指定纪念的人的别号命名，称为某某楼某某厅。

（五）除上列各项纪念外，本图书馆依据捐资兴学褒奖条例，陈请政府分别给奖。

六、本图书馆设董事会监督馆务。董事十五人，由发起人及捐款人通信公推。会章另订。

七、收款处公请各埠中国银行担任；无中国银行之地方，公请屯溪程仲沂君担任。

八、收款据用三联单，一为收据，交捐款人收存；二为报告，由经募人交安徽屯溪第四女子师范程仲沂君收存；三为存根，由经募人自行收存。款据印一千本，分送经募人使用。

九、募得之款，由经募人即行用东原图书馆名义，存交各埠中国银行或径寄屯溪程仲沂君收。

发起人

范源濂　许世英　金猷树　洪有丰　熊希龄
江朝宗　江彤侯　陶知行　严　修　蒋梦麐
孙　洛　胡　适　梁启超　张广建　吴兴周
余鲁卿　程宗泗

编制学校模范报告调查表*

（摘自章洪熙1924年4月社务报告）

本社因编制学校模范报告，于四月十五日在南京第一女子师范开会讨论进行计划。到会者：陶知行、陆少青、朱君毅、程稺秋、王仲和、王仲武诸君；议决学校报告应包括以下大纲：一、概况，如学校之宗旨，历史及地理，地方人口与学生人数之比较，学生家寓与学校之距离等。二、行政方面，如校长之资格权限，教务，会计，事务及图书各部之组织。三、教学方面：（一）教师，如教师之资格，薪水数目，教授年限，教授钟点，教师学生人数之比较等。（二）学生，如学生体格之检查，统计，年龄分配，年级分配，缺席统计，升级留级统计，学生家庭，及各种课外活动等。（三）毕业生，如毕业后位置，薪水，及其服务与升学及转业之统计等。（四）课程，如课程之种类，公共必修，专科必修，选修学程之分量与每学程之钟点等。（五）教学，如各种测验之实施，各级对于各种之平均分数，各种教学法之实施（如设计教学法、及道尔顿制等）。（六）训育，如训育之方针，训育主任之专任或兼任，职权与方法，结果等。四、经费方面，如学校之经费总数，每学生所得之数，各部分之经费分配等。五、建筑设备，如房屋之种类及价值，设备之种类及价值，如用施菊野调查量表测之应得几分等。六、卫生方面，

* 原载1924年《新教育》第8卷第3期。

如有疾病者之百分比，及每种疾病之百分比，校医及看护之数目，校舍与设备能合卫生之原理否等。七、推广事业，如平民学校、夜校等之建设于校内者，学生在社会上之各种服务与活动等。八、结论，如学校各种优点与弱点之总结与比较，各种之建设及未来之各种扩张与计划等。并议决五月十五日七时半在宁一女师讨论细目，六月十五日七时半在宁一女师讨论各种表格，七月四日在改进社年会提出讨论。七月招考时即从江苏第一女师、江苏第一中学及无锡第一小学开始，依照表格，试行编造。十四年六月底调查报告初稿告成。七月初在改进社第四次年会报告。七月十五日付印。又议决由朱君毅先生担任向各处征集关于学校报告，及学校调查书籍，于五月十五日以前在宁一女师图书馆以作现正研究此问题者之参考。

筹划全国教育经费委员会开会纪要*

（1924年7月7日下午）

本社筹划全国教育经费委员会，于七日下午四时假东南大学梅庵开会。到会委员有陈宝泉、熊希龄、袁希涛、陶怀琳、邓翠英、李庆元、鲁清晨、茅以升、赵叔愚、张敬虞、梁明致、张锦云、史毓琨、李杰、范源濂、陶知行、廖立勋、方克刚、胡敬复、谭熙鸿、裕光、朱其慧、郭秉文、米增兆、王伯秋、马寅初等二十四人。先由主席熊秉三先生致辞。次即讨论各案，兹纪如下：

一、报告接洽美国退还赔款情形，赵叔愚。

二、报告日本部分赔款之情形和抗议，范源濂。

议决请范源濂先生草拟抗议书，提出大会向政府提出。

三、报告旅沪英商对于美国赔款情形，郭秉文。

议决请郭秉文先生草拟抗议致商会英公使本国政府。

四、致谢俄国加拉罕美国威女士等通过。

五、广东大学及其他关于支配退款用途案，共七件。

议决保留俟基金委员会正式成立后再行提出。

六、呈请教育部通令各省于学款项下拨给的款，以作职业教

* 原载1924年10月《新教育》第9卷第3期。

育经费案。

议决保留。

七、拟征收烟卷吸户教育特捐提议案。

通过意思请邓芝园先生、马寅初先生修改议案再行向大会提议。

八、追认北京三团体对于中俄基金委员人选资格。

九、赞成教育经费独立案“叙河南湖南四川情形”，请袁观澜先生拟通函。

中华教育改进社大会通过函“请政府迅与日本政府交涉取消关于对支文化事务之协定案”，其函稿如下：

日本近以兴办文化事务为名，拟用庚子赔款在我国北京上海等处设立研究所图书馆等机关。曾经我政府与日本外务省立有协定，朝野人士，亦多信其确有发展东方文化诚意，表示赞同。嗣经本社同人与国内教育学术团体一再研究，以为此项设立研究所图书馆之经费，须逐年通过日本议会。是此费明在日本议会掌握，并非退还；又日本所设之对支文化事务局，直隶于外务省之下；又明明为日本行政之一部，并非与我国协同办理。本社同人，窃虑日本藉发展文化之名，行文化侵略之实。曾于本年春间联合国内十一团体，发表宣言，表明非由中日两国共同组织理事会处理一切事务，我国教育学术界不愿与之合作，冀戢狡野之心，兼图补救之效。不谓该项宣言发表以来，时逾数月，日本政府不特对于同人所发表之意见未加捋纳；且度地购基，进行不已，大有悍然不顾之概。同人等外察国情，内观环境，以为我国对于日本所办之对支文化事务，有取断然处置，表示反对之必要，特举其理由如下：

一、同人认日本所谓文化事务纯系彼国内政与退还庚子赔款无关，今既伸延其事业范围，入我国土，自当尊重我国意见，庶为大公无私，乃进行伊始；但有彼之宣传，不顾我方之抗议，是于协定第一条所开日本方面应十分尊重。中国有识之阶级之意见，一语已先违反，而藉文化为侵略之意，不啻昭然若揭，此不可不反对者一。

二、各国退还赔款，皆以友谊精神，完全抛弃债权，如美如俄成绩，具在国际共睹。今许日本开此文化侵略之恶例，将何以对他国之美意，而杜后来之藉口，此不可不反对者二。

三、查前此日本提出之二十一条第五款第二项，有在中国内地所设日本医院、寺院、学校等。概允其土地所有权之条。如吾国近年誓死反对，引为国耻者，此亦为其一项。前年巴黎和会，曾经我国专使特别提出，日本代表声明取消；不意彼名义上取消，于巴黎和会者，实际上复取得于所谓文化事务。日本手段之高妙，诚为可惊！而吾国当局之昏聩易欺，与认识二十一条之卖国丧权，相去其能几何?此不可不反对者三。

要之，此事既经贻误于始，不能不力图补救于后。我国政府身任折冲，尤属责无旁贷，应请政府即行与日本交涉，将前我国驻使与日本会商关清文化事务之协定一案，迅即废除；并切实声明，除日本政府无条件退还赔款，全部吾国不能与之另订何种办法，以图进行。

关于改变纪念国耻方式的提议*

我们要改变纪念国耻之态度，不应于“五七”、“五九”空举行游行等，改变方面共分四条件：

（一）引起全国国民精神，使明了中国当作一独立国，非日本附庸，因预备一份实力对付之。

（二）二十一条不撤销，国耻不除。须将一年内中日公私发生事务考察，以定改良之方。

（三）从政治经济等方面比较各年中日之进步。如普及教育，以各年统计，互相比较。今日日本有百分之九十八受义务教育者，则中国情形亦须提出比较。又如教育书籍，一年中中日之出版情形相比；商业如中日茶之销路相比。总之不论成数如何，须加比较。

（四）发现弱点以后，在国耻纪念日提出目标，为第二年努力方针，得从教育工商各点着手，此由过去以定将来。

以上为个人提议目的之所在，中日关系，为存亡问题，非仅土地接近。若非本国牵制，依二十一条，国家早亡。此事非少数人所能为，亦非无知识者所能为，故乘此机会，贡献于诸君。

（提议人为：范源濂、曹云祥、陶知行、洪范五、黄止端、张伯苓、茅以升、张叔良、杨卫玉、查谦。）

* 原载1924年10月《新教育》第9卷第3期。

关于蒙古教育*

一、第三届年会蒙古教育组第一次会议

（1924年7月4日）

主席：范源濂。

书记：马鹤天。

讨论本社关于提倡蒙古教育之初步计划共十二案。

（一）商请国内高等专门学校增设蒙古学额，收录蒙古程度相当之学生，俾受高等人才教育案。马鹤天主张添订优待办法，如免入学试验，免学费等，众赞成。修正原案，于“增设蒙古校额”句上添“订定优待办法”六字。

（二）研究近边省区进展蒙古初等中等教育之办法；并力谋是项办法之实现案。陶知行主张删“近边省区”四字，众赞成，通过。

（三）设立蒙古教育委员会案已实行，无异议。

（四）设立蒙古教育同志俱乐部案。

主席主张暂不必设，若设立则需完全备，恐经费问题困难。

马鹤天主张暂设北京本社事务所内，经费或无问题。

陈潜夫赞成马说。

汪德章赞成范说；并主张设各大学内。陈去病赞成汪说。

* 原载1924年10月《新教育》第9卷第3期。

郭道甫赞成马说，谓不宜设大学内；并主张蒙古可设分部。

陶知行提出修正，为“在相当地点筹设蒙古教育同志俱乐部”，众赞成通过。

（五）组织蒙古教育考察团案。

陈去病谓经费与言语两方面恐有困难。

主席主张由社提倡，各省多去人。

社中负调查一切通知事项之责。

陈潜夫主张两种办法：1. 自由去；2. 社中补助旅费。

陶知行主张普遍去者社中不必参预；社中去人，须有目的。

主席再申前说，谓各省宜多有人赴蒙；但交通及途中用物等之情形，社中应预为报告。

陶知行主张另添编辑蒙古旅行指南一案。

汪真章主张应双方予以便利，因蒙人来内地亦困难。

结果由范、陶并郭道夫商定，本案仍旧；但另添一案为：

（六）谋蒙古教育同志到内地；内地教育同志到蒙古旅行之便利案。通过。

（七）即原案（六）举行蒙古生活展览会案。

范、陶、郭修正为“在内地举行蒙古生活展览会，在蒙古举行内地生活展览会”。通过。

（八）即原案（七）举行内地学生与蒙古学生通信案。

照原案通过；但蒙汉文字困难问题，由社设法解决。

（九）即原案（八）搜集并编辑关于蒙古之教材案。

无异议，通过。

（十）即原案（九）请高等专门学校及公立图书馆搜集关于蒙古，及各国文字之蒙古书籍案。

无异议，通过。

（十一）即原案（十）举行关于蒙古生活及教育之讲演案。

无异议，通过。

（十二）即原案（十一）印行关于蒙古教育之著作案修正，

下添“及蒙文书报”五字，通过。

（十三）即原案（十二）对于赴蒙之汉人，及来到边省之蒙人，筹施适当之社会教育；俾能彼此了解并增进同情案。

陶知行说明本案；并主张将“汉”字改为“内地”二字。通过。

二、蒙古教育组第二次会议

（1924年7月5日）

主席：范源濂。

书记：马鹤天。

（一）下届会议拟以推行蒙古教育为本社集中问题（陈宝泉提）

理由

略谓本社去岁以平民教育为集中问题，本届开会，适逢俄约告成，欲收回外蒙，必先推行教育。应以蒙古教育为集中问题。

办法

1.请教育部实行组织蒙古教育机关；2.分函各教育机关征集推行蒙古教育意见；3.新教育应设蒙古教育一栏，随时登载所搜集之材料，陶知行谓“集中”二字，本社向未用，不如易为“集中问题之一”。及教育与政治，不可混而为一。理由不如加入五族共和意思。陈佩忍赞成。顾训忠主张“集中”易为“注意”。黄成埒对办法：（1）主张加入“蒙藏院”。陶知行主张混言“中央政府”，删去“中央”二字。众赞成。关振华主张办法：（2）分函各教育机关应添“边事机关”。众赞成。

结果推陶知行修正原案文字。

（二）蒙古教育计划（马鹤天提）

原文甚长，目次如下：

1. 属于教育行政范围者。

（1）拟定教育方针。

(2) 确定教育基金。

(3) 划分学区。

(4) 编纂教科书。

(5) 调查学龄儿童，及年长失学者人数。

2. 属于学校教育方面的。

(1) 师范学校　① 师范学校；② 临时教员养成所。

(2) 普通教育　① 小学校；② 中学校。

(3) 实业教育　① 农业学校；② 工业学校。

(4) 高等教育　北方大学校。

(5) 补习教育　① 国民补习学校；② 补习读书处，③ 补习教育委员会。

3. 属于社会教育方面者。

(1) 关于智育者：① 博物馆；② 巡回幻灯电影；③ 巡回通俗读书馆；④ 巡回通俗讲演；⑤ 展览会。

(2) 关于德育美育者：① 青年会；② 风俗改良会，③ 唱歌音乐团；④ 新剧团。

(3) 关于体育者：① 公园；② 各种器械运动场；③ 跑马场与木马场。

主席谓马君此案甚长，关于各种实行办法俟将来调查后再议；惟教育方针一节，关系重要；且为施行蒙古教育先决问题，应先讨议。

原案方针分三项：(1) 保持原有优点，发展个性。(2) 注重平民教育，发挥共和精神；(3) 改良现在生活适应社会进化之需要。陶知行加以修正并补充成四项为：(1) 培植五族共和之公民资格。(2) 训练蒙贤治蒙。(3) 保持蒙古民族之独立性；并发展其优点。(4) 改良现在生活适应社会生活进化之需要。黄成埒主张 (2)“训练”二字应斟酌，结果改为“培植”二字。众赞成。

主席主张第 (1) 项“培植”二字改“养成”二字。众赞成。

郭道甫主张第（3）项独立性加“语言文字等等”六字解释，并加括弧。众赞成。黄成埒谓第（4）项恐生误解。讨论结果，由陶知行提出修正，为“依据现在生活图谋适应社会进化之需要”。众赞成。但本案决定移交学术大会议决。

三、第三届年会第一次学术会议

（1924年7月8日）

陶知行先生报告建议蒙古教育方针。本问题为马鹤天先生提议。我国五族共和实际是否相符?如何可使五色旗为五族真代表!民国成立，五族“各干各的”，今欲联合互助，当先有四通八达之道路与教育，当培植共同观念。蒙古“中华民国”之“民”字，读“伊利报”，为汉人之意。可知蒙古已自外于民国，教育当培植五族共同之观念，及彼此之观念。今日彼此短忌，误能轻视，当以教育方法消灭之，而为互相谅解尊敬。如此五族始牢固，故蒙古教育为不可缓。

方法方面有数种：一、盲动的；二、任意的；三、有正当方向的。定此方针有原则，即不为一民族打算，乃为蒙古人而办蒙古教育，非为汉人而办蒙古教育，非为教育界开新天地，占蒙古地盘，乃帮助蒙人，又当为五族共和办蒙古教育。蒙古教育，正在萌芽，故必创造国家之共同观念。将来成联邦更好，即使不成，亦属友谊必要。蒙古生活虽难骤变，然有改变必要，因此定四方针：

一、养成五族共和公民资格（普及教育）。

二、培植蒙贤治蒙（人才教育）。

三、保持蒙古民族之独立性（语言文字等），并发展其优点。

四、依据现在生活状况，图谋适应社会进化之需要。

以上方针，须请全国代表考虑。

主席：蒙古稍开通者最厌闻“恐其归俄归日，而必使受汉族化以为殖民地”之言，以上四方针能避免此病。

社员：此次独注意蒙古教育，而不注意藏回两族，殊可怀疑。依五族之意，满族已受同化，姑无论，回藏与蒙同等，似当各方兼顾。

陶知行：本社初拟散边疆教育会，后因同时并进与分进，似以分进为利。又本社主张必各民族自己参与，始能合作。此次有蒙古代表加入，故行先进。

主席：董事会鉴于已往之困难，故此后取聚精神方针。此次对于蒙古教育，亦如此。

东南大学教育科附设昆明学校概况*

沈子善

一、绪言

昆明学校，乃东南大学教育科附设之乡村学校。因系试验学校，故内部组织，若课程，若训练，均含有试验性质。开办以来，于兹三载，历年参与校务者，虽竭尽心力，谋校务之改进，以期研究数年之结果，得为我国实施乡村教育者之一助，但事实上确非如此，盖是校名曰乡村学校，而四周环境，又迥异于一般之乡村，岂可以乡村教育原则为办理是校之标准?无已，只得以特殊之原则适应特殊之需要，遂形成似乡村而非乡村之学校。本报告即继述其近一年之概况，非敢云有研究之价值，而足为办理乡村学校者之参考采择也；聊以示所感之困难，与不得不迁就环境之苦衷而已。海内诸大教育家，倘能进而教之，则幸甚矣。

二、沿革

民国九年南京高师第一次开办暑期学校，王伯秋先生向江苏督军署商借昆明湖（即玄武湖，通称后湖）中陶然亭为暑校教员课余休憩之所，当时王先生觉湖上失学儿童太多，而陶然亭又洽足为办理一所小学之用，遂发生创办乡村小学动机。是年九月，陶知行先生（前东大教育科主任）着手调查湖上居民职业，及学

* 原载1924年11月《新教育》第9卷第4期。

龄儿童，复与郭秉文暨柯成懋（前暨南学校校长）二先生商办昆明学校。时适南高与暨南两附小有合并之动议，遂决议在两校合并后拨取经常费若干，以为开办及经常各费。十一月一日，即正式函请齐督军拨借陶然亭为设立昆明学校之用，阅一月而批准。于是延请程修之先生为校长，筹备一切，又请张竹轩先生为住校教员。二月十七日，开始招生，三月七日开学。阅一载，改由东大教育科自办。于是而关于改革和发展等事，悉由东大教育科同学之参与其事者计划矣。十二年春，东大教育科复增设“昆明学校”一学程，由郑晓沧先生主持其事，同学选习该学程者，则分别任务，实地试验，另请丁左之先生为住校教员。十二年秋，郑先生以事不克兼任，而教育科主任徐养秋先生又以昆明学校未可停办，乃托教育科同学七人共理其事。今秋因欲试验“一教师学校”（one teacher's school）之能否适用，故一切校务，均由丁君一人主持，教育科同学则不加参与矣。

读陶知行先生的《学生自治问题之研究》

新教育第二卷第二期里面，论“学生自治”的文共三篇：两篇是杜威和蒋梦麟两先生的演说；一篇是陶知行先生做的，题目叫做《学生自治问题之研究》。我读了非常欢喜。因为我国近来除少数地方少数学校已经采用民治主义的教育以外，大多数还是用那前清咸同间的教育，来愚弄学生，束缚学生，厉行那干涉主义和保育主义；说起来真真可恼可怜！现在居然有许多教育家来鼓吹“学生自治”，郑重讨论“学生自治”，教他能见诸实行；真是难能可贵的事！这三篇里面，陶先生的一篇，尤肯做具体的研究；不过还有美中不足的地方，所以我特地把他写出来。“真理以研究而愈明”，这样办法，大约也是陶先生和读者诸君所赞成的。

第一，陶先生误把“学校”当做“职教员”。如在“学生自治办得不妥当的几种弊端”一段里说：“学生自治会与学校不可立在对待的地位。”下面就接着说：“这种对待的情形，……不是师生之间所宜有的。”又在“学生自治与学校的关系”一段里说：“学校里面的事体，一部分仍旧是学校主持，一部分由学生主持。”此外像这样的话还很多，我不必一一举出。诸位！学校是一个法人。学校是一个团体的名词。这个团体是由职教员和学生两部分组织成功的，万不能说学校就是职教员，此理很易明白。况且在上面第二个例中，陶先生明明说“学校里面的事体”，那末这个“学校”自然不是职教员了。后面忽又接着：“一部分是学校主持。”我请问陶先生这两“学校”是不是一个东西？这句话怎么讲？或者说这是陶先生偶然的错误；殊不知他在这篇文中，却用了好几十回。或者又说这是小毛病；殊不知由这个小毛病，就生出下面的大毛病来！

第二，陶先生既然误把“学校”当做“职教员”；所以说话的时候，就处处替学校一方面占地盘，即就是替职教员一方面占地盘。他在“学生自治与学校的关系”一段里说：“学生自治这个问题，不但要行，而且还要研究；研究的时候，学校不能不负指导参与的责任。”又说：“学生自治的时候，要教员的指导。”诸位！学生自治，是要学生负责任的。所以杜威先生说：“自治的性质。不但是扩充自己的权利，并且是加重自己的责任。”蒋梦麟先生也说：“学生没有自治以前，学校学风不良，你们可以归罪职教员；有了自治之后，学风不良，你们只能归罪自己了！”(见各人演说词的本文）假使像陶先生这样讲，学生自治的时候，学校（即陶先生意中的“职教员”）还要负指导参与的责任；那末学风不良，职教员和学生两方面必至互相推诿：究属是谁之咎呢？办事最要紧的是“专责成”。什么“长”，什么“主任”，都是因为“专责成”而设的。我们中国人办事，向来是个个都负责，个个都不负责。陶先生是办过事的人，难道不知道吗？这样说来，学生自治，自然不劳职教员负指导参与的责任了！况且顾名思义，既曰“学生自治”，根本上用不了什么职教员的参与，弄成个半身不遂的自治。至于有不到的地方，我们当然欢迎职教员的“忠告”；（蒋梦麟先生文中，也用这两个字。若是这“指导”两个字，我们是万万不敢领情的！因为我们一面自治，一面还要职教员指导着，我们简直都成了被玩弄的傀儡了！还说什么自治的精神，自治的乐趣；还说什么“自治是人生的美术”呢？(这句话是陶先生说的。)

第三，陶先生又在“施行学生自治应注意之要点”一段里说：“学生自治，如地方自治。地方自治之权，出于中央，学生自治之权，出自学校。所以学生自治，虽然可以由学生发动；但是学校认可一层，似乎也是应有的手续。”这更大错了！照这样说来我们学生自治，简直是根本推翻了！自治之权，凡不曾丧失自由的人——丧失自由的人，如野蛮时代卖身的奴隶和亡国的国民——都是应有的；并且是与生俱来的；无所谓“出自那里”。学生自治，是一件根本上可以行的事无需乎什么“认可”、“不认可”。假使一定要学校认可，那末学校不认可！我们一定是自治不成的了！况且“学生自治”和“地方自治”，性质也不全同。就拿地方自治说罢！例如南通教育，实业和路政等，各有许多振兴；也不曾要呈文到中央，得他“此令”的认可。何以我们学生偏偏要这样办呢？前天清华学校的学生曾将他们“学生会”议决的章程，送给校长看；无奈竟未得校长的“认可”，所以竟致酿成学潮。却是遵著陶先生的命令办的！在我们看起来，实在是特别“多礼”罢了！

总之我们“学生自治”，是完全出于自动的；并且我们自治就是来实行这自治，并不是什么“学习自治”。因为自治的能力，是我们自己的本能；并用不了到职教员——陶先生所说的“学校”——方面学习去。（这“学习”二字的对面，还有什么“指导”、“参与”等名词在那儿候着；大约学习完毕后，还要得学校认可！）所以我们学生的自治定义，简洁了当是“学生自治，是学生结起团体来大家自己管自己”；并不是陶先生下的那个“学生自治，是学生结起团体来大家学习自己管自己的手续”的定义。

缪金源（九，一，一二，晨三时）